主　编◎熊　刚　彭智平

副主编◎张晓丹　廖鑫彬　王京强

师范生

基本素养与师德养成

SHIFANSHENG
JIBEN SUYANG YU SHIDE YANGCHENG

四川大学出版社

责任编辑:曾春宁
责任校对:彭　程
封面设计:墨创文化
责任印制:王　炜

图书在版编目(CIP)数据

师范生基本素养与师德养成 / 熊刚,彭智平主编.
—成都:四川大学出版社,2013.8 (2023.8 重印)
ISBN 978-7-5614-7149-4

Ⅰ.①师…　Ⅱ.①熊…　②彭…　Ⅲ.①师范教育-师
范学校-教材　Ⅳ.①G65

中国版本图书馆 CIP 数据核字(2013)第 213611 号

书名　**师范生基本素养与师德养成**

主　　编　熊　刚　彭智平
出　　版　四川大学出版社
地　　址　成都市一环路南一段 24 号 (610065)
发　　行　四川大学出版社
书　　号　ISBN 978-7-5614-7149-4
印　　刷　四川永先数码印刷有限公司
成品尺寸　170 mm×230 mm
印　　张　20.75
字　　数　394 千字
版　　次　2013 年 9 月第 1 版
印　　次　2023 年 8 月第 5 次印刷
定　　价　68.00 元

◆读者邮购本书,请与本社发行科联系。
　电话:(028)85408408/(028)85401670/
　(028)85408023　邮政编码:610065
◆本社图书如有印装质量问题,请
　寄回出版社调换。
◆网址:http://press.scu.edu.cn

序 言

　　21世纪是中华民族伟大复兴的世纪。当前，我国教育事业正处在快速发展时期。通过改革开放30多年的不懈努力，中国教育事业取得了举世瞩目的成就。13亿人口的发展中大国，实现了全面普及九年义务教育的世纪梦想，完成了高等教育大众化的历史跨越，建成了世界最大规模的教育体系，保障了亿万人民受教育的权利。教育公平不断推进，教育质量稳步提高，极大地提高了全民族素质，实现了人口大国向人力资源大国的转变，并向人力资源强国迈进。教育事业的快速发展对推动我国经济发展、社会进步、民生改善起到了极其重要的作用。

　　党的十八大再次强调指出，"教育是民族振兴和社会进步的基石"。要推动我国教育事业的改革发展，必须全面贯彻党的教育方针，坚持教育为社会主义现代化服务，培养德智体美全面发展的社会主义建设者和接班人。

　　高等院校的社会功能在于人才培养、科学研究、社会服务和文化传承。在我国，党和国家明确提出高等院校人才培养的总目标是：培养千百万中国特色社会主义事业的合格建设者和可靠接班人。高等师范院校是我国人民教师的摇篮，是进行教师职前培养的重要基地。师范院校人才培养是我国高等教育的重要组成部分，为我国经济、社会发展和基础教育培养大量高素质的师范生是师范院校的重要职责。随着社会、经济的快速发展，世界各国都把人才培养与储备作为在日趋激烈的竞争中占据有利位置、制高点的重要手段。到2020年，我国要基本实现现代化的目标，时代的发展和高质量人才的需求对以培养教师为职责的师范院校提出了新的目标、新的要求。因此，师范院校要立足于人才培养，以高度的文化自觉和社会责任感肩负起培养新时期人民教师的神圣使命，体现师范院校特有的育人价值。

　　教育大计，教师为本。《国家中长期教育改革和发展规划纲要（2010—2020年）》提出了"造就一支师德高尚、业务精湛、结构合理、充满活力的高

素质专业化教师队伍"的重要任务，并把"加强教师理想和职业道德教育，增强广大教师教书育人的责任感和使命感"作为提高教师素质的首要措施。目前，我国大约有1600多万名教育工作者，其中中小学教师1200多万名。广大教师牢记自己的神圣使命，为了祖国的教育事业，默默耕耘、辛勤奉献，充分体现了中国知识分子以天下为己任的崇高境界。推动教育事业的科学发展，必须紧紧依靠广大教师和教育工作者。教师的基本素质和职业道德既决定着教育教学的质量，又决定着人才培养的方向。教师的基本素养，特别是教师职业道德比其他职业道德具有更高的要求，在道德行为上比其他职业道德更具强烈的示范性，在道德影响上比其他职业道德更广泛、更深远。因此，教师的基本素养关系着教育的成败，师德则是成就优秀教师的基础。改革开放以来，在经济全球化、社会信息化、体制市场化和文化多元化的背景下，由于市场经济建设中交换关系和利益追求的影响，社会转型时期一些庸俗的社会价值导向，近些年来，出现了种种师德缺失的现象，教师基本素养和师德操守与广大人民群众的期待有差距。因此，加强教师队伍建设，提高教师基本素养和职业道德水平显得尤为重要，师德建设已成为影响我国教师队伍总体素质和教育教学质量的关键。

师范院校的育人价值体现于培养未来的人民教师。师范生是教育的未来，是祖国的明天。师范院校的人才培养目标就是要培养具有较好的专业学科知识和综合素质，以及具有作为人民教师的职业道德的师范生。为加强教师队伍建设，《国家教育事业发展第十二个五年规划》指出，要"吸引优秀学生攻读师范专业，为农村学校特别是农村边远地区学校培养大批下得去、留得住、干得好的骨干教师"，要"创新教师教育培养模式，加强师范生师德和文化素质教育，注重通过文化熏陶培养教师气质"。师范院校除了培养学生专门的学科知识、专业技能以外，更重要的是要使广大师范生真正从职业观和价值取向上认同教师职业，并自觉践行教师职业道德，提高师德认识，陶冶师德情感，磨炼师德意志，养成良好的师德行为习惯，为成长为合格的人民教师打下良好基础。

成都师范学院作为四川省教师教育的重要基地之一，在师范教育改革的实践中，充分利用长期积淀的教师教育的优质资源，认真总结教师培养培训的丰富经验，凝练和总结出"三维一体"的师范生人才培养模式，在教师教育职前培养和职后培训中，始终围绕中小学教师综合素质的提高，以师德养成教育作为教师教育专业化的基础，作为师范生培养的核心。随着我国教师教育改革的不断推进，成都师范学院把师范生的基本素养与师德养成教育作为落实《国家中长期教育改革和发展规划纲要（2010—2020 年)》的一项重要举措，站在人才培养的高度，把师范生的培养作为一项特别的、系统的"工程"来建设、打造，制定出了科学的、具有一定操作性的师范生师德养成教育工作方案。方案结合大学生的世界观、人生观、价值观教育，将理想与道德、个人修养与教师职业道德等内容同校园文化主题活动结合起来，分阶段、分层次地推进实施；把师范生的基本素养与师德养成教育活动贯彻于课内课外、校内校外，以及教育教学的整个过程，特别是第二课堂校园文化建设。通过各种师德养成教育活动的开展，搭建平台、营造环境，组织和引导广大师范生积极参与，使广大师范生自觉接受教师基本素养与师德教育，形成良好的教师职业素养与道德情操。

　　成都师范学院在师范生基本素养与师德养成教育工作方面取得了一定的成果，产生了较好的示范效益；同时，在师范生基本素养与师德养成教育实践中，凝练和总结出了一系列理论成果，承担了一批相关研究课题，制定了《师范生师德培养手册》《师范生师德养成教育工程方案》，发表了《师范生师德养成途径的有效性研究》《师德：从"灌输"到"养成"》《当代师范生师德养成教育新模式》等大量高水平的学术论文，特别是专著《师范生师德养成教育研究》已由中央文献出版社出版，得到了有关专家、教育工作者的充分肯定。

　　在新的历史时期，为认真贯彻党的十八大精神以及《国家中长期教育改革和发展规划纲要（2010—2020 年)》、《国家教育事业发展第十二个五年规划》，深入贯彻教育部关于"强化特色，注重创新，坚持内涵式发展""加强师德建设""大力提升人才培养水平"等若干意见，进一步推进教育教学改革，拓展教师教育的思路，提升师德培养的理论，研究师范生教育面临的新形势、新特点、新思路，总结师范生基本素养与师德养成教育的规律性认识，成都师范学院组织编写了《师范生基本素养与师德养成》一书。

　　该书从教育事业与人民教师、教师职业素养、师范生学业规划与职业展望、教师职业道德的内涵、中小学教师职业道德规范、教师礼仪、师范生师德养成的途径、中外教育中的师德文化等各个方面结合师范生的特点和教育教学规律，对作为未来人民教师的师范生所必需的基本素养与师德养成进行了阐释，这些内容包括党和国家的教育方针政策、法律法规，我国教育事业的发展及其成就，面向世界、面向未来的教育，教师专业发展与教师队伍建设，教师职业道德规范，教师教育文化与中外教育理念，教师职业道德的基本内涵与师范生师德养成的途径，师范生的学业与职业理想、职业规划等。该书既有对师范生基本素养教育与师德养成教育的实践经验总结，又有理论的凝练提升，是

一部教育工作者和师范生提高教师职业素养、加强师德养成的专门读物。期望《师范生基本素养与师德养成》能在当前教师教育改革与高素质师范生人才培养中体现其教育价值、发挥其积极作用，为推动我国教育事业的发展与教师队伍建设作出贡献。

曹永建

2013 年 6 月

目 录

第一章　教育事业与人民教师

　　进入 21 世纪以来，我国教育事业得到了蓬勃发展，教育在经济、社会发展中的作用越来越重要。党中央带领全国各族人民，深入实施科教兴国战略和人才强国战略，坚定不移地走中国特色社会主义教育发展道路，教育改革发展取得了重要成就。

　　我国各级各类学校现有 1600 多万名教师和教育工作者，长期以来，他们在教育工作岗位上教书育人，兢兢业业，默默耕耘，无私奉献，为我国社会主义建设培养了大批人才，为我国教育事业和中国特色社会主义现代化建设作出了重大贡献。目前，随着教师教育的不断推进，我国教师培养已经基本能够满足基础教育对中小学教师的需求；但是，教师队伍的结构还需要调整，教师的基本素养还需要进一步提升。我国基础教育教师队伍建设已从量的需要转向质的需求。要实现我国由人力资源大国向人力资源强国转变的宏伟目标，师范院校必须肩负起人才培养的神圣职责，为经济、社会的发展和基础教育的需要培养高素质的师范生。

　　师范生是未来的人民教师。师范院校的学生，要认真学习党和国家的教育方针、教育法律法规、教育基本问题，树立正确的政治观、世界观、人生观、价值观和道德观，树立对教育事业的崇高理想；要在学科专业学习和教育教学实践中，了解我国教育事业的发展、教育在国民经济中的重要地位及其面向未来的教育发展新趋势，掌握教育的新理论、新理念，树立对教师职业的理想追求；要了解教师专业发展的基本要求，提高自身的素养和师德修养，自觉地成长为一名合格的教育专门人才、高素质的人民教师。

第一节　教育是立国之本

　　在经济、社会建设中，教育具有全局性、先导性和基础性的作用。把教育放在优先发展的战略地位，是中国特色社会主义建设的重要举措。《国家中长期教育改革和发展规划纲要（2010—2020 年）》（以下简称《教育改革和发展规划纲要》）指出，"百年大计，教育为本"，"教育是民族振兴、社会进步的基石"，"是提高国民素质、促进人的全面发展的根本途径"。教育是培养人的社会活动，是人类延续和文化传承的根本途径。一个民族只有依靠教育，才能薪火相传，不断发展。要实现中华民族的伟大复兴，必须立足于教育，提高国民素质。

一、教育是民族振兴、社会进步的基石

（一）人类劳动实践离不开教育

教育是指按照一定社会的要求和受教育者的身心发展特点，由教育者对受教育者施加有目的、有计划、有组织的影响，以期把受教育者培养成一定社会所需要的社会成员的活动。教育是一种专门培养人的社会活动。教育与人类劳动实践紧紧联系在一起，推动着人类社会的发展。

人类的先祖为了生存，与自然界作斗争，经过长期的艰苦劳动，创造发明了物质生产的工具，改善了物质生活条件。因此，人类在创造物质文明的同时，也创造了人类自身。人类在自我繁衍的同时，以自己的劳动积极改造自然，不断积累、丰富生产经验和劳动技术。为了使社会得以发展，先前一代必须把人类积累起来的经验技术和知识传给下一代，教育的问题就此提出，教育就此产生。教育正是劳动力的再生产过程。在劳动过程中，形成人与自然的关系。还形成人与人之间的关系，新生的一代必须接受和适应这种生产关系，才能顺利进行社会实践；年长一代也总是有意识地向他们传授社会实践经验，让他们认识和接受某种生活习俗、行为准则、宗教意识、生产规律等。物质生产的经验和社会实践知识就是在教育中得以传递，并在不断的实践中得到发展。因此，"教育会生产劳动能力"[①]。当人类社会进入文明时代后，原始教育的行动示范模仿、语言相传的教育方式就被更为先进的文字教育所取代。有了文字，人类便有了文明史，文字的出现充分体现了劳动和教育的相互依存、相互促进的关系。在人类发展的历史中，如果没有教育，就不可能实现人类劳动力再生产，也就不存在社会再生产，人类社会创造的物质文明和精神文明也不可能传承，人类社会就不可能进步和发展。

---

① 《马克思恩格斯全集》第 26 卷，人民出版社 1972 年版，第 210 页。

（二）教育的社会功能在促进社会进步中扩展

教育与人类社会发展有着密切的联系，一定的教育总是由一定社会的生产力发展水平决定的，并为一定社会的政治、经济和生产力的发展而服务。随着经济、社会的不断发展，教育所显现的社会功能越来越大。在信息化时代，教育不仅具有传递文化知识、劳动经验技能的功能，还具有其他重要的社会功能。

1．教育的经济功能

人类以往传授知识技能的传统教育，都是由家庭或职业群体进行的。学校只是为这一形式服务，还没有特别凸显面向整个社会的独立作用。在工业化时代的大生产社会中，个人的知识结构和职业技能的形成一般都需要接受较正规的、系统的教育，否则不能满足社会经济对人才素质的要求。因此，教育必然要按照经济结构变化和社会经济发展的需求，发挥其服务于经济的社会功能。《中国教育改革和发展纲要》指出："必须坚持教育为社会主义现代化建设服务，与生产劳动相结合，自觉地服从于经济建设这个中心，促进社会的全面进步。"

2．教育的政治功能

在阶级社会中，统治阶级都注重用教育功能、用教育的力量来保障和维护国家的利益，促进国家政治的稳定和国家的统一。统治阶级为了巩固政权，对教育的方针、目的、内容和形式都有严格的要求，使其符合国家意志，培养自己的接班人，特别是强化意识形态、思想道德在教育中的重要位置。这是由教育的本质所决定的。早在上世纪 90 年代，《中国教育改革和发展纲要》就确定了建设有中国特色社会主义教育体系的主要原则："必须坚持党对教育工作的领导，坚持教育的社会主义方向、培养德智体全面发展的建设者和接班人"。

3．评估和分化功能

随着科学技术的发展，经济、社会对劳动者的知识、技能提出了越来越高的要求。在一般情况下，社会对劳动者的需求一般采取一种简化的评估方式，即把一个人受教育的时间和受教育的程度与其知识、技能等水平联系在一起，形成为其学历。这样，学历不仅成为取得相应工作的凭证，而且成为获得相应工资待遇及其地位的标志；教育学历的高低就直接与职业地位和发展前程相联系，形成自然分化。这种评估和分化并不完全科学，但这一基本准则已成为一种普通认可的标准，成为教育独具的社会功能。

同时，教育通过对人的思想认识的启发、引导，促使广大社会成员遵从社会规范，保证社会有序发展。这也是教育的主要社会功能。

（三）现代教育的重要作用

教育受一定社会、经济条件的制约，同时又反作用于一定社会、经济。一个国家的教育领域中存在的问题往往并不只是教育自身矛盾的反映，也是一个国家历史和现实社会、经济因素的折射。教育中存在的问题，如果得不到及时解决，会影响教育事业健康发展，就会削弱其推动社会进步的作用。教育的根本目的是培养造就人才，满足社会各方面的需要。当今世界，各国科技与经济的竞争日趋激烈，这种竞争归根到底就是人才的竞争、教育的竞争。只有教育得到发展，经济建设才能得到发展，社会才能进步，国家才能富强。一个国家教育发展的水平和重视教育的程度，可以预示这个国家社会、经济发展的趋势。战国时期的荀况说："国将兴，必贵师而重傅；贵师而重傅，则法度存。国将衰，必贱师而轻傅，则人有快，人有快则法度坏。"① 可见，国运兴衰，系于教育。党中央明确提出："必须把教育摆在优先发展的战略地位，努力提高全民族的思想道德和科学文化水平，这是实现我国现代化的根本大计"。《中华人民共和国教育法》规定："教育是社会主义现代化建设的基础，国家保障教育事业优先发展。全社会应当关心和支持教育事业发展。"②

现代教育对国民经济发展具有基础性地位，全局性、先导性影响，对我国现代化建设具有极其重要的作用。

1. 基础性地位

在现代社会中，教育同科学技术这个第一生产力紧密联系，具有基础性的地位。教育不仅是社会劳动再生产的手段，而且是把科学技术转变为现实生产力的关键因素。只有通过教育，使生产者掌握现代科学技术和新的生产技能，才能使处于知识形态潜在生产力的科学技术转变为现实生产力。现代教育，特别是高等教育，是先进文化、先进科学技术的发源地，学校的科研活动能有效地促进现代科学技术的发展。因此，发展现代科学技术必须以教育为基础，做到生产、科研、教育三者相结合。而只有以教育为基础，才能实现三者有效的相互作用，发挥各自的最大潜力，促进现代化事业的高速发展。因此，在社会主义现代化建设中，教育具有基础性地位。

2. 全局性作用

教育在现代化建设中渗透于各个方面、各个阶段、各个环节，是现代化建

---

① 《荀子·大略》。快，纵逸之意。

② 《中华人民共和国教育法》。http//www. moe. edu. cn/publicfiles/business/htmlfiles/moe/moe＿619/200407/1316. html。

设必不可少的重要手段。教育所要解决的根本问题在于人的素质的全面提高。教育是促进人的全面发展的根本途径。人的全面发展是人类对自身发展的最高追求。而现代化事业的实现最终依靠的是人，所以，人的素质是第一位的因素。"发展教育事业，提高全民族的素质，把沉重的人口负担转化为人力资源优势，这是我国实现社会主义现代化的一条必由之路。"① 教育对经济建设的服务，主要是通过人才培养和智力支持的方式来实现的。国民素质的提高不能像技术设备那样从国外引进，而必须通过教育手段，否则，引进的先进技术设备也无法发挥作用。教育的影响力是长久的，教育对我国现代化建设具有全局性的作用。邓小平同志指出："忽视教育的领导者，是缺乏远见的，不成熟的领导者，就领导不了现代化建设。"②

3. 先导性作用

（1）教育在经济、社会发展中具有先导性作用

要加快现代化的步伐，就必须优先发展教育，培养未来社会需要的人才。而教育具有周期长、效益迟的特点。因此，培养人才的教育，要先于经济的发展。"世界范围的经济竞争、综合国力竞争，实质上是科学技术的竞争和民族素质的竞争。从这个意义上说，谁掌握了面向 21 世纪的教育，谁就能在 21 世纪的国际竞争中处于战略主动地位。为此，必须高瞻远瞩，及早筹划我国教育事业的大计，迎接 21 世纪的挑战。"③

（2）教育在社会主义现代文明中具有导向性作用

在社会主义物质文明建设中，劳动者的思想道德素质与其科学技术素质具有同等重要的作用，甚至更为重要，它决定劳动者的工作态度、革新创造精神、道德情操等。而思想道德素质的培养必须依靠教育。社会主义精神文明建设的根本任务，是适应社会主义现代化建设的需要，培养"四有"新人，提高整个民族的思想道德素质和科学文化素质，特别是要教育青年一代树立正确的世界观、人生观、价值观。

---

① 《中国教育改革和发展纲要》。http：//www. eol. cn/guojia_3489/20060323/t20060323_49571. shtml.

② 《邓小平文选》第 3 卷，人民出版社 1993 年版，第 121 页。

③ 《中国教育改革和发展纲要》。http：//www. eol. cn/guojia_3489/20060323/t20060323_49571. shtml.

二、我国教育事业的发展及其成就

（一）新时期我国教育事业的发展

回顾改革开放 30 多年来我国教育发展的历程，反思和总结历史的经验、教训，是面向未来的教育发展的重要认识前提。

1. 我国教育改革发展的过程

改革开放 30 多年来，中国教育的发展与经济、社会的发展同步，主要经历了 4 个阶段，即拨乱反正，恢复整顿的阶段；开展教育体制改革阶段；教育的扩张发展阶段；贯彻落实科学发展观，促进教育公平，探索面向未来新教育的阶段。

（1）提出教育现代化的任务

1976 年 10 月，党中央粉碎了"四人帮"篡党夺权的阴谋。以后，党中央确定了以经济建设为中心的新的发展路线。1977 年，邓小平主管科技和教育，推动了教育领域的"拨乱反正"。1977 年 11 月，《人民日报》发表文章正式否定了"四人帮"炮制的否定知识分子和十七年教育路线的"两个估计"；国家恢复了已经中断 10 年的高等学校统一考试招生制度，在全社会重新树立了尊重知识、重视教育的风气。1983 年，邓小平为景山学校题词"教育要面向现代化，面向世界，面向未来"，正式提出了教育现代化的任务。

（2）开展教育体制改革

1985 年 5 月，《中共中央关于教育体制改革的决定》颁布。20 世纪 80 年代，中央相继颁布了关于经济体制改革、科技体制改革和教育体制改革的决定，推动了我国体制改革和现代化的进程。

《中共中央关于教育体制改革的决定》提出了与"以经济建设为中心"相一致的新的教育方针："教育必须为社会主义建设服务，社会主义建设必须依靠教育。"党的十一届三中全会以来，虽然教育事业得到了恢复，开始走上了蓬勃发展的道路，"但是，轻视教育、轻视知识、轻视人才的错误思想仍然存在，教育工作方面的'左'的思想影响还没有完全克服，教育工作不适应社会主义现代化建设需要的局面还没有根本扭转"。"要从根本上改变这种状况，必须从教育体制入手，有系统地进行改革"，改革管理体制，调整教育结构，改革同社会主义现代化不相适应的教育思想、教育内容、教育方法。

这次教育体制改革的重要内容有：实施九年义务教育制度，将发展基础教育的责任和管理权限下放给地方；调整中等教育结构，大力发展职业技术教育；扩大高等学校办学自主权，学校逐步实行校长负责制，等等。

（3）教育的扩张发展

上世纪 90 年代以来的教育发展，主要追求规模和速度，使我国教育走上一条特殊发展路径。在效率优先、经济主义的发展背景下，教育着重于以量的增长为目标；加之教育投入严重不足和不成熟的市场化，使教育呈现出产业化的趋向。这一阶段的教育改革，主要有农村义务教育实行多渠道集资办学、"人民教育人民办"；中小学改革学校产权制度，通过转制学校、"名校办民校"实行高收费；高等学校进行合并和调整、实行大规模扩招和收费制度，大规模借贷建设"大学城"；提出建设世界一流大学，等等。这一阶段的改革扩大了教育规模，增加了教育机会，对教育的公益性、公共性却重视不够，权学交易、钱学交易现象的出现，损害了教育公平；教育乱收费、高收费等乱象屡禁不止，教育质量受到严重影响。

（4）办好人民满意的教育

本世纪初，随着科学发展观的提出，我国对教育的认识和教育发展的模式有了根本性的转变。2006 年 10 月，党的十六届六中全会通过的《中共中央关于构建社会主义和谐社会若干重大问题的决定》，提出了"坚持教育优先发展，促进教育公平"的方针。2007 年 10 月召开的党的十七大，将教育视为重要的民生问题，提出要"优先发展教育，建设人力资源强国"，强调"教育是民族振兴的基石，教育公平是社会公平的重要基础"，提出了"办好人民满意的教育"的新教育目标。

正是在科学发展观的新视野中，出现了将教育视为重要的民生事业，以及举办"人民满意的教育"的崭新提法，促进教育公平逐渐成为教育公共政策的基本价值。宏观政策的改变，包括优先发展和投资教育，实施农村义务教育免费的政策；促进义务教育均衡发展的方针；清理和整顿改制学校，恢复公办学校的公益性；控制高等教育发展规模，重在提高教育质量等，对农村教育、义务教育、教育公平的关注逐渐取代了此前以数量、规模、速度为主的追求，我国教育走上了科学发展的道路。

2. 新时期我国教育事业取得的成就

改革开放 30 多年来，我国教育取得了前所未有的巨大成就，教育成为推动我国社会主义现代化事业的强劲动力。随着教育改革的全面深化，我国教育事业得到持续健康发展。在新世纪第一个 10 年，我国终于实现了从人口大国向人力资源大国的转变，正在昂首迈向人力资源强国。

目前，我国已基本普及九年义务教育，高等教育进入大众化发展阶段，各

级各类学校教育机会显著增加，中国人基本受教育权益保障水平达到历史新高。2011年，我国九年义务教育普及率已达100%，初中阶段毛入学率超过100%，高中阶段的毛入学率达到84%，中等职业教育发展水平和质量不断提高。2011年，我国高等教育毛入学率达到26.9%，规模已达3167万人，高等教育毛入学率达到26.9%，跃居世界第一。2011年，全国共有在校生2.7亿人，专任教师1442万人，人均预期受教育年限上升为11.5年，大大缩小了与发达国家的差距，为人力资源深度开发打下了坚实基础。

近年来，国家采取一系列措施增加教育机会，促进教育公平。2006年6月，全国人大常委会通过新修改的《中华人民共和国义务教育法》，确立了各级政府分担义务教育经费的机制，以及促进义务教育均衡发展的方针。在实现了城乡免费义务教育的同时，国家建立了由中央政府、省级政府等分担的农村义务教育经费新机制，将义务教育经费全面纳入公共财政保障范围，中央财政负担的义务教育经费大幅增加。2007年5月，国家建立健全普通高校、高等职业院校和中等职业学校家庭贫困学生资助政策体系。这是继义务教育实现免费之后，促进教育公平的又一重大举措。自2008年起，在全国义务教育学校实施绩效工资，提高教师待遇。

伴随国家优先发展和投资教育的指导思想，近年来教育经费开始大幅增加。2012年，国家财政性教育经费占GDP的比例已达到4%。

（1）"两基"目标基本实现，全面实现城乡免费义务教育

新中国成立初期，我国小学入学率、非文盲率只有20%，为此，我国政府长期致力于义务教育的普及和扫盲工作的开展。1992年，党的"十四大"明确了"到本世纪末，基本扫除青壮年文盲，基本实现九年义务制教育"目标，即"两基"目标。2006年，全国人大常委会修订颁布《中华人民共和国义务教育法》，新义务教育法明确国家将义务教育全面纳入财政保障范围，义务教育的工作重心由数量的普及转向质量的提升。截至2008年年底，全国实现"两基"的县（市、区）占总数的99.1%，"两基"人口覆盖率达到99.3%。"两基"目标基本实现后，义务教育从基本普及转向全面普及和巩固提高阶段。作为世界上人口最多的发展中国家，全面普及九年免费义务教育在我国教育发展史上具有里程碑的意义。

（2）职业技术教育快速发展，适应经济、社会发展能力不断提高

职业技术教育是促进经济、社会发展和劳动就业的重要途径，是我国教育的重要组成部分。改革开放以来，党和国家把发展职业教育放在更加突出的位置。2005年，全国职业教育工作会议确立大力发展职业教育的方针，推动了

我国职业教育的发展，职业教育取得显著成绩。我国职业技术教育坚持以服务为宗旨，以就业为导向，面向市场和社会办学，并通过企业、行业和社会各界的积极参与，不断探索多元化的办学模式。2009 年，全国中等和高等职业教育招生总规模达到 1100 万人，在校生超过 3400 万人，分别占据了高中阶段教育和高等教育半壁江山，公办与民办职业教育共同发展的办学格局初步形成。职业技术教育的发展，基本适应了经济、社会发展和人民群众对职业教育的强烈需求，为现代化建设培养了大批高技能的专门人才。

（3）高等教育进入大众化阶段，人才培养和创新服务能力明显增强

1977 年，受"文化大革命"冲击而中断了 10 年的高考制度得以恢复，这不仅改变了几代人的命运，更为我国教育事业的发展起到了重要的推动作用，中国由此迎来了尊重知识、尊重人才的时代。世纪之交的高等教育扩招，促使高等教育迈入大众化阶段，截至 2011 年，我国的高等教育毛入学率已达 26.9%，高等教育在学人数规模居世界第一。"211 工程"和"985 工程"的实施，有力地推动了高等教育质量的提高，建设了一批高水平大学和重点学科。高校积极发挥自身优势，培养了大批高技能人才，为现代化建设提供了强有力的人才支撑。此外，高校为国家创新体系的建设作出突出贡献，不断创新产学研结合的实践模式，自然科学成果层出不穷；哲学社会科学研究人员的绝大多数分布在高校，高校已成为国家理论创新和决策咨询的思想库、社会主义文化建设的重要基地。

（4）教师整体素质显著提高，教师队伍建设成果突出

在新的历史时期，我国中小学教师队伍、高校教师队伍建设均有了长足进展；教师队伍的规模与结构发生了重要变化，教师数量配备不断改善，生师比逐步趋于合理。我国普通小学和初中专任教师学历合格率已达 100%，高中专任教师学历合格率超过了 90%；教师队伍年龄结构趋于合理，中青年教师队伍建设走向规范化、专业化。职业教育"双师型"教师建设取得新的进展。师范生免费教育工作进展顺利。高校学术梯队建设取得明显进展，学科带头人和骨干教师队伍不断发展。

（5）教育机会均等初现成效，教育公平迈出重大步伐

本世纪初，教育公平逐渐成为我国教育事业发展与改革的着力点，教育机会大大增加，农村义务教育全面纳入国家财政保障范围，保障了农村义务教育阶段学校的公用经费。以流入地政府管理为主，以全日制公办中小学为主的政策，使进城农民工子女就学保障得到很大改善，关爱留守儿童也已逐步成为社会共识。高校家庭经济困难学生资助体系和中等职业教育学生助学金制度，为

保障受教育者都上得起学提供了有力的支持，充分体现了我国的教育公平。

（二）我国教育发展面临的机遇与挑战

目前，我国教育事业的发展成就与问题同在，机遇与挑战并存。我国教育事业取得的成就令人欣慰，但我们更要清楚地认识到教育发展面临的各种机遇和挑战。

1. 新时期教育发展的机遇

首先，科教兴国、人才强国的战略为教育发展提供了有利的外部环境。在本世纪初，党和国家提出了"尊重劳动、尊重知识、尊重人才、尊重创造"的方针，赋予人才概念以新的时代内涵，加强人才队伍建设成为新时期国家发展的重要战略，也成为社会大众的共识。而人才的培养靠教育，科教兴国、人才强国战略为教育事业的振兴创造了有利的外部环境。

其次，经济社会发展带来巨大的教育需求。在当前我国经济、社会和科技迅速发展的形势下，经济体制改革、社会发展进步和科技创造都对教育产生了巨大的需求。社会大众对教育的需求也更加注重公平、质量和多样性。随着知识、技能的价值越来越充分显现，教育在改变个人命运、创造幸福生活方面所起的作用越来越重要，人民对优质教育的渴望越来越强烈、迫切。教育需求的巨大潜力也为未来我国教育事业的发展提供了无限的动力。

再次，新中国成立以来，特别是改革开放以来，教育发展的成就和经验为新时期教育的发展奠定了坚实的基础。60多年来，我国教育事业尽管出现了一些挫折，但也取得了巨大的成就，积累了丰富的经验。这些成就和经验一方面为教育的继续发展打下了坚实的基础，另一方面也增强了我国继续教育改革和发展的信心。

同时，随着社会主义和谐社会建设的不断推进，稳定的政治环境和平稳的经济发展也为教育提供了有利的外部保障，信息时代、对外交流的扩大将为教育发展创造新的契机。

2. 新时期教育发展存在的问题与挑战

从国内来看，我国教育还没有充分适应经济、社会发展的需要，也未能充分满足人民大众的教育需求。《教育改革和发展规划纲要》明确指出，我国当前教育中存在的问题主要有："教育观念相对落后，内容方法比较陈旧，中小学生课业负担过重，素质教育推进困难；学生适应社会和就业创业能力不强，创新型、实用型、复合型人才紧缺；教育体制机制不完善，学校办学活力不足；教育结构和布局不尽合理，城乡、区域教育发展不平衡，贫困地区、民族地区教育发展滞后；教育投入不足，教育优先发展的战略地位尚未完全落实。"

目前，我国城乡、区域及学校之间的教育差距较为明显，优质教育资源供给不足与人民大众对教育的需要矛盾突出。保持经济平稳较快发展，转变经济发展方式，推动产业结构升级，建设资源节约型和环境友好型社会，归根结底都需要教育事业的发展。《教育改革和发展规划纲要》中提出的问题正是我国以后很长一段时间内教育改革与发展的着力点。因此，解决好这些问题，推动教育在更高的起点上实现更大的发展，既是人民的心声，也是经济、社会发展的需要。

从国际上来看，新中国成立以来我国的教育事业尽管成就突出，但与发达国家相比却依然存在很大的差距。知识经济时代，国际竞争日趋激烈，知识成为提高综合国力和国际竞争力的决定性因素。而知识的储备取决于人才的培养，人才的培养又依赖于教育的振兴。当前，我国教育的财政支持与发达国家相比差距很大，甚至尚未达到发展中国家的平均水平。我国劳动力的整体素质，特别是人才的创新能力明显不足。而国际金融危机带来的挑战无疑再次敲响警钟，提高国民素质、培养创新人才迫在眉睫。放眼全球，大力发展教育是各国在国际竞争与合作中占据制高点的重要法宝，振兴教育事业也是中华民族伟大复兴的必经之路。

教育事关民族兴旺、人民福祉和国家未来，是民族振兴的基石。只有坚持教育优先发展战略，不断深化教育改革，大力发展教育事业，抓住机遇、迎接挑战，才能满足人民群众的迫切需求，才能为经济发展和社会进步注入强劲的活力，使我国逐渐向人力资源强国迈进，实现中华民族的伟大复兴。

三、面向世界、面向未来的教育

（一）当今世界教育发展的现状及趋势

1. 把教育作为社会发展中的战略重点

在世界历史发展中，世界各国都不同程度地认识到教育是一项关系国家兴衰的重要事业。随着社会的发展，这种认识越来越普遍、深刻。当今世界，国际上人才竞争和教育竞争日趋激烈。教育滞后，必将影响一个国家的综合国力和国际地位。加速发展教育，以促进民族素质的改善、提高，促进科技的发展，这是任何一个国家获得更大发展的先决条件和基本方式。当前，许多国家都把教育作为本国经济、社会发展的战略重点。我国确立了"百年大计、教育为本"的指导思想。《中国教育改革和发展纲要》明确指出："教育是社会主义现代化建设的基础，必须坚持把教育摆在优先发展的战略地位。"《中华人民共

和国教育法》也作出明确法律规定:"国家保障教育事业优先发展"。

世界各国为了保证教育的战略重点地位,采取了种种措施,而其中特别重要的一项措施就是保证相当的教育投入。目前,发达国家的教育投入基本稳定在国民生产总值的6%左右,发展中国家的平均数也超过4%。美、日、法等发达国家采取多渠道、多形式集资办学,增加教育投入。《中华人民共和国教育法》第54条规定了我国教育经费的两个"逐步提高",以保证教育发展的战略地位。同时,为了促进教育的发展,各国都十分重视加强师资建设,提高教师的经济和社会地位。日本立法规定:凡属义务教育,各级各类教育职员的工资要高于一般公务员的水平,而实施结果已高出了16%。韩国的教师工资较高,因而报考师范院校的学生不断增加。《中华人民共和国教育法》对加强教师队伍建设也作了专门规定。

为推动教育事业的发展,很多国家不断改善教育的运行机制。为了保证教育的有限投入效益和教育的良性运行,许多国家着力构建出一套适合本国国情、具有活力和激励调节功能的运行机制。西方一些国家改革原有的单一市场调节或政府计划机制,形成学校自主办学、社会参与、市场调节、政府宏观管理相结合的教育运行机制,以保证教育的战略地位。

2. 教育改革已成为世界性潮流

上世纪80年代,世界政治、经济形势和格局发生了重大变化,很多国家为了适应这种变化,掀起了教育改革的潮流,这一改革潮流随着新科技革命的迅猛发展和国际竞争的加剧而席卷全球。教育改革以提高教育质量为核心,涉及教育思想、培养目标、教育制度、教育内容等各方面的综合性整体改革。这是当代世界各国教育发展的必然趋势。

世界各国教育改革的主要措施是:把加强基础教育、提高教育质量作为改革的中心;重视教育与经济的联系,面向社会、经济、市场,在服务中谋求自身发展;以终身学习、终身教育思想构建教育体系;重视道德品质、思想素质教育;推行教育国际化,适应国际上越来越相互依赖和竞争加剧的新形势。

时任美国总统布什于1989年自称为"教育总统"。他上台后不久,即召集各州州长专门研究教育改革问题,制定了"国家教育目标";1991年,他又提出了"教育革命"的口号和到20世纪末的美国教育战略。美国一些有识之士认为,今后一个时期美国的"基本建设"所面临的挑战,既非能源,亦非交通,而是教育的改革。时任日本首相中曾根康弘在1984年提出,"展望21世纪,一个势在必行的全面改革教育的时代已经到来"。此后,日本议会通过了设立专门的"临时教育审议会"的议案,指出了日本教育存在的严重问题和改革的原则及建设措施。同时，英、法、德、韩等国都在大力推进教育改革，促进教育的健康发展，推动教育现代化。

3. 用法律来保障教育的发展

在各种教育发展的战略措施中，最重要的是教育立法。加强教育法制建设，努力使教育发展法制化、规范化是教育发展的重要保障。许多国家在宪法中明确规定受教育权是公民的基本权利和义务，制定了专门的教育法及教育基本法规，对教育的基本问题作出具体的法律规定，用国家强制力保证教育发展、体现国家意志。世界各国都在大力推行完善教育立法的工作，加强法制建设。

各国的教育法规因社会性质、政治和经济体制以及文化传统的不同，对教育的基本规定有所不同，但有些内容却是一致的，如在教育的基本原则方面规定：受教育的机会均等；教育按照既定人才培养目标和内容开展教育教学活动；教育要为国家培养专门人才；教育应传承和弘扬民族文化。另外，在教育基本体制及法律责任的原则规定方面，各国的教育法规也有相似之处。

（二）我国教育事业的发展规划

《国家中长期教育改革和发展规划纲要（2010—2020 年)》是党中央和国务院作出的重要决策，体现了党和国家把教育摆在优先发展的地位。《国家中长期教育改革和发展规划纲要（2010—2020 年)》的正式公布，是我国社会生活中的一件大事。它关系到今后 10 年我国教育的发展、人才的培养和国民素质的提高。

1. 制定《教育改革和发展规划纲要》、谋划教育未来发展

《教育改革和发展规划纲要》指出，"百年大计，教育为本"，"教育是民族振兴、社会进步的基石，是提高国民素质、促进人的全面发展的根本途径"，"教育是培养人的社会活动，是人类延续、文化传承的根本途径"。一个民族只有依靠教育才能世代相传，失去了教育，这个民族也就不复存在。在世界四大文明古国中，唯有中华文化薪火相传、绵延至今，中华民族的文明就是通过教育传承下来，教育对于凝聚民族起到了不可磨灭的作用。综观我国几千年的历史，教育兴则国家强。清朝中后期中国的衰落除了因为政治的腐败以外，还有一个重要原因就是教育的僵化，科举八股束缚了人们的头脑，抑制了人们的创造能力。因此，要实现民族振兴，必先振兴教育。

党和国家明确提出，大力发展教育事业，是全面建设小康社会、加快推进社会主义现代化、实现中华民族伟大复兴的必经之路。全党、全国要积极行动起来，坚持育人为本，以改革创新为动力，以促进公平为重点，以提高质量为

核心，推动教育事业在新的历史起点上科学发展，加快从教育大国向教育强国、人力资源强国迈进，为中华民族伟大复兴和人类文明进步作出贡献。

《教育改革和发展规划纲要》指出："我国正处于改革发展的关键阶段，经济建设、政治建设、文化建设、社会建设以及生态文明建设全面推进"。时任总理温家宝在《百年大计，教育为本》一文中提出，"教育事关民族兴旺、人民福祉和国家未来"；要保持经济平稳较快发展，必须依靠科技进步和提高劳动者素质；发展文化、科技、教育、卫生等社会事业，推进民主法制建设和社会公平正义，同样需要培养大批高素质的各类人才。

新中国成立 60 多年来，特别是改革开放 30 多年来，我国教育取得了巨大的成就，但还不完全适应国家经济、社会的发展和人民群众接受良好教育的要求，与发达国家相比，我国科技创新能力还比较弱，竞争能力不强。因此，要实现中华民族复兴，为世界文明进步与经济繁荣作出贡献，就必须发展教育，培养高素质人才。

《教育改革和发展规划纲要》提出："中国未来发展、中华民族伟大复兴，关键靠人才，基础在教育。"

2. 教育改革发展的战略目标和战略主题

《教育改革和发展规划纲要》提出，到 2020 年，我国教育事业改革发展的战略目标是："基本实现教育现代化，基本形成学习型社会，进入人力资源强国行列。"实现更高水平的普及教育，形成惠及全民的公平教育，提供更加丰富的优质教育，构建体系完备的终身教育，健全充满活力的教育体制。

"实现更高水平的普及教育"是指：基本普及学前教育；巩固提高九年义务教育水平；普及高中阶段教育，毛入学率达到 90%；高等教育大众化水平进一步提高，毛入学率达到 40%；扫除青壮年文盲；新增劳动力平均受教育年限从 12.4 年提高到 13.5 年；主要劳动力年龄人口平均受教育年限从 9.5 年提高到 11.2 年，其中受过高等教育的比例达到 20%，具有高等教育文化程度的人数比 2009 年翻一番。

《教育改革和发展规划纲要》提出，我国教育改革发展的战略主题是："坚持以人为本、全面实施素质教育"。其核心是解决好培养什么人、怎样培养人的问题，目标是培养德智体美全面发展的社会主义建设者和接班人，重点是提高学生的社会责任感、创新精神和实践能力，推进思路是坚持教育为先、能力为重、全面发展。

3. 我国教育事业发展的主要任务及其重要内容

《教育改革和发展规划纲要》按照完善现代国民教育体系、形成终身教育体系的要求，明确了今后一个时期我国教育发展的主要任务：

第一，积极发展学前教育，重点发展农村学前教育。

第二，依法实施九年义务教育，巩固提高教育水平，重点推进均衡发展，消除辍学现象，夯实教育公平的基础。

第三，普及高中阶段教育，合理确定普通高中和中等职业学校招生比例，提升我国新增劳动力受教育水平。

第四，把职业教育放在更加突出的位置，建立健全政府主导、行业指导、企业参与的办学机制；完善职业教育支持政策，增加职业教育吸引力，提高学生就业创业能力；加强面向农村的职业教育。

第五，全面提高高等教育质量，使人才培养、科学研究和社会服务整体水平显著提升；优化高等教育结构，鼓励高校办出特色、办出水平，加快创建世界一流大学和高水平大学的步伐。

第六，发展继续教育，通过建立学分转换、完善自学考试、办好开放大学等制度措施，搭建终身学习"立交桥"，努力建设学习型社会。

第七，重视和支持民族教育事业，全面提高少数民族和民族地区教育发展水平；大力推进双语教育。

第八，关心和支持特殊教育，完善特殊教育体系，健全特殊教育保障机制。

同时，《教育改革和发展规划纲要》以人才培养为核心，对我国教育改革进行了总体设计，明确了教育改革的重要任务：

第一，改革人才培养体制。强调更新培养观念，创新培养模式，改革教育质量评价和人才评价制度。

第二，改革考试招生制度。按照政府宏观管理、学校自主招生、学生多次选择的思路，逐步形成分类考试、综合评价、多元录取的考试招生制度，加强信息公开的社会监督。

第三，建设中国特色现代学校制度。推进政校分开、管办分离，保障学校办学自主权，建设依法办学、自主管理、民主监督、社会参与的现代学校制度。

第四，改革办学体制。坚持教育公益性原则，形成以政府办学为主体、全社会积极参与、公办教育和民办教育共同发展的格局；大力支持、依法管理民办教育。

第五，改革管理体制。以转变政府职能和简政放权为重点，形成政事分开、权责明确、统筹协调、规范有序的教育管理体制，提高公共教育服务

水平。

第六，扩大教育开放。引进优质教育资源，推动我国高水平教育机构海外办学，提高我国教育国际交流合作水平。

4. 推进教育改革发展的保障措施

为了保障教育事业科学发展、实现教育改革发展的战略目标，《教育改革和发展规划纲要》提出了各项保障措施：

第一，加强教师队伍建设。健全教师管理制度，改善教师地位待遇，提高教师业务水平，努力建设一支师德高尚、业务精湛、结构合理、充满活力的高素质专业化教师队伍。

第二，保障经费投入。健全以政府投入为主、多渠道筹集教育经费的体制，增加财政性教育投放，调动全社会办教育的积极性，完善受教育者合理分担机制；加强管理，提高经费使用效益。

第三，加快教育信息化进程。构建国家教育管理信息系统，加强优质教育资源开发应用，提高教育质量和管理水平，以教育信息化带动教育现代化。

第四，推进依法治教。完善中国特色社会主义教育法律体系，坚持依法治校、从严治校，加强教育督导、教育执法和监督问责。

第五，加强和改善党和政府对教育工作的领导，切实履行推动教育事业优先发展、科学发展的职责。加强和改进教育系统党的建设，充分发挥党组织在学校工作中的作用，始终坚持社会主义办学方向，切实维护教育系统和谐、安全、稳定。

第六，着眼于教育改革发展全局和人民群众关心的突出问题，以加强薄弱环节和关键领域为重点，实施重大项目和改革试点。

（三）新时期我国教育的指导思想和教育工作方针

《教育改革和发展规划纲要》明确提出了指导我国当前教育改革和未来教育发展的指导思想和工作方针。

1. 新的教育指导思想

《教育改革和发展规划纲要》指出："在党和国家工作全局中，必须始终坚持把教育摆在优先发展的位置。按照面向现代化、面向世界、面向未来的要求，适应全面建设小康社会、建设创新型国家的需要，坚持育人为本，以改革创新为动力，以促进公平为重点，以提高质量为核心，全面实施素质教育，推动教育事业在新的历史起点上科学发展，加快从教育大国向教育强国、从人力资源大国向人力资源强国迈进，为中华民族伟大复兴和人类文明进步作出更大贡献。"

《教育改革和发展规划纲要》提出我国教育的指导思想是："高举中国特色社会主义伟大旗帜，以邓小平理论和'三个代表'重要思想为指导，深入贯彻落实科学发展观，实施科教兴国战略和人才强国战略，优先发展教育，完善中国特色社会主义现代教育体系，办好人民满意的教育，建设人力资源强国。"因此，要全面贯彻党的教育方针，坚持教育为社会主义现代化建设服务、为人民服务，与生产劳动和社会实践相结合，培养德智体美全面发展的社会主义建设者和接班人；要全面推进教育事业科学发展，立足社会主义初级阶段基本国情，把握教育发展阶段性特征，坚持以人为本，遵循教育规律，面向社会需求，优化结构布局，提高教育现代化水平。

2. 新的教育工作方针

《教育改革和发展规划纲要》提出的 20 字工作方针是："优先发展、育人为本、改革创新、促进公平、提高质量"。这即把教育摆在优先发展的战略地位，把育人为本作为教育工作的根本要求，把改革创新作为教育发展的强大动力，把促进公平作为国家基本教育政策。

2010 年 6 月，中共中央通过的《国家中长期人才发展规划纲要（2010—2020 年）》，提出了指导未来人才工作的基本方针，即"服务发展、人才优先、以用为本、创新机制、高端引领、整体开发"。党中央提出要把服务科学发展作为人才工作的根本出发点和落脚点；确立在经济、社会发展中人才优先发展的战略布局，充分发挥人才的基础性、战略性作用；用好用活人才，把充分发挥各类人才的作用作为根本任务；把深化改革作为推动人才发展的根本动力，坚决破除束缚人才发展的思想观念和制度障碍；充分发挥高层次人才的引领作用；鼓励和支持人人都能成才、行行出状元，实现各类人才队伍协调发展。

上述教育的指导思想和教育工作方针奠定了我国面向未来的教育改革和发展的基本理念及其方向。

3. 办好人民满意的教育，建设人力资源强国

《教育改革和发展规划纲要》指出，要"办好人民满意的教育，建设人力资源强国"。教育不仅是实现国家发展、民族振兴的基础性、战略性事业，也是关系到每一个儿童和青少年成长、每一个家庭幸福的民生事业。随着物质生活的不断提高，人民对教育的需求不断增长。因此，我们要办好人民满意的教育。

教育作为一种人力资源开发，无论对于国家发展还是个人发展都是极其重要的。人力资源强国是指在人力资源开发规模、开发水平和开发质量方面处于世界领先地位的国家，是指人力资源发展水平、发展能力、发展潜力和发展贡

献方面的综合指数处于世界前列的国家。虽然人力资源强国在一定意义上跟人口的数量有关，但更多的是跟人口深度开发、经过教育以后形成的竞争力直接相关。经过新中国 60 多年教育的发展，我国已成为人力资源大国，但还不是人力资源强国。一个国家人力资源状况的决定因素，主要包括数量、质量、结构和效率四个方面。数量体现人力资源的规模、质量体现人力资源的水平、结构体现人力资源的配置、效率体现人力资源的使用。人力资源强国的实现在总体上表现为人力资源的充分开发、普遍提升、合理培训和有效利用。① 因此，为了实现《教育改革和发展规划纲要》提出的宏伟目标，我国应该加大教育投入力度，调整人才培养结构，鼓励教育多样化发展，积极完善教育体制和管理体制，加速教育现代化的进程，努力迈向人力资源强国。

第二节　加强教师队伍建设

《教育改革和发展规划纲要》指出，教育事业发展要"建设高素质教师队伍"，要把教师队伍建设摆在教育改革和发展的最优先的战略地位，"严格教师资质，提升教师素质，努力造就一支师德高尚、业务精湛、结构合理、充满活力的高素质专业化队伍"。

一、教育大计，教师为本

振兴民族的希望在教育，振兴教育的希望在教师。教师在教育中有着极其重要的地位和作用，教师队伍素质对教育发展起着决定意义。建设一支具有良好政治及专业素质、相对稳定的教师队伍，是教育改革和发展的根本大计。

（一）教师是教育活动的主体

教师是人类社会思想、道德、文化的传播者和创造者，是向受教育者传播人类社会生产经验和生活经验，为人类社会培养和造就各类人才的专业劳动者。教师在现代教育活动中的作用越来越大，教师直接影响着教育运行和教育效果，直接关系到教育事业的发展。

1. 教师是教育文化的发明者、改革者

自从有了学校，便逐步有了专门的教师。教师根据社会的要求，有计划、有组织、有目的地进行教育，在教育实践中不断摸索总结教育的内容、形式、

---

① 国家教育发展研究中心：《2008 年中国教育绿皮书》，教育科学出版社 2008 年版，第 72 页。

方法和教育的规律以及受教育成长的规律，积累教育经验。经过教师的努力，形成了系统的教育文化，并在教育实践中得以完善。教师的专业工作是不可代替的。没有教师，就不可能产生和发展教育文化，现代意义的教育也就根本不存在。

2. 教师担负着教育下一代的任务

要解决青年一代的教育问题，需要从事教育的教师来完成。只有通过教师的教育活动，才能够有目的、有计划地把社会长期积累下来的生产经验、职业技能、科学文化知识以及和一定生产关系相适应的思想观念、行为规范等传授给下一代。这样，人类社会才能代代相传，持续发展下去。

教师通过教育活动对人类社会的延续发展起着承先启后的纽带作用。教师是教育功能的承载者，没有教师，教育就无法进行，人类文化的传递和继承就会中断，人类社会的发展也会因教育中断而停滞。

3. 教师在教育过程中起主导作用

在教育活动中，教师是教育方针、教学计划、教学大纲及各项教育教学措施的具体执行者，是教育教学各个环节的直接组织者，起着教育的主导作用。在教育过程中，教师的教是教与学这对矛盾中的主要方面，因为教师总是代表一定社会的意识和利益，按一定社会要求和人才需要培养学生正确的政治思想，塑造学生健康的人格与道德情操，指导学生掌握科学知识与专业能力、锻炼强健体魄，形成高尚的审美情趣，养成良好的习惯，等等。教师自身的职业责任感、职业态度和专业水平、教育艺术决定着教育的进程和效果，决定着人才培养目标能否实现。

（二）教师队伍的素质直接影响教育的发展

1. 教师队伍素质决定教育目标能否实现

教育总是为维护和巩固一定的社会制度服务的，按国家规定的培养目标造就建设者和接班人，向受教育者灌输一定的政治观念、思想意识、伦理道德等。而教师作为以教育学生为职责的教育者，其自身的政治思想素质、道德素质会直接作用于学生，影响着人才培养的质量。如果作为教师的政治思想素质未达到实现教育目标所要求的标准，甚至与之相违背，那么其教育活动也就不可能达到为一定政治、经济服务的要求，教育的社会功能就无法实现。正如邓小平同志所指出的，在我国社会主义现代化建设中，"一个学校能不能为社会主义建设培养合格的人才，培养德智体全面发展、有社会主义觉悟的有文化的

劳动者，关键在教师"[1]。造就一支师德高尚、业务精湛的高素质教师队伍是实现教育目标的关键，也是社会主义教育事业发展的关键。

2. 教师队伍的素质决定教师的职业态度

职业态度是工作成败的先决条件。教育工作是神圣光荣的，又是需要付出艰辛劳动的。教育的发展需要教师全身心的投入，把教育作为一种理想追求和神圣事业，以高度责任感和使命感努力搞好教育工作。如果教师的素质不高，对教育工作的重要意义缺乏正确、理性的认识，不履行自己的责任和义务，就不可能做到教书育人、搞好教育工作，甚至会影响教风学风，给教育工作造成损害。

3. 教师队伍素质决定学生的素质

教师作为施教者，是学生学习的榜样。教师对学生的影响是学校的任何规章制度，任何组织、任何措施都替代不了的。因此，教师通过教育活动期望学生具备的素质，教师必须首先具备。《说文解字》中说："教，上所施、下所效也。"《礼记》中解释："师也者，教之以事而喻诸德者也。"[2] 杨雄认为："师者，人之模范也。"[3] 爱因斯坦指出："使学生对教师尊敬的唯一源泉在于教师的德和才。"[4] 教师的素质不仅决定教育的力量，还直接影响教育的效果，决定学生的素质。"名师出高徒"就是说的这个道理。因此，要提高教育质量，发展教育事业，必须全面提高教师队伍素质。

（三）教师教育劳动的特点及其作用

教师教育劳动具有不同于其他劳动的特点，这些特点决定了教师是教育发展的关键。

1. 教师教育劳动具有复杂性

教育劳动的对象是有意识的人，由于学生的个体差异，致使他们的思想意识、道德习惯、知识基础、学习能力等方面表现出差别。教育的方式是多种多样的，既有课堂上的，又有课外的；既有集体教育，又有个别指导；既有表扬，又有批评；既有灌输，又有启发；既有言传，又有身教，等等。教育内容也是多方面的，社会对人才的要求是全面的、综合的，教育必须根据社会的要求使受教育者德智体美诸方面全面发展。教育内容涉及人才素质的各个方面。可见，教师劳动具有复杂性。这种复杂性决定了教育活动不能简单化、程序

---

① 《邓小平文选》第2卷，人民出版社1994年版，第108页。

② 《礼记·文王世子》。

③ 《法言·学行》。

④ 《纪念爱因斯坦文集》，上海科技出版社1979年版，第68页。

化，而必须依靠教师在教育活动中按照总的要求，并针对学生实际情况因材施教。

2. 教师教育劳动手段具有特定性

教师教育劳动的手段和其他劳动相比具有较强的特定性，教师在教育活动中对学生施加影响的工具或手段主要不是物。马克思指出，教师是"置自己和劳动对象之间，用来把自己的活动传导到劳动对象上去的物和物的综合体"①。也就是说，教师在教育过程中，教师本身与教育劳动工具融为一体，教师劳动工具主要表现为教师自身的个性。教师的世界观、人生观、价值观以及教师的德、才、学、识自然成为教育劳动的主要手段。德高为师、身正为范，教师的个性直接对学生施加影响，产生教育效果。教师的以身示范是教师特有的劳动手段。因此，教育劳动手段的特殊性决定了教师是教与学的关键。

3. 教师教育劳动具有创造性

教师作为劳动者是首要的生产力，因此，日益发展的经济、社会对创新和创造的需要就直接落在了人的身上。面对激烈的经济、科技竞争，世界各国都非常重视创新型人才的培养。这就决定了教育，特别是教育者本身应具有创新性。因此，教师在教育劳动过程中不能墨守成规、消极被动地施行教学活动。由于人们对教育规律的认识在不断深化、完善，学生也随着社会的变化而发生着变化，教学内容自然需要不断发展更新。因此，教师在教育教学活动中，会遇到不断出现的新情况、新问题。这就需要教师紧密联系实际，创造性地进行教育实践活动。教师的劳动，就是创造性的劳动。

二、建设一支高素质专业化教师队伍

《教育改革和发展规划纲要》对教师队伍建设提出了新的要求，即"严格教师资质，提升教师素质，努力造就一支师德高尚、业务精湛、结构合理充满活力的高素质专业化教师队伍"。它是国家中长期教育改革和发展规划是否能够顺利实现的最重要的保障措施，也是国家中长期教育改革和发展规划本身的一个重要组成部分。这个目标与《国家中长期人才发展规划纲要（2010—2020年)》中提出的"高素质教育人才培养工程"的目标是一致的，即"为建设一支高素质、创新型教育人才队伍，通过研修培训、学术交流、项目资助等方式，每年重点培养和支持2万名各类学校教育教学骨干、'双师型'教师、学术带头人和校长，在中小学校、职业院校、高等学校培养造就一批教育家、教

---

① 《马克思恩格斯全集》第23卷，人民出版社1972年版，第203页。

学名师和学科领军人才"。

（一）加强师德建设，形成良好教风学风

《教育改革和发展规划纲要》把"加强师德建设"摆在了教师队伍建设的首位，这既是对教师专业的本质认识，又是对教师队伍建设的方向把握。师德是教师的灵魂，是教师的第一智慧，更是教师从事教育教学工作的原动力。《教育改革和发展规划纲要》明确规定了师德的具体内容，即"教师要关爱学生，严谨笃学，淡泊名利，自尊自律，以人格魅力和学识魅力教育感染学生，做学生健康成长的指导者和引路人"。师德是教师应当具有的专业伦理或专业理想，是成就优秀教师的重要基础。因此，要加强师德建设。

第一，要"加强教师职业理想和职业道德教育，增强广大教师教书育人的责任感和使命感"。要多渠道、多层次地开展各种形式的师德教育。加强和改进教师思想政治教育、职业理想教育、职业道德教育、法制教育和心理健康教育。

第二，要对不同类型的师德教育主体进行培训。完成学生的道德教育，需要学校班主任、辅导员等多主体的参与。因此，要建立和完善各级各类学校德育工作者培训制度，对班主任、辅导员等德育工作者进行师德教育专题培训。要使教师真正做到《教育改革和发展规划纲要》中说的："关心每个学生，促进每个学生主动地、生动活泼地发展，尊重教育规律和学生身心发展规律，为每个学生提供适合的教育。"

第三，要建立和完善新教师岗前师德教育制度，将师德教育列为首要任务和重点内容。在各级培训中将师德教育列为首要任务和重点内容，在培训中努力体现教师的双重责任，既要体现自身的高尚师德，又要承担从事德育工作的重任，"把德育渗透于教育教学各个环节"。为此，培训要提升教师在这方面的能力。

第四，要加强师德宣传，发挥优秀教师的榜样示范作用。利用教师节组织师德主题教育活动，以庆祝教师节和表彰优秀教师为契机，集中开展师德宣传教育活动；表彰师德标兵、优秀班主任、辅导员、教育工作者和德育工作先进集体；组织师德典型重点宣传和教师报告团活动，广泛宣传模范教师的先进事迹，倡导尊师重教的良好社会风气；通过举办师德论坛，促进师德建设的理论创新、制度创新和管理创新，推进师德建设工作实现科学化、制度化。

第五，要强化考核管理，实施师德一票否决制。认真贯彻《中小学教师职业道德规范》，建立科学的、可操作的教师行为规范守则，以及教师思想品德素质的评价制度和奖惩制度。建立师德考评制度，实行一票否决制，将师德表现作为教师年度考核、职务聘任、派出进修和评优奖励等级的重要依据。对师德表现不佳的教师要及时劝诫，必要时要立即调离教师队伍。对有严重失德行为、影响恶劣者一律撤销教师资格并予以解聘。建立师德问题报告制度和舆论监督的有效机制，将师德建设作为学校办学质量和水平评估的重要指标。

（二）深化教师教育改革，促进教师队伍建设的科学化

1. 健全教师管理制度

（1）建立完善的教师资格制度

《教育改革和发展规划纲要》指出，要"完善并严格实施教师准入制度，严把教师入口关"，要"提高义务教育质量"，必须"建立国家义务教育质量基本标准和监测制度，严格执行义务教育国家课程标准、教师资格标准"。教师资格制度是教师队伍建设的重要内容。《教育改革和发展规划纲要》提出："国家制定教师资格标准，提高教师任职学历标准和品行要求"。在教育改革和发展中需要及时修订教师法和教师资格条例，提高中小学教师入职标准和法定学历条件。小学教师学历由中师升为大专以上，初中教师合格学历由大专提升为本科及以上。《教育改革和发展规划纲要》提出要"建立教师资格证书定期登记制度"。为此，应制定中小学教师资格考试办法，建立教师资格国家考试制度，实行中小学教师资格证书管理和定期注册制度。省级教育行政部门统一组织中小学教师资格考试和资格认定，县级教育行政部门同人力资源社会保障等部门按职责分工履行中小学教师招聘录用、职务（职称）评聘、流动调配等职能。

（2）建立合理的教师编制和职称制度

《教育改革和发展规划纲要》指出，"根据国家标准，结合本地实际，合理确定各级各类学校办学条件、教师编制等实施标准"，"逐步实行城乡统一的中小学编制标准，对农村边远地区实行倾斜政策"。《教育改革和发展规划纲要》提出的"造就一支高素质专业化教师队伍"包含了"结构合理"的重要问题。这个问题涉及不同层次的教师队伍结构、不同学科的教师队伍结构、不同学历的教师队伍结构，农村和城市二元的教师队伍结构，而建立合理的农村教师队伍结构已经成为促进地方教育公平、均衡发展的重要前提和条件。

《教育改革和发展规划纲要》还提出了评聘教师职务职称的政策。与教师编制制度有密切关系的是中小学教师职务（职称）评聘制度。《教育改革和发展规划纲要》指出，"城镇中小学教师在评聘高级教师职务（职称）时，原则上要有一年以上在农村学校或薄弱学校任教经历"。针对不同类型学校的特点，要制订教师岗位等级结构比例指导标准，义务教育同一区域内实行城乡同类学

校统一的标准，促进义务教育学校教师均衡配置。

（3）推行教师公开招聘制度

《教育改革和发展规划纲要》指出，实行招聘制度对于学校吸引优秀教师，激励、激发教师创造性和积极性极其重要，要"加强学校岗位管理，创新聘用方式，规范用人行为，完善激励机制，激发教师的积极性和创造性"。

（4）建立健全义务教育学校教师和校长流动机制

《教育改革和发展规划纲要》提出，"均衡发展是义务教育的战略性任务"。为了"切实缩小校际差距，着力解决择校问题"，在各个层面指明了解决的途径，其中重要的是，要"实行县（区）域内教师和校长交流制度"，以促进教师和校长向农村学校、薄弱学校流动。要大力推进城镇教师支援农村教育工作，建立城镇教师到农村学校任教服务期制度。城镇教师有义务到农村学校至少任教1年，并作为晋升高一级和参评优秀教师的必备条件。

2. 倡导教育家办学

"倡导教育家办学"是《教育改革和发展规划纲要》在关于教师队伍建设方面提出的明确目标，它是促进教育事业持续、健康发展，培养高素质的社会主义建设者和接班人的需要。党和国家领导人一直都重视教育家办学问题。邓小平同志指出："我们也希望中国出现一大批三四十岁的优秀科学家、教育家、文学家和其他各种专家"[①]。江泽民同志强调："高校的党委书记、校长应该努力使自己成为社会主义的政治家、教育家"[②]。温家宝同志提出，"要培养一支德才兼备的教师队伍，造就一批杰出的教育家"，"要倡导教育家办学，鼓励更多的优秀青年终身做教育工作者"[③]。"倡导教育家办学"成为教师队伍建设的一个重要方向。《教育改革和发展规划纲要》提出，"创造有利条件，鼓励教师和校长在实践中大胆探索，创新教育思想、教育模式和教育方法，形成教学特色和办学风格，造就一批教育家"。

要在教育实践中积极探索，为教师和校长营造一种自由地、自主地进行实践探索的环境、氛围。真正的教育家是在实践中产生的，而不是在书斋中形成的。要创新教育思想、教育模式和教育方法，为教师、校长提供不断学习的机会，使他们有时间读书；同时，要与高等学校合作，接受有关教育教学培训，接受新的教育理念，构建教育思想、教育模式和教育方法；要形成鲜明的教育特色和教学风格，积极探索教师和校长的专业成长规律。政府和学校要提供条

---

① 《邓小平文选》第3卷，人民出版社1993年版，第179页。
② 《光明日报》，2000年11月30日。
③ 温家宝：《2006年国务院政府工作报告》。www.gov.cn。

件，有计划、有目标地培养热爱教育事业的教师和校长，要采取各种措施造就一批教育家。《教育改革和发展规划纲要》强调，要"大力表彰和宣传模范教师的先进事迹"，"国家对作出突出贡献的教师和教育工作者设立荣誉称号"。

倡导教育家办学，要创造有利于"教育家办学"的机制，深化教育管理体制改革，切实落实学校办学自主权。在中小学校实行"依法办学、校长负责、教师参与、民主管理、社会监督"的管理机制，在高等学校实行"依法办学、党委领导、校长治校、教授治学、自主发展"的管理机制。

3. 重点支持农村地区、民族地区和薄弱学校教师队伍建设

(1) 实施农村地区、民族地区和薄弱学校教师待遇倾斜政策

所谓"倾斜政策"，是农村地区、民族地区和薄弱学校教师队伍建设的重要内容，主要是指通过提高经济地位，确保农村、民族地区和薄弱学校教师的应有待遇，以实现教育的均衡发展。要通过一些特殊政策，设立乡镇以下农村边远贫困地区、民族地区教师特殊津贴，实施"农村中小学教师安居工程"，在城镇建设一批农村教师经济适用房，在农村地区、民族地区学校建设一批教师周转住房，吸引和稳定优秀人才到农村地区、民族地区任教。《教育改革和发展规划纲要》指出，"对长期在农村基层和艰苦边远地区工作的教师，在工资、职务（职称）等方面实行倾斜政策，完善津补贴标准"，"研究制定优惠政策，改善工作和生活条件"，"对长期在艰苦边远地区工作的教师实行工资福利倾斜政策"，"国家对在农村地区长期从教、贡献突出的教师给予奖励"。

(2) 充实农村和薄弱学校教师队伍

通过提高农村教师的经济地位、待遇，吸引优秀人才长期在农村从教是农村教师队伍建设的重要任务。要扩充农村教师队伍，实现留得住、用得上的农村教师队伍建设的目标；同时，要提升农村和薄弱学校教师的基本素质、专业水平。《教育改革和发展规划纲要》提出：第一，"创新和完善农村教师补充机制"；第二，"实施农村义务教育学校教师特设岗位计划"，"继续实施农村义务教育学校教师设岗计划，吸引高校毕业生到农村从教"；第三，"加强农村中小学薄弱学科教师队伍建设，重点培养和补充一批边远贫困地区和革命老区急需紧缺教师"，"加快薄弱学校改造，着力提高师资水平"；第四，"完善代偿机制，鼓励高校毕业生到艰苦边远地区农村学校当教师"。

(3) 加强民族地区学校教师队伍建设

为加强民族地区学校教师队伍建设，《教育改革和发展规划纲要》提出，"国家制定优惠政策，鼓励支持高等学校毕业学生到民族地区基层任教"。民族地区学校教师承担着重要的责任：弘扬民族文化，实现民族团结，促进民族地

区的长治久安。"支持民族院校加强学科和人才队伍建设，提高教学质量和管理水平"，"重点扶持和培养一批边疆民族地区紧缺教师人才"，"加强对民族地区中小学和幼儿园双语教师培养培训"。《教育改革和发展规划纲要》提出，要"实施中西部高等教育振兴计划，加强中西部地方高校优势学科和师资队伍建设"，"实施东部高校对口支援中西部高校计划，加大对中西部高校的扶持力度"。

4. 提高教师地位和待遇

要保障教师地位，维护教师权益，提高教师待遇，使教师成为受人尊重的职业。《教育改革和发展规划纲要》指出，要"不断改善教师的工作、学习和生活条件，吸引人才长期从教、终身从教"。教师地位包括社会地位、经济地位、政治地位和专业地位，而只有确立了教师的专业地位，才可能保障教师的其他地位，教师的专业地位又是以经济地位为保障的。《教育改革和发展规划纲要》指出，要"依法保证教师平均工资水平不低于或者高于国家公务员的平均工资水平，并逐步提高"，确保教师平均工资水平在社会各行业平均收入中处于中等偏上水平，义务教育学校教师平均工资不低于当地公务员的平均工资水平，高校教师平均工资水平与其他知识密集型行业平均收入大体相当，居社会各行业较高水平。《教育改革和发展规划纲要》同时提出，要"落实教师绩效工资"，建立体现岗位职责、能力和业绩的教师收入分配薪酬体系。在实施过程中，县域内义务教育阶段教师工资水平大体持平，绩效工资分配向农村学校适当倾斜。地方各级政府按照核定的编制、职务结构比例和工资标准，将中小学教师工资经费全额纳入预算，按时足额发放。

《教育改革和发展规划纲要》提出，要"加强特殊教育师资队伍建设，采取措施落实特殊教育教师待遇"，"依法落实幼儿教师地位和待遇"，加强幼儿教师队伍建设。随着我国教育事业的发展，特殊教育、幼儿教育已成为教育的重要方面。因此，特殊教育师资队伍和幼儿教师队伍建设势必成为未来教师队伍建设的重要任务。为了全面提高教师的待遇，还需进一步完善中小学教师特殊津贴补贴制度，提高班主任、教龄、特殊教育、杰出教育等津贴补贴标准。

三、当代教师培养培训

（一）深化教师教育改革，提高教师业务水平

教师队伍建设是政府、学校和社会共同承担的职责，政府是教师队伍建设的政策制定者和实施者，社会是教师队伍建设的推动者，而各级各类学校是教

师队伍建设的具体执行者。教师队伍建设既有管理层面的，也有专业发展层面的。在专业发展层面，教师队伍建设可以从教师职业培养、入职教育和职后培养来实现。教师专业发展对于保障教师质量至关重要。为此，在教师队伍建设中，必须深化教师教育改革，提高"教师业务水平"。

《教育改革和发展规划纲要》指出，要"造就一支高素质专业化教师队伍"。为此，必须"完善教师培养培训体系，做好培养培训规划，优化队伍结构，提高教师专业水平和教学能力"，"提高教师业务素质，改进教学方法，增强课堂教学效果"。

1. 完善教师培养和培训体系

要完善教师培养、培训体系，关键在于建立一个教师教育质量保障体系，从根本上保障我国教师质量。从教师培养角度来看，教师教育课程标准、教师教学能力标准、师范生实习的实践标准对保障教师培养质量起着极其重要的作用。从教师入职环节来看，教师资格考试、教师资格证书对入职教师质量起着保障作用。从教师专业发展角度来看，把教师职称标准、荣誉标准、教师绩效工资标准、教师资格更新标准等融合为一体，才能保障教师专业持续发展的质量。通过建立和完善教师教育质量保障体系，将不断提高我国教师培养培训的质量，促进教师队伍建设。

2. 创新教师培养模式，提高教师培养质量

通过创新教师培养模式，使教师能够实施《教育改革和发展规划纲要》所说的"启发式、探究式、讨论式、参与式教学，帮助学生学会学习"，"激发学生的好奇心，培养学生的兴趣爱好，营造独立思维，自由探索的良好环境"，达到"关注学生不同特点和个性差异，发展每一个学生的优势潜能"的目的。按照《教育改革和发展规划纲要》的要求，应通过创新教师培养模式，提高教师培养质量。小学和幼儿园教师培养，无论是本科，还是"3＋2"，主要实行文化基础教育与教师专业教育相融合的综合培养模式；中学教师培养无论是"4＋0"、"4＋1"、"4＋2"还是"4＋3"，可探索实行学科专业教育与教师专业教育相结合等多样化的模式。要调整和优化教师教育课程结构，在教师教育培养中融入现代教育思想与理念，结合传统的教育学、心理学和学科教学法课程设置，构建科学的、适应教师专业发展的课程结构。

3. 完善教师培训制度，促进教师专业发展

在当前教师教育职前职后一体化的教师培养与培训中，教师培训已成为促进教师专业发展的重要手段。《教育改革和发展规划纲要》指出，"对义务教育教师进行全员培训，组织校长研修培训"；"对专科学历以下小学教师进行学历

提高教育，使全国小学教师学历逐步达到专科以上水平"，"对农村幼儿园团长和骨干教师进行培训"；针对特殊教育的改革和发展，还提出要"对特殊教育教师进行专业培训，提高教育教学水平"；针对民族地区双语教学的师资培养和培训的需要，指出"国家对双语教学的师资培养培训、教学研究、教材开发和出版给予支持"，"加大对民族地区师资培养培训力度，提高教师的政治素质和业务素质"；"通过研修培训、学术交流、项目资助等方式，培养教育教学骨干"，"开展大中小学校长和骨干教师海外研修培训"，建立健全各级各类学校的教师培训制度。

4．改革教师培训体系

要建立健全以师范院校、教师培训机构为主的教师培训体系，充分发挥非师范院校、综合性院校在教师培训中的重要作用。注重现代教育信息技术、网络远程培训的教师培训形式，积极探索符合教师教育规律和教师专业特点的培训模式，把课程进修、学科教学、专业研修与学历提升相结合，集中培训与在岗研修相结合，教师培训、教学研究、教学实践相结合。

5．保障教师培训经费

《教育改革和发展规划纲要》指出，"完善教师培训制度，将教师培训经费列入政府预算，对教师实行每五年一周期的全员培训"。这需要制度作保障。因此，需要颁布专门的"中小学教师培训条例"，将中小学教师培训经费列入各级政府年度财政预算，按照学校年度公用经费预算总额的5％安排，并随着经济发展和培训工作的需要逐步提高。国家财政设立中小学教师培训专项经费，用于国家级教师培训活动的开展，并重点支持农村、边远和贫困地区教师培训。

（二）教育改革的新理念与教师研修提高

1．教师教育的新理念

为研讨面向21世纪的教育改革问题，20世纪末，发达国家八国首脑高峰会议在德国科隆举行。八国首脑达成共识，发表了《科隆宪章——终身学习的目的与希望》，强调"教师在推进现代化和提高现代化水准方面，是最重要的资源，教师的采用、训练、配置及其素质能力的实质性提升，是任何教育制度取得成功的极其重要的因素"[①]。该宪章认为，在21世纪，要重视教育的作用，特别是教师在经济、社会发展中的作用，并提出为促进教师的专业发展水平，各国需要制定适应新时期的师资培养培训和改革政策。

---

① 李其龙、陈永明：《教师教育课程的国际比较》，教育科学出版社2002年版，第211页。

世界各国特别是发达国家在推进新世纪教育改革中的一个共同特点就是重视教师教育的一体化和专业化，促进教师素质能力的提高，要求教师职业应该同医生、律师、工程师一样，成为一种专门性职业。以前，一些国家把提高中小学教师素质能力的重点放在职前培养教育上，认为只要经过一次教师职业训练就可以培养出适合时代所需的教师。而现在，教师的继续教育、在职进修已经被普遍认为是促进教师专业化发展的重要途径。

世界各国教师教育的专门机构大体上有这样几种类型：一是大学或者师资培养、培训专门机构，如美国大学兼顾教师培养、培训两大职能；二是专门的教师教育机构，如英国的"教师中心"是一种较为新型的教师进修机构；三是教师专业团体，如日本教职员工会组织举办各种研修活动；四是利用广播电视实现教学的远程教育机构，已经成为各国教师教育的重要机构之一；五是一些中小学安排师范生实习和在职人员进修。世界上一些国家十分重视"以学校为中心"的教师进修，关注、解决学校教育中的实际问题，重视中小学校在教师进修活动中提供教育教学实践的重要作用。

世界上一些国家的教师教育实行开放式教育，大学成为培养培训中小学教师的主要基地。美国、英国、法国、德国、日本、俄罗斯等国家都把教师培养培训作为人才培养的重要内容，通过各种方式为国家培养高素质教师。

发达国家教师教育课程发生了一些变化，体现出综合性和整体性特征，主要表现为文理科的相互渗透、专业学科之间的相互渗透，通识教育的课程越来越重要，在课程设置上充分吸纳自然科学技术和人文社科的最新成果。

教师教育的培训形式日趋多样化，包括脱产和在职、长期和短期、面授和远程教学、校内和校外，为在职教师提供各种灵活、方便的进修渠道。除了教师的职前培养以外，一些国家更多地将教师教育重心后移，以实现职前职后一体化，更加重视在职教师的继续教育。其目的在于提升中小学教师学历和教育教学专业水平及技能，改善教师队伍的结构。

教师教育不仅文理科相互渗透，而且文科各学科之间相互渗透。在近代科学高度分化基础上造成的学科之间的绝对分明的界限越来越模糊。科学技术日新月异，需要多学科的合作来解决出现的问题。因此，当今世界发达国家的教师教育课程设置重视吸取科学技术和文化艺术的最新成果，充分发挥普通基础课的作用。

发达国家教师教育更加关注在职教师的进修活动，其主要目的大致可以分为两种：一是为了取得更高一级的资格或学位，进修内容偏重于理论性；二是旨在提高学校教育教学质量，进修内容立足于实用性。美国、英国和日本的大

学教育服务功能和教师继续教育是相互配合的；法国、德国及俄罗斯的大学教育服务功能和教师继续教育是分开的，但正在趋向于联合。

发达国家在教师教育方面的一些新理念值得借鉴。第一，通过不同的教育形式，使教师培养培训更为多样化、灵活化和综合化。第二，师资培养培训趋向于综合化和提升培养化，以使教师职业作为专门性职业，并得到加强。第三，贯彻终身学习理念，实现教师职前职后教育一体化，注重从培养、入职、进修等各个阶段有效提高教师素质能力，优化教师队伍建设。

2. 与时俱进对教师的新要求

信息化时代，教师已不再是传统意义上的"传道、授业、解惑"的先师圣人、智慧化身或权威象征，其权威作用将会遭到否定或失去以往效用，无所不知的百科全书式的知识传授者难以维系，教师的基本职能已由知识传授者变成引导者和点拨者。在高科技和信息化不断发展的今天，面向未来的教育必须具有与信息时代相适应的教育观念和教学内容，并将信息技术作为现代化教学的重要手段。在这种情况下，教师的知识结构需要与时俱进、不断更新，要改变长期以来传统落后的教学方法、手段。目前，互联网已经成为获取知识的便捷渠道，使得教师的知识权威和传统课堂教学的作用呈下滑趋势。因此，在现代教育快速发展的背景下，教师只有不断地提高自身的素质，获取最新的知识和更新传授知识的手段，才能适应现代教育对教师提出的新要求。联合国教科文组织在《学会生存——教育世界的今天和明天》中指出："教师的职责现在已经越来越少地传递知识，而越来越多地激励思考。"网络教育兴起，对教师原有的各种权威（如传统权威、知识权威、感召权威、法定权威、专业权威）提出严峻而又无情的挑战，其权威需要重新组合；教师已经不是知识传递的唯一者，也难以把不断创新的知识传授给学生。在面向未来的教育中，在教师教育教学改革中，教师需要实现从传授知识向启发智慧的转变。信息技术为教育的新飞跃提供了平台，也对教师的素质能力提出了根本挑战。信息技术呼唤新世纪的教师，改变传统落后的教育教学方法、手段已成为培养合格教师的重要要求。

为适应现代社会的信息化、国际化，基础教育正趋于综合化、多样化和优质化。现代社会信息化既对学校教育提出了严峻挑战，又为构建适应广大受教育者需求的新型教育体系提供了良好的机会。以计算机、多媒体、网络技术为主要标志的现代教育技术在教育中的应用，将使教育的发展方式发生革命性的变化，也为普及高质量的教育以及实现社会成员终身学习的理想，提供有利的条件和技术基础。

（三）优化师资队伍建设

1. 理想的教师形象

当前，理想教师已经由技术员型、工程师型发展为专家反思型，已由传统的授业演变为知识的引导。现代教师传递给学生的不仅仅是知识与技能，而更重要的是培养学生的学习本领、创新意识和实践能力。理想的教师形象需要在与时俱进中得以不断塑造，教师需要不断地提高自身素质，才能肩负起培养经济、社会发展所需要的高素质人才的职责。

2. 倡导教师终身学习

在构建学习型社会的历史潮流中，教师应当成为终身学习的模范，应该有更加自觉地学习、不断地学习的愿望。教师的职责在于教书育人，需要树立终身学习的理念，在教育教学实践中不断学习、不断提高。随着我国经济、社会的发展，构建学习型社会已成为社会不断走向文明和进步的需要。要促进教师终身学习体系的建立和完善，包括加快发展继续教育，建立健全继续教育体制机制，等等。

3. 促进教师专业发展

教师专业发展是随着教师专业地位的确立逐步发展起来的。教师一开始只是被认同为一种职业，而不被认同为专业。随着教育的发展，教师专业发展已成为一种趋势，教师专业发展已成为 21 世纪教师队伍建设和教师发展的必由之路。要促进教师专业发展，必须制定教师专业标准和质量评估标准。2012年，教育部颁布了幼儿园教师、小学教师、中学教师专业标准，这是新中国成立以来第一次颁布的教师专业标准。教师专业标准是国家对幼儿园、小学和中学合格教师专业素质的基本要求，是教师实施教育教学行为的基本规范，是引领教师专业发展的基本准则，是教师培养、准入、培训、考核等工作的重要依据，指明了教师专业发展的方向。教师专业发展的核心是教师专业知识与技能。教师专业知识与技能是教师从事教育教学工作的前提条件，教师个人的专业知识与技能水平，直接影响着教育教学的各个方面，也影响着教师的专业生涯。因此，要大力推进教师专业发展，促进教师的职业成长。教师需要不断地提高专业自主意识，通过教育教学实践构建和开创自己的专业领域，自觉成长为具有强烈责任感和专业技能的专业工作者。

4. 从教师职业到教育事业的转变

从本世纪初开始的国家基础教育课程改革促进了我国中小学教育发生历史性变化。伴随着我国教育事业的发展和广大教师对教育的新认识，实现从事教师职业到教育事业的转变已成为广大教师的行为自觉和理想追求。实现从教师

职业到教育事业的转变，主要是指教师的职业情感从满足于完成教学任务到追求卓越的转变，从重视职业工种到关注职业精神价值与社会意义的转变，从追逐个人职业发展到推进社会文明进步的远大抱负的转变，全心全意投入教书育人的教育事业之中。教师在实现从职业到事业的转变中，要改变教育教学的理念，树立新的课程观、学生观、教学观，积极探究教育教学的规律和学生的学习规律，善于解决教育教学中的新情况、新问题，成为合格的学生成长成才的引路人，履行教师的神圣职责。教师通过个人的努力，促进教育事业的发展，并在教育事业的发展中，实现教师共同的价值和理想。

第三节　教师教育与师范生培养

随着我国教师教育的不断推进，中国特色现代教师教育体系已初步形成。自 20 世纪末，我国开展师范院校布局结构调整、建设开放的教师教育体系以来，我国师范教育进行了战略性调整，教师教育开始进入以走向开放、提升层次、优化结构、提高质量为主要特征的改革发展新时期。

一、从师范教育到教师教育

（一）师范教育到教师教育的转变

从世界范围来看，早在 20 世纪三四十年代，"师范教育"一词就开始逐渐淡出，取而代之的是"教师教育"。《中国大百科全书》把"师范教育"定义为"培养师资的专业教育"，包括职前教师培养、初任教师考核试用和在职教师培训。但是，20 世纪 90 年代以前，我国师范教育主要从事的是教师职前教育。由于我国教师社会地位不高，经济待遇低，愿意从事中小学教育的人不多，而基础教育的发展又需要大量的教师，因而很多并不合格教师充任教师岗位，教师结构不合理、学历不达标等现象相当严重。由于体制问题，在职教师的学历达标主要由专门的教师进修学院、教育学院承担。21 世纪以来，随着教育事业的发展，教师教育理论日趋成熟，我国也开始用"教师教育"代替"师范教育"，一方面是顺应教师教育的潮流，另一方面也能更科学地指明教师培养的职前职后一体化活动。

1. "教师教育"从教师培养到教师任用、培训一体化

本世纪初，随着教师学历达标率的提高和基础教育水平的提高，我国的教师培养正走上与世界发达国家同样的道路：中等师范教育逐渐退出历史舞台，

教师培养由高等院校承担,学历教育和在职进修并举,教师趋向高学历化;师范院校、教育学院既开展职前教育,也开展职后教育;师范院校开始涉足非师范类专业,综合性大学设立了教育学科专门机构,并设立教育研究部门,培养教育专业研究生。因此,师范教育这一特定的概论已不能概括我国教师培训的所有活动,而只有"教师教育"才能更好地涵盖整个教师培养培训一体化的教育活动。

2. "教师教育"从职业教育走向专业教育

"教师教育"是指实施专业教育的活动,并体现出"双专业"性质。未来的教师不仅需要掌握专业学科知识,同时还要掌握教育专业知识。教师教育要着力解决的正是作为教师应具备的专业知识、专业技能和专业实践能力。教师教育的课程体系也有了新的变化,这就是:教师专业知识课程——强调教师专业的理论知识,如教育学、心理学、教育史、课程理论、教学理论等;教师专业技能课程——强调教育教学的专业技能训练,如网络教学技术、多媒体技术、教育心理咨询与辅导等;教师专业实践能力课程——注重备课、上课、辅导、课堂管理、交流技巧、教学评价等。

3. "教师教育"由单一化走向多元化

教师教育走向开放,必将转变教师培养模式。这就需要构建开放的、灵活的教师培养体系,并将其纳入整个高等教育教师培养体系中。这才有利于从整体上布局教师的培养与培训,并实现与国际教师教育的对接。因此,综合型大学、专门型大学可以设置教育学科系院;同时,师范院校既可以在原有的基础上加强教师专业建设,也可以设置一些非师范学科,特别是应用学科,以加强学科改造、学科综合与学科提升,以更好地开展各项教育教学活动。

4. "教师教育"从阶段性教育转向终身教育

教师教育一体化更好地蕴含了终身教育思想,教师的培养不是一蹴而就、一次性完成的,教师需要随着社会的发展、知识的更新不断地掌握新知识和新教育手段。教师教育既包含了教师的培养,也包含了教师的入职任用到教师的职后培训,表现出教师培养活动从阶段性教育走向终身教育。教师教育体现了教师培养的整体性、专业性、多元性、终身性,因此,把师范教育转变为教师教育标志着我国教师培养迈入了一个新阶段。

(二)教师教育发展的趋向

清朝末年制定的《奏定学堂章程》,开创了我国师范教育。我国师范教育经历了一个从学习、模仿到创设构建师范教育体系的过程,随着世界范围内从师范教育发展到教师教育,我国师范教育体系也在不断完善中。《中共中央国

务院关于深化教育改革全面推进素质教育的决定》明确提出："完善教师教育体系，深化人事制度改革，大力加强中小学教师队伍建设"。这在我国正式提出了"教师教育"概念。在终身教育思想指导下，根据教师专业发展的不同阶段，教师教育体现了教师培养活动的连贯性、发展性，是师范教育与教师继续教育相互联系、相互促进、统一组织的现代教育体制，是实现教师终身学习、终身发展的历史要求。

目前，我国约 3 亿少年儿童的九年义务教育，其普及与发展需要上千万高素质的教师。怎样促进师范教育体制改革、培养出适应我国基础教育需要的大批优秀教师是亟待解决的重要问题。因此，要正视我国教师教育目前面临的新情况、新问题，建立健全教师教育制度。与发达国家相比，我国目前的师范教育体制还不健全、完善，在探索我国师范教育体制改革之中，要积极推行职前职后一体化的教师教育模式，根据教师专业发展理论，对教师职前、入职和在职教育进行全程的规划设计，把基础教育师资的培养和在职教师的培训渠道打通、融合，建立健全各个阶段相互衔接、各有侧重的教师教育体系。

1. 实现培养目标和培养过程的一体化

在教师职前、入职、职后各个不同阶段要制定不同的培养目标，且各个目标相互衔接、相互补充，其指向是培养一支品德高尚、业务精湛、结构合理的专业化教师队伍。职前教师教育的目标主要是使培养出来的未来的教师应具备整个教师职业生涯中所应具备的职业道德、学科教学专业知识和职业技能。职后教师教育着重于提高教师的学历和专业水平，提高教师的教育教学能力，着力培养骨干教师、学科带头人、教育教学专家，着重培养教师的教育教学新理念。教师教育这一过程不是一次完成的，职前教育培养出来的教师需要在教育教学的实践中加深对专业知识的认识与专业能力的训练，并通过不断地继续教育得到提高。因此，教师的在职进修也不是一次性完成的，应该根据教学的需要，有目的、有针对性地进行再教育。教师教育要充分地体现职前教育与职后教育的连续性和统一性。

2. 实现课程设置与课程体系的一体化

课程设置的一体化是随着素质教育和新课程的全面实施，中小学对于选修课程与活动课程日益重视和需要而提出来的。也就是说，作为培养教师的课程结构需要进行改革，教师职前培养的课程内容需要根据中小教学的实际需要，在遵循教师教育课程标准的前提下，增设适应当前教育需要的内容；在职后教师培训中，同样在严格依据教师教育职后培训课程体系的基础上，增加与当前教育教学改革相适应的内容。职前教育和职后教育都要顺应中小学课程改革的需要，增加综合课程和选修科目，增强教育实践课程。课程体系的一体化也要做到职前和职后课程体系的有机连贯，以形成一个整体的教师教育课程体系，特别是要改变理论课和实践课的结构顺序，将理论课、实践课有机地组合起来，将理论贯穿于实践之中，在实践中强化理论，实现课程体系的有机统一。

3. 实现培养机构和培训机构的一体化

当前，我国教师的职前培养主要是在普通师范院校，而教师的职后培训则在专门的教师进修机构，职前培养和在职培训在机构上有所分离。这种情况势必导致资源的重复配置、闲置，且对一体化教学活动带来了障碍。按照教育发展的需要，教师职前教育机构和职后培训机构应实现一体化，这种一体化的实现可以通过多种途径、多种模式，主要有联合模式、合并模式、发展模式。联合模式是指师范院校与教育学院携手联合，合并模式就是将承担职前培养的师范院校与教育学院合并，发展模式是指建设在职教师终身教育的专门机构。目前，我国正在积极探索教师职前培养与职后培训相统一、学历教育与非学历教育相结合的人才培养模式，教师职前培养和职后培训逐步走向一体化。

二、我国师范教育及其人才培养

(一) 教师培养模式的创新

我国教师培养模式的创新既是师资队伍结构优化的需要，也是教师教育发展的需要。

1. 我国教师队伍结构正在从数量满足向结构调整转变

目前，我国的中小学教师在数量上已经基本能满足基础教育的需要，但教师队伍的结构性矛盾日益凸显，小学教师与高中教师的需求出现了不平衡。这种教师需求的变化直接导致了师范院校教师教育模式的改革。有关资料显示，目前我国高中教师新增人数已超过 100 万，而小学教师和初中教师又有 100 多万人过剩。加之，我国教师学历要求正从学历达标向学历提升转变。从近几年我国普通小学、初中、高中专任教师合格率的统计来看，高中教师学历距教育部 2010 年规划所提出的研究生层次达到 10% 的目标尚有不小的距离。因此，我国基础教育教师队伍的需求已从量的满足转变到质的提升，教师培养更需要着力于高学历的、高素质的人才培养。

2. 封闭型师范教育已不能满足高素质教师培养的需要

长期以来，我国教师培养主要由独立设置的师范院校完成。截至 2012 年，我国有本科师范院校 108 所，专科师范院校 36 所，形成了高等师范院校在各

专业直接培养教师的范式。而这种模式使培养的人才在学科专业和教师专业上不能两全其美，师范性与学术性、教学第一还是科研第一等问题没有得到解决，学校的定位与发展规划受到影响。其结果是师范性和学术性、教学和科研均没有得到应有的地位；相反，学校往往因其师范性在办学条件和办学资源上受到很大的限制。高等师范院校的办学实力不及综合型大学，学术发展水平与综合型大学相比也有一定距离，不利于高质量教师的培养。新中国成立以来，我国教育虽然有了长足发展，但从总体上来说，仍是穷国办大教育，教育发展相对滞后，学历达标的教师数量仍旧不足。尽管如此，我国长期以来的师范教育体系及其教师培养模式对社会发展和教育本身的发展起到了历史性的、不可替代的重要作用。

随着我国教师教育体系改革的逐步推进，封闭的师范教育体系必然要被打破，教师教育体系随着教育事业的发展已趋向开放。目前，我国已初步形成了以师范院校为主体，高水平综合大学积极参与的现代教师教育体系。截至2011年，我国举办教师教育的非师范院校有383所，非师范院校本科师范毕业生占本科师范生总数的43.2%，非师范院校专科师范毕业生占专科师范生的53.5%，非师范院校已经成为我国教师教育的一支重要力量。由师范院校培养的毕业生在竞争日趋激烈的教师人才市场上已经不再独具优势。在这样的背景下，高等师范院校传统的"4+0"、"3+1"、"2+2"教师教育模式已经难以适应新世纪对教师素质能力的要求，难以适应教师人才市场的激烈竞争。因此，教师培养模式的改革势在必行，建立一个开放的、多元的教师培养体系已成为教育发展的趋势。

3. 积极推进师范生免费教育

2007年，国务院决定在6所教育部直属师范大学试行师范生免费教育试点。实施师范生免费教育是吸引优秀学生攻读师范、鼓励优秀人才长期从教的战略举措。《国家教育事业发展第十二个五年规划》指出，要"吸引优秀学生攻读师范专业，为农村学校特别是农村边远地区学校培养大批下得去、留得住、干得好的骨干教师"，要"创新教师教育培养模式，加强师范生师德和文化素质教育，注重通过文化熏陶培养教师气质"。几年来，6所部属师范大学共招收免费师范生5.5万人。2009年，教育部在6所部属师范大学启动实施"教师教育创新平台项目"建设，集中最好的教师教育资源用于师范生的培养和中小学教师的培训，支持免费师范毕业生在职攻读教育硕士，努力提高师范生培养质量。2011年5月，时任总理温家宝出席北京师范大学首届免费师范生毕业典礼时强调指出，实践证明，国家实行师范生免费教育的决策是完全正确的。首届 10597 名免费师范毕业生全部落实到中小学任教，90％以上到中西部，39％到农村学校任教。

实施师范生免费教育政策可以促进教育公平、落实科教兴国战略和教育优先发展战略，推动和谐社会建设。教师是教育事业的第一资源，教师队伍的整体素质是国家综合实力之所系，全民族素质之所系。发展教育必须教师教育优先，师范生免费教育政策充分体现了教师教育是国家的事业、政府的责任。实施师范生免费教育政策需要完善各种制度保障，同时，还要发挥部属师范大学的示范作用。

4. 积极探索师范生培养的新形式

教师教育是所有师范院校办学的神圣职责和主要特色，长期以来，师范院校为基础教育输送了大批高素质师资，为教育事业发展作出了重要贡献。近年来，师范院校在推进教师培养模式多样化的改革方面取得了显著成绩，但还需要继续深化教师教育改革，探索师范生培养新模式。师范院校要突破传统结构、体制的束缚，将分散的教育研究和教师教育资源集聚起来，发挥整体竞争力的优势。为此，需要改进师范院校的组织结构，统筹教育学科和教师教育的发展工作，全面整合教育科学研究和教师教育资源。

要加强教师教育人才培养体制改革，提升教师教育层次，改革教育硕士培养模式，培养教育博士，最终形成包括学士、硕士、博士在内的多层次、高水平的教师培养体系。开拓多种渠道，吸引更多优秀学生选择师范专业。非师范生在大学学习的一定阶段可以通过自愿申请与择优选拔程序转为师范生。要加强师范生培养的课程改革，保障师范生的培养质量。要把通识教育、学科教育、师范专业教育、实践教育课程融合起来，并且着力解决师范生培养过程中的理论与实践脱节的矛盾。要面向新世纪素质教育和基础教育改革以及农村教育的实际，构建师范生培养的合作模式。要加强与地方政府合作，建立一批基础教育研究和实践基地，不断完善教育实习环节。要实行导师制，由本校教师和中小学优秀教师组成导师组，指导师范生的学习与教育实践。

（二）时代发展与新型教师培养

21 世纪是中华民族伟大复兴的世纪，时代发展需要一大批适应经济、社会建设所需要的高素质人才。人才培养的关键在于教育。因此，构建新的教师教育培养体系，改革教师培养模式，培养时代发展需要的新型教师既是社会发展的需要，也是教育发展的使然。

1. 新型教师的培养是时代发展的需要

我国社会发展步入了一个崭新的历史时期，党的十八大提出了全面建设小

康社会的宏伟目标。新时期的人才应具有实践能力、创新意识和社会责任感，同时还需具有健康的心理素质和情意发展。新时期人才的培养离不开教师，对教师的要求越来越高。教师不仅具有学科专业知识，而且具有教育教学的实践能力，以及终身学习、不断创新的能力以及专业情意发展。没有高素质的教师，就不可能培养出高质量的人才，就不能促进社会的变革和发展。长期以来，我国师范院校主要按照中小学的科目设置相对应的学科专业，主要立足于学科专业的人才培养，目的在于培养能够胜任中小学相对应学科的教育教学工作者。其培养主要指向两个方面，一是系统全面的学科知识，二是传递学科知识的基本技能。这一模式培养的教师倾向于学科化和知识化，显然与新时期对教师的新要求相距甚远。因此，在新的历史时期要根据经济、社会发展带来的新情况、新变化与基础教育的实际需求，树立现代教育的新思想，培养具有先进的教育理念、扎实的学科专业知识、又能掌握现代教育技术和较强实践能力的师范生。

2. 适应新课程改革的需要

本世纪初，我国启动了新一轮基础教育课程改革。基础教育新课程更强调每个学生的整体全面发展，更强调在瞬息万变、文化多元、科技更新的社会中的适应能力和自我发展能力，更强调正确的价值观、科学态度、健康的情意发展。我国基础教育课程实现了从学科知识本位向学生发展本位的转变。长期以来，我国教师的培养与基础教育学科知识本位课程相适应，注重学科化和知识化，教师的专业发展主要依靠教师自身的教育教学实践探索。新一轮基础教育课程改革必然对教师的专业化培养和专业发展提出相应的新要求。为适应新课程改革，需要培养出具有新课程理念、促进学生全面发展的新型教师。

三、立志教育事业，做一名合格的师范生

（一）我国师范教育的人才培养目标

人才培养目标是国家对各级各类学校或专业培养人才的具体规格和要求。我国高等师范院校的培养目标是高等院校培养目标的重要组成部分。新中国建立以来，高等院校的培养目标随着社会主义发展各个历史阶段总路线、总任务的变化而变化，但其精神却是不变的，这就是培养有理想、有道德、有文化、有纪律，德、智、体、美全面发展，适应社会主义需要的建设者和接班人。师范院校作为教师人才培养的基地，需要通过教师专业教育和师德养成教育来实现培养合格人民教师的目标。

1．人才培养目标的根本依据

教育作为一种培养人、造就人的社会活动，从根本上讲是由特定社会的经济基础所决定的，并体现着社会、经济、政治、科学、文化发展的客观要求。因此，在不同的社会形态下，由于经济基础和建立在经济基础上的上层建筑的不同，学校所培养的人才有着根本的区别。建设社会主义的根本目的，决定了社会主义教育的培养目标，必须坚持社会主义办学方向，把为谁培养人、培养什么样的人放在首位，使人才培养目标始终坚持为社会主义现代化培养合格建设者和接班人的人才培养方向。

2．人才培养目标的指导原则

教育方针和目的是发展教育与人才培养的总要求，是一定社会中在政治、经济上占统治地位的阶级发展教育事业意志的集中反映。占统治地位的一定阶级总是根据本阶级的教育方针和目的来确定各级各类学校的教育培养目标，培养自己所需要的各类人才，以维护和巩固政治、经济制度。因此，任何社会的教育方针和目的都是该社会教育体系的核心、灵魂，是制定具体培养目标的重要依据和指导原则。我国高等师范院校的培养目标，正是党和国家"坚持教育为社会主义现代化建设服务，为人民服务，与生产劳动和社会实践相结合，培养德智体美全面发展的社会主义建设者和接班人"的教育方针和目的的具体化。

3．人才培养目标的理论基础

人的全面发展学说是马克思主义教育思想中的根本原理。它的基本要点是：人的全面发展是大工业机器生产的必然要求，人类社会的进步与发展迫切需要大批有各方面知识和能力的，会做一切工作的"全新的人"。人的全面发展是"人的一切物质和精神的属性"[①] 的全面发展。在社会主义社会，人的全面发展是实现社会主义现代化的基本条件。全面发展的人应该是在德、智、体、美等方面都得到发展的人，是有理想、有道德、有文化、有纪律的社会主义四有新人，是能面向现代化、面向世界、面向未来的社会主义事业的建设者和接班人。马克思主义关于人的全面发展的学说揭示了人的全面发展的客观必然性和全面发展的内容及要求，为制定我国师范院校人才培养目标提供了正确的世界观和方法论。

4．人才培养目标的客观依据

在我国，基础教育的发展要求"中小学要由'应试教育'转向全面提高国

---

① 《马克思恩格斯全集》第46卷（上），人民出版社1972年版，第486页。

民素质的轨道，面向全体学生，全面提高学生的思想道德、文化科学、劳动技能和身体心理素质，促进学生生动活泼地发展"。[①] 基础教育由应试教育向素质教育转轨。新一轮课程改革所强调的素质教育给师范院校人才培养目标提出了新的要求，即师范院校培养出来的新一代教师，必须具备良好的职业道德、一定的学科专业知识和专业技能，在教育教学中既能传授知识、开发学生、提高学生能力，又能充当影响学生人格健康发展的引路人，做到言传身教，教书育人，学为人师、行为世范。随着我国现代化建设的推进和基础教育的发展，需要大量的合格教师。而目前，我国师范教育还不能满足高素质教师队伍培养的需要。这就需要加快教师教育改革，进一步提高师范生人才培养质量。

（二）遵循高等师范院校人才培养目标，做合格的人民教师

遵循我国师范院校人才培养目标，坚持全面发展，做合格的人民教师，是党和人民对师范院校学生的殷切期望，也是师范院校学生成才的根本方向。今天的师范生，明天将成为光荣的人民教师，肩负起培养社会主义事业建设者和接班人的历史重任。"学高为师，身正为范"，"师范"即为人师表，做人楷模。师范生要成为合格的人民教师，就必须先行做到"学高"、"身正"，即坚持德、智、体、美全面发展，以适应基础教育教学工作的需要，以自身的全面发展去影响和教育中小学生成为社会主义所需要的建设者和接班人。

1. 合格师范生应具备的基本素质

师范院校要坚持坚定正确的政治方向，坚持面向现代化，面向世界，面向未来，培养有理想、有道德、有文化、有纪律，追求教育理想、热爱教育事业的人民教师。我国师范院校所培养出来的合格师范生应具备以下几个方面的基本素质。

（1）思想品德素质

思想品德素质是教师素质结构中的一个重要方面，规定着教育人才成长的方向。作为未来教师的师范生必须坚持以马克思主义、毛泽东思想、邓小平理论、"三个代表"重要思想和科学发展观为指导，树立正确的世界观、人生观和道德观，把坚定正确的政治方向放在第一位；具有热爱社会主义祖国、热爱教育、热爱学生、为教育事业发展奉献力量的精神；具有遵纪守法、严于律己、廉洁从教、以身作则、为人师表、学而不厌、诲人不倦、科学育人、团结协作、共同育人的优秀教师道德品质和高尚的道德人格；具有实事求是、独立

---

① 《中国教育改革和发展纲要》。http：//www. eol. cn/guojia ＿ 3489/20060323/t20060323 ＿
49571. shtml。

思考、勇于创造的科学精神，树立新型的人才观念；具有正确的审美观和鉴赏美、创造美的能力，做到心灵美、语言美、行为美和仪表美；具有热爱劳动、热爱人民、珍惜劳动成果的美德。

（2）业务素质

教师的业务素质是教师进行创造性劳动的基本条件。师范生必须认真学好专业学科知识，接受职业能力训练，拥有较好的业务素质。一要具有扎实深厚的基础学科知识、基本理论和基本技能，了解所教学科的最新科学成果和发展趋势，而且要掌握相邻学科知识以及必要的横向学科知识，具有广博的文化科学知识。二要具有精细丰富的教育学、心理学、教材教法、教育行政和学校管理等方面的专业知识、基础理论和基本技能。三要具有一定的语言文字表达能力、教学教育能力、组织管理能力、科学研究能力。

（3）身心素质

健康的身心素质是教师承担教书育人任务的基础条件。师范生必须认真接受学校体育和心理教育，具有健全的体魄、健康的身心、坚强的意志和旺盛的精力，掌握体育基本理论知识、基本技巧和生理卫生、心理卫生的基本知识，养成锻炼身体的良好的生活习惯、生活秩序，具有良好的教师修养和品质，具有承受艰难挫折考验的心理能力。

2．合格师范生应全面发展

师范院校的大学生要成为合格的教育人才、优秀的中小学教师，必须遵循师范院校人才培养目标，坚持德、智、体、美全面发展。在学校教育中，德、智、体、美既相对独立，又辩证统一。德育是发展人的思想品德素质的教育，在社会主义高等师范院校中居于首要地位，它不仅对师范生的全面发展起着导向和保证作用，而且能寓于其它教育中，成为促进师范生教育业务素质和身心素质形成的思想基础和动力源泉；智育是发展人的智能素质的教育，是师范院校教师教育的中心环节和主要任务，它不仅能促进师范生教育业务素质的形成与发展，而且也渗透于其它教育之中，影响师范生思想品德素质和身心素质的形成与发展；体育是以强健体魄、增进身心健康为目的的教育，加强体育锻炼不仅可以增强体质，而且能磨炼人的意志、培养人的毅力、开发人的智能、增强体力；美育是使学生形成科学的审美观，提高审美能力和创造美的能力的教育。对于立志成才的师范生来说，师范院校各方面的教育共同形成了人才培养的教育合力，师范生在师范院校这一教师培养的摇篮之中，要把自己培养成为社会主义建设所需要的专门人才、合格的中小学教师。

第二章 教师职业素养

教师队伍职业素养的高低关系教育发展方向，关系国家的强盛。《教育改革和发展规划纲要》指出："百年大计，教育为本。教育是民族振兴、社会进步的基石，是提高国民素质、促进人的全面发展的根本途径，寄托着亿万家庭对美好生活的期盼。强国必先强教。"教育大计，教师为本。有好的教师，才有好的教育。党的十八大提出："要加强教师队伍建设，提高师德水平和业务能力，努力造就一支师德高尚、业务精湛、结构合理、充满活力的高素质专业化教师队伍。"[①] 党的十八大和《教育改革和发展规划纲要》对于加强教师队伍建设提出的要求，为教师群体职业素养的养成和教师后备者的师范生职业素养的培育指明了方向。

第一节 职业素养理论

一、职业素养的内涵与特征

（一）素质与素养

素质一词本是生理学概念，指有机体与生俱来的生理解剖特点，主要指神经系统、脑的特性及感觉器官和运动器官的特点，即生理学上所说的"遗传素质"，它是人的能力发展的自然前提和物质基础。由于素质是以人的生理和心理条件作基础，以其自然属性为基本前提的，因此，个体生理、心理成熟水平的不同决定着个体素质的差异。所以，对人的素质的理解要以人的身心组织结构及其质量水平为前提。

人们首先通过父母的遗传因素获得包括感觉器官、神经系统和身体其他方

---

① 中华人民共和国中央人民政府门户网站，http://www.gov.cn/jrzg/2010-07/29/content_1667143.htm。

面的一些生理特点，因而具有了先天的素质。有学者认为："优化体格气质，是研究改善人类素质的科学内容之一"①；并以历代中医文献中有关胎孕、发育、种子等方面记述为主要线索，论述了改善先天禀赋与优化体格气质及民族素质的关系。先天禀赋是体格气质形成的基础，它取决于父母的体格气质。此外，人们还通过环境影响、教育以及运动锻炼等后天因素改变或取得某种特质，因而又具有了后天的素质。也就是说，人的先天解剖上的生理特点，只是人的心理发展的生理条件，人的素质只有在社会实践中才能得到发育和成熟。可以说，素质是在人的先天生理基础上，受后天教育训练和社会环境的影响，通过自身的认识和社会实践逐步养成的比较稳定的身心发展的基本品质。人的性格、毅力、兴趣、气质与风度等都可用素质加以概括。所以，"素质"一词大多用以指人与生俱来的，并通过后天培养、塑造、锻炼而获得的身体上和人格上的性质特点。

素质既有其生理基础，又源于后天的培养。素质一词，既在指称它的生理性方面加以使用，同时也在指称它的后天养育性方面加以使用，而且，人们更普遍地在第二种意义上使用。这种在先天生理基础上通过后天培养、塑造、锻炼而形成的特质就是人所具有的素养。当"素质"一词主要是用于指称它的后天养育性时，素质也就是素养。

素养一词中，"素"的意思是平素的、日常的，"养"是修养、训练。素养即修习涵养，指人们通过培养、训练、实践等途径形成的认识与获得的技巧或能力，如政治素养、理论素养、文化素养等。素养是以人的先天禀赋为基质，在后天环境和教育影响下形成并发展起来的内在的、相对稳定的身心组织结构及其能力水平。素养也可以理解为修养，指人们在性格、心理、道德、文化等各个方面的行为和涵养，以及人们在科学知识、专业技能、理论与实践、社会知识、思想意识、综合知识等方面所达到的一定水平。

素养的内涵主要包括3个方面：首先，它是教化的结果，是在先天素质的基础上，通过教育和社会环境影响逐步形成和发展起来的。其次，素养是自身努力的结果。一个人的素养的高低，是通过自己后天的努力学习、实践，获得一定知识并把它变成自觉行为的结果。最后，素养是一种比较稳定的、促进身心发展的基本品质。这种品质在教化培养和自身学习过程中逐渐形成，而一旦形成就具有相对稳定性。

素质与素养是两个既相互联系又相互区别的范畴。素质体现的是一个人已

---

① 曾昭明：《改善先天禀赋优化体格气质》，《广西中医药》1991年第2期，第74页。

经具备的秉赋和资质，而素养反映的是一个人在一定素质基础上的日常训练和修养，可以说，素养包含素质。素养就是心理、道德、文化等各方面的修养，来源于素质基础上的后天学习、培养。而狭义的素质则着重指先天禀赋或生理特质。无论先天素质如何，后天的培养教育对于所有人的素养形成都起着十分重要的作用。

（二）职业素养的内涵

职业是指人们由于社会分工和生产内部的劳动分工，而从事的具有专门业务和特定职责，并以此作为谋生手段的社会活动。[①] 从社会角度看，职业是劳动者获得的社会角色，劳动者为社会承担一定的义务和责任，并获得相应的报酬；从国民经济活动所需要的人力资源角度来看，职业是指不同性质、不同内容、不同形式、不同操作的专门劳动岗位。职业是个人谋生的手段，也是构成群体生存环境的专业。

职业与行业是既有区别又有密切联系的概念。职业反映的是以社会分工为纽带的社会形式和社会关系，行业反映的是以生产要素组合为特征的各类经济活动。职业与行业往往是交织在一起、密不可分的，同一行业可以有不同职业，而同一职业也可以在不同行业中设立。在一般意义上，职业概念与行业概念可以交替使用。

职业素养，就是指一个人在职业岗位上表现出来的综合素质，是人们在履行职业过程中将职业规范的内在要求，通过个体职业道德、职业技能、职业行为、职业作风和职业意识等外在行为表现出来的综合品质。当个人素养体现到职业生活中并适应职业规范需要时，就会以个人的职业素养方式表现出来。

职业素养是每个职业人都应具备的与职业直接相关的基础能力和综合素质，一般包含 3 个核心要素：职业道德、职业技能、职业行为。

职业道德也可称为行业道德，它是同人们的职业活动紧密联系的符合职业特点所要求的道德准则、道德情操与道德品质的总和，它既是社会对从业人员在职业活动中应当遵循的符合职业特点的职业行为规范，同时又是职业对社会所负有的道德责任、义务的体现。人类的职业生活属于历史范畴，是在历史过程中产生并随着历史条件的变化而不断发展变化的，因而在不同时代有不同的职业道德要求。同时，由于职业道德是与职业活动紧密联系的行为规范，因而有多少种职业或行业，就有多少与之相关的职业道德，如商业道德、体育道德、教师道德、演艺道德等。良好的职业道德，能帮助从业人员形成正面积极

---

① 罗国杰：《伦理学》，人民出版社 1991 年版，第 245 页。

的职业心态和正确的职业价值观，是一个成功职业人必须具备的核心素养。

职业技能是指在职业分类基础上，根据职业活动的内容要求，从事该职业所必备的专业技术和工作能力，是对从业人员工作能力水平的规范性要求。职业技能是从业人员具备从事职业活动的主要依据，也是衡量劳动者从业资格和能力的重要尺度。"三百六十行，行行出状元。"没有过硬的专业知识和精湛的职业技能，就无法把一件事情做好，就更不可能成为"状元"。

职业行为是指人们对职业劳动的认识、评价、情感和态度等心理过程的行为反映。从形成意义上说，它是由人与职业环境、职业要求的相互关系决定的，是在职场上通过长时间学习培养、训练形成的职业活动方式，并且最后往往会演变成行为习惯的一种职场综合素质。

职业道德、职业技能、职业行为三者有机结合在一起，以职业责任、职业能力和职业行为方式等角度全面呈现从业者在职业活动中的综合素质与能力。所以，人们也把职业素养看做是劳动者在一定的生理和心理条件的基础上，通过教育、劳动实践和自我修养等途径而形成和发展起来的，在职业活动中发挥重要作用的内在基本品质。

现在越来越多的学者把职业素养尤其是职业道德素养，看做是职业人应具备的超越专业知识与技术的核心竞争力。《一生成就看职商》的作者吴甘霖回首自己从职场惨败到走上成功之道的过程，再总结比尔·盖茨、李嘉诚、牛根生等著名人物的成功历史，并进一步分析所看到的众多职场人士的成功与失败，得出了一个结论：一个人，能力和专业知识固然十分重要，但是，要在职场取得成功，并不仅仅取决于能力与专业知识，而最关键的还在于他所具有的职业素养[①]，尤其是职业道德素养。

根据著名心理学家弗洛伊德、著名作家海明威和美国知名心理治疗师萨提亚在各自领域提出的，并广泛应用于心理学、文学、管理学、医学等领域的"冰山理论"，有学者提出了"职业素养冰山理论"。

"职业素养冰山理论"把职业素养分为显性职业素养和隐性职业素养。该理论认为，个体的职业素养就像水中漂浮的一座冰山，浮在水面以上的只占其1/8，它表现为职业人的形象、资质、知识、职业行为和职业技能等方面，可以通过各种学历证书、职业证书来证明，或者通过专业考试来验证的部分，这是人们看得见的、显性的职业素养。而冰山隐藏在水面以下的部分占整体的7/8，它体现了职业人的职业意识、职业道德、职业作风和职业态度等深层次

---

① 《一生成就看职商》，http://baike.baidu.com/view/2639452.htm。

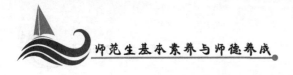

素养，这是人们看不见的、隐性的职业素养。显性的职业素养，并不能完全体现出人们职业素养的高低优劣；隐性的动机、态度、责任心才是决定人们职业素养高低的关键因素。由此可见，大部分的职业素养是看不见的，而正是这些隐性职业素养决定、支撑着外在的显性的职业素养。显性职业素养是由隐性职业素养所决定的，是隐性职业素养的外在表现。显性职业素养和隐性职业素养的结合才共同构成了职业人的全部职业素养。因此，职业素养的培养应该着眼于整座"冰山"，以培养显性职业素养为基础，重点培养隐性职业素养。

（三）职业素养的特征

1. 职业性

职业素养总是同职业联系在一起的。不同的职业对其职业素养的要求是不同的，因此，从事不同职业的人为了适应职业需要会形成不同的职业性格和职业作风，会培养形成不同的职业素养。对建筑工人的素养要求，不同于对护士职业的素养要求；对商业服务人员的素养要求，也不同于对教师职业的素养要求。著有《语文的诗意》《在日记中成长》等素质教育畅销书的语文特级教师、全国优秀教师高万祥，其职业素养是通过他借鉴苏霍姆林斯基的教育思想办学，注重人文教育，致力于语文教育改革的教学实践活动体现出来的。被誉为"老人的拐杖，盲人的眼睛，外地人的向导，病人的护士，群众的贴心人"的全国劳动模范李素丽的职业素质始终与她作为公共汽车售票员的职业联系在一起的。

2. 稳定性

一个人的职业素养是在长期职业实践中积累形成的。职业素养一旦形成，便具有相对的稳定性。比如，一位师范生走出校门后，经过三年五载的教学生涯，就会逐渐形成怎样备课、怎样讲课、怎样热爱自己的学生、怎样为人师表等一系列教师职业素养。这种与职业相连的综合品质一旦形成，就会在以后的职业生涯中延续下去，并在继续的学习、工作和职业环境的影响下不断提升。

3. 内在性

职业素养是社会对职业人的行为规范与要求在个体身上的内化。外在的职业规范要求只有内化为人们的信念和行为准则，才能真正成为自身的职业素养。人们是在长期的职业活动中，经过自己学习、认识和亲身体验，感悟到应该怎样做才是对的、怎样做是不对的，并有意识地内化、积淀和升华这一心理品质，从而形成自己的职业道德、职业价值观和职业态度等内在的职业素养的。并且，人的职业素养主要是由职业道德、职业价值观和职业态度等隐性职业素养决定和支配的。

4．整体性

职业素养指的是从事职业的人都应具备的与职业直接相关的基本能力和综合素质，是从业人员显性职业素养和隐形职业素养的总和。此外，职业素养还是各种素养的综合体现，一个人的职业素养是与他的整体素养相关联的。一般而言，职业素养好，不仅意味着思想政治素质、职业道德素质好，而且还意味着科学文化素质、专业技能素质好，有时甚至还包括身体心理素质好。一个从业人员，虽然思想道德素质好，但科学文化素质、专业技能素质差，是不能说这个人职业素养好的；相反，一个从业人员科学文化素质、专业技能素质都不错，但思想道德素质比较差，同样，我们也不能说这个人职业素养好。所以，职业素养一个很重要的特点就是整体性。

5．发展性

职业素养的发展性是指职业素养的动态开放特性。一个人的职业素养是通过教育、自身社会实践和社会影响逐步形成的，它具有相对稳定性。但是，在一个开放的时空里，随着社会的进步和职业的发展，新的职业逐渐产生，旧的职业逐渐消失，职业结构的变化对劳动者的知识和技能提出了新的要求，对于劳动者的职业素养也不断提出新的要求。尤其是随着社会分工的不断专业化、细致化，对不同职业的职业化要求也越来越高；加之市场经济促使市场竞争机制不断完善，同行业竞争不断升级，对人的职业素养的要求也会越来越高。人们为了更好地适应、满足、促进社会的进步和职业发展的需要，总是要不断地提升自己的素养。所以，职业素养具有发展性的特点。

二、职业素养的作用

（一）良好职业素养为求职者参与社会竞争奠定良好基础

员工的职业素养在一定程度上决定企事业单位的兴衰，职业素养已逐渐成为单位选用人才的第一标准。市场竞争在一定意义上是指人才的竞争。随着竞争机制的更加完善，以及同行业竞争的加剧，在市场竞争中常常表现为一个群体与另一个群体的比拼。为了在竞争中胜出，企事业单位都希望招募到有着良好职业素养的优秀人才，并且对于新入职员工的职业素质的要求也更加严格。因此，良好的职业素养就成为从业人员谋生或创业的重要手段，成为职场制胜、事业成功的法宝。

（二）良好的职业素养是较快适应职业岗位的需要

职业素养的核心内容体现在职业道德、职业技能和职业行为三个方面。良

好的职业素养意味着较好的职业道德、达标的职业技能和规范的职业行为，这是适应职业岗位要求的必备条件。要进入一个行业，胜任某个岗位，良好的品质和人格是做人的根本，也是做事的基础。只有具备良好的职业素养，才能适应职业岗位对于职业行为的要求，进而成长为训练有素的骨干人才，为自己进一步又好又快发展提供平台。一个人要是缺乏良好的职业素养，就难以胜任岗位的要求，更不可能取得突出的工作成绩；一个团队，没有一支职业素养过硬的员工队伍，就不可能在激烈的市场竞争中占有一席之地。

（三）良好的职业素养能极大地提高工作效率

职业素养体现的是与职业直接相关的基本能力、综合素质或达到的一种境界，是通过个体外在职业行为、职业作风表现出来的职业价值观、职业意识等内在职业规范。一方面，职业素养作为职业基本能力的体现，能规范职业人的职业行为，使职业活动的开展按照既定标准和规定的要求进行，从而避免职业活动中的混乱与无序状态，使职业行为或活动快速有效地达到规定的标准；另一方面，职业素养作为一种境界，又能激发职业人的工作热情，鼓励职业人为职业的发展竭尽全力、不懈奋斗，创造性地开展工作，从而不断推动事业的持续健康发展。

三、职业素养的形成路径

职业素养作为在职业岗位上表现出来的长期稳定的综合品质，其形成不是一蹴而就的，需要通过系统的、多层次和多形式的培养才能形成。其中，知识、教育、自我修养、社会实践是职业素养形成的重要路径。

（一）知识是形成职业素养的基础

知识，是指人们在改造世界的实践中所获得的认识和经验的总和。作为人们在社会实践中积累起来的经验的固化，从本质上来说，知识属于认识的范畴。知识是人类在实践的基础上对其生活的环境（包括自然和社会）以及人类自身认识的结果，是人类活动经验的概括与总结。人类为了自身生存和探究未知世界的需要，把自己单纯的认识成果即经验转化或提炼成基本概念，并将概念有机联结起来，形成系统的知识。对每个个体来讲，通过亲身实践获得的知识（直接经验）是很少的，大量的知识是通过学习人类共同创造的知识财富而获得的。根据其获得方式的不同可分为直接知识和间接知识。

职业素养指的是从事职业的人都应具备的与职业直接相关的基本能力和综合素质，是人们在职业生涯中经过长期努力勤奋学习和涵养锻炼形成的一种能力或达到的一种境界。它是主体身上所存在的、内在的、相对稳定的身心特性，是决定主体活动功能、状况及其质量的基本因素。

从存在方式及表现形式来看，知识可以脱离活的人体而存在于书本、磁盘、录音录像带及其它的实物性媒体中，可以用文字、语言、图像及其它符号性工具得以表现。而职业素养不能脱离活的人体而独立存在，素养同人的生命及其活动是联系在一起的。从检测及评价方式来看，知识可用考试的方法检测和评价，而素养只能通过观察人的实际活动表现来评价。除了显性职业素养在一定的程度上可以用书面考试的方法检测外，人的其它素养，如品德、能力、意志等隐性职业素养是无法简单地用书面考试的方法检测的。

显而易见，知识和职业素养是两个具有不同内涵的范畴。职业素养可以看做是一定的社会、文化对人的行为的要求与规范在个体身上的内化，也可以看做是个体生理及心理结构与潜能向着一定社会、文化对人的行为要求与规范的方向定向发展和开发的结果。①

但是，知识与职业素养又有着密切的联系。一方面，职业素养是知识内化和升华的结果，并以能力的外显为标志。没有知识作基础，职业素养的形成和提升便不具备必然性、条件性和目标性。没有知识，无法深刻地理解职业素养对于职业人的价值和意义，难以自觉培养和锻炼职业素养，也很难形成高尚的职业素养。另一方面，良好的素质、较强的能力，又能促进知识的掌握、增值和迁移。只具有丰富的知识并不等于具有较高的职业素养，知识和能力也需要个体全面、健全、良好的素质支撑和制约，否则，也难以保证知识和能力正向、有益地运用。因此，职业人需要长期的努力学习和实践，才能将作为认识和经验总和的知识内化提升变成自觉行动，并由此转化为职业素养。这就是现代人所说的：有知识未必有修养，有修养必定有知识！

（二）教育是职业素养形成的外在条件

职业素养不是天生的，其形成也不是一蹴而就的，需要长期的教育培养训练，可以说，职业素养是修养、训练的结果。根据社会的要求，有目的、有计划、有组织地对受教育者的身心施加影响，把他们培养成为一定社会所需要的人的活动过程就是教育。教育培养是增进人们的知识和技能、影响人们的思想品德的活动，也是人类社会生产经验得以继承发扬的关键环节。教育是一种人类道德、科学、技术、知识储备、精神境界的传承和提升行为，是着眼于人的素养、能力而进行的，是在一定的社会背景下发生的、促使个体的社会化和社

---

① 《素质教育的有关概念》，http：//www. etc. edu. cn/articledigest5/suzijiaoyu. htm。

会要求个性化的实践活动。

教育活动对个体发展和社会发展产生的作用与影响，就是教育的功能。教育的功能表现为社会功能和个体功能两个方面。教育的社会功能就在于，教育是文化的组成部分，教育又对文化的继承和发展起着重要作用。教育能够促进社会生产，巩固经济基础；教育能够保存、传递以至创造人类文化；教育还可以起到保护环境、提高人口质量的作用，等等。因此，教育的社会功能是多方面的。

教育的个体功能在于帮助人实现社会化和个性化。个体的发展，既表现为随着年龄的不断增长而身心生长、发育、成熟的过程；又是个体逐步承担社会角色，不断增强自我意识，丰富人生世界的过程。人都生活在一定的社会中，参与社会生活，成为社会的一员，没有脱离人类社会的所谓"纯粹"个人。个体从自然生物体到社会活动主体的变化，就是通过个体社会化过程来实现的。教育在人的发展过程中，发挥着促进个体的社会化和个性化，增强个体自我意识和能力的功能。社会化的内容非常广泛，凡是促进个体发展的社会性要求及个体适应社会生活所必需的基本知识、技能、行为方式、生活习惯以及各种思想观念等，都是个体社会化的内容。从学校教育的角度来说，个体的社会化主要包括四个方面：一是学习生活技能，主要包括个体所处时代和社会所要求的日常生活技能和职业技能；二是内化社会文化，主要包括价值观念体系和社会规范体系；三是完善自我观念，即对自身的生理、心理状况，对自我和他人以及社会的相互关系有一个正确的认识；四是学会承担社会角色，就是通过角色学习和角色实践，能够自觉按照社会结构中为其规定的规范办事，这是社会化的本质和最终体现。教育的个体功能就在于通过对人们的知识灌输和行为指导，帮助和促进个体的社会化。

职业素养教育是个体社会化的重要环节，是教育的不可或缺的重要内容，也是个体实现从自然人向社会职业人转化的关键。职业素养教育就是一种个体的社会化教育，是通过有意识、有目的、有计划地对受教育者的身心施加影响，将社会对职业人的行为规范与要求转化为受教育者的内在信念和行为准则，从而把他们培养成为社会职业所需要的人的活动。

（三）自我修养是职业素养形成的内在动因

在职业素养的形成过程中，除了需要外在的培养教育，帮助受教育者建立关于职业素养的认知，并通过不断地重复训练强化这种认知，更重要的还在于要让受教育者认同和接受这种认知，并把外在的教育目标转化为自身的奋斗方向。只有如此，职业素养的培养和形成才有不竭的内在动力，才能真正得以实现。

职业素养的自我修养是指一个人按照一定的职业要求，经过学习、磨炼、涵养和陶冶，为提高自己的职业道德水平和职业能力，所进行的自我教育、自我塑造、自我训练、自我完善，它是职业素养形成的重要途径和实现个人职业素养提升的必由之路。职业素养的自我修养建立在个人对于职业素养重要性的深刻认识的基础上，是通过发挥主体的主动性和创造性而进行的。如果从业者通过自律行为，按照职业要求的原则和规范，在职业活动中通过自我教育、自我改造、自我完善的不懈修养、训练，并将所取得的成果不断地固化为内在素质，就能使自身职业素养不断提升，从而达到较高的修养境界。

自己是最大的教育者。即使自己过去素质并不高，也可以通过自我修养加以提高素养。因此，素质的差距不是本质差距，主要在于是否努力加强自我修养、实现素养的不断提升。在职业素养的形成上亦是如此。一个人的职业素养及其履职能力的高低，主要决定于他的自我职业修养，决定于他在职业行为中的努力程度，而不是仅仅依靠他与生俱来的先天素质。

受教育者为提高自己的职业素养，按照要求，经过学习、磨练、涵养和陶冶，对自己的个性、行为、习惯、观念等各方面进行的自我改造、自我解剖、自我提高、自我教育和自我塑造，都是职业素养形成中的自我修养活动。只有通过"自学、自律、自省"确立终身学习的理念，规范自身职业行为，反思总结职业行为的自我修养活动，社会对职业人的外在要求，才能"入耳，入眼、入脑"，最终变成职业人的内在自觉行为。唯有如此，才能做到"用口、用手、用心"履行职业责任。

（四）社会实践是职业素养形成和巩固的重要途径

社会实践是职业素养形成、固化最有效的载体。实践是人类为了生存和发展所进行的能动地改造世界的一切社会性客观物质活动。实践最重要的特点是具有客观现实性。实践不再是精神和理论的东西，它走出了意识活动的范围，指向了主观领域之外的客观世界，是一种能使外部世界发生某种改变的现实的物质性活动。人通过实践这种特有的感性活动把观念转化为直接现实性的存在。[①] 社会实践是人类最基本的实践活动，是处理和调整社会关系的活动，是人们一切物质性社会活动的总称。人们履行职业责任、处理职业关系的活动，就是社会实践的具体形式之一。社会实践的客观现实性特点决定了：在教育阶

---

① 李秀林、王于、李淮春：《辩证唯物主义和历史唯物主义原理》，中国人民大学出版社 1993 年版，第 231 页。

段培养形成的职业素养认知必须运用和落实于具体的、实际的职业活动之中，才能真正转变为现实的职业素养。社会职业的要求都是具有针对性和实效性的，职业素养培养也应该从实践出发、为实践服务，职业素养得以最后形成的关键也是要在实践中亲身体验、亲身感悟、亲身行动。

无论是外在的职业素养教育还是内在的职业素养修养，最终都必须落实在履行职业的实践中。在履职的实践中体验和感悟职业素养的要求，在履职的过程中实践职业道德、职业技能，并形成职业行为。并且，从业人员也是在从事该职业过程中，不断努力使自己的价值观与职业倡导的价值观相吻合，使个人的自我认识、发展与职业文化发展趋势相吻合，自觉地把自己融入职业团队中，以职业的文化和规范来约束自己的行为，为职业尽职尽责，最终成长为有良好职业素养，从而成就自身职业发展。所以，人们是在职业实践中接触社会、了解社会、服务社会，并最终形成、完善、提升职业素养的。

第二节　教师职业素养的内容

"教师"一词有两重含义，既指一种社会角色或社会职业，又指这一角色的承担者。广义的教师是指有目的地增进他人的知识和技能，影响他人的思想品德及身体、心理的形成和发展的人，如学校管理人员和教学人员、社会教育机构的管理人员和教学人员以及家长等。狭义的教师特指学校教师，是指学校中以培养人为职业，依据一定的社会要求和年轻一代的身心发展规律，有目的、有计划、有组织地传授知识和技能，培养学生思想品德，发展其智力、能力和体力。所以，广义的教师是泛指传授知识、经验的人，狭义的教师系指受过专门教育和训练，并在教育机构（学校）中担任教育、教学工作的人。本书所指教师是指受过专门教育和训练的，在学校中向学生传递科学文化知识和技能，发展学生的体质，对学生进行思想品德教育，培养学生高尚的审美情趣，把受教育者培养成社会需要人才的专业人员。

我国教师法规定："教师是履行教育教学职责的专业人员，承担教书育人，培养社会主义事业建设者和接班人、提高民族素质的使命。教师应当忠诚于人民的教育事业。"教师作为直接培养、教育人的特殊社会职业，有其自身的内涵、特点以及职业规范，尤其是教师的职业素养对学生的成长会产生非常大的影响。

一、教师职业素养的重要性

教育促进人的发展，提升人的价值。作为专业教育工作者的教师，在人类社会的发展、科学技术的进步、知识的积累和文化的交流中都发挥着重要作用。

教师是人类文化科学的传播者，在社会的延续和发展中起着桥梁与纽带的作用。"文化基因"理论认为，人类文化行为的传递机制是纵向的上下代际模仿和横向的同一代际模仿，教师就是把人类长期积累起来的文化科学知识经过整理传授给下一代的人，对于社会文化基因的传递与发展起着极其重要的作用。正如俄罗斯教育家乌申斯基所说："一个教师如果不落后于现代教育的进程，他就会感到自己是克服人类无知和恶习的伟大机构中的一个活跃而积极的成员，是过去历史上所有崇高而伟大的人物跟新一代人之间的中介人，是那些争取真理和幸福的人神圣遗训的保存者，他感到自己是过去和未来之间的一个活的环节……"① 教师还通过对科学文化知识的传播，使世界各民族的先进科学文化成果得以相互吸收，在促进社会的文明和进步中起着桥梁与纽带的作用。

教师是人类灵魂的工程师，对塑造一代新人的思想品德起着特别重要的作用。社会的文明进步不仅需要文化科学，同时需要人们有良好的思想品德，形成高尚的社会道德风貌，建立和谐的人际关系。教师不仅对新一代人教授知识、促进智能发展，而且还着力培养其思想品德，努力把人类社会发展中形成的道德观念、行为准则传播给年轻一代，并在实践中教育学生养成良好的行为习惯。研究表明，学生要形成良好的思想品德在于多方面因素共同发挥作用，而多因素之中教师则是主导者，对学生，特别是中小学生，其培养教育作用是十分重要的。教师在塑造学生思想品德方面的育人作用不仅为学生健康成长提供保证，更是为社会的文明进步和提高整个社会的道德水准、树立良好社会风气、构建和谐社会创造了基础性条件。因此，教师工作有着巨大的社会价值。正是在这个意义上，苏联领导人加里宁称教师是"人类灵魂的工程师"。

教师的劳动是通过教育活动进行的。中小学教师的劳动对象是身心正在发展成长的、具有各自个性特点和年龄特点的儿童和青少年。教师劳动的手段是运用自己的知识和才能、品德和智慧，通过与劳动对象的共同活动去影响、感染他们。教师既是劳动的主体或施行者，同时又是劳动手段或劳动工具，二者

---

① 凯洛夫：《教育学》，人民教育出版社 1957 年版，第 693 页。

是融为一体的。因此，教师劳动具有劳动目的、劳动对象、劳动方式的复杂性，劳动对象、劳动内容、劳动方法的创造性；同时，教师劳动还具有长期性、繁重性，以及高度的责任性、示范性的特点。教师职业劳动的特殊性，决定了教师职业素养的重要性。

（一）良好的职业素养是教师履行职责的基础和前提

教师职业是指教师以自身的专业知识和技能履行教育教学职责，维护学生的利益，为学生的成长发展服务的一种专门职业。教师职业的出现是人类文明发展的重要标志，也是促进人类文明发展的重要保障。教师被称为人类文化科学的传播者，在社会的延续和发展中起桥梁与纽带的作用；教师被誉为"人类灵魂的工程师"，对塑造一代新人的思想品德起着特别重要的作用；教师还被看做是人的潜能的开发者。教师所扮演的各种角色、所起的各种作用，都是通过教书育人的职业活动进行的。对于中小学生而言，教师是人生的引导者和指路人，是学习和模仿的对象。只有具备良好的教师职业素养，才能担当起社会赋予教师职业的责任，才能履行教书育人的职责。

（二）良好的职业素养是教师职业形象准公共性的要求

公众人物的一言一行都足以对其追随者产生巨大的影响。美国著名流行乐、摇滚乐歌手迈克尔·杰克逊猝死后，有的歌迷不惜以自杀的方式表达对杰克逊的哀悼，这在一定程度上体现出了公众人物的强大影响力。教师虽然不像政治家、演艺人员那样是完全的公共性人物，但其职业属性决定了教师形象的准公共性。教师的工作对象是人，尤其是中小学教师直接面对着成长中的广大青少年学生，教师的思想、性格、言谈、举止、气质、仪表无时无处不在学生、家长、社会的关注中，其一言一行都可能成为学生学习模仿的对象。尤其是伴随着教育的普及化、教育理论与实践的丰富与发展，教师越来越成为一种专门的、受人尊敬的职业，社会、家长、学生对于教师都有"学高为师，德高为范"的期待与要求。一个合格的教师理应规范自己的言语和行为，在学生、家长、社会的审视中，展现关爱学生、文明礼貌、举止从容、服饰整洁、热情诚恳、端庄大方等"美德、慎行"的职业形象。前中国科学技术大学校长朱清时院士认为，一个社会要有希望，一定要有净土，这个净土就是学校。学校一定要严守诚信的底线，培养出的学生才会是诚实的，这样社会上即使有造假之风，也终会被净化。如果学校这方净土失守了，也开始造假了，社会就没有希望了。① 因此，教师必须通过良好的职业素养来塑造并维护自己的积极形象，只有如此，才能不负国家、社会、家长对于教师的期待，才能很好地教育和感染学生，潜移默化地影响学生。

（三）良好的职业素养也是教师职业环境特殊性的要求

学校是有计划、有组织地进行系统教育的组织机构和专门场所，是教师履行职业行为的地方。学校作为社会人才培养的摇篮，通过开展有目的、有系统、有组织的，以影响受教育者的身心发展为直接目标的社会活动，为受教育者的成长和未来事业奠定良好品德及文化科学知识的基础，实现培养社会需要的人才的目的。为了实现学校教育的目标，学校既需要关注社会的需求与发展，以培养能满足社会需要的合格接班人和劳动者；又需要与社会保持一定的距离，以抵御和防止社会上各种消极负面因素对受教育者的不良影响。因此，学校作为专门的教育组织机构和场所，既要保持与社会的紧密联系，又要与社会保持适度的距离，使学校成为远离社会喧嚣的"一方净土"。这种与社会的适度距离，表现为学校拥有相对独立、封闭的工作环境。在相对封闭的学校工作环境中，教师良好的职业素养是让学生放心、让家长放心、让社会放心的保证。

（四）良好的职业素养是师生关系隐蔽性不平等的要求

从法律角度来讲，师生是平等的权利义务主体；从教育的理想追求来看，师生也应该成为平等的对话者。然而事实上，在教师与学生的关系中存在着天然的不平等性。相对于未成年的中小学生，教师无论在体力、智力，还是学识、社会地位等方面都具有优势，是师生关系中强势的一方。要约束不平等性中强势的一方，除了法律的原则规范约束，就是道德的存在可以保护弱小者。所以，有良好职业素养的教师，意味着在职业道德、职业技能和职业行为上的自觉合乎规范性，以自身良好的师德修养、专业知识和教师技能履行教育教学职责，维护学生的利益，关爱学生，为学生的成长发展服务。

二、教师职业素养的维度

随着社会的进步，人们对于教育、教师的重要性认识越来越清晰，对教师职业特别是教师的职业素养越来越关注。被誉为人类灵魂工程师的教师，应该具有哪些最基本的职业素养？尤其是教师后备者的师范生应该如何培养这些职

---

① 朱清时：《学校是净土社会才有希望》，《中国青年报》2008 年 11 月 6 日。

业素养？这是关系到教育事业发展和培养祖国接班人的大事。

我国中小学教师是履行中小学教育工作职责的专业人员，需要经过严格的培养与培训。2012年2月，教育部下发了《关于印发〈幼儿园教师专业标准（试行）〉、〈小学教师专业标准（试行）〉和〈中学教师专业标准（试行）〉的通知》（教育部教师〔2012〕1号），公布了中小学幼儿园教师专业标准。这些专业标准从专业理念与师德、专业知识和专业能力三个维度，对教师职业提出了具体要求。具有良好的职业道德，掌握系统的专业知识和专业技能是国家对合格中小学教师的基本专业要求，也是中小学教师开展教育教学活动的基本规范。它们是引领中小学教师专业发展的基本准则，更是中小学教师培养、准入、培训、考核等工作的重要依据。因此，职业道德、专业知识和专业技能水平是构成教师专业素养的主要内容，这三个方面的发展水平决定了教师职业发展水平的高低。

（一）职业道德素养

教师职业道德，简称师德，是教师在从事教育劳动时所应遵循的行为规范和必备的品德的总和。师德从道义上规定了教师在教育劳动过程中应该以什么样的思想、感情、态度、作风去对待工作和处理问题。师德是教师行业的特殊道德要求，是调整教师与教师、教师与学生、教师与学校领导、教师与学生家长以及教师与社会其他关系的行为准则，是一般社会道德在教师职业中的特殊体现。

早在春秋时期，孔子办私学，广收门徒，创立了许多有关教师职业道德方面的理论，在《论语》一书中反映了出来。其中较为著名、对后世影响较大的观点有："默而识之，学而不厌，诲人不倦，何有于我哉？"体现了师德中应具有的学习与教诲的行为准则。"其身正，不令而行；其身不正，虽令不从。不能正其身，如正人何？"体现了师德中"以身作则"、"言传身教"的行为要求。此外，《论语》中还有热爱学生、有教无类、不耻下问、知过而改、因材施教、循循善诱等有关教师职业道德方面的著名言论。孔子创立了我国教育史上的第一个教师职业道德规范体系。孔子之后的百家争鸣时期，荀子、墨子、孟子等思想家推动教师职业道德理论的进一步发展。如荀子在强调教师要以身作则的同时，又提出教师须具备的四个条件："尊严而惮"、"耆艾而信"、"诵说而不陵不犯"、"知微而论"。这实际上就是在德行信仰、能力、知识等方面对教师提出了更高的要求。汉代的董仲舒把"三纲五常"作为教师职业道德的核心要求，又说"善为师者，既美其道，有慎其行"，指出了教师在道德品质、知识才干、言谈举止等方面的要求。唐代韩愈将师德列于对教师要求的首位，云

"弟子不必不如师，师不必贤于弟子，闻道有先后，术业有专攻，如是而已"。宋、元、明、清时期的一些思想家对教师的职业道德又作了进一步的发展。如朱熹把《中庸》中提出的"博学"、"审问"、"慎思"、"明辩"、"笃行"作为教师规范。明末清初的王夫之则认为，"德以好学为极"、"欲明人者必须先自明"。

在社会主义时期，教师是工人阶级的一部分，是人类灵魂的工程师，担负着培养社会主义事业接班人的光荣任务。社会主义的教师职业道德批判地继承了古代师德的优秀遗产，以社会主义道德的基本原则和行为规范为指导，从根本上区别于以往的教师职业道德，是最先进的教师职业道德。

教师职业道德是教师职业素养结构中的重要内容。"教师无小节，处处是楷模"。为人师表是教师职业品德的重要内容，也是教师教育的力量所在。学校是每个学生的生活与学习之地，学校的教育方式与手段，是通过教师对学生产生影响的。教师不仅向学生传授文化知识，还是塑造年青一代的灵魂的工程师，要对学生进行思想品德教育。教师的思想品德和世界观通过教师具体的教育教学活动影响学生，从而培养和造就掌握一定文化知识、具备一定道德品质的社会成员。在经济迅猛发展的时代，要培养适应现代社会需要的人才，取决于教师的综合素质和职业道德水平的高低。因此，加强师德修养是培养高素质创新人才的重要保证。可以说，振兴民族的希望在教育，振兴教育的希望在教师，提高教师素养的希望在师德的养成。

教师应具有高尚的职业道德，这是由教师的职业的要求和劳动特点所决定的。教师职业的特殊性使得在学生身上可以看到教师的"影子"，教师的政治态度、思想作风、道德品质、治学精神、行为习惯，甚至不经意的一言一行，都会成为学生学习和模仿的对象。中小学教师作为儿童人生的启蒙者、学生行为的诱导者和知识的传播者，其自身行为、品格的优劣，对下一代的成长有着举足轻重的作用。古今中外的教育有识之士都极为重视对教师的职业道德教育，古人曾把师德作为正本清源、纯正社会风气的重大措施，提出"唯师道立而善人多"。这说明教师的职业道德在教育中是有极其重要的示范力量的。为此，作为教师，应该十分重视自身的职业道德修养。

（二）专业知识素养

教师是人类社会永恒的职业，是教育领域中"传道、授业、解惑"的专业工作者，教师的主要任务之一在于向学生传授科学文化知识，促进学生个性全面发展。在现代科学技术迅猛发展、知识更新不断加快的时代，必然要求一名合格的教师必须具有合理的知识结构和良好的学科专业素养。我国中小学教师

专业标准（试行）中，将教师应具备的知识归纳为教育知识、学科知识、学科教学知识、通识性知识。因此，具有广博的科学文化知识、扎实的专业知识和教育教学知识是教师做好本职工作的重要条件。

首先，扎实的专业知识是教师进行教书育人的必备业务素养。教学工作是一种传授知识和培养技能的专业工作，专业知识是教师的必备业务素质，专业知识的丰厚程度是衡量教师职业素养优劣的主要标准之一。教师如果缺乏教育学生的专业知识，教学过程将无法顺利进行。教师的影响力和创造力不仅来源于人格、信念、感情等非理性因素，也来源于知识和技能等理性因素。专业知识是教师影响力的源泉之一，专业知识也是教师创造力的基础，深厚的专业知识素养给予教师在教育教学中激励或改变学生心理和行为的能力，并成为连接教师和学生的中介、纽带。

其次，拥有教育教学知识是教师实现科学教育教学的必备条件。仅通晓一门学科知识并不能必然地使人成为该学科的好教师，"学者未必是良师"。一个教师要成功地扮演好自己的角色，要满足每个学生多方面的探究兴趣和多方面发展的需要，帮助学生了解丰富多彩的客观世界，教师要把知识讲解得生动透彻，教学活动要像高山流水般自然流畅、从容不迫，需要精通所教学科的基础知识、熟悉本学科的知识体系、了解学科发展动态和最新研究成果，同时又必须广泛涉猎其它知识。在充实所教学科知识的基础上，更重要的是还必须具有教育科学方面的知识，拥有教育理论知识，懂得中小学生身心发展的一般规律与特点，掌握教育教学规律，在把握中小学生的世界观、人生观、价值观形成的规律和教育方法，以及了解中小学生思维能力与创新能力发展的过程与特点的基础上，以更科学的方式教授学科知识，实现教书育人的目标。

最后，广博的科学文化知识是好教师不可或缺的素养。教师是教育人、塑造人的职业，无论什么学科的教师都承担着传播科学文化知识，培养高尚思想道德情操的职责。对大多数人尤其是青少年而言，学校教育阶段是其一生学习中非常重要甚至是最主要的时期，为其日后的成长打下文化知识和身心健康的基础。学校教育的内容和导向，关系到一个人的精神境界和综合素质的高低。教师具有广博的科学文化通识知识，有助于培养学生的才智、发展学生的思考能力和理解能力。耶鲁大学校长理查德·莱文（Richard C. Levin）认为："相信通识教育的本质就是发扬批判性独立思考的自由，充分培育人的心志，使人从偏见、迷信和教条中解放出来。"① 因此，具有广博的科学文化通识知识的教师，更有利于培养具有真正思考能力和终身学习能力的学生。

总之，拥有科学文化知识、专业知识和教育教学知识的数量与质量直接决定着教师能否适应时代的要求培养出全面发展的新人。只有"在深的水里才能摸到大鱼"。学生知识水平的高低，很大程度上受教师知识水平的制约，这就要求教师要"学无止境"，终身学习，跟着时代的节拍，走在时代的前沿。

（三）职业能力素养

一定的能力素养是进行和完成某种工作所必需的条件。教师的职业能力是以教师顺利地完成教育教学任务为特征的职业活动能力。我国中小学教师专业标准（试行）中，将教师的职业能力归纳为教学设计、教学实施、班级管理与教育活动、教育教学评价、沟通与合作、反思与发展、激励与评价等能力。教学设计能力是教师课前对学生、教学目标、教学内容、教学方法、教学环境等各种教学要素进行科学详细地计划和安排，合理利用教学资源和有效运用教学方法设计教学过程，引导和帮助学生设计个性化学习计划的能力。具体地讲，它主要体现为教学目标设计能力、教学内容整合能力、教学策略设计能力、教案编写能力等。教学实施能力是教师在课堂上实施教学方案、解决具体问题进而实现教学目标的能力，教师通过营造良好的学习环境、氛围，激发与保护学生的学习兴趣，采取启发式、探究式、讨论式、参与式等多种方式，有效地实施教学，有效地调控教学过程来加以体现，具体表现为课堂调控能力、实施教案能力、教学应变能力等。

教师的职业能力素养还通过以下方面体现出来：组织管理课堂秩序，达到课堂教学预定目标的教学实施能力；面对不同个性特点的学生，既能使学生有序学习，又能营造出生动活泼的学习氛围，充分调动和发挥教与学两个方面积极性的教学组织能力；能科学、准确、生动、形象地向学生传达知识信息，能用自己的知识、技能、思想、情感去影响感染学生的良好的语言表达和沟通能力。

教师可以把自己的风格带入教学，融入教学，形成自己的特色教学。一个有诗人气质的教师其教学会充满热情，富于想象；一位冷静思辨的教师会以逻辑、理性的力量征服学生……教师应该让学生在自己的独特风范中学习知识、不断成长，把自己优秀的品质传递给学生。拥有严谨的治学态度，风趣幽默的

---

① 孙向晨：《耶鲁之为耶鲁·通识教育的作用》，http：//uzone. univs. cn/news2 _ 2008 _ 29084. html。

话语，新颖的授课方式，化繁琐为简单、变死板为生动的能力，是大多数教师孜孜追求的职业境界。

三、师德是教师职业素养的核心内容

教师作为人类文明的重要传递者和创造者，其职业的特殊性除了内在地规定了从业者应有的知识水平、教育能力外，还内在地规定了评价教师职业行为善恶的标准和应有的从教为善的品质。虽然教师职业的社会功能、素质要求、职业特征等不断发生变化、发展，但是对于教师职业的道德要求一直被视为是其职业素养中最重要的核心内容。

教师的道德人格对学生的影响作用是无可比拟的。鲁迅在回忆藤野先生的文章中说："我总还时时记起他，在我所认为我师的之中，他是最使我感激，给我鼓励的一个。……他的性格，在我的眼里和心里是伟大的，虽然他的姓名并不为许多人所知道。他所改正的讲义，我曾订成三厚本，收藏着，将作为永久的纪念……他的照片至今还挂在我北京寓所的东墙上，书桌对面。每当夜间疲倦，正想偷懒时，仰面在灯光中瞥见他黑瘦的面貌，似乎正要说出抑扬顿挫的话来，便使我忽又良心发现，而且增加了勇气……"[①] 老师高尚的人格，可以影响学生的一生。作家魏巍在《我的老师》一文中写道："最使我难忘的是我小学的老师蔡云芝先生，她爱我们。课外的时候，她教我们跳舞，我现在还记得她把我扮成女孩子表演跳舞的情景。假日里，她把我们带到她家里和女朋友的家里，在她女朋友的园子里，她还让我们观察蜜蜂。也是在那时，我认识了蜂王，并且平生第一次吃了蜂蜜。她爱诗，并且爱用歌唱的音调来教我们读诗，直到现在我还记得她读的音调，还能背诵她教我们的诗。今天想来，她对我的接近文学和爱好文学，是有着多么有益的影响！像这样的教师，我们怎么会不喜欢她，怎么会不愿意和她亲近呢？即使她写字的时候，我们也默默地看着她，连她握笔的姿势都急于模仿。"[②]

对于青少年的心灵来讲，教师的人格是最灿烂的阳光。苏联教育家加里宁认为，教育者影响受教育者的不仅是所教的某些知识，而且，还有他的行为、生活方式以及对日常生活的态度。教师不仅要用自己的学识教人，而且要用自己的品格影响学生；不仅要用语言去传授知识，而且还要用自己的灵魂去感化学生和塑造学生的心灵。因此，师德在教育教学中的作用是巨大的，是任何教

---

① 鲁迅：《朝花夕拾》，人民文学出版社 1973 年版，第 67 页。
② 《义务教育课程标准实验教科书·语文（七年级下册）》，江苏教育出版社 2004 年版。

科书、任何道德箴言、任何奖惩制度所不能替代的一种教育力量。

（一）师德是高水平的职业道德

1. 师德与道德

师德是社会道德体系的重要组成部分，是社会道德在教师职业领域的特殊表现。师德是教师在一系列的职业活动中，不断内化社会职业期望，强化职业角色意识，并在职业行为中表现出来的比较稳定的品德特征与倾向。师德反映着社会道德对教师职业的专门化影响和作用。社会道德作为人们共同生活中最基本、最普遍的善恶标准和行为准则，是教师职业道德的主要价值来源，师德受社会道德的制约。在师德发展中，总是以社会道德作为各种师德规范确立的依据和标准。教师个人的师德是根植于社会道德之中、与社会道德相一致的，是个人社会道德水平在教师职业生涯中的具体体现。

师德与社会道德的区别在于：道德是社会公共生活中最一般、最普遍的善恶标准和行为规范，是以善、诚信、忠诚等规范对人的一般行为做出评价；而师德则是教师职业活动中特有的善恶标准和行为规范，是在教育教学过程中以善、诚信、忠诚等规范对教师职业行为和具体表现做出评价。道德随着人类社会的产生而萌芽，伴随人类社会的发展而发展；师德则是随着人类社会分工和教师职业的出现而产生发展的。道德作为社会的意识形态和上层建筑，受生产力和生产关系的矛盾运动的制约，并随生产方式的变更而变更，从而形成不同时代的道德原则和道德规范；师德作为一种职业道德，是在教师职业实践基础上形成的，体现教师这一特定职业的道德传统、道德心理和道德品质，其基本原则和主要规范，在不同时代、不同国家，本质上具有一致性，都是社会、经济条件的反映。同时，作为上层建筑中相对独立的因素，在不同时代、不同国家，师德又存在着差异。

我国是中国共产党领导的人民民主专政的社会主义国家，党的根本宗旨和国家的政权性质决定了社会主义教师职业道德的核心和根本价值取向，应当是而且只能是全心全意为人民服务。因此，从全心全意为人民服务这一师德核心和基本点出发，中小学教师职业道德还包括爱国守法、爱岗敬业、关爱学生、教书育人、为人师表和终身学习等一系列师德规范。

2. 师德与职业道德

师德是一种高水平的职业道德。一直以来，人类社会对于教师的崇高地位给予了充分的肯定，并且对教师的道德品行也提出了极高的要求。一般的职业道德只对行为者自身提出了自律要求，而师德则对行为者提出了"为人师表"的高要求。教师不仅是解疑释惑的"师"，而且是传道做人的"表"。教师是人

类灵魂的工程师，担负着培养人、教育人、塑造人的重大职责。教师是以自己甘做绿叶的精神辛勤地培育下一代的职业，被誉为"学生智力生活中的第一盏指路明灯"。许多研究发现，当学生喜欢某个教师时，会去认真学习这个教师所教的学科，并能够取得比较优异的成绩。这就是所谓的"亲其师，则信其道"。在教育教学过程中，老师正是以其良好的师德、师风为学生树立榜样，达到潜移默化的效果。捷克著名教育家夸美纽斯（1592—1670）认为，太阳底下再也没有比教师更崇高的职业，教师应该是道德卓越的优秀人物。人民教育家陶行知先生曾说："我们深信，教师应当以身作则。"著名教育家叶圣陶说："教育工作者的全部工作就是为人师表。"这些思想家、教育家的阐释，既说明了师德的重要性，也说明了师德是一种高水平的职业道德。教师职业是光荣的，也是责任重大的。

教师职业道德具有更强的自律性。教师职业不同于其他任何职业的基本特点，就在于它是培养人的。教师职业劳动固然需要统一的教育信念、教育价值目标，教师职业目标的实现也需要集体的力量，但教师职业的表现形式更多的是个体劳动。教师的劳动虽然可以在数量上、实物形态上、指标上做出有形的考核，但是，每一堂课知识传授的程度、备课的深度与广度、作业批改的认真程度、对每个学生全面耐心的关怀程度、为学生排忧解难的态度等，这一切主要是通过教师的自觉、自主选择而体现的。列宁说："任何'监督'，任何领导，任何'教学大纲''章程'……绝不能改变由教学人员所决定的课程的方向。"[①] 教师在执行自己的各项具体任务时，其态度、方式、方法的选择总是自主的，是一个自我控制的系统，是由教师凭借自己的道德修养水平、凭借良心来调节的。教师的职业劳动特点更强调要有"慎独"精神，即在无人看见、无人过问、无人监督、个人独处的情况下，仍能自觉地按教师道德规范行动，注意检查自己，严格要求自己。教师职业的特点决定了其道德自律的重要性，而只有实现教师职业道德要求的内化，教师职业道德才能由他律向自律转化。

随着人们对于教师职业在促进人类社会文明进步与教育事业发展中所起作用的认识愈加深刻，教师职业道德越来越受到人们的重视。2008年10月，中国青年报与腾讯教育频道联合开展了一项在线调查，共7327人参加。调查显示，有41.3%的人表示经常关注有关"师德"的新闻报道或相关讨论，表示偶尔关注的占48.1%。两项相加，师德引发了近九成公众的关注。该调查还显示，公众将"关爱学生"（22.7%）、"为人师表"（21.4%）和"爱岗敬业"

---

① 《列宁全集》第15卷，人民出版社1963年版，第439页。

（20.3％）作为一个教师最重要的基本道德素养；此外，爱国守法（18.8％）和终身学习（16.4％）等师德规范也受到较多公众的重视①。

（二）师德的特征

1. 内容的社会性

师德是社会对教师职业期望的内化。教师是通过知识传授来培育人的专门劳动者，是通过对人们进行科学观念的传播从而能对社会产生特殊影响的职业。教师道德不仅体现在学校的教育教学中，对学生的思想成长和个性发展产生重大影响，而且还会通过家长、社会交往等各种途径和方式，直接或间接地影响社会风气，成为促进社会道德风尚发生变化的催化剂。因此，社会必然要通过对教师职业行为加以规范的教师职业道德，实现社会对教师职业期望的内化，从而使师德体现出社会性这一最显著的特征。一方面，师德在吸收历史上优秀师德文化传统的基础上不断得到丰富和发展；另一方面，师德的具体内容又是随着社会生产关系的发展而发展变化的，受特定生产关系与阶级利益的制约。在阶级社会里，师德总是体现统治阶级的意识形态；社会对教师职业的期望又总是体现出时代的特色，具有明显的时代特征，反映着当下社会的需求。

2. 表现的统一性

师德表现形式的统一性在于，师德是教师群体与教师个体在职业活动过程中表现出来的系统的、重要的、稳定的品质特征的综合。这种综合品质主要表现在：一方面，师德是教师个体内在师德动机与外部师德行为的统一；另一方面，个体师德一经形成，不仅体现在教师的职业活动中，而且也体现在教师的整个社会实践活动中。师德表现形式的统一性还在于师德影响力具有整体性。教育教学工作既需要教师个人面对学生来完成，又需要教师集体的通力合作才能完成。每一位教师的师德影响力与他的业务素质、人格特征联系在一起，以教师自己的整体职业素养影响学生，因此，教师必须尽量做一个"完人"。同时，由于现代教师的劳动具有非常强的集体性，教师的影响只有形成合力，才能更有效地作用于学生。因此，教师又以集体的师德水平和职业素养影响学生。所以，作为教育劳动成果的学生，实际上是一种集体性劳动的成果。

3. 抉择的自觉性

师德是教师个体对照社会期望，依照职业规范与准则自主选择自己的行为而形成的。首先，师德抉择的自觉性来自于教师的师德认识与师德信念。学校

---

① 王竞、谢洋：《抄袭门再次引发公众师德争议热潮》，《中国青年报》2008 年 10 月 22 日。

师范生基本素养与师德养成

教育活动是一种具有高度自觉性的活动。现代教育制度中的教师职前培养和继续教育制度的存在使得教育工作者一般都经过专门的职业训练。因此，他们不仅在教育工作的技能上具有十分明显的专业性和自觉性，而且在道德上也有高度的自觉。教师对于教育的主体与手段合一性的工作特点有着清楚的认识，这种对教育的理解实际上形成了教师使命感的源泉。所以，教师道德从道德主体的角度看，具有明显的自觉性。其次，师德的形成与发展的最高水平是师德行为的习惯化。作为专业人员的教师大多能意识到，其世界观、人生观、道德品质，以至一言一行、一举一动都会在学生的心灵深处留下痕迹，起着耳濡目染、潜移默化的作用。因此，合格的教师必然具有时刻关注自己道德人格、注重自我完善的自觉意识，并能积极调整教育劳动中的人际关系。

（三）师德的功能

如果说民族振兴的希望在教育、社会发展的关键在教育，教育振兴的希望在教师、教育兴衰的关键也在教师，那么可以说，提高教师素养的核心在师德。教师只有通过师德水平的提升，来调节自身的行为，从而完善其社会关系、人际关系和自身修养，提高职业素养，进而推动教育事业的发展和社会的进步。

师德是从事教师职业的人所应具备的品行和职业道德，是教师自觉履行社会责任的重要保证，是衡量教师事业心和责任心的标准。教师的师德水平直接体现了教师职业素养的高低，决定了教师对学生的关爱度和对事业的忠诚度。师德不仅影响素质教育的全面推广和发展，而且对学生的培养和成长，进而对国家未来的繁荣与富强也有着极其深远的影响。

1. 师德是促进社会进步和教育事业发展的重要力量

师德与社会道德一样，作为意识形态的表现形式，通过影响社会秩序、社会关系等上层建筑从而影响社会的发展与进步，成为促进社会生产力发展的一种重要精神力量。在生产力系统中，劳动者（人）是最活跃、最积极的因素，而生产工具的发展和改善是由参加生产的人来实现的，劳动者的精神面貌、道德状况直接影响生产力的发展。教师的劳动也是社会生产的组成部分。教育是劳动力再生产的必不可少的条件，教师通过对教育对象的塑造参与了社会建设。教育对象最终会成为生产力的关键要素，因而教师能否以德育德，对于"人"这一生产力的关键要素影响深远。教师的工作实际上是社会生活重构的基础工程。教师通过自身也通过自己的"产品"直接或间接地参与良好的人际关系和社会生活的重构。作为劳动者和劳动者的培养者，教师只有具备较强的责任心，较高的积极性、创造性，才能提高教育素质、教育质量，顺利完成教学任务，促进社会主义教育事业兴旺发达，从而推动整个社会生产力的发展。只有那些具有高尚精神、献身教育、甘为人梯、热爱学生、诲人不倦、刻苦钻研、不断改革的人，才能为教育事业做出巨大贡献，进而为整个社会的现代化建设做出重要贡献。

2. 师德是促进社会风尚和精神文明建设的重要力量

首先，具有良好师德的教师有助于学生优良品质的培养，进而影响社会风气的改善。师德对社会风气的影响，主要是通过学校的教育活动和所培养学生的行为表现而起作用的。在学校里，教师是学生最尊敬的人，学生具有天然的"向师性"，对他们来说，教师是一切美好品质的化身和效仿的榜样，教师的高尚品德会潜移默化地影响他们的思想品德。特别是中小学的学生，更易于把教师视为榜样，把教师的言行奉为标准。因此，一个有着良好师德修养的教师，不仅应注重"授业"，也应注重"传道"；不仅应注重对学生进行智育、美育、体育的教育，更应注重对学生进行思想品德的教育。所以，每个教师都应加强自身师德的修养。师德水平的提高，必将对学生的思想品德产生极大的影响，也有利于树立良好的班风、校风，进而促进社会风气的好转，推动社会主义精神文明建设。

其次，师德还会通过教师个人的家庭生活而影响社会风气。良好的师德是教师长年累月在教育活动过程中形成的道德情感和道德品质。这种情感和品质，既会在教师的教育活动中体现出来，也会在教师的家庭生活、社会生活中反映出来。因此，教师的师德觉悟可以从其社会交往的多方面中体现出来，产生感化作用，净化人们的灵魂，提高人们的情操，美化社会环境，从而促进社会风气的好转。这对社会主义精神文明建设具有重大的现实意义和影响作用。

最后，教师的职业道德直接影响精神文明建设。师德本身就是社会道德的重要组成部分，也是社会主义精神文明建设的重要组成部分。师德水平的高低就直接构成并体现社会道德水平的高低；同时，在社会生活中，教师还可以以身示范，成为"社会的良心"，带动社会道德水平的提升。

3. 师德有助于培养造就社会主义新人

建设中国特色社会主义这一宏伟事业，需要一代又一代有理想、有道德、有知识、有纪律的全面发展的新人来完成。在培养社会主义新人的过程中，师德具有重要作用。教师的职责就是培养和造就全面发展的社会主义新人，把儿童、青少年培养成为德、智、体、美、劳全面发展，有社会主义觉悟、有文化的劳动者。因此，教师劳动的过程就是培养有道德、有理想、有文化、有纪律的一代新人的过程，就是塑造人的心灵的过程。

首先，教师的道德会影响学生的道德人格。教师是除家长外，对学生的成长影响最大的人。特别是中小学教师，被孩子们视为最有权威、最信任、最崇敬的人。所以，教师的道德、人品表现会对学生产生极大的影响，甚至会影响其一生。具有良好师德的教师所表现出来的敬业精神和生活热情会感染学生，有利于形成他们的学习和生活的积极态度；反之，则不利于学生积极的人生态度的形成。

其次，教师的道德有利于学生良好学习动机的形成和心智的成长。心理学中非常著名的"皮格马利翁效应"就是一个很好的例证，教师对学生的热爱、期望和激励会形成较好的心理氛围，直接影响着学生们的成长。高尚而富有魅力的师德就是一部活的教科书，就是一股强大的精神力量，耳濡目染、潜移默化、受益终生地影响着学生。良好的师德是培养和造就一代新人的可靠保证。

4. 师德具有调节人际关系，提升个人修养的作用

师德是教师的立身之本，也是一个学校的立校之本。教师是一个职业群体，每一个教师必须正确处理好群体内部的同事关系，也必须正确处理好职业群体与社会的关系。教师道德具有振奋教师精神、催人上进、激发斗志和促进团结的巨大作用，有了良好的教师道德，就会形成良好、和谐的学校氛围。同时，师德的作用还在于，促使每一个教师在心中以职业良心和信念的形式形成一种自我监督的机制。通过自我监督和外在规范的双重道德约束，有利于教师处理好各种利益关系。教师道德还能够通过评价、激励和追求理想人格等方式，在造成良好的社会舆论和社会风尚的同时，培育教师主体自身的道德意识、品质，从而提高教师的精神境界和道德水平，使教师成为道德纯洁、理想高尚的人。

杰出教育家陈嘉庚说过："没有好的教师，就没有好的学校，也就没有好的学生。"学校要生存发展，要培养高素质人才，就必须有一支高素质的教师队伍。作为一名合格的教师，不仅要有精湛的教艺、广博的知识，更重要的是具有良好的思想道德。无论你想不想做榜样，你已经是榜样了。所以，师德是一名教师首先应具备的素质，是促进人类文明进步的品质，它关系到国家的兴衰、民族的未来。教师在职业劳动中表现出怎样的道德品行，不仅直接关系到教育的质量，而且在很大程度上影响着学生的思想道德面貌，从而对社会利益产生深刻的影响。因此，师德被视为教师职业素养的核心内容。

第三节　师范生的教师职业素养培养

教师职业素养的培养过程，就是将教师职业规范转化为教师个体职业品质的过程，也被称之为教师职业规范的内化过程。教师职业素养培养是一项庞大的系统工程。就教师职业素养培养的过程而言，贯穿于教师职前培养与职后进修的全过程，涵盖了职前、职后教育在内的一体化的教育过程；就教师职业素养培养的内容而言，包含教师职业理想、职业荣誉、职业价值观培养以及教师职业习惯培养和教师职业能力培养等内容。教师职业素养的培养，在于帮助教师把从事教育工作作为一种事业来对待，让教师懂得自己的职业发展会使其个体价值得以实现。

不断提升我国基础教育质量的关键在于培养和造就一大批具有高素质和新理念的教师。在教师成长过程中，师范院校是教师培养的基地。将教师职业道德、学科专业知识和教师职业技能三个维度融于一体地培养和提升师范生的教师职业素养，是培养和提升我国教师职业素养的有效途径。

一、师范生的教师职业素养培养的必要性

（一）实现教师教育专业人才培养目标的需要

从事教师职业需要掌握系统的专业知识和技能，并按照教育教学的理论和教师技能要求行事，因而教师职业的从业人员需要接受长期的专业训练，才能胜任教师工作。因此，教师作为一种职业需要具备特定的职业素养，这种职业素养只有通过专门的培养才能获得。

教师教育专业是实现对教师培养和培训的相关专业的统称。按照教师专业发展的不同时期，教师的专业培养体现为职前培养、入职培训和在职研修等不同阶段的、连续的、可发展的、一体化的教育过程。其中，师范教育的重点在于进行入职前的教师培养。目前，我国高等师范院校在教师教育专业的设置上，主要与基础教育课程相适应，通过学科专业教育、师德教育和教师职业技能训练，来培养合格的基础教育师资。

培养合格的基础教育师资既是教师教育类专业人才培养的目标，也是师范院校服务于社会、经济建设的客观要求。通过对师范生的教师专业素养的培养、训练，一方面，可以帮助师范生具备教师专业人才特有的、范围明确的、社会不可或缺的服务能力，使其能在自主的范围内实施教育教学的专业行为，

承担专业判断的责任，并能以合格的教育教学专业服务获得社会的认可；另一方面，通过对师范生的教师专业素养的培养、训练，还可以引导师范生形成将教育教学服务与教育教学研究融为一体的意识。一个合格的教师应该提供优质的教育教学专业服务，而且，为了保证教育教学服务品质和服务水平的不断提高，还要在教育教学活动中不断进行相关研究，通过研究提升教育教学水平。教师职业的专业化，要求未来的从教者必须接受专业素养培养，才能胜任教育教学工作。

总之，在师范生学习期间，进行教师职业素养培养，既可以强化师范生的未来教师身份，明白将要肩负的责任和使命，也可以让师范生懂得做一个教师应具备的职业要求。如此，在帮助师范生向教师转化的过程中将起到事半功倍的效果。

（二）有助于提升师范生的就业能力

为提高教育教学质量、促进教师的专业化发展，我国建立和完善了相应的教师教育质量保障体系。目前，教师教育的质量保障体系由教师资格证制度、教师教育制度、教师聘任制度、教师职务制度和教师进修制度构成。师范生以从事各级各类学校或教育机构的教学及相关管理工作为目标，被称为未来教师预备者。但是，师范生还只是接受了教师教育的相关学习培训，具有从事教师工作的基本条件。要成为一名真正的教师，还需要获取教师资格证，并通过人力资源和社会保障局、教育局统一组织的面向社会公开招聘教师的考试，才能成为名副其实的教师。

教师面对独生子女群体教育和社会家长对教育的高期望值，其职业压力不断增大，但教师职业的社会高认可度和不断提高的待遇以及工作的相对稳定性，使得教师职业已成为一份难得的好工作，越来越得到人们的青睐。顺利通过教师公开招聘是师范生实现教师职业梦想的关键，也是实现教师职业梦想的唯一途径。

目前，教师公开招聘需要通过"教育基础知识"考试和"教师职业能力倾向"测试，既要考查应试者对教育学、教育心理学、教育政策法规、教师礼仪等知识的掌握情况，又要考查应试者对语言理解与表达、判断推理、常识判断、资料分析等方面的能力状况。在教师公开招聘中，接受了良好教师职业素养培养的师范生更能在招聘中胜出，从而实现自己的职业梦想。

（三）为师范生快速成长为合格教师奠定基础

教师劳动的性质和特点决定了：一方面，教师的劳动过程是十分繁重和辛苦的，需要付出全部的聪明才智和大量的时间精力；另一方面，教师劳动的成果又往往隐没在学生的成功中，自己则可能一生默默无闻。教师只有对自己所从事职业的特点、社会意义和道德价值有深刻的理解，才能产生对本职工作的热爱、自豪和勇于献身的精神，才能把培养下一代作为自己义不容辞的责任。

师范生的教师职业素养培养，首先，能帮助师范生树立教师职业理想和教师职业荣誉感。师范生在面对多种就业选择途径时坚持选择教师职业，尤其是选择农村中小学教师作为自己的职业，需要有坚定的教师职业理想作为精神支柱和力量源泉。其次，能帮助师范生构建扎实的学科知识体系。这是师范生要成为合格教师的前提条件。只有以坚实的学科知识作为基础，才能胜任教师职业教书育人的重任。最后，能帮助师范生练就有效的教师职业技能。这是成为合格教师的必备条件之一。只有拥有教师职业技能，才能将教师自身的知识科学、有效地传递给学生。

师范生从走进大学校门的那一刻起，学习的所有专业知识和职业技能，都是在为将来从事教学工作进行积累，都是在为毕业后成为一名合格的教师奠定基础。但是，真正由学生向教师角色的转变需要在教学实践中才能实现。而将过去的"所学"转变为"所教"的过程是艰难的甚至是痛苦的，需要不懈地摸索和体会。师范生的教师职业素养培养，尤其是教师道德的培养，能强化师范生的职业理想、职业责任和职业纪律，帮助师范生以乐观的人生态度和高度的社会责任感去从事教育事业，并给予师范生从事教育事业的内在动力，从而实现从师范生到合格教师的嬗变。

二、师范生的教师职业素养培养的基础和核心

教育是通过具有良好师德、知识才能、个性倾向等特点的教师个体来实现的。教育劳动要求教师具有高尚的人格，而这种高尚道德人格的形成，是教师将其职业要求尤其是职业道德要求内化为自己的素养，与自己的生命融为一体的结果。所以，教师职业素养的核心内容是师德，师范生的教师职业素养培养的基础和核心是师德的养成。通过培养师范生对于教师职业道德的认识，陶冶教师职业道德情感，锤炼教师职业道德意志，坚定教师职业道德信念，最终达到养成良好的教师职业道德习惯，形成教师职业道德，为其成长为合格教师打下基础。

（一）教师职业理想教育是师范生教师职业道德养成教育的起点

1. 教师职业理想培养使师范生的专业学习有了明确的目标

职业理想是个人渴望达到的职业境界，是人们对职业活动和职业成就的超前反映。职业理想与人的价值观、职业期待、职业目标是密切相关的，人生发展的目标是通过职业理想来确立的，人生理想也是最终通过职业理想来实现的。作为开始走向社会、逐渐认识社会的师范生，其职业理想处于由感性向理性转变的阶段。通过系统的教师职业理想培养教育，可以帮助师范生确立以教师工作作为奋斗的目标。确定了教师职业理想的目标，师范生就有了努力的方向，人生和学业就有了指路明灯，学习中就会有强烈的使命感和责任感，师范生的人生追求和职业兴趣也才能结合起来，内化为师范生个体思想的组成部分，外化为行为习惯。职业生涯是一个漫长而又短暂的旅途，有的人成功，有的人却失败。成功的人之所以成功的内在动因一定是源于最初的理想，以及后来坚持不懈的努力。

2. 教师职业理想是师范生献身教育事业的精神支柱和力量源泉

教育是培养人的事业，是复杂、艰难、长久的工程。教师劳动的性质和特点决定了教育过程是枯燥的，教学是平凡的。因此，教师只有对自己所从事的职业有深刻的理解，才能由此而产生对本职工作的热爱。长期以来，人民教育家陶行知先生等许多优秀的教育家正是凭借着自己对教育事业的深刻理解，以培养强国富民的人才为目标，为教育事业献出了自己毕生的精力。

当师范生在面对多种就业选择途径时坚持选择教师职业，尤其是选择农村中小学教师作为自己的职业，是需要坚定的教师职业理想作为精神支柱和力量源泉的。目前，许多地方的中小学教师，特别是农村中小学教师的收入与许多行业相比，还存在很大差距，在住房、医疗、子女就业等方面还有很多困难。师范生要在面对困苦和艰辛的考验中，坚持自己的职业选择，需要有坚定的教师职业理想。

坚定的教师职业理想还是帮助师范生实现从学生到教师角色转变的精神支柱。师范生接受的教师教育专业学习为成为一名教师奠定了基础，但是，真正由学生向教师角色的转型是需要在教学实践中才能实现的。师范生在完成角色转变的实践中会遇到众多的困难、障碍，如果没有坚定的教师职业理想的支撑，就可能会心灰意冷、丧失斗志，甚至放弃职业追求。只有坚定的职业理想，才能帮助和激励师范生无论身处顺境或是逆境，都奋发进取、勇往直前，最后使自己成长为一名真正的教师。

3. 职业理想是师范生自觉培养其它师德要素的内在动力

在师德构成体系的教师职业理想、职业责任、职业态度、职业纪律、职业技能、职业良心、职业作风和职业荣誉等要素中，只有首先确立了教师职业理想，才可能构建职业责任、职业态度、职业纪律、职业技能、职业良心、职业作风和职业荣誉等其它师德要素。对教师职业责任的认识，源于教师职业理想中的职业职责、任务；教师职业态度则是在教师职业理想指导下，对教师劳动的看法的体现；教师职业纪律是为了实现职业理想而应该遵循的规则、准则；教师职业技能是实现职业理想所应必备的专业能力；教师职业良心是在实现职业理想过程中对自身履行教师职业责任、职业任务的自我评价；教师职业作风是在实现职业理想、践行职业责任中的一贯表现；教师职业荣誉是职业理想的实现所获得的社会或个人的肯定性评价。因此，师范生师德培养的前提、基础和重要内容是培养教师职业理想。[①]

师范生只有确立起教师职业理想，才能以乐观的人生态度和高度的社会责任感去从事自己的教育事业，才能够在工作中兢兢业业、勤奋工作，努力探索；否则，师范生就失去了从事教育事业的根本动力。

(二) 教师职业荣誉教育是师范生的教师职业道德养成的重要内容

1. 教师职业荣誉感是师范生对教师职业认同的基础

荣誉作为一定的社会或集团对人们履行社会义务的道德行为给予的肯定和褒奖，表现为一种积极的评价。个人因意识到这种肯定和褒奖所产生的道德情感，就是荣誉感。每个职业人都有强烈的职业荣誉感，这是社会和谐的重要特征之一。教师职业荣誉是教师职业地位、职业声望在社会和人们头脑中的反映。教师被誉为"人类灵魂的工程师"、"太阳底下最光辉的职业"；也有人说，教师是孩子幸福的引路人，是"辛勤的园丁"、"燃烧的蜡烛"……这些称谓既是对教师职业和教师劳动的赞誉，又表达了对从事教育工作的教师们应具有良好师德的厚望，同时也大大提升了教师职业的荣誉感。许多人献身于教育工作的根本动力就在于教师是天底下最光荣的职业，是服务社会、造福人类、实现个人自身价值的有效途径。教师职业荣誉是教师职业道德的有机组成部分，起着维护和激励教师提升职业道德的作用，并且通过教师职业道德对教师职业发展产生积极的推动作用。师范生对自己将要从事的教师职业有足够的荣誉感，对自己的职业和工作引以为荣，必定会焕发出强大的学习和工作热情，并产生

---

① 曹子建等：《师范生师德养成教育研究》，中央文献出版社 2012 年版，第 74 页。

强烈的教师职业责任感和使命感，就能最大化地实现自己的人生价值[1]。

2. 教师职业荣誉感是师范生幸福感的源泉

教师职业荣誉感是形成师范生幸福感的关键。如果师范生明白了教师是教人求真、导人向善的职责并以从事这种职业为荣，就会主动追求自身专业上的不断发展，就能在不断取得的学习和工作的成绩以及个人的成长中获得满足和幸福，人生就会无限快乐。培养师范生对教师职业的荣誉感，将会焕发出师范生强大的学习热情，也能最大化地帮助师范生实现自己的人生价值。职业荣誉感将会促使师范生尽心尽力，努力学习，忠诚于教育事业，履行师德，捍卫教师荣誉；同时，为荣誉而努力，师范生也将为自己赢得尊敬，赢得荣誉，并由此产生一种认同感、归宿感、成就感、幸福感。如果师范生没有教师职业荣誉感，就会失去对教师职业的兴趣，工作的目的就仅仅是"混口饭吃"。一个没有职业荣誉感和职业兴趣的师范生是难以实现自我价值的，也难以寻找到人生幸福感的。

3. 教师职业荣誉感是师范生自觉履行师德规范的内在保障

师范生的教师职业荣誉感能提升教师道德责任感，催生自律、自警意识。教师职业荣誉感还可以强化师范生的职业理想。教师工作的平凡中蕴含着伟大，辛苦中潜藏着欢乐。师范生在建立教师职业荣誉感之后，会把教师职业作为神圣的事业去追求，以自己将成为教师为荣，从而为自己找到人生价值；教师职业荣誉感可以引导师范生强化职业责任。苏霍姆林斯基说过："要想成为孩子的真正教育者，就要把自己的心奉献给他们。"[2] 培养师范生的职业荣誉感，能激发起师范生的责任意识，自觉远离一切有损于、背离于教师职业的行为，真正努力去了解学生、关心学生、热爱学生；教师职业荣誉感可以引导师范生自觉严守职业纪律，强化纪律观念，强化教师角色意识，准确把握为人师者的言行态度；教师职业荣誉感可以引导师范生提高职业技能，可以激发师范生的工作热情，全力以赴对待工作，积极认真钻研业务，精益求精、不断更新知识。

（三）加强自我修养是师范生教师职业道德养成的重要途径

引导师范生加强自我修养是师德养成教育的重点和关键，也是师范生师德养成的重要途径。个人的自我道德人格和道德品质的形成既要靠外部的道德教育，更要靠个人的自我努力、自我修养。师范生的教师职业道德修养，是师范

---

① 曹子建等：《师范生师德养成教育研究》，中央文献出版社 2012 年版，第 78 页。
② 转引自王亦君：《用爱拨动学生心灵的琴弦》，《宁夏教育》2012 年第 11 期。

生在培养教师道德意识和道德行为方面，自觉地按照教师道德要求所进行的自我锻炼、自我改造和自我提高等行为活动，以及经过努力所达到的教师道德境界。这实际上包括两层意思：一是动态活动，即按照教师道德规范要求所进行的学习、体验，对照、反省等心理活动和客观的实践活动；二是指静态的已经达到的教师道德品质、道德情操等。师范生进行师德修养的目的，就是要把作为理论形态的外在教师道德要求，转化为师范生的意识和内心信念，使之成为将来职业道德行为选择的依据。外在师德教育是师范生将教师道德要求内化为职业信念的前提条件，师范生的自我道德修养才是师德提升的内在根据，而且，这种自我修养在外在教师道德要求转化为内在道德信念过程中起着决定性作用。

　　总之，"外因是变化的条件，内因是变化的根据，外因通过内因而起作用"。在将教师职业道德要求内化为自身道德信念的过程中，必须重视受教育者自我修养的自觉性。师范生的自我道德修养是教师道德要求由"他律"向"自律"升华的关键，是师范生的教师职业道德要求内化的必要条件。

三、师范生的教师职业素养培养的主要内容

（一）扎实的专业知识构建师范生的核心竞争力

　　具有相关学科背景和专业知识是学校选用学科教师首先考虑的因素，扎实的专业知识是胜任教师职业的基本前提。当人类社会进入知识经济时代，教师专业化发展的必然要求就是认真学习和掌握专业知识，在质和量上都达到教师职业要求。因此，胜任教师职业既要对相关专业知识的概念范畴、理论体系、研究方法、学科历史和现状、国内外最新研究进展、职业领域最新动态信息等有所了解和把握；同时，也应关注专业相关领域、交叉学科、新兴学科的知识。科学技术的迅猛发展和现代信息技术的广泛使用，对教师的知识结构要求必然会越来越高，既要具备宽厚扎实的基础知识，也要具备广博精深的专业知识，才能构建出师范生的个人核心竞争力。

（二）专业知识学习的途径

1. 充分利用学校的课程安排

　　课堂是传授知识的主要场所，教师是掌握了扎实的学科专业知识的人。教师讲授一门课，需要进行充分的准备，参阅大量的相关学科文献资料，教师一节课所讲的内容，可能是一个科学家一生的研究成果、研究精华，信息量非常丰富。现代高校教师的课堂教学是短时间内的高密度信息传授，是运用科学的

教学原则和方法，以及自己的教学经验和人生经验，传授人类知识、培养学生能力的活动。而且，课堂学习是在师生的互动交流过程中进行的，可以激发学生的参与积极性和创造力，碰撞出智慧的火花。因此，课堂学习是不可替代的基本学习方式，是一种高效率获取知识的途径。

2. 利用互联网等多媒体学习

电视、校园网、互联网等现代多媒体是师范生获取知识不可或缺的重要途径。现代社会是信息社会，知识更新不断加快。传统平面媒体与现代多媒体在知识与信息的传递上有不同的时效性，将它们合理结合起来，能够获取丰富的知识和最新的信息资讯，有助于师范生不断拓展和优化知识结构。据研究，人们在学校获取的知识只是自己一生所需知识的很小部分，更多的知识是在工作中不断自学获得的，个人的知识随着社会发展、科技进步、环境改变而不断补充和更新。因此，终身学习成为人们的共识，更是教师职业的基本素养和必然要求。现代多媒体将有助于师范生在学习和未来的工作中进行知识更新。师范生要善于利用现代多媒体及时把握学科专业动态，获取反映社会发展状况的新知识、新信息，自觉更新和优化知识，适应时代和环境变化的新要求。

3. 在开展科学研究中巩固和深化专业知识

科学研究是巩固和深化专业知识的重要途径。师范生的专业知识的学习一般是通过设置的专业必修课和专业选修课程模块来实现的。师范生经过学习，只能对专业知识有初步的掌握，要拓宽和深化所学的专业知识，科学研究能力的培养，尤其是科研思维和方法的培养十分重要。对专业的潜心钻研，一方面能提升师范生的专业素养，另一方面还能获得一种熟练驾驭应用知识的能力。所以，学科研究的成果不一定能够立竿见影显现出来，但在潜移默化的专业素养浸润下，厚实的学识、独到的观点与见解、开阔的视域与思路、生动的感悟与理性的抽象……这些会自然而然地转化为师范生的专业素养。

四、师范生教师职业素养的外在表征

（一）教师职业技能是师范生教师职业素养的外显形态

教学，既是一门科学，又是一门艺术；既需要专业知识做支撑，又需要职业技能来展现。教师职业技能是师范生通过实施教师职业活动所表现出来的、能胜任教师职业的能力。具备一定的教师职业技能是师范生大学学习生活的主要要求，也是其毕业后胜任教师工作的重要条件。中小学教师的职业技能主要有教师基础技能"三字一话一画"，即钢笔字、毛笔字、粉笔字，教师语言和简笔画技能；教学基本技能，主要体现为教学设计、多媒体课件制作、观课、评课、说课、讲课等技能；班主任工作技能，表现为集体教育工作技能、个别学生教育工作技能、与任课教师及学生家长沟通工作技能；教育教学研究技能，包括开展研究技能和研究成果总结技能。"三字一话一画"技能是教师职业技能中的基础，关系到师范生对教学对象的"表达"能力；教学基本技能是教师职业技能中的重点，关系到师范生与教学对象的"交流"能力；班主任工作技能应是教师职业技能中的关键，涉及师范生处理个体与集体的"关系"能力，在一定程度上影响着教学合力的形成；教育教学研究技能是教师职业技能的远景，关系到师范生的教师职业能力的更高"追求"。

（二）培养教师职业技能的途径

任何能力的外部显现都取决于内在积淀，师范生的教师职业技能培养也是如此，它是以师范生的学科专业知识的学习为基础的。在具备扎实的学科知识的前提下，师范生通过如下途径实现对教师职业技能的培养。

1. 学习观摩

学习观摩是伴随着人一生的获取知识、技能的过程，已成为人们发展自我、完善自我的助推器。师范生作为未来的人民教师，更应该强化学习，不断地学习新的教育教学技能。师范生可以通过课堂教学观摩获得班主任工作管理、教育教学技能的相关理论知识和范例；可以利用各种机会向优秀教育者学习，包括向本校优秀的师范生学习和向校内外优秀的教师学习等，在学习借鉴中提升自我、完善自我。

2. 实践锻炼

技能是通过不断练习而形成的，其与实践结合的程度影响着技能的掌握程度。师范生通过在实践中锻炼，以亲身体验与自主练习，使自己对教师职业技能的运用有更深刻的感悟，以此验证自身的教师职业技能水平，发展和完善自身教师职业技能。师范生微格教学、教育教学见习与实习、各种教师职业技能比赛等都是很好的实践锻炼方式与途径。

3. 综合反思

反思是对发生在自身的某一问题进行思考而产生的一种深刻认识，它是自我强化的途径，亦是自我强化的表现。综合反思需要在理论和经验的基础上进行，需要将理论和实践结合起来，在学习他人、总结自我经验的基础上进行，其实质是再创造的过程。师范生在学习和实践的基础上进行综合反思后，往往会更积极地再学习和再实践，这对其教师职业技能的提升、完善有着极为重要的作用。

　　将教师职业素养教育提前融入到师范生的培养中，会对教师职业素养提升起到事半功倍的效果。师范院校是支撑基础教育发展的基地，承担着为基础教育的发展培养与输送师资的重要责任。"师范生师德养成教育、专业知识学习、教师职业技能训练三维一体培养模式"，是新时期师范生教师职业素养培养的新模式。

第三章　师范生学业规划与职业展望

《礼记·中庸》云："凡事预则立，不预则废。"这句古语告知我们：做任何事情都要有明确的计划和充分的准备，否则便达不到预期目标。就高等师范院校师范生的大学生活而言，学业规划和职业展望是颇为重要的，其是师范生未来发展的重要基础。

学业规划和职业展望作为大学生人生规划的重要组成部分，二者是辩证统一的。一方面，学业规划有助于师范生更好地确立整个大学期间的学业目标，是实现职业发展的重要基石。职业发展愿景需要以知识和能力作为基础。学业规划指导着师范生如何获取从事不同职业的理论知识和技能，从而为职业规划奠定良好的基础。另一方面，职业展望为师范生的学业规划指明了方向，是进行合理规划学业的坐标。脱离职业展望而谈学业规划，很可能造成理论与实际的脱节，会导致所学知识无法满足个人职业发展的具体要求。

第一节　师范生的学业规划

师范生要谋求职业发展的成功，必须首先规划好自己的学业。有效的学业规划能够引导师范生充分认识自身的个性特质和自身价值，引导其学会运用科学有效的方法并采取切实可行的步骤和措施，以不断增强自己的学业竞争力，从而最终实现自己的学业目标与职业理想。

一、学业规划的含义

"学业"，《辞源》中有"学习的课业"和"学问"两种解释。大学阶段学业规划中的"学业"涉及上述两种含义，但更侧重于"学习的课业"，尤其是与大学生未来人生的职业和事业密切相关的课业，即指大学生在高等教育阶段所进行的以学为主的一切活动，不仅包括科学文化知识的学习，还包括政治、

思想、道德、业务、组织管理能力、科研及创新能力等的学习。

学业与专业、职业和事业有着密切的联系。学业的内容由相关专业知识所构成，学业的完成过程又是在为未来的职业和事业做准备工作的过程。依据《教育管理辞典》所作的定义，专业是指高等学校或中等专业学校根据社会分工需要而划分的学业门类，是人们在职业生涯的某一阶段长期从事并以此谋生的具体业务作业规范。各专业都有独立的培养方案，以体现本专业的培养目标和要求。《现代汉语词典》对职业和事业的解释是：职业是个人在社会中所从事的作为主要生活来源的工作；事业是人所从事的，具有一定目标、规模和系统而对社会发展有影响的经常活动。职业是学业的导向，学业是职业的基石。职业要求具备强烈的事业心、精深的专业知识、较强的沟通能力、良好的心理素质和强健的体魄以及创新精神等，这些又需通过完成学业的过程来实现。大学生认真完成学业，即努力学习专业知识、加强专业技能训练、进行社会实践和锻炼，可有效提高职业素质能力。学业是大学生的立身之木，只有具备良好的学业，才能拥有美好的职业、事业。

关于学业规划的含义，学界一般认为，其是指为了提高求学者的人生职业（事业）发展效率，而对与之相关的学业所进行的筹划和安排。具体来讲，它是指求学者在完成文化启蒙阶段的学习以后（一般为初中毕业），通过求学者对自身特点（性格特点、能力特点）和未来的正确认识，确定其人生阶段性事业（职业）目标，进而确定学业路线（专业和学校），然后结合求学者的实际情况（经济条件、工作生活现状、家庭情况等）制定学业发展计划，以确保用最小的求学成本（时间、精力、资金等）获得阶段性职业目标所必需的素质和能力的过程。学业规划是人生阶段性规划的重要组成部分，属于职业规划的准备阶段。

学业规划一般由规划主体、学业决策、学业管理、规划客体四大要素构成。规划主体应当是学生本人，学业规划自始至终由其来制定、实施和完成，学校管理层面和教师起辅助、引导作用。学业决策和学业管理是学业规划的具体化，学业规划主要通过这两个要素来实现。学业决策由学生在学习过程中确定学习课业的选择，学业管理要求学生强化自己对学业学习计划和安排的执行，以实现其与社会发展需要相适应的阶段性人生规划目标。规划客体即规划的具体内容，也就是通过何种方式实现学业目标。

大学生学业规划可从狭义和广义两个角度加以理解。从狭义上讲，其是指大学生根据大学期间自身所学专业的课程设置以及对修满学分、成绩合格等的要求，为顺利毕业或取得优秀学习成绩而对自己大学期间的学习活动所作出的计划与安排。从广义上讲，其是指大学生根据毕业后意欲从事的职业方向或继续学业深造的目标，为了提高学习成绩、专业素质和拓展综合素质、能力等，结合自身的实际情况，对校内理论学习、课外社团活动以及校外社会实践活动所作出的计划、设计与安排。就层次性而言，前者属于浅层次的学业规划，而后者则为深层次的学业规划。①

大学生群体应该将学业规划作为自觉意识，从自身实际和社会需要出发，理性面对诸种机遇和制约因素，在正确认识自我、了解社会的基础上，选择发展道路，制定在校学习期间的阶段目标和总体目标，拟定实现目标的步骤和具体实施方法。换言之，学业规划就是要使大学生通过解决学什么、为什么学、怎么学、什么时候学等问题确保其顺利完成学业，从而为成功实现就业或开辟自我人生事业打下坚实的基础。②

大学生学业规划具有独特性、发展性、综合性的特点。独特性是指每个人的学业规划都是独一无二、各不相同的；发展性是指学业规划是一个动态的发展历程，在不同阶段有着不同的要求；综合性是指学业规划涵盖了其他影响大学生整体发展的因素。③

二、师范生学业规划的价值

科学合理的学业规划，对于提高师范生知识技能等综合素质，增强其职业竞争力，从而实现师范院校关于人才培养的教育目标，具有不容忽视的重要价值。具体而言，这种价值主要体现在以下几个方面。

（一）有助于师范生较快适应大学生活

许多师范院校新生面对全新的学习生活环境、复杂的人际关系和自我的重新定位等问题，容易产生无所适从的迷茫感。科学合理的学业规划，有助于师范生正确分析其个人兴趣与潜能，帮助其树立目标，充实地安排学习和生活；促使其找到适合自己成长的行动方向，积极主动地学习理论知识，掌握各种技能，提高专业素质和综合能力，为将来职业发展积累和储备知识、能力等应有

---

① 张晓霞：《大学生学业规划模式研究》，《中北大学学报（社会科学版）》2011 年第 2 期，第 90 页。
② 倪晓红、刘国仕：《浅议大学生学业规划》，《吉林省教育学院学报》2010 年第 8 期，第 53 页。
③ 董秀娜、刘洁：《近年来大学生学业规划研究综述》，《中国成人教育》2012 年第 22 期，第 62 页。

素质。[①] 师范生尽早制定出适合自己实际情况的学业规划，做到未雨绸缪、有的放矢，就能尽量避免盲目地、消极被动地学习和生活，逐步实现其阶段性目标，并最终圆满完成自己的学业。

（二）有助于师范生明确自我定位

自我定位是指一定的主体在充分认识和了解自己的基础上，确立自己未来在社会上所处的位置和行动方向。能否准确地进行自我定位，关系到能否客观认识自己，能否明确自己的人生目标，进而影响人生目标能否实现。学业规划的确立过程是一个有弹性的动态规划过程，是一个认识自身优势与弱势、机遇与挑战的过程，即自我定位、规划人生的过程。科学的学业规划能够帮助师范生明确自我定位，清楚"我能干什么"、"社会可以提供给我什么机会"、"我选择干什么"等问题，进而使人生理想与社会需要相结合，并具有可操作性。[②]

（三）有利于师范生积极向上和自我完善

学业规划是师范生努力的依据和鞭策。随着学业规划中的一个个具体目标的实现，师范生会越来越有成就感，思想方式及心态就会向着更积极向上的方向转变。学业规划能够提供完成学业的清晰图画，使师范生对自己学业的实现过程具有清晰、透彻的认识，进而产生信心、勇气，日渐达到自我完善。

（四）有利于师范生增强自我约束力和自我管理的能力

学业规划有助于师范生明白现在做的每一点都是实现未来目标的一部分，这对于其克服生活漫不经心、心态消极等不良作风和不断增强其自我约束力，无疑具有积极意义。同时，学业规划可以使师范生重视现在、把握现在，将时间、精力、资源集中于自己选定的学业之中，进而使其自我管理的能力得到提高。

（五）有利于师范生个体全面发展和成长成才

大学阶段是一个人的人生观、价值观和世界观形成的关键时期。在这个阶段，师范生做好适合自己实际情况的学业规划，明确奋斗目标，对全面发展和成长成才有着重要意义。一份科学合理的学业规划，能够引导师范生客观认识自身的个性特质、现有的和潜在的资源优势，树立明确的学业发展目标与未来职业理想，评估个人目标与现状之间的距离，并运用科学有效的方法、步骤和

①　张晓霞：《大学生学业规划模式研究》，《中北大学学报（社会科学版）》2011 年第 2 期，第 91 页。
②　胡代欣，侯东丽，苏秀芳：《大学生学业规划的研究与实施》，《管理观察》2008 年 12 期，第 186 页。

措施实现其树立的目标、理想。

（六）有利于师范生更好地完成学业，提高就业竞争力

不少师范生进入大学校园后缺乏自律自控能力，学习缺乏主动性和自觉性。而科学合理的学业规划能让师范生清楚自己现在应该做什么，使师范生的主动性增强、目的性更加明确，把"要我学"的外部推力内化为"我要学"的内在动力。学业规划由一个个阶段性目标组成，当学生在达到阶段性目标的时候，会看到自己明显的进步，获得的成就感可以激励学生更加努力地去实现下一个阶段性目标，从而更好地完成学业，进而在客观上提高其就业竞争力。

（七）有利于师范生为未来职业规划奠定基础

在校师范生正处于职业的准备和选择阶段。通过学业规划，师范生能够认清自我，认识到自己的兴趣爱好和潜力，根据自己的特点，结合社会实际需要规划好自己努力的方向。[①] 师范生进行学业规划时，应将未来的职业选择纳入学业规划中，把所选择专业的筹划、安排与实现自身的职业理想结合起来。学业规划是师范生最大限度地开发自身职业潜能的重要环节，只有学其所爱、学其所长、学以致用，才能使他们在人生职业发展的道路上尽可能地避免走弯路。[②]

三、师范生学业规划的实施

师范生实施学业规划的具体措施主要包括以下几个环节。

（一）接受学业规划教育

学业规划教育包括但不限于入学教育。大学阶段的入学教育是学业规划教育的起始阶段，是学业规划教育的组成部分。入学教育侧重的是环境适应和角色转化的教育，解决的是如何转型定位的问题，而学业规划教育侧重的是养成教育、立志教育、专业教育、素质教育等，解决的是如何定向发展的问题。学业规划教育可帮助学生深刻地认识大学生活，教会学生去自主学习，尽早让学生树立学业和职业生涯规划意识，了解学业与职业生涯规划的程序、方法，引导学生进行自我探索。有效的学业规划教育能够引导师范生对自身的优势与劣势进行对比分析，引导他们的思维方式及心态向着更加积极向上的方向转变，

---

① 胡代欣、侯东丽、苏秀芳：《大学生学业规划的研究与实施》，《管理观察》2008年第12期，第186页。

② 张晓霞：《大学生学业规划模式研究》，《中北大学学报（社会科学版）》2011年第2期，第91页。

引导他们树立明确的学业发展目标与未来职业理想以提高学业自我效能感，引导他们评估个人目标与现状之间的距离，引导他们学会如何运用科学有效的方法、步骤和措施不断地修正学业规划，完善学习目标，调整实施方案，克服自身弱点，排除发展障碍，不断增强自己的学习能力和学业竞争力，不断提升自己的职业素养和职业能力，以此来实现自己的学业目标。[①]

（二）把握学业规划原则和方法

1. 学业规划原则

一般而言，师范生学业规划需要遵循以下主要原则。

（1）前瞻性原则

师范生在进行学业规划时，眼光要放得长远，思想上要有敏锐的洞察力和预见性，设定一个在未来具有较好发展空间的学业目标。

（2）有效可行性原则

学业规划应切实可行，具有现实性、可操作性和切实可行性，每个阶段的目标以及达到目标的方法应力求科学、合理，经过努力可以实现。

（3）针对性原则

师范生应将自己的学业规划与未来的职业和事业联系起来进行设计，有的放矢地确保学业规划的有效性。

（4）可调节性原则

学业规划具有发展性的特点，不是孤立的、静止的，而是能够根据社会需求的发展变化与学生个体主观条件的变化随时修正的，如在阶段性目标上，可以根据进展的程度酌情提高目标或降低目标。

（5）最优化原则

学业规划应力求做到身心和谐，使个人的性格、兴趣、知识和能力等与目标和谐统一，实现优化组合。

（6）共性与个性相结合原则

学业规划既要反映学生发展的共性问题，又要满足学生的各种具体需求，有效地培养和发展学生的兴趣、爱好、特长，使学生的先天禀赋和个性潜能得到充分发展。[②]

---

① 金国雄、于娜娜：《大学生学业规划教育与职业生涯教育模式的探索》，《中国高等教育》2008年第18期，第50～51页。

② 胡代欣、侯东丽、苏秀芳：《大学生学业规划的研究与实施》，《管理观察》2008年第12期，第186页。

2. 做好具体规划

师范生作为学业规划的主体，应充分发挥自身的主观能动性，有条不紊地做好学业规划，统筹安排好时间规划、所学知识的规划、培养技能的规划、综合素质与能力的规划等。具体而言，要做好以下具体规划。

（1）时间规划

将大学 4 年分成若干阶段，对每个阶段达成什么目标、采取什么措施应作出具体安排。

（2）所学知识的规划

培养专业兴趣，达到专业课程成绩良好，并有创新思路与初步的研究成果。

（3）培养技能的规划

除基础理论和专业知识的学习外，有意识地进行多种技能的培养。

（4）综合素质与能力的规划

进行自我约束，增强对不良诱惑的自我抵制能力，培养对社会规范和社会公德的遵从意识和坚守能力，以及良好的道德品质；多与同学和老师交流沟通，积极参加社会实践活动，不断提高沟通技巧和人际交往能力，磨砺毅力和忍耐力，培养健康的心态和良好性情，等等。①

3. 学业规划步骤

师范生在实施学业规划过程中应重点把握以下步骤。

（1）学业目标选定

首先，分析自己的兴趣爱好，确定自己想干什么，选择自己喜欢的专业方向和研究领域勤奋学习。其次，分析自己的能力、特长，确定已经具备的能力和应该培养的能力。再次，分析未来，即确定社会要求干什么。选择社会需要且最适合发挥自身优势的专业方向和研究领域，把自己的兴趣爱好、能力特长、社会需要结合起来，把想干什么、能干什么、社会要求干什么结合起来，并由此确定自己的学业目标。

（2）学业规划测试

一个科学的大学阶段学业规划应该满足如下基本标准：本人热切希望的学业规划；本人乐意全身心投入；本人能够想象达到目标的情形；学业规划不违法乱纪，不违背道德，不损人利己；与长远规划及其他相关的阶段性目标没有

---

① 张晓霞：《大学生学业规划模式研究》，《中北大学学报（社会科学版）》2011 年第 2 期，第 90～93 页。

矛盾和冲突。

（3）学业规划强化

学业规划的执行者在执行之前应充分运用想象力，详细罗列出实现学业目标的好处，从而培养积极的心态，进而增强动力，确保学业规划顺利完成。

（4）学业规划分解

学业总目标制定以后，应能自上而下地分解，即制定学习计划。这可按照以下思路分阶段进行分解：4 年的总学习目标——1 年的学习目标——1 学期的学习目标——1 个月的学习目标——1 周的学习目标——1 天的学习目标，使得学业规划落实到大学生活的每一天，确保学业规划的严格执行。

（5）学业规划评估

在学业规划实施的过程中，及时地对环境条件及自己的执行情况作出评估。现实生活中种种不确定因素的存在，要求学业规划的设计应具有一定的弹性，以便于自己及时调整学业目标、实施措施与计划。做到定期评估：每年、每学期、每月、每天进行检查评估，进而分析原因与障碍，找出改进的方法和措施。

（6）激励与惩罚

制定措施，完成预期目标后对自己进行适当奖励；未完成预期目标则应反省，以确保学业规划更好地实施。[①]

4. 从职业发展的角度进行学业规划

师范生在进行学业规划时还应从职业发展角度进行规划。以职业为导向的学业规划是高等教育大众化的要求。高等教育大众化使得高等教育凸显一定的职业导向性特点，并以受教育者个体的职业适应能力为体现特征。由于高等教育大众化旨在培养社会需要的职业者，因此，学校有必要强化学生作为未来社会职业人在专业知识和专业技能方面的训练，为他们将来的职业生涯做准备。"高等教育在大众化的进程中，逐步树立为社会各行各业培养从业人员的教育观念，使高等教育由社会边缘走向社会中心。"[②] 以职业为导向对大学生学业规划进行引导，"不是对高等教育进行强制性的职业附加，而是实现对高等教育的社会关注和支援，最终实现高等教育的实现大学生自身发展和满足社会需

① 胡代欣、侯东丽、苏秀芳：《大学生学业规划的研究与实施》，《管理观察》2008 年第 12 期，第 187 页。

② 陈解放、曾令奇：《职业导向：应用型本科院校发展的现实路径选择》，《北京教育（高教版）》2006 年第 1 期，第 36～38 页。

要的目的"。①

观念是行动的先导，以职业为导向的学业规划理念是制定和做好学业规划的前提。具体而言，从职业发展的角度进行学业规划的措施主要包括以下几点。

（1）通过专业职业咨询或测试确定自己的职业发展方向，指导自己的学业规划

师范生在制定学业规划时，应该实事求是，结合自身的能力特长，并符合自身的兴趣和爱好，以求获得最大的学习动力和最佳的学习效果。通过向职业咨询机构咨询或进行专门的职业兴趣测试，可以比较科学地确定适合个人的职业发展方向，以及适合从事的工作、从业领域。这样，大学生就可以制定出符合自身特长且适合自己将来职业发展的学业规划。

（2）关注社会动态，不断完善自己的学业规划

社会发展决定了大学生学业规划是一个动态性发展过程。随着社会的发展，个人的学业规划可能会出现与自身职业发展愿望不适应的地方。这就需要师范生密切关注社会发展动态，及时地补充和完善自己的学业规划。大学生可选择多种途径获取社会发展的动态信息，如报纸、网络、电视、广播等。

（3）科学分解学业规划

学业规划是具有长期性、宏观性且带有特定目的的学业发展计划，因而需要对其进行科学的分解，制定出与之相适应的短期的、具体的计划，分阶段地执行。只有这些小的、短期的学习计划被保质保量地完成，才会使学业规划得以最终实现，进而顺利过渡到职业生涯。

（4）注重实践，促使学业规划与职业发展接轨

实践是检验真理的唯一标准。学业规划是否符合自己的兴趣爱好、能力特长和职业发展，需要通过实践来加以检验。具体地，大学生自己应在周末或假期去与自己喜欢的工作或从事的职业零距离接触，让自己对该职业生涯有更深层、更全面的认识，为以后真正从业打下基础，并使得自己的学业规划与自己的职业发展顺利接轨。②

以职业为导向进行学业规划教育和指导，是学校培养人才的重要职责。培养专门人才是现代大学的重要任务和职责，这是高等学校的根本使命，也是高校工作的出发点和工作重心。学业规划教育和指导，则是高等学校培养人才的

① 赵学义：《论高等教育的职业导向》，《教育发展研究》2008年第11期，第31~33页。
② 郭彭超、李珊山：《从职业发展的角度思考大学生学业规划问题》，《才智》2010年第21期，第271~272页。

重要职责和重要内容之一。以职业为导向的学业规划教育和指导,使高校工作从教学、管理层面延伸到服务层面。对大学生的学业和就业进行指导、帮助,为学生提供全程化的学业指导和就业服务,是提高大学生的学习能力、专业能力、择业能力和就业竞争力的重要保障。其既能实现师范生与就业市场的"零距离",又能实现教书和育人全方位培养人才的目标,这正是高等学校落实培养人的职责的重要体现。[①]

（三）做好学业规划设计

1. 学业规划前期准备

在学业规划设计之前,师范生需要进行前期的准备工作。首先,要认识自我,即充分认识自己的长处与缺点,调整自己的情绪、意向、动机、个性和欲望,并对自己的行为进行反省等。自我认知能够使师范生更加了解自己的职业价值观、兴趣、爱好、能力特长、人格特征以及弱点和不足,便于做出明智的学业选择。要分析自己的兴趣爱好,认定自己想干什么。兴趣是理想产生的基础,兴趣与成功的概率有着明显的正相关性。师范生选择自己喜欢、感兴趣的专业和作为未来教师学科方向进行学习才会具有持久的热情。要分析自己的能力,确定自己能够干什么。能力是人的综合素质在现实行动中的表现,是正确驾驭某种活动的实际本领,也是左右、支配人生命运的主导性力量。因为任何职业都要求从业者掌握一定的技能、具备一定的条件,所以,大学生应结合自己的兴趣爱好,在认定自己想干什么的基础上确定已经具备的能力和应该培养的能力。对于师范生,应着重考虑培养自己足够的能力以胜任相应的教师岗位。

其次,要认识社会。学业规划的目的之一,就是要提高师范生在校学习的效率,为走向社会起到过渡和铺垫作用。师范生可通过新闻媒体、政府公告、社会调查等方法对社会环境、社会发展状况和未来就业形势产生全面而理性的认识,确定社会对教师提出的要求是什么、需要什么样的教师,从而将自己的兴趣爱好、能力特长和社会需要相结合,即把想干什么、能干什么和社会需要干什么有机统一起来。可以说,认识清楚这些问题是进行学业规划设计前期准备的关键。

2. 学业规划目标的确立

在前期准备充分后,就需要确立学业规划目标。在学业规划中确立目标是

---

① 郭彭超、李珊山:《从职业发展的角度思考大学生学业规划问题》,《才智》2010 年第 21 期,第 271～272 页。

最关键也是最难把握的一步。能否正确地确立大学期间的发展方向和发展道路，直接关系到能否在大学取得成果。学习规划目标犹如灯塔，是不断进步的动力，指引着师范生奋斗前进的方向。师范生学业规划目标应具体明确，能够进行检验，能够通过自己付诸努力得以实现；目标不宜定得过高或过低，避免好高骛远、脱离实际。应立足本人实际情况，根据自己的天赋、学习能力、性格特点、兴趣偏好、专业特点、未来职业选择等量力而行做好学业规划。

　　3. 学业规划方案制定

　　制定切实可行的学业规划方案需要将学业规划目标分解成为若干小目标，并一步步地去实现。学业总目标制定出来之后，要能自上而下地分解，即制定学习计划。其思路是：总的学习目标——年度的学习目标——学期的学习目标——月的学习目标——周的学习目标——日的学习目标，使学业规划落实到学习生活的每一天。制定阶段性的分目标必须紧密联系不同学年的不同特征，具体而言：①一年级为试探期。师范生在试探期的主要任务是认识自己、了解自己，弄清楚我想干什么、我能干什么、我应该干什么。在这个时期，大学生应该初步了解自己面临选择的学科专业，以及自己未来所想从事的教师职业要求。结合对于教师职业的了解来分析获得从事教师职业所需的条件，以便结合要求进行学业安排。②二年级为定向期。师范生在定向期应该考虑未来是深造还是就业，要检验自己的知识技能，可尝试社会实践活动，在课余时间从事与自己未来职业或本专业相关的工作；同时，要通过英语和计算机相关证书考试，并有选择地辅修其他专业的知识充实自己。③高年级为发展期。在这一阶段，如果确定就业，就应开始有意识地提高求职技能、搜集用人信息，将自己的学业规划与职业规划联系起来。

　　4. 学业规划的执行

　　当学业规划方案确定后，师范生应避免拖延不动或盲目行动，避免有了学业规划却不能实施或实施后不能持久的情况发生。为此，师范生应当严格执行学业规划。首先，在执行之前充分运用想象力，详细地罗列出完成学业规划的好处，从而培养积极的心态，进而产生更大的执行力，确保学业规划顺利完成。其次，在执行过程中，要及时地对环境、条件等做出评价和估计，对自己的执行情况做出评估。现实生活中不确定因素的客观存在，要求学业规划的设计应具有一定的弹性，以便于自己及时反省和修正学业目标，变更实施措施与计划。再次，在学业规划的执行过程中，要做到按年、学期、月、周、日定期评估，验证执行的效果，进而分析原因，找出改进的方法和措施。在此期间，可采用激励措施将人的潜能、积极性激发出来，也可以采用惩罚措施以防止惰

性的产生。师范生在统筹执行和落实学业规划时需要坚韧不拔的毅力、坚持不懈的精神品质作支撑。

另外，学业规划设计还需注意以下事项：

第一，设计学业规划应与学校的培养方案相结合。人才培养方案是高校人才培养目标和规格的具体化、实践化形式，集中体现了一所高校的育人思想和办学理念。师范生在学业规划设计时一定要与本校本专业的培养方案相结合，培养方案中没有涉及但对个人比较重要的知识能力，可以查漏补缺，通过学业规划在其他渠道中取得。培养方案中已有的，可在学业规划中将之强化，使学业规划发挥出最大的功效。

第二，设计学业规划应扬长避短。在设计学业规划时要根据社会需求，把握社会动向。每位师范生都有自己的专业，每个专业都有一定的培养目标和就业方向，这是进行学业规划的基本依据。用人单位对毕业生的需求，一般首先选择的是毕业生的专业特长。所以，师范生对所学的专业知识应务求精深，除了掌握基础知识和专业知识外，还要拓宽专业知识面，掌握或了解与本专业相关、相近的若干专业知识技能。而且，学业规划还要根据个人兴趣和能力进行设计，充分发挥自己的优势，扬长避短，体现人尽其才、才尽其用的要求。

第三，设计学业规划应注重实践能力的培养。综合能力强、知识面广是用人单位选择应届毕业生的主要依据。师范生在设计学业规划时，不应将学业等同于单纯的学习，要充分考虑学业与未来职业和事业的联系，重点培养满足社会要求的决策能力、创造能力、社交能力、实际操作能力和组织管理能力以及与个人自我发展相关的终身学习能力、心理调适能力、随机应变能力等。[1]

进行学业规划，应杜绝盲目乐观或悲观。实践中，部分师范生或认为自己所学专业是"热门专业"，毕业后求职较为容易，于是放松了对自身的要求。这会直接导致其学业成绩下降，专业知识不扎实，从而造成就业隐患；或认为所学专业属"冷门专业"或自己不感兴趣的专业，这些专业无用或用处不大，丧失了学习动力，甚至从心里放弃学习。其实，所谓"热门专业"或"冷门专业"是随着社会发展不断变化的，"热门"可能变"冷门"，"冷门"也可能成"热门"。因此，师范生不应盲目乐观或悲观，而应全面了解并理性对待所学专业。[2]

---

① 张晓丹、赵锡奎等：《大学生学业与就业》，北京交通大学出版社 2011 年版，第 25～31 页。
② 郭彭超、李珊山：《从职业发展的角度思考大学生学业规划问题》，《才智》2010 年第 21 期，第 271～272 页。

第二节 师范生的职业展望

职业展望作为大学生未来发展的重要基础，是师范生个人主体发展的需要和社会发展的客观要求，对于解决当前在校师范生一定范围内存在的教育信念缺失等问题有着重要的价值。而科学合理的职业展望，应该建立在对于大学生职业生涯规划、教师职业特点等相关维度充分了解的基础上。

一、职业展望的含义

关于职业概念的界定，不同时期、不同学科的学者观点不尽相同，其中具有代表性的有：美国管理学家罗宾斯认为，职业一词有多种含义，可以指发展、专业或终身工作的历程，是一个人一生中所承担职务的相继历程。英国迈克尔·曼主编的《国际社会学百科全书》指出，职业是作为具有自我利益的职业群体在分工中力图保持和维护其垄断领域而予以运用的工具。日本劳动经济学家保谷六郎认为，职业是有劳动能力的人为了生活需要发挥个人能力、向社会做贡献而连续从事的活动。这些定义从不同角度阐释了职业的含义，概括起来看，职业表明了个人在社会中的位置，但职业位置不具有继承性，而具有获得性，是个人进入社会生产过程之后获得的；职业是从事某种相同工作内容的从业者群体；职业具有获得性，但其获取需要专门的技能。综合不同学科对于职业概念的认识，职业可定义为：按照社会分工，从业者利用专门的知识和技能，为社会创造物质和精神财富，并从中获取合理报酬作为生活来源，满足其需求的活动。[1] 实质上，职业是人们在社会生活中，对社会所承担的一定职责和所从事的专门业务。随着社会发展到一定阶段，职业成为一种以社会分工、劳动分工为纽带的社会形式和社会关系。

职业与行业、事业既有区别，也有联系。行业是按照企业或单位所生产的物品或提供的服务类别的不同来划分的，而职业则是按照从业者本人所从事的工作性质来划分的，与从业者所在企业或单位属于哪个行业没有直接关系。但是，职业与行业是交叉存在的，不同的行业可以包含相同的职业，不同的职业也可处于同一行业之中。如管理职业，可以存在于工、农、商和服务业等行业中，工业的行业中存在生产工人、工程师、医生、律师等职业。事业是人所从事的，具有一定目标、规模和系统而对社会发展有影响的经常活动。事业强调

---

① 张晓丹、赵锡奎等：《大学生学业与就业》，北京交通大学出版社 2011 年版，第 25～31 页。

目标性、人生价值和对社会的贡献，个人人生事业的目标需要借助职业的途径来达到，其人生价值包括个人价值和社会价值也需要在事业与职业相统一的过程中实现。

诸多成功者的实践证明，人生需要规划，人生可以规划，有无人生规划对于一个人一生的事业发展极为重要。确定人生目标、规划人生，是完成人生历程的关键。职业是一个人一生中所承担职务的相继历程，而这一历程通常称为职业生涯。在这一历程中，每个人会根据自身的能力、特点、目标以及社会的发展变化，逐步作出实现自身长远目标的计划，这即是职业展望。职业展望实质上就是对职业生涯进行规划和设计。

职业生涯是一个动态的发展过程，起点定位是否准确、规划是否科学合理，将在很大程度上决定着职业成功的可能性大小。成功的职业规划可以指导大学生在认识社会、了解职业的过程中认识自我、了解自我，从而在满足和适应社会需求的前提下，最大可能地发挥个人的优势，提升个人的竞争能力，实现个人的职业目标。

职业生涯规划是指对一个人将要从事的职业或对未来职业的发展进行策划与设计，选择职业目标，采取有效的措施实现目标，并不断调整、修正职业目标的过程。职业生涯规划的要旨在于，在对一个人职业生涯的主客观条件进行分析、总结研究的基础上，对自己的兴趣、爱好、能力、特长、经历及不足等方面进行综合分析与权衡，结合时代特点，根据自己的职业倾向，确定其最佳的职业奋斗目标，并为实现这一目标做出行之有效的安排。[①] 职业生涯规划的目的不仅是帮助个人找到一份合适的工作、实现个人目标，更重要的是帮助个人真正了解自己，为自己定下事业大计，筹划未来，拟定一生的发展方向。

师范生处于职业生涯的职业准备阶段和职业选择阶段，主要任务是明确自己将要从事的职业目标。在职业展望中，师范生要做好职业生涯规划，需要结合自身情况以及眼前的机遇和制约因素，为自己确立职业目标，选择职业道路，确定教育、培训和发展计划等，并为自己实现职业生涯目标而确定行动方向、行动时间和行动方案。美国学者 Fessl 和 Christensen 在"教师专业生涯发展周期模型"中，将职前教育视为与职初期、能力建构期等其他阶段同等重要，认为职前教育期是职业生涯周期的起点，是某一特定专业角色的准备阶段，应据职前期特有的教师专业发展特征与需求，帮助师范生及早做好进入专

业的职前准备。① 师范生教育作为教师职前教育阶段，是教师职业生涯中不可或缺的重要组成部分，依据教师教育特点、促使师范生尽早规划教师职业生涯颇为重要。

二、师范生职业展望的必要性

从根本上讲，师范生职业展望是师范生个人主体发展的需要和社会发展的客观要求，其对于解决师范生职业展望所面临的问题，更好地适应师范生心理发展特点和应对我国职业生涯规划现状等方面是颇为必要的。

（一）解决师范生职业展望所面临的问题

在当前高等师范院校中，师范生的职业展望存在着一些突出的问题，这些问题集中体现在如下几个方面。②

1. 师范生教育信念的缺失

教育信念是教育工作者在对自己所从事的教育事业全面了解和深刻认识的基础上建构起来的信仰体系，包括对教育事业的社会意义、价值的认识，发自内心深处的对教育事业投入、参与的真切愿望，对克服前进征途中遇到的困难和挫折的坚定决心，以及在这种科学观念支配下的高度自觉的行动等。③ 在师范生应具备的职业素养中，教育信念处于最核心的地位。它与专业知识、专业技能不同，后两者可以直接有形地运用于教育实践，但是在多大程度上运用，是模仿式套用还是创造性发挥，是把教师职业当做自我实现的舞台还是谋生的手段，将取决于教师的教育信念是否根深蒂固。教育信念缺失的原因很多，其中包括教师职业在诸多社会职业中的吸引力不够、就业压力太大、教师专业化程度低等。不管具体原因包括哪些，但教育信念缺失的后果却是十分明显的，它往往会使师范生从教师职业生涯的第一个环节就出现问题，而所谓的师范生教育职业规划就更无从谈起。

2. 师范院校教师职业生涯规划教育意识淡薄

不少师范院校往往将教师职业生涯规划教育简单地与就业指导课画上等号。教师作为一种重要职业，其职业规划与职业发展具有独特的模式，该领域

① ［美］Ralph Fessler 著，董丽敏、高耀明等译：《教师职业生涯周期——教师专业发展指导》，中国轻工业出版社 2005 年版，第 1 页。
② 王芸：《对师范生进行教师职业生涯规划教育的必要性及建议》，《吉林省教育学院学报》2010年第 9 期，第 50～51 页。
③ 方兴武：《论当代师范生教育信念的缺失与培养》，《黄河科技大学学报》2008 年第 3 期，第 93页。

的研究与实践对教师个人职业发展、学校管理、人力资源开发都具有重要意义。教师的职业生涯与其他职业生涯一样遵循着一定的规律，在不同的阶段有着不同的发展任务，与教师进入职业场所的时间、年龄、人生阶段、职业阶段等皆有密切的关系。如果将动态的教师职业生涯规划仅仅理解为简单的、一次性完成的静态物，必然会导致师范生职业生涯规划教育科学性的缺失。现实生活中，不少师范院校虽然设置有对师范生进行教师职业规划教育的机构，但这些机构多半形同虚设。

3. 缺乏系统的社会环境支持

不论从教师职业发展本身来看，还是从社会大众的意识来看，教师职业并不能像医生、律师、公务员，甚至公司白领那样具有明确的、令人不断奋进的职业发展特点，高级教师、特级教师等称号也只是在有限的教师群体中被认可。所以，不少师范生的就业取向并不是教师，而一些选择教师职业的师范生也只是把这项职业作为今后自身发展的一个跳板。

要解决上述问题，必须加强对师范生职业生涯规划的教育和指导，使师范生能够有意识地制定出适合自身的职业生涯规划。

（二）适应师范生心理发展特点

师范生的心理、生理逐渐趋于成熟，具有一定的逻辑思维和辨别能力，在自我意识方面呈现出程度强、发展快的特点。他们开始进行自我反省，注重对自身的把握和分析，初步形成人生观、价值观、世界观，但其发展尚不成熟，缺乏社会经验，适应能力较差，表现出自主性与依赖性并存、理想与现实的差异导致失望迷茫、情绪冲突等特征。师范生的心理发展特点说明：一方面，师范已经初步具备进行职业生涯规划的能力，他们能通过反省，不断认识自己，了解自己，发现自己的兴趣、性格是否适合做一名教师，同时，他们对未来充满期望，逐渐勾画出自己的发展目标与发展路线，内心逐步形成一幅职业生涯规划的蓝图；另一方面，由于心理发展的不成熟性和不稳定性，师范生在社会经验和认识水平方面没有能够达到独立、正确地调节自身行为的程度，往往处于波动、迷惘、起伏和抉择之中，易受周围环境的影响，容易对自己当初所做的选择产生怀疑，这些因素严重影响着他们成为教师的职业理想。因此，师范生需要通过制定职业生涯规划来不断地认识自己，发现自己的兴趣、性格、能力，克服各种环境因素的影响，树立坚定、崇高的职业理想，探寻出自己未来的发展目标。①

（三）应对我国职业生涯规划现状

随着社会的发展和高校就业压力的增大，大学生面临着严峻的考验，大学生的职业生涯规划也因此受到人们的广泛关注。长期以来，各高校将关注的焦点集中在就业指导上，忽视了对大学生职业生涯规划的教育和指导，没有真正着眼于学生的职业发展，导致大学生职业规划发展的实效不佳，不利于大学生的职业生涯规划发展。作为大学生中特殊群体的师范生进行职业规划是非常必要的。然而，我国教师职业生涯规划现状并不理想，部分师范生因缺乏职业生涯规划，走上教学岗位后，受自身和学校氛围等因素的影响，缺乏发展的动力，由此产生职业倦怠。良好的职业生涯规划有利于教师的可持续发展，有助于教师明确职业目标，克服职业倦怠，提高工作质量，实现为教育事业贡献的人生价值。②

三、师范生职业生涯规划的价值

科学合理的职业生涯规划是师范生迈向职业生涯的第一步，对其今后的人生发展也有着重要的价值。

（一）有利于坚定教育信念

师范生在职业生涯规划之初接受相关教育时，首先要构建全方位的职业信念体系，包括：认知性信念，即师范生对未来自己所从事的教师职业的正确认识和认同的信念；学习活动信念，即师范生在师范院校中学什么和怎么学的信念，这是贮备知识，为教师职业发展的专业性奠定基础的必要过程；教师角色信念，即师范生时时处处有一种教书育人的使命感，从而能够正言、正行、正心的信念。坚定的教育信念是师范生今后从事教师职业的内核。③

师范生职业生涯规划能够强化师范生的教师职业意识，陶冶其教师职业情操。教师劳动具有奉献性、艰巨性、示范性、长期性等特点，师范生在接受师范教育的过程中，必须充分认识自己即将从事的这份职业的性质和特点，在学习期间，不断增强使命感、责任感、紧迫感和对教师职业的兴趣与热爱，树立

---

① 贺春湘、王开富：《免费师范生职业生涯规划的必要性及价值论析》，《四川教育学院学报》2009年第8期，第9页。
② 贺春湘、王开富：《免费师范生职业生涯规划的必要性及价值论析》，《四川教育学院学报》2009年第8期，第10页。
③ 方兴武：《论当代师范生教育信念的缺失与培养》，《黄河科技大学学报》2008年第5期，第93页。

为教育事业奉献终生的职业理想。

（二）有利于坚持职业理想

职业不仅仅是一种谋生手段，也是个人实现梦想、完善自我、发挥才智的平台。一个人如果从事的是自己喜欢和擅长的工作，就能够保持较高的职业理想追求，从而使人生价值得以实现。但是，师范生当初在选择教师这份职业理想时，由于各方面的原因，所树立的职业理想还比较模糊，甚至是很脆弱的，需要不断坚定这种信念。职业生涯规划的重要内容包括个体通过自我分析、挖掘，深入、客观地了解自己，找到自己的优势与不足，理性地进行自我定位，寻找出一条符合自己的生涯路线，正确设定职业发展目标，并制定行动计划，从而使自己的才得到最大限度的发挥，最终实现职业理想。而师范生通过职业生涯规划，可以对教师这份职业理想进行再一次审视，对自己进行客观、理性的定位，了解自己的优势与不足，从而坚持自己的职业理想。[①]

（三）有利于自我价值的实现

职业生涯规划的实质，是个人依据自身素质对自己未来发展作出的主动、自觉的设计和规划，并根据变化做出相应调整，从而最大限度地实现自我价值。职业生涯规划是一种动态发展的活动，它不仅仅是为自己确定一个职业方向，其最终目的是着眼于人的可持续、最优化的发展。就师范生而言，既然当初选择了把教师作为自己今后的职业，就意味着对教师社会角色的认同，希望通过这种途径来实现自我价值。因此，师范生进行职业生涯规划时，要按照终身教育的要求树立终身学习理念，注重培养自己的适应能力，为安心从教、有能力从教而准备，为成为一名优秀的教师和教育家式的教师而努力，为终身从教而规划，要做好全身心投入到教育教学实践、乐于奉献的准备，从而真正实现自我价值。[②]

（四）有利于增强职业准备意识

职业生涯是一个人投入时间、精力最多的人生组成部分，每个人在不同的阶段都应该有相应的职业生涯规划，并以此来管理自己的人生。正是这些职业规划，为个人树立了明确的职业发展目标与职业理想，激励着个体要为将来的目标做准备。师范生在职业方向和发展目标已经明确的情况下，就应该积极地

---

① 贺春湘、王开富：《免费师范生职业生涯规划的必要性及价值论析》，《四川教育学院学报》2009年第8期，第10页。

② 贺春湘、王开富：《免费师范生职业生涯规划的必要性及价值论析》，《四川教育学院学报》2009年第8期，第10页。

通过职业生涯规划，了解成为优秀教师所要达到的标准，找出自己的不足之处，并以此为动力激励自己朝这些方面去努力和准备。师范生已经进入职业准备的最后阶段，更应该树立起准确的职业准备意识，并真正为自己以后的职业生涯做准备。因此，师范生应充分利用学校所提供的各种设施、资源，拓宽自己的知识面，努力提高自身从教的知识、技能、方法、品质，注重提高自身的综合素质，为成长为一名优秀的教师打下坚实的基础。[①]

（五）有利于尽早确立人生目标和择业就业

很多家长和学生曾一度将"上大学"视为人生的最大目标，而忽视了大学仅仅是职业生涯的积累和准备阶段。因此，有些师范生上了大学以后便缺失了奋斗目标，丧失了追求，失去了学习的动力，以致荒废了学业。职业生涯规划会促使师范生从人生职业发展的角度考虑自己的人生目标是什么；同时，职业生涯规划使师范生对未来的教师职业有一定的认识，进而明确职业方向，了解教师职业对专业知识技能和品德修养等综合素质的要求，并在大学期间围绕着教师职业的能力要求有的放矢地培养。这能够促进师范生在就业时增强竞争力，有利于择业和就业。

四、师范生职业生涯规划的相关维度

在师范生职业生涯规划的制定过程中，以下几个维度是颇为重要的。

（一）了解大学生群体职业生涯规划

1. 大学生职业生涯规划的类型

按照时间维度进行划分，职业生涯规划一般分为 4 种类型，即短期规划、中期规划、长期规划和人生规划。短期规划指 2 年以内的职业生涯规划，其规划目的主要是确定近期目标，制定近期应完成的任务计划。中期规划指 2～5 年的职业生涯规划，是最常用的一种职业生涯规划。长期规划指 5～10 年的职业生涯规划，其目的主要是设定较长远的目标。人生规划指对整个职业生涯的规划，实践跨度可达 40 年左右，其规划的目的是确定整个人生的发展目标。

结合大学生职业生涯规划的特点及一般职业生涯规划的时间维度划分方法，可将大学生职业生涯规划大致分为两种类型。

---

① 贺春湘、王开富：《免费师范生职业生涯规划的必要性及价值论析》，《四川教育学院学报》2009 年第 8 期，第 10 页。

（1）大学生职业生涯规划的近期规划

近期规划是规划时间年限与大学生生涯年限基本符合的大学生职业生涯规划，即一般职业生涯规划中的短期规划和中期规划。这种规划的时间年限一般在5年以内。近期规划具有针对性、可操作性，易于评估和修正。

大学时期正处于职业准备和选择阶段，职业生涯探索阶段的主要目的就是通过选择、尝试与磨合，找到最合适自己的职业。大学生根据近期规划阶段的主要特点和任务要求，在确立总体目标之后，以实现就业为阶段目标，制定相应的行动计划和实施方略。近期规划可以使大学生在认识自我、了解职业的基础上，从自身条件和社会需求出发，确定职业发展方向，明确职业目标，制定并实施学习、培训和实践计划，不断地挑战自我、超越自我，为走向社会、实现总体目标打下良好的基础。

（2）大学生职业生涯规划的远期规划

远期规划时间年限在5年以上，即一般职业规划中的长期规划和人生规划。远期规划能够使大学生明确各阶段的职业目标，保持整个职业生涯发展的连贯性和持续性，使总体目标更容易循序渐进地达成和实现，进而产生最大的职业动力。远期规划要求大学生对自我、职业有较为充分的认识，同时对社会形势和客观环境有敏锐的洞察力。这需要花费较长的时间对职业目标和职业要求进行深入的研究、调查、论证，并制定出切实可行的完整性实施方略。同时，由于远期规划的时间跨度长，实施过程中会受到个人和环境不断变化的影响，规划目标的实现难度较大。大学生处于职业生涯的探索阶段，对社会、职业的了解相对有限，因此，远期规划的制定可以先以简略的职业理想和职业目标为主。具体的远期规划要建立在近期规划的基础上，根据职业发展的实际适时进行调整。[①]

2．大学生职业生涯规划的原则

大学生职业生涯规划应遵循以下主要原则。

（1）择己所爱原则

从事一项自己喜欢的工作，工作本身就能给自己带来一种满足感，能使自己整个身心发挥出积极性，将潜能最大限度地调动起来。

（2）择己所长原则

大学生应选择有利于发挥自身优势的职业。

---

① 张晓丹、赵锡奎等：《大学生学业与就业》，北京交通大学出版社2011年版，第33页。

（3）择世所需原则

社会的需求不断变化，大学生应认真分析社会所需，准确预测未来职业发展方向并作出选择。

（4）择世所利原则

要考虑社会和个人的利益，个人利益最大化要与社会利益最大化相结合，才有利于促进社会利益和个人利益的共同发展。[①]

3. 大学生职业生涯规划的设计

大学生进行职业生涯规划具有模拟性和前瞻性。每位大学生都应结合自身情况、环境情况以及眼前的机遇和制约因素，为自己确立职业目标、选择职业道路，并为自己实现职业生涯规划目标确定行动方向、行动时间和行动方案。

（1）职业生涯规划的准备阶段

在这一阶段，应充分认识自己、社会和职业。

（2）确定目标

这是职业生涯规划的核心。一个人事业的成败很大程度上取决于有无正确、适当的目标。在前期准备阶段的基础上，在知己知彼的前提下，找到与自己性格、情趣相一致的职业目标。

（3）制定并实施规划方案

制定的方案必须具体清晰，具有可操作性。在确定目标和制定方案后，应采取相应措施严格落实方案。

（4）反馈调整

影响职业生涯规划的因素很多，方案可能会失时失效。在这种情况下，需要定期对规划方案的落实情况进行评估、分析，并及时调整方案，以便于职业目标的实现。[②]

（二）认识教师职业特点

教师是指受过专门教育和训练的，在学校中向学生传递人类科学文化知识和技能，对学生进行思想道德教育，发展学生的体质，培养学生高尚的审美情趣，把受教育者培养成一定社会所需要的人才的专门人员。教师有两种人格，一种是"经师"，一种是"人师"。"经师"是指教学问的，也就是说，除了教学问以外，对于学生的品质、作风、生活、习惯不闻不问。而"人师"则不然，其是指教行为，就是怎样做人的问题，即对学生的品质、作风、生活、习

[①] 张晓丹、赵锡奎等：《大学生学业与就业》，北京交通大学出版社 2011 年版，第 34 页。
[②] 张晓丹、赵锡奎等：《大学生学业与就业》，北京交通大学出版社 2011 年版，第 34~35 页。

惯进行教诲。我们的教学应采取"人师"和"经师"二者合一的原则，每个教科学知识的人，其本人应是品行模范，同时也应是一个有学问的人。①

1. 教师职业的特点

教师职业具有一般社会职业所共有的种种属性，也具有其自身的特点。教书育人是社会分工规定教师职业承担的社会劳动任务，也是教师职业区别于其他社会职业的基本特征。这一基本特征决定了教师职业具有如下特点。

（1）教师职业的重要性

教师职业作为众多的社会职业之一，是一种非常平凡的职业。但在人类文明的继承和延续中，在一个国家的经济、社会发展过程中，在每一个个体的成长过程中，教师都有其特殊的作用。教师的职能不仅创造物质文明和精神文明，更主要的是创造人们从事物质生产和精神生产的能力。教师通过传递知识和文明，塑造人的个性，培养新一代物质文明和精神文明的创造者。

（2）教师职业的专业性

教师职业是一种具有明显专业性的职业。从事教师职业的人必须具有特定的专业知识和专业技能，必须经过特定的专业训练和专业实践。

（3）教师职业的示范性

教师个人的道德情操、人生观、世界观、人格修养、学识、气质风度等都会作为榜样而影响学生，对他们发生潜移默化的影响。这不仅是教师的职业要求，也是教师职业活动的客观存在。

（4）教师职业的多角色性

在教育教学活动中，教师与学生角色相对应，是"老师"的角色；但是，教师在履行其职能时，通常又以多重角色表现出来，其所扮演的角色包含了领导者、管理者、严父慈母、朋友、心理咨询师、保健医生、体育教练等，亦即是说，教师职业具有多种综合的社会职能。②

2. 教师职业发展的特点

就教师职业发展的特点而言，其主要体现在如下方面。

（1）教师职业发展的专业化特点

教师职业专业化的特点要求教师努力成长为专家，不仅要成为本专业领域理论与实践的专家，还要成为教育教学的专家学者，形成教学专长和职业专长。教学是非常复杂的劳动，教学情境的不确定性和不可预测性要求教师具备

---

① 中央教育科学研究所：《徐特立教育文集·各科教学法讲座》，人民教育出版社1986年版，第242~243页。

② 傅维利：《师德读本》，高等教育出版社2003年版，第48~49页。

相应的应对能力。这种能力的形成需要一个逐渐发展和不断积累的过程，也是一个长期的、复杂的、内隐学习与外显学习相结合的过程。教师专业化标准要求教师具备科学先进的教育理念、丰富系统的理论知识、娴熟的教育教学技能、优良的道德修养与健康的心理素质。

（2）教师职业发展的动态化特点

教师职业能力发展的动态性是指不同历史时期、不同社会背景、不同教改背景要求教师的职业能力适应动态变化的需求，即教师职业发展在一定程度上具有不确定性的特点。首先，教师应拥有个人专业发展的自主性，教师应能够独立于外在压力，制定适合自己的专业发展目标、计划，选择自己需要的学习内容，而且有意愿和能力将目标与计划付诸实施。其次，教师应实行自我专业发展，即无论在正式的教师教育情境下，还是在非正式的日常专业生活中，教师均应表现出实施自我教育的意愿和能力，并能在个人标准基础上对自己的专业发展实施评价。再次，教师应能够自觉地在日常专业生活中自学。教师应以个人的专业结构完善为本，把教学工作看成是一种专业。教师应追求个人专业结构的不断改进并从中得到满足。

（3）教师职业发展的职业品质个性化特点

教师的职业心理品质在其人格特征中占有重要地位，教师的心理品质是在长期的教育教学实践中逐步形成和发展起来的。首先，强烈的求知欲、浓厚的学习兴趣是教师突出的职业心理特征。其次，敏锐的洞察力是教师重要的心理特征之一。教学是教师控制下的反馈活动，教学能否按照反馈的线路不断前进与升华，关键在于教师能否根据学生反馈的信息，有针对性地调整信息。再次，教师是传授知识的人，教学工作是创造性劳动。教育教学要求教师必须善于接受新事物、研究新问题，并及时地将其贯彻到教学中。

（4）教师职业发展的连续性与阶段性有机结合的特点

教师专业发展是一个持续不断的过程，教师专业化是一个发展变化的概念。它既是一种状态，又是一个不断深化的过程。教师专业化是教师职业成熟的标志。教师职业成熟是一个漫长的、动态的、纵贯教师职业生涯的历程，体现出螺旋式上升趋势和发展阶段的连续性与阶段性有机结合的特点。总之，教师职业发展是一个持续发展的以专业化为目标和归宿的动态过程。[①]

师范生应当在认识教师职业特点的基础上，进一步强化职业生涯规划的意

---

① 王芸：《对师范生进行教师职业生涯规划教育的必要性及建议》，《吉林省教育学院学报》2010年第9期，第51~52页。

识,科学、合理地规划教师职业生涯,尽早做好思想上和行动上的入职准备,以缩短其职前与职后的差距。

（三）固定教师职业锚

职业锚最初产生于施恩教授的职业生涯纵向研究,是指在个人工作过程中依循着个人的需要、动机和价值观,经过不断搜索,所确定的长期职业贡献区或职业定位,实际上就是人们选择和发展自己的职业时所围绕的中心。[①] 师范生固定教师职业锚、促进其预期心理契约的发展,有利于个人与组织目标和路线的稳固结合,有利于教师建立职业认同感。师范生通过职业生涯规划确定了自己未来发展的愿景和角色,深入了解到教师职业角色的特殊性体现在其贡献性上,提高了教师自我角色的认同感,增强了从事教师职业的兴趣和热情。[②]

（四）将职业生涯规划与教师职业道德相结合

"学高为师,德高为范"。教书育人,教书者必先学为人师,育人者必先行为世范。教师的职业特点决定了教师必须具备更高的素质,而师德是教师最重要的素质。教师通过向社会贡献精神财富、培养合格学生来间接地表现和验证自己的道德价值,这种价值的实现基础是教师本人对社会需求、职业需求的满足程度。

职业生涯规划应满足人的高级需求和人的全面发展需求。当教师的基本需求得到满足后,他就会追求更高的需求。依据行为学家马斯洛的"需要层次理论",教师在生理需要、安全需要、社交需要得到满足后,就会追求更高的尊重需要、求美需要、求知需要,直至最终的自我实现需要以及帮助别人自我实现的需要。这些高层次的需要就是道德价值更高的追求,也包含着对崇高师德的追求。

师范生应通过科学合理的教师职业生涯规划,根据最高层次的目标,设定多个中期目标和短期目标,提升自身的教师职业道德。[③]

① 杨河清:《职业生涯规划》,中国劳动社会保障出版社2005年版,第108页。
② 陈宁:《师德建设:多视角的分析与建构》,首都师范大学出版社2008年版,第205页。
③ 陈宁:《师德建设:多视角的分析与建构》,首都师范大学出版社2008年版,第203～204页。

第四章　教师职业道德的内涵

教育是培养新一代的社会实践活动，是人类社会存在和发展不可或缺的手段。教育的实质是把人类改造世界的长期实践中所积累下来的生存与发展的知识、经验、技能传递给下一代，使得人类能够在总结前人经验的基础上，不断地丰富和发展人类认知，拓展实践的广度和深度。当今时代是知识经济时代，科学技术迅猛发展，综合国力竞争更多地体现为人才的竞争、教育的竞争。

教师是教育事业的承担者。教育目标的实现、人才的培养都离不开教师辛勤的劳动。教师作为一种特殊的职业，其教书育人作用的发挥不仅自身需要具备科学文化素养和教学技能，还更需要具备高尚的职业道德素质。新时期的教师，应当努力适应实践发展的需要，增强时代感和使命感，不断提高自身的职业道德修养，培养、造就新一代社会主义事业的合格建设者。

第一节　职业道德和教师职业道德

教师职业道德是指教师在职业活动中，应当遵循的处理与职业工作、与社会、与集体、与他人关系的基本道德规范以及与之相适应的道德观念意识和行为品质，是教师群体共同的道德伦理规范和行为准则。由于教育劳动的对象是社会的新一代建设者，故教师职业不同与一般的社会职业，教师职业道德也不同于一般社会职业道德，具有更高层次的自觉性和道德约束性。

一、职业道德与社会

人类社会生活是由家庭生活、职业生活和公共生活三个领域构成。家庭生活是社会生活的基本细胞，职业生活是社会存在和发展的动力，公共生活是人类社会人与人联系的纽带。与之相对应的是家庭美德、职业道德和社会公德。人的一生有近一半的时间是在职业准备和职业生活中度过的，职业生活构成了

人的基本社会活动。因此，职业道德就成为调整个人行为的道德规范的重要组成部分，是个人道德的重要内容，是社会进步的重要保证。

（一）职业与职业道德

1. 职业的含义

人的生活离不开衣食住行等物质条件，职业活动正是创造这些物质条件的一种普遍的形式，是人类社会生存和发展的基础。马克思、恩格斯指出："人们为了能够'创造历史'，必须能够生活。但是为了生活，首先就需要衣、食、住以及其他东西。因此，第一个历史活动就是生产满足这些需要的资料，及生产物质生活本身。"[①] 这种"生产物质生活本身"的实践活动随着经济的发展和社会分工的深化，逐渐演变成了现代的职业活动。

所谓职业，是指人们在社会分工中所从事的具有专门业务和特定职责，并以此为生活来源的工作。"职"指职责，即执掌之事，《书·周官》中所谓"六卿分职，各率其属以倡九牧"；"业"指业务，《康熙字典》载："【疏】刻板捷业如锯齿，故曰业"，即古人把要做的事刻到木棒上，形成锯齿状刻痕，每个锯齿代表一件事，每完成一件事情就削掉一个锯齿，又名"修业"。这里的"业"就是所做的事情，故后有"事业"一词。"职业"一词最早见于《国语·鲁语》："昔武王克赏，通道于九夷百蛮，使各以其方赂来贡，使勿忘职业。"

职业是劳动和社会分工的产物，是人类社会存在和发展的一种基本社会组织形式。职业是个人赖以谋生的手段。职业活动是人类创造物质资料的社会实践，从个体的角度看，每一个职业劳动者都必须参加一定的职业活动以维持自身的生存，又要通过自身的职业活动来履行对社会的职责。随着社会和生产的不断发展，社会分工的程度越来越细致，人类职业的种类越来越多。通过生产劳动方面的社会分工和合作交换，既降低了生产成本、提高了生产效率，也逐步通过职业团体的形式实现了不同的社会职能；通过不同的职业群体，形成了不同社会职能，构成了种种社会组织形式。

职业是个体在社会生活中扮演的重要角色。每个人在社会生活中都会处于一定的社会位置，具有特定的身份和遵循一定的行为规范。面对不同的社会关系，人们往往以不同的社会身份出现，如在家庭生活中，是以父亲、儿女、丈夫、妻子的身份，在职业生活中是以领导、下属、老师、医生的身份，等等。不同的社会角色决定了不同的行为模式，意味着不同的权利和义务。在社会交往从"熟人社会"向"生人社会"转化的今天，人们的职业角色逐渐成为了社

---

① 《马克思恩格斯选集》第 1 卷，人民出版社 1972 年版，第 32 页。

会交往中扮演的主要角色。在职业过程中，任何一个人一方面以特有的职业身份为社会公众提供服务，另一方面也在接受其他职业提供的服务。

职业是个体价值实现的重要途径。生存是人类的第一需要，在生存的基础上，个人也要不断地追求自身的发展。个体通过不断努力，以及不断发展变化的职业实践活动，一方面推动了社会生产的发展，另一方面又满足了个体在更高层次上的物质和精神要求，实现了个人的发展。作为最重要的一种社会实践活动，个体必须以职业作为基本手段，通过自身的职业选择和职业活动中的创造性劳动来实现自我价值和社会价值。

2. 职业道德的含义及特征

职业道德与人们的职业生活紧密地联系在一起，它是从职业生活中引申出来的。所谓职业道德，就是指从事一定职业的人们在职业生活中所应遵循的道德规范以及与之相适应的道德观念和品质。职业道德是同人们的职业活动紧密联系的。由于从事某种特定职业的人们，有着共同的劳动方式，受到共同的职业训练，因而往往具有共同的职业理想、兴趣、爱好习惯和心理特征，结成某种特殊的关系，形成特殊的职业责任和职业纪律，从而产生特殊的行为规范和道德要求。[①]

职业道德是调节职业群体内部以及职业群体与其他社会关系的行为准则，是对所有从业人员提出的具体行为要求，使其清楚地了解应当做什么、不应当做什么，是一般社会道德在职业活动中的特殊要求。职业道德具有如下特征：第一，适用范围的局限性。不同于社会道德和个人美德的普适性，职业道德集中体现在从事社会工作的成年人的行为和意识形态中。职业道德往往针对特定的职业群体。一个行业的职业道德体现了该职业的特殊性要求，往往只对从事本职业的群体适用，对于从事其他行业的人们就不适用。每一个职业都具有适应自身的职业道德规范，是该职业群体的共同行为准则。第二，职业道德内容具有稳定性和连续性。职业道德的内容反映了一定职业的道德行为准则，是该职业的特殊要求的体现。职业道德是人们在长期的职业生活中逐步形成的，这种由不同职业、不同生活方式长期积累逐渐形成的相对稳定的道德规范、道德品质、职业心理以及职业观念，决定了职业道德内容的连续性和稳定性。职业分工具有相对的稳定性，与之相适应的职业道德也具有相对的稳定性和连续性。职业道德的内容往往表现为世代相传的职业传统，个人一旦进入这个行业、从事这一职业，首先要学习掌握该职业的道德规范，要遵守特定的行约、

---

① 教育部人事司：《高等学校教师职业道德修养》，北京师范大学出版社2000年版，第48页。

行规。只有认真、模范地遵守职业道德的人，才能取得职业上的成功。第三，职业道德具有多样性和适应性。职业道德是依据特定职业的业务内容、生产条件、执业范围以及从业者的接受能力而制定的行为规范和道德准则，故职业道德具有多样性，有多少种职业就有多少种职业道德；同时，每种职业道德又必须具有很强的适应性，要求相应的规范应当适应社会实践的要求，具体、明确，以便从业者了解、接受和执行，有助于人们形成良好的职业道德习惯。

（二）影响职业道德的社会因素

职业道德产生和发展的客观基础是社会生产的发展和社会分工的出现。从原始社会自然分工中产生了职业道德萌芽，到奴隶社会职业道德的初步形成，再到封建社会职业道德的发展以及资本主义社会职业道德的极大丰富，这一过程无不与生产力的发展和社会的进步息息相关。同道德一样，职业道德也是特定历史时期、特定社会形态的产物，其发展变化受到不同社会因素的影响。

1. 社会生产方式

社会生产方式的发展变化是职业道德产生的基础。原始社会中，由于缺乏社会分工，主要靠氏族的道德规范来约束人们的生产行为。人类进入奴隶社会后，随着生产力的发展，生产方式发生了变化，产生了社会分工。资本主义社会，商品经济的发展极大地促进了社会生产方式的变革；职业分工的深化导致生产者的劳动完全成为社会劳动的组成部分，人们在不同的职业中需要承担不同的职业责任，需要按照不同的职业要求处理与社会和他人的关系。这些职业实践中逐步形成的行为习俗和惯例最终构成了特定行业的职业道德。

社会生产方式的发展是职业道德发展的动力。一方面，生产方式的更新使得人类改造自然的活动发生了新的变化，导致了新的职业的产生，这样就产生了新的职业道德规范；另一方面，生产方式的变化导致了传统职业的内涵发生了新的变化，职业道德被不断赋予新的内容和新的规则，形成了新的职业意识、职业观念和职业责任。同样的职业，比如商人，在奴隶社会、封建社会和资本主义社会其职业道德具有不同的内涵，资本主义社会相对来说具有更加丰富的职业道德内容。

2. 社会政治制度

不同的政治制度决定了不同类型的职业道德。政治是阶级社会的产物，是阶级社会的上层建筑，集中表现为统治阶级和被统治阶级之间的权力斗争、统治阶级内部的权力分配和使用。政治是主要由政府推行的、涉及各个生活领域的、在各种社会活动中占主要地位的活动，包括政策、权力机构、军队、警察、监狱和关于政权的组织形式，以及立法、司法、行政等法律规范等。政治制度不但影响着生产力和生产关系的发展，也对职业道德具有强大的影响力。不同类型的政治制度造就了不同的政治道德，也就形成了不同类型的职业道德。

不同政治制度下的社会价值观影响着职业道德观念的形成。政治活动的核心是维护统治阶级的利益，政府通过一系列宣传、教育、立法等手段宣扬统治阶级的道德规范。这种社会的道德规范和个人的价值观会直接影响职业道德观念的形成。资本主义政治制度下，为了维护资本主义私有制，政府会努力宣扬对个人财产的绝对保护，从而形成了个人主义、功利主义等道德原则，促成了许多行业的"一切为了盈利"为目标的职业道德观念。在社会主义制度下，由于国家利益、社会利益和个人利益统一起来，职业道德观念的核心便转变为如何更好地服务公众，维护社会利益。

3. 社会职业意识

社会职业意识是职业发生的前提。职业意识的起源过程就是职业道德起源的过程。职业道德一开始不是存在于所有人的意识之中，其首先产生于个别从事特定职业的人之中。随着社会交往和思想交流的发展，通过职业从业群体一代又一代的传承，这种根植于职业意识中的规范认识才逐步扩展为多数人的普遍的、共同的道德要求，从而形成比较严格、系统的职业道德原则和规范。

社会职业意识影响职业道德规范的内容。不同社会时期的职业意识存在较大差异，这种不同的职业认知对职业道德的内容会产生重要的影响。例如，中国封建社会的职业道德就受到当时社会职业思想的影响，带有明显的封建色彩。一些职业地位低下，如韩愈在《师说》中写道："巫医乐师百工之人，君子不齿"，特别是商人更被列入奸人之列；司马迁在《史记·货殖列传》中说："行贾，丈夫贱行也"。导致从业者本人也会看不起这些职业，往往不愿意让自己的后代从事相关行业。这些都与资本主义时期重视工商业的职业意识下相关行业的职业道德具有很大的不同。

4. 科学技术

科学技术的发展对于职业道德提出了新的要求。社会的进步、科技的发展使许多职业的日常活动发生了巨大的变化，如计算机和网络技术的发展，使得许多传统的服务行业，如银行金融服务业的从业方式从传统的借贷服务发展为依赖网上收付的现代金融业。这样就产生了不同的职业道德要求，对于从业人员的职业态度、职业责任和职业理想都产生了新的道德规范。

科学技术的发展扩大了职业的范围，产生了许多新的职业和相应的职业道德规范。新的技术往往带动新的产业发展，使得人们从事的职业也在不断变

化。计算机网络的发展形成的新的网商群体就与传统的商业模式有很大的不同，形成了依靠一定技术保证的新的职业行为规范和行为道德，丰富和发展了传统的职业道德内容。

（三）现代社会所要求的一般职业道德精神

职业道德精神是人们长期在从事特定职业的过程中形成的情趣、爱好、性格和作风，是职业道德的基本要求和集中体现。职业道德精神不同于一般的社会精神，其与特定的职业利益相关，具有鲜明的职业特征。虽然各种职业的职业道德精神具有不同的内涵，基于现阶段的社会伦理要求，现代社会仍然形成了责业精神、勤业精神、敬业精神、团队精神和创新精神等一般职业道德精神。

1. 责业精神

责业精神是指从业人员对所从事的职业必须认真负责，具备一定的责任心，是职业道德的基本要求。责业精神要求从业人员在职业活动中要勇于承担职业责任，履行职业义务，完成职业任务。职业责任是和职业权利相辅相成的，从业者享有一定的职业权利就必须履行相应的职业责任，既没有无职业权利的职业责任，也没有无职业责任的职业权利。从业人员在履行职业责任、完成职业任务中，要始终以职业要求为中心，兢兢业业、尽职尽责地从事本职工作，最终实现特定的职业目标。

责业精神在要求从业者履行个人职责的同时，也要求职业组织应当履行相应的社会责任。遵纪守法是责业精神的基本要求，也是最基本的职业道德规范。从业者在履行职业义务的过程中，要始终坚守法律和道德底线，不得从事制假贩假、坑蒙拐骗等职业活动，也不得以职业任务为借口损害社会公共利益。因此，责业精神是每一个从业者、职业组织最基本的职业道德精神。

2. 勤业精神

勤业精神是指从业者在职业活动中应当努力勤奋地工作，积极实现职业利益的职业精神，是从被动承担职业责任到主动完成职业任务的一种较高层次的职业道德精神。"天地生人，有一人莫不有一人之业；人生在世，有一日当尽一日之勤。业不可废，道唯一勤。"[1] 市场经济条件下，每一个职业组织都是一个竞争主体，为了实现自身的发展目标，要求从业者在职业活动中不但要勇于承担责任，还要能够积极主动、努力勤奋地工作，只有这样才能在激烈的市场竞争中生存和发展。

---

① 山西柳林《杨氏家谱》。

勤业精神是一种积极主动的工作精神，是从业者实现自身价值和实现职业理想的前提。社会主义实行的是按劳分配的分配原则，个人的物质利益与个人的工作成果息息相关，从业者只有勤奋工作，才能提高收入，改善物质生活条件，同时获得职业发展机会。

3. 敬业精神

敬业精神是指从业者在责业、勤业的基础上，逐步形成的一种对职业崇敬、全心全意投入的职业心理。敬业是中国传统的职业道德精神。早在春秋时期，孔子就主张人在一生中始终要勤奋、刻苦，为事业尽心尽力，提出要"执事敬"、"事思敬"、"修己以敬"等。敬业精神要求从业者从为了获得物质或精神的利益以及为了避免职业组织惩罚的服从心理上升为自身内心意愿的行为，是职业道德规范内化的前提。

敬业精神产生的前提是职业对从业者具有很强的吸引力，这样才能逐步将职业的外部要求转化为内在需要。敬业精神不但表现为对职业责任的自愿接受和履行，还应当是从业者内心对职业合理性的确认，使得该职业的要求成为内在道德素养的有机组成部分，从而产生对本职业的崇敬心理。

4. 团队精神

团队精神是指从业者具备大局意识，在职业活动中能够与团队其他成员团结协作、共同发展的职业精神。团队精神要求作为团队成员的从业者之间能够互相关心、互相帮助，凸显关心团队的主人翁责任感，努力自觉地维护团队的荣誉，自觉地以团队的整体利益来约束自己的行为。团队精神是职业组织的灵魂，表现为共同的文化氛围、共同的价值观、共同的行为模式。

团队精神的核心是团队成员之间的亲和力，亲和力能提高每个团队成员的士气，激发成员工作的主动性，从而形成集体意识、共同的价值观。团队成员具有高涨的士气、共同的价值观，才会自觉地将自己的聪明才智奉献给团队，同时促进自己的全面发展。团队精神有利于提高职业组织的整体效能。通过发扬团队精神，能够增强从业者之间的团结协作，明确分工和职责，增强内部凝聚力，节省组织内耗成本，提高组织的整体运行效率。

5. 创新精神

创新精神是指从业者具有能够综合运用已有的知识、技能和方法，在职业活动中提出新方法、新观点的思维能力，以及进行发明创造、改革、革新的意志、信心、勇气和智慧。创新是现代职业活动一个重要特征，只有不断创新，才能在激烈的市场竞争中取得相对优势。创新精神要求从业者不满足已有的知识、技能和经验，不满足现有的生产生活方式，不断尝试探索新的规律、新的

方法，不断进行改革和创新，促进科学技术和人类社会的发展。

创新精神是科学的精神，是不断挑战自我的精神。拥有创新精神的从业者能够独立思考，不盲目模仿，不迷信他人，在不断总结前人和团队知识的基础上，实事求是地开展创新活动。创新精神是职业组织的文化精髓，是生存和发展的基础，是长盛不衰的前提，是适应经济全球化和信息化的客观要求。只有具备创新精神的从业者，才能更好地实现职业利益，形成职业组织的核心竞争力，促进职业组织的不断进步。

二、教师职业道德的形成、特征及社会功能

教师职业道德是调节教育实践领域的特殊的道德规范。与社会一般的道德要求相比，教师职业道德是一般社会职业道德在教育职业活动中的具体体现，更直接反映社会对教师职业的道德要求。教师职业道德是社会主义职业道德的重要组成部分。研究教师职业道德的形成及特征，对于实施社会主义教师职业道德教育具有重要意义。

（一）教师职业道德的形成

教育实践是教师职业道德产生和形成的前提条件，教育实践中的各种利益关系是教师职业道德产生的客观依据。一定时期的教师职业道德，反映了当时的经济基础和阶级利益关系，受社会道德意识、规范的制约，同时继承了以往形成的教师职业道德思想中的各种合理因素。

1. 教育实践中的各种利益关系是教师职业道德形成的依据

社会关系的发展，为道德的起源提供了直接的基础。道德只有在社会中，在发生个人与整体、个人利益与整体利益的关系时，只有当人脱离了动物界并将其合群的本能上升为交往关系时，才有可能发生。[①] 教师职业道德正是在教育实践过程中，在处理教师个人利益、学生个人利益、教师集体利益和社会利益关系的基础上发展起来的。教师的个人利益体现在通过从事教师职业，改善个人的物质和精神生活条件，实现自我的发展。学生的个人利益在于得到良好的教育，在轻松、愉快的学习环境中，学习科学文化知识，发展自身的智力、体力和能力，使自己具备一定的知识、品德和才能，为将来的学习、工作和生活准备条件。教师集体的利益在于教师整体经济地位和社会地位的提高以及教师之间良好的团结协作。社会利益一方面表现为教育事业的总体目标，要求教

---

① 罗国杰：《伦理学》，人民出版社 1989 年版，第 31 页。

育能够促进学生的全面发展，培养出社会需要的各种人才；另一方面又体现在学生家长和其他教育相关人对教师工作的需求上，要求教师教育能够很好地与学生家庭教育协调配合，提高教育的整体效能。

教育实践中的各种利益关系是相互联系、相互制约的。社会利益的实现依赖于教育事业的发展，而教育事业的发展又必须要保证教师集体的利益。学生利益的满足离不开教师的辛勤工作，而教师要持之以恒地安心工作，就要充分满足教师的个人利益；反之，如果教师对教学工作敷衍了事，不仅损害学生的利益、社会利益，也会损害教师的集体利益和教师的个人利益。由于教师职业的特殊性，对于这些利益关系的调整很难通过具体的奖惩等行政措施来实现，如教师是否热爱学生、备课是否尽心尽力等都很难通过规章制度、显性指标来约束和考核，只能依赖教师内在的职业良心、职业理想、职业信念等来引导和监督。正是基于调整教育实践中各种利益关系的需要，通过教师职业群体的长期实践，最终形成了教师职业道德的原则和规范，从而引导和支配教师的教育行为，促使教师正确处理各种利益关系，更好地完成教育任务，实现教育的社会目的。

2. 教师职业道德的形成受到一定时期占统治地位的社会道德原则和规范的约束

在阶级社会中，人们在经济结构中的地位不同，决定了各个阶级的道德属性的不同。"人们自觉或不自觉地，归根到底总是从他们阶级地位所依据的实际关系中——从他们进行生产和交换的经济关系中，吸取自己的道德观念。"[1] 在阶级社会中，教育是巩固统治阶级利益的一个重要手段。统治阶级通过行政、宣传等手段，控制和引导教育为统治阶级的经济和利益服务。例如，奴隶社会中的教育就是培养少数贵族子女成为合格的奴隶主，通过宣扬奴隶主阶级的价值观，使之养成对奴隶冷酷无情、坚决镇压的品性。统治阶级的教育目标决定了其必然向教师提出合乎本阶级利益和价值观的师德要求，形成了统治阶级的师德规范。

教师作为社会的一员，其个体的道德意识必然受到社会道德意识的影响，受到占主流地位的统治阶级的道德意识的影响。不同的阶级社会有着不同的师德要求，即使是相同的师德准则对于不同的阶级也有不同的表述。比如，同样是为人师表、教书育人，但如何为人师表、教什么书、育什么人，奴隶主阶级、封建地主阶级、资产阶级和无产阶级的内容都各不相同。因此，教师职业

---

[1] 《马克思恩格斯选集》第2卷，人民出版社1972年版，第133页。

道德在阶级社会总是受到占统治地位的社会道德原则和规范的约束。

3. 教师职业道德形成过程中继承和发扬了教师职业道德传统中各种合理因素

教师职业道德是教师职业群体在长期的的教育实践中凝聚起来的道德心理、道德观念、道德原则、道德思想和人生观、价值观的总体。它的形成和发展并不是无序的、无规律的，每个历史时期的教师职业道德总是由自己时代的经济关系所决定，继承和发扬传统教师职业道德中的各种合理因素。在中外教育史上都出现过许多优秀的教师职业道德观念。例如，我国伟大的思想家、教育家孔子就对教师的职业道德做出了深刻的思考和系统的阐述。他提出的"因材施教"、"有教无类"、"不耻下问"、"学而不厌"等思想观念被誉为师德的典范，影响着一代代从事教师职业的人们。再如，捷克斯洛伐克著名教育家夸美纽斯在《大教学论》中系统地阐述了教师职业道德问题，他说："教师的急务是用自己的榜样来诱导学生"，教师"应经常把他们应当模仿的行为的榜样给予他们，应当把自己当作一个活生生的榜样。除非他能这样做，否则他的一切工作便是白费。"[①] 这些中外思想家、教育家对教师职业道德深刻的研究和思考，无疑是值得后来从事教师职业的人们借鉴和继承的。

但是，这种继承不是无条件地全盘吸收，而是一种"扬弃"，去掉不适合的，特别是直接危害该时代经济关系的部分。比如，对于中国古代旧的教育思想中的一些带有封建性质的"忠孝"观念以及带有"体罚"特点的教育方法因不符合时代精神，在现代的教师职业道德中都加以抛弃了。因此，吸收继承的传统教师职业道德内容都是那些反映教学过程的客观规律，以及教师职业劳动特殊性的规范和要求。

（二）教师职业道德的特征

教师的职业活动领域是特殊的社会生产领域，其劳动目的、劳动对象、劳动工具、劳动产品都围绕人的发展而展开的，具有其他劳动无法比拟的社会价值和意义。正是源于这种职业的特殊定位，教师职业道德除了具有一般职业道德的特征之外，还具有自身的特殊性。

1. 教师职业道德要求的高层次性

道德是依靠特殊方式调整个人与个人、个人与集体、个人与国家、个人与社会的行为规范的总和，任一社会的道德都是一个相对完整、稳定的道德体系。由于人们的社会生活领域不同，人们的思想觉悟水平和道德觉悟水平不

---

① 夸美纽斯著，傅任敢译：《大教学论》，人民教育出版社 1957 年版，第 212 页。

同，对于人们的行为要求不同，对应的道德要求也不同；同样道理，不同的职业目标不同，相应的职业道德的要求也具有一定的层次性。由于教师承担的是传播人类文明、塑造人类灵魂的神圣职责，教师必须是具备较高道德水准的人。我国古代教育家孟子曾说："教者必以正"，揭示教育者必须首先具备良好的品性，以德服人。捷克斯洛伐克著名教育家夸美纽斯认为，"教师应该是道德卓异的优秀人物"。

各个社会、各个阶级对教师的道德水准提出了较高的要求。伟大的教育家陶行知在《我们的信条》一文中，针对教师的职业道德准则，提出"教师应当以身作则"、"教师应当运用困难，以发展思想及奋斗精神"、"教师必须有农夫的身手，科学的头脑，改造社会的精神"、"教师对于儿童教育都有'鞠躬尽瘁，死而后已'的决心"等多项要求。国外对于教师的职业道德也提出了较高的要求。美国全国教育协会的《教师职业道德规范》明确要求："教育工作者承担着遵守最高道德准则的责任"，并列举了二十多项教师的职业道德要求。这些较高的职业道德要求，其目的就是促使教师成为社会的"先进分子"，为社会的发展、文明的进步发挥积极的作用。

2．教师职业道德行为的示范性

教师的职业道德行为是教师在职业道德意识支配下的职业行为，是教师职业道德的外显。教师职业是通过教师和学生的交流展开的，教师职业道德行为将会影响到学生道德意识的形成和发展，具有很强的示范性。教育过程中，无论教师是否意识到，教师的一言一行都会在学生的心灵上留下痕迹，都会对学生起着熏陶、感染的作用。苏联著名教育家加里宁说："教师的世界观，他的品行、生活，他对每一现象的态度都这样或那样地影响着全体学生。……可以大胆地说，如果教师很有威信，那么这个教师的影响就会在某些学生身上永远留下痕迹。"[①]

教师道德行为的示范性是对学生进行道德教育的有效工具、手段。正如孔子所说："其身正，不令而行；其身不正，虽令不从。""不能正其身，如正人何？"教师只有坚守高尚的职业道德水平，坚持"言传身教"，才能引导学生积极向上，完善自身的道德品质。被誉为"美国最好的教师"的莱福·艾斯奎斯在教学中坚持自身道德行为的示范性，取得了良好的教学效果。她说："我希望孩子们成为什么样的人，我就首先要做什么样的人。我希望他们成为友善、

---

① 加里宁著，陈昌浩、沈颖译：《论共产主义教育和教学》，人民教育出版社 1957 年版，第 177 页。

勤奋的人，因此，我必须是他们见到过的最友善、最勤奋的人。"① 正因为教师的职业道德行为具有强烈的示范性，严于律己、以身作则、学高为师、身正为范就成为教师职业的传统美德。

3. 教师职业道德意识的自觉性

道德意识是道德行为的思想基础。只有在正确、高尚的道德意识的支配下，人们才能做出高尚的道德行为。教师职业道德意识包括教师的职业认知、职业信念、职业理想和职业意志等对教师职业的观念、想法和态度。相对于其它职业道德意识，教师的职业道德意识具有更强的自觉性。教师职业道德意识的自觉性是教师劳动的特殊性决定的。教师的劳动是教书育人，虽然有具体的教育方针、教学目标、教学计划和教学大纲等对教师的活动进行约束，但在教学过程中，教师具有很强的独立性，完全在教师自己的控制之下，很难通过外部机制进行监督。一个教师可能花 5 个小时、10 个小时备一节课，也可以花 10 分钟、20 分钟备一节课，虽然这会严重影响教学的质量，但很难对教师的行为进行控制和评价。这种教育劳动的独立性、灵活性，要求教师在职业道德意识上必须具有较高的自觉性。

教师职业道德意识的自觉性体现为教师内心的道德责任感。教师在教学过程中的态度和行为取决于教师内心的观念、想法。虽然存在来自学校、学生、同事、家长和社会的监督，但最终对教师的行为起决定作用的是教师内心的监督。只有加强自我修养，提高职业道德意识的自觉性，教师才能将外在的道德规范内化为自身的道德品质，才能时时刻刻牢记教书育人的责任，严于律己、以身作则，自觉地履行教师的职责，为人师表。

4. 教师职业道德影响的广泛性、深远性

各种职业都涉及处理人与人的关系，其职业道德都会对社会产生一定的影响。但由于不同职业具有不同的特点，其职业道德对社会影响的广度和深度具有差别。同其它职业道德相比，教师职业道德对于社会的影响更加广泛、深远。教师职业道德影响的广泛性体现在教师的职业道德行为不仅影响学生，还会通过学生影响学生的家庭乃至整个社会。学生是社会未来的建设者，学生的社会道德水平将会影响整个社会的道德风尚。现代教育是现代人的必经之路，教师的职业道德状况将会影响每一个青少年的成长、影响社会各个阶层，影响整个社会的道德风气的形成。

教师职业道德影响的深远性体现在其直接作用于学生的心灵深处，在塑造学生性格和品质方面起到无可比拟的作用。教育对于人的发展非常重要。俄国著名教育家乌申斯基认为，教师是"任何教科书，任何道德箴言，任何惩罚和奖励制度都不能代替的一种教育力量"[①]。通过教师在教学过程中的言传身教，每时每刻都会影响青少年的人生观、世界观、道德观以及个性的形成。教师的这种影响是深层次的，起着决定性的作用。教师的职业道德不仅影响学生的学习时代，也会影响他们的一生，进而影响整个社会的发展。青少年学生具有很强的可塑性，教师对学生的影响一旦形成，不会随着学生毕业而结束，而是会凝结成学生内在品质的一部分，影响学生未来的生活。

（三）教师职业道德的社会功能

教师职业道德在受到社会物质生活条件和社会意识形态的影响、制约的同时，也会反作用于教育活动和社会生活。教师职业道德的社会功能，就是其作为社会道德范畴的一个子系统对于整个社会生活所具有的功效与作用。教师职业道德的社会功能主要表现在提高教师的职业认知、调节教育过程的各种利益关系、影响学生道德品质的形成和促进社会道德水平的提升这四个方面。

1. 提高教师的职业认知

道德是人把握世界的特殊方式。马克思认为，人把握世界的方式，不限于科学的或理论的方式，而是除此之外还包括艺术的方式、宗教的方式和实践精神的方式等，道德是人把握世界的实践精神方式之一。[②] 教师职业道德从教师个人利益和学生利益、家长利益、社会整体利益关系的角度反映了教育活动的现实状况和历史趋势。借助于道德信念、道德准则、道德理想等形式，教师职业道德将教育实践中的各种现象、关系和行为，区分为善的和恶的、有利的和有害的、应当和不应当的、正义和不正义的，并通过这种对立的方式说明教育实践中对教师的道德要求和评价标准。

通过对教师进行教师职业道德教育，能够引导教师正确认识自己所从事的职业，正确认识自己，正确认识对他人、对社会应当承担的责任，有助于形成师德意识、师德信念、师德情操和师德理想，塑造教师人格，进一步提高教师的师德水平和精神境界。通过对教师职业道德的把握，教师能够全面了解教育活动的现实状况和未来发展趋势，有助于教师正确认识和对待教育实践中面临的各种困难，正确处理各种矛盾冲突，纠正一切违背师德规范的行为，保持高

---

① 契尔那葛卓娃、契尔那葛卓夫著，严缘华、盛宗范译：《教师道德》，华东师范大学出版社1982年版，第20页。
② 罗国杰：《伦理学》，人民出版社1989年版，第74页。

尚的师德情操。因此，通过学习教师职业道德，使教师能够正确把握职业的现实需求和未来发展目标，从而进一步提高职业认知水平，在内心建立正确、高尚的师德价值判断标准。

2. 调节教育过程中的各种利益关系

道德是从现实利益的角度，特别是从个人利益和他人利益以及个人利益、社会利益的角度去调节人们的各种社会活动、社会关系。通过沟通疏导、舆论褒贬、教育感化等方式，培养教师的教师职业道德，培养教师的道义责任感和善恶判断标准，从而调节教育过程中的各种利益关系。任何的教育过程，都包含着各种各样的利益关系，存在着各种各样的矛盾冲突，需要一定的机制加以调节。由于教师职业活动具有独立性、灵活性的特征，教师职业道德成为教育过程最主要、最有效的调节机制。通过建立道德标准，鼓励和支持教师采取正确的教育方法，反对和阻止不良教育行为的发生，从而使教师职业道德在教育过程中有效地协调教师和社会各方面的关系，保证了教育活动的顺利进行。

教育过程中最基本的关系是教师和教育事业的关系。教师对教育事业的认识，对教师职业的情感和态度，直接影响着教育劳动的质量。爱岗敬业、献身教育，是教育过程得以顺利进行的首要条件。教师和学生的关系是教育过程中最重要的关系。教育过程就是教师和学生间互动的过程，师生关系的好坏将直接影响教育活动的开展，影响最终的教育效果。关爱学生、为人师表，是教育过程得以顺利进行的关键。教育过程中还面临其他人际关系，如教师和教师、教师和学校领导、教师和学生家长以及教师和社会等关系，正确处理这些关系对于教育过程的顺利进行也十分重要。教师应当按照教师职业道德的要求，以相互尊重、相互理解、相互信任为准绳正确处理各种关系，在教育过程中得到各方面的帮助和支持，形成教育合力，更好地完成教书育人的任务。

3. 影响学生道德品质的形成

青少年时期是人的道德品质形成和发展的重要阶段。在这个阶段，青少年具有很强的模仿性和可塑性，极易受到周围的人、周围环境的影响。在这一阶段，最受学生关注的对象便是教师。教师的一言一行往往成为学生模仿的对象，对于学生道德品质的形成起到潜移默化的作用。教师的高尚师德素养能够帮助学生辨别善恶美丑、提高道德认知水平，能够引导学生形成正确的世界观、人生观、价值观和高尚的道德观念。教师良好的道德情感形象、生动富有感染性，可以引起学生情感上的共鸣，从而培养健康的道德情感；教师坚毅的道德意志，对学生有很大的激励作用，它能增强学生克服困难的信心、力量，鼓舞学生锻炼坚定的意志和顽强的毅力；教师高尚的道德行为，对学生有着直接的示范作用，它能指导学生选择正确的道德行为，培养学生良好的道德习惯。教育实践证明，教师道德本身就是巨大的教育力量。正如苏联教育家苏霍姆林斯基所说："能够迫使每个学生去检点自己，思考自己的行为和管住自己的那种力量，首先就是教育者的人格，他的思想信念，他的精神生活的丰富性，他的道德面貌的完美性。"[1]

教师的教育活动不但是传授知识的过程，也是培育学生道德品质的过程。从优秀的教师身上，学生能够吸取到诚实、信用、友爱、平等、尊重、负责等优秀的道德经验，这些直接的道德经验比纯粹的道德说教更具感染力，更能够影响学生的道德品质的形成；反之，如果学生对教师的诚信、公正失去信心，就会对学校的诚信、公正失去信心，进而对社会的诚信、公正失去信心，这样其本身就难以形成诚信、公正对待他人的道德品质，这就是所谓"染于苍则苍，染于黄则黄"，"近朱者赤，近墨者黑"。卢梭在其名著《爱弥尔》中勉励教师说："你要记住，在敢于担当培养一个人的任务以前，自己就必须要造就成一个人，自己就必须是一个值得推崇的模范。"[2] 教师个人的道德品质除了对年龄小的学生具有较大影响力以外，对于年龄较大的甚至成年的学生形成自己的道德信念、建立道德评价体系也具有引导和启迪作用。通过自己道德行为的示范性，教师能够为学生树立一个积极的道德榜样。

4. 促进社会道德水平的提升

教师是一个具有广泛社会联系和影响力的职业。教师的职业道德不仅能够调节教育过程的各种利益关系和影响学生的道德品质，还能通过学生和教师的社会活动影响整个社会的道德水平。青少年学生在接受学校教育后形成的道德品质和道德风尚将会影响社会各行各业的道德风尚。受到良好教师职业道德熏陶的青少年学生，在从事各种职业过程中，会将教师职业道德中的积极因素融入本行业的职业道德中，从而提高整个社会的职业道德水平，进而改善社会的道德风气。

教师的个人道德品质除了影响学生以外，还会影响自己的家庭、朋友和周围群众。教师在职业活动中形成的优良道德品质不会仅仅局限于教育过程，而且会带进家庭生活和周围环境。一个热爱学生、尊重同事、关心他人的教师，在家庭生活中必然会努力形成尊老爱幼、和睦友好的家风，而这种良好的家风又会促进相互帮助、和睦友好、助人为乐的邻里风气的形成，进而影响周围的

---

① 教育部人事司：《高等学校教师职业道德修养》，北京师范大学出版社 2000 年版，第 166 页。

② 朱金香等：《教师职业伦理学》，经济科学出版社 1999 年版，第 295 页。

社会风气。随着实践教学的发展,教师越来越多地融入社会实践中。通过在校外的社会实践活动,通过与学生家长和社会各界的广泛联系,通过优秀教师的演讲、事迹报告、调查研究,教师将自身高尚的道德素质展现在社会公众面前,有助于社会环境的改造,纠正不良的社会习俗,形成积极向上的社会风气。随着教师与社会联系的日趋紧密,教师职业道德将会对社会道德水平的提升产生不可估量的推动作用。

第二节　教师职业道德的基本要素

作为具有自身特殊性的教师职业道德具有极其重要的内涵,主要由教师职业理想、教师职业态度、教师职业责任、教师职业技能、教师职业纪律、教师职业良心、教师职业荣誉、教师职业作风这八个基本要素构成。这八个要素反映了教师职业道德的基本内容和本质规律,同时又相互联系,构成了一个严谨的教师职业道德体系结构。

一、教师职业理想

职业理想是人们在职业上根据个人条件和社会要求确立的奋斗目标,即个人渴望从事何种职业以及达到什么样的职业境界。职业理想与社会理想、道德理想、生活理想相互联系,互相作用,受到社会环境和社会现实的制约。职业理想是人们对职业活动和职业成就的构想和规划。它与人的人生观、世界观、价值观密切相关,反映了个人的职业期待和职业目标。职业理想是职业道德的重要组成部分,只有具备崇高的职业理想才能自觉遵守职业道德规范。

职业理想和职业选择密切相关的,一个人选择什么样的职业,以及为什么选择某种职业,通常都是以其职业理想为出发点的。职业理想一旦形成后,每个人都会确立明确的职业目标和职业规划。一般来说,个人的职业要求主要由维持生计、发展个性和承担社会义务三个要素构成。人们在选择职业时都会考虑这三个要素,作为社会主义社会的公民,应当将承担社会义务放在首位。马克思在《青年在选择职业时的考虑》一文中写道:"在选择职业时,我们应该遵守的主要指针是人类的幸福和我们自身的完美。不应认为,这两种利益会彼此敌对、互相冲突,一种利益必定消灭另一种利益;相反,人的本性是这样的,人只有为同时代人的完美、为他们的幸福而工作,自己才能达到完美。如果一个人只为自己劳动,他也许能够成为著名的学者、伟大的哲人、卓越的诗人,然而他永远不能成为完美的、真正伟大的人物。""如果我们选择了最能为人类而工作的职业，那么，重担就不能把我们压倒，因为这是为大家作出的牺牲；那时我们所享受的就不是可怜的、有限的、自私的乐趣，我们的幸福将属于千百万人，我们的事业将悄然无声地存在下去，但是它会永远发挥作用，而面对我们的骨灰，高尚的人们将洒下热泪。"①

　　教师是一个崇高的职业，是值得青年学生奉献一生的事业。师范生在选择教师职业、树立教师职业理想时，首先应将个人志愿和社会的需要相结合、立志献身祖国的教育事业，才能在在教师职业生涯中有所建树。其次，师范生应当正确对待教师的福利待遇和社会地位。当前，随着国家教育事业的发展和教育改革的深入，教师的福利待遇逐步得到改善，社会上尊师重教的风气愈发浓厚，但是总的来说，教师的社会地位和福利待遇有待提高，特别是农村义务教育中广大教师的待遇还有待提高。师范生要正确认识到国家推进教育事业发展的决心，坚信教师社会地位不高、待遇较低的问题一定能够解决，勇于承担为社会主义事业培养人才的重任。最后，师范生在树立教师职业理想过程中最重要的是要正确看待教师的苦与乐。教师工作非常辛苦，备课、讲课、辅导、批改作业、与学生交流、家访以及科学研究等，每一项工作都需要教师付出极大的精力，全心全意地投入。教师的工作既是脑力劳动，又是艰苦的体力劳动。教师"吃的是草，吐出来的是奶"。但是，师范生在充分认识到教师工作艰辛的同时，也会感受到教师职业的快乐和幸福是其他职业无法比拟的。当看到自己的学生成为国家的栋梁之材，当看到学生那充满期待和感激的目光，当感受到那美好、深厚的师生情谊时，每一个教师都会无比快乐和幸福。"桃李不言，下自成蹊"。教师以自己辛勤的劳动、高尚的道德行为教育感召着一批又一批的学生。桃李满天下，是每位教师最感骄傲和欣慰的。

　　忠于人民的教育事业，乐于奉献，辛勤工作，努力成为一名优秀的教师，是师范生应当树立的崇高的教师职业理想。要实现这个理想，师范生应当做到热爱教育事业，热爱学生，勇于同一切危害教育事业的行为进行坚决的斗争，不断提高自身的文化和道德素质，立志献身教育，为祖国的教育事业奉献终生。

二、教师职业态度

　　职业态度，从本质上讲就是劳动态度，是指人们对所从事的职业的看法和所表现出来的行为举止。劳动态度是对他人、对社会履行各种劳动义务的基

---

　　① 《马克思恩格斯全集》第 40 卷，人民出版社 1982 年版，第 7 页。

础。劳动态度不仅揭示了劳动者在生产过程中的客观表现，同时也揭示了他们的主观态度。人们的劳动态度是在受到各种因素的影响下形成的。这些因素可以分为客观因素和主观因素两大类。客观因素主要包括国家整个政治制度、职业的社会地位、社会期望以及劳动环境、劳动条件和劳动内容等，主观因素主要包括劳动者的性别、年龄、教育程度、专业技术水平、爱好、价值观念等。其中，价值观念对于劳动者的职业态度具有重要的影响。一个人从事某种职业是否积极以及完成本职工作的好坏都取决于他的价值观念。

教师的职业态度是指教师对于职业的看法和所表现出来的行为举止，是教师职业道德水平的反映。孔子说："知之者不如好知者，好之者不如乐知者"。只有发自内心的"乐而知之"才能满腔热忱地投入所从事的工作。教师职业是艰苦的职业，做教师不能依靠三分钟的热情，更不能凭一时的冲动和好奇，只有经过审慎思考，做了充分思想准备的人才能坚持到底。在社会主义社会，教师的职业态度的基本要求是教师必须具有主人翁责任感，对所从事的教育职业感到无比自豪和光荣，树立积极主动地劳动态度，肯于吃苦，努力培养社会主义新人。

师范生要如何才能树立积极主动的职业态度呢？首先，应当树立主人翁的责任感。在社会主义社会，人民教师是国家的主人、社会的主人，应当将祖国的教育事业看成自己的事业，把为社会培养人才看成自己神圣的职责，积极主动地对待教学工作。一名具有良好职业道德素养的教师，当他把自己平凡的教学工作和祖国的教育事业紧密联系起来后，就会对教师职业产生一种自豪感和光荣感，对教学工作迸发出持续的工作热情，这种自觉产生的职业热情将会驱使教师将全部的精力奉献给学生、奉献给祖国的教育事业。有了这种高尚的道德情操，教师即使再苦再累，也心甘情愿地奋斗在基层、边疆等各条教育战线上，默默地为这些地区的教育事业努力奋斗。

其次，应当具有从事教育职业的自豪感和光荣感。教师是"人类灵魂的工程师"，是"辛勤的园丁"，是"太阳底下最光辉的职业"……这些古往今来对于教师职业由衷地赞颂之语，激励着人们去从事教师这一职业。教师这种自豪感和光荣感是教师做好教师工作的强大动力。只有这种职业的荣誉感，才能正确看待教师的社会地位和福利待遇，才能不计较个人的名利和得失，再苦再累也心甘。实践证明，如果把金钱、地位等个人名利作为人生的主要追求，就必然对教师职业产生厌恶感。

最后，应当具备甘于付出、肯于吃苦的精神。教师是一种培养人的职业，是一种需要付出辛勤汗水的职业，绝不是某些人想象中的轻松、悠闲的所谓

"三清"（清闲、清贫、清高）工作。师范生要充分认识到教师职业的艰辛，树立"俯首甘为孺子牛"的精神。只有具备甘于付出、肯于吃苦的精神，师范生才能在心理上、生理上、知识技能上做好准备，以轻松愉悦、积极主动的工作态度对待教学过程中的一切困难，成为一名优秀的人民教师。

三、教师职业责任

职业责任是指人们在一定职业活动中必须承担的职责和任务，包括人们应该做的工作和应该承担的义务。职业责任是职业活动的中心，也是构成特定职业的基础。职业责任是由社会分工决定的，往往通过具有法律和行政效力的职业合同或职业章程等方式加以确定和维护。职业责任是决定从业者的职责和任务，判断从业者是否履行职责、是否胜任工作的客观标准。职业责任具有明确的规定性，便于从业者把握和执行；职业责任与从业者的物质利益直接挂钩，是进行职业考核的重要指标；职业责任具有强制性，从业者一旦选择从事某种职业，就必须履行相应的职业责任。

教师的职业责任是指教师在教育活动中必须履行的职责和任务。在社会主义社会，人民教师的根本职责，就是为社会主义事业培养合格的建设者和接班人。为了履行好这一职责，成为一名让人民满意的教师，教师在日常工作不能仅仅满足于做一名传授知识的"经师"，还要成为引导学生思想品德成长的"人师"。高尚的师德是成为"人师"的前提，而高尚师德的核心就是教师的职业责任感。不同于其他的职业责任，教师的职业责任往往具有更高的要求。一般的职业责任是靠外部的强制力，通过奖惩等方法来推动人们认真履行相应的职责，而教师的职业责任则不能仅仅依靠学校、政府和社会等制定的行政和法律措施来保证实施，还要广大教师加强道德修养，将职业责任上升为自己的道德责任。教师应当意识到教师的职责一方面是教学工作的客观要求，是一种责任和任务；另一方面要在自觉认识客观要求和自己的使命、职责、任务的基础上形成内心信念和意志。在日常工作中，教师应当自觉履行自己的职责，不以获得某项权利或利益为前提，当个人利益与集体利益或社会利益相冲突的时候，能够牺牲个人利益以实现集体利益或社会利益，将职业责任变成自觉的道德义务，为培养、造就社会主义事业建设者和接班人无私奉献。

教师的职业责任主要包括岗位责任、社会责任。岗位责任是教师从事教学本职工作的职责和任务。岗位职责首先是对学生负责，对全体学生负责，对学生的全面负责，对学生的终身负责，要让学校成为学生完美人生的起点。对学生负责，既要求教师要传授科学文化知识，又要用崇高的思想道德品质塑造学

生的灵魂。教师应当主动自觉地建立良好的师生关系，热爱学生、关心学生、尊重学生，不断激励学生奋发向上。其次，教师的岗位职责还要求教师对集体负责。教书育人的工作不可能由某一个教师独自完成，而是教师集体共同劳动的结果。教师之间要互相尊重、互相配合、互相帮助。教师个人要服从集体，对教师集体负责，共同完成集体制定的培养方案，实现培养目标。

教师的社会责任首先是对学生家庭的责任。家长把孩子送到学校，是出于对学校和教师的信任，就是把家庭美好的希望寄托在了学校，希望教师能把他们培育成才。教师有责任把学生教育好、保护好、培养好。对于教师来说，放弃一个学生也许只是 1％，但对于一个家庭来说，放弃的这个学生就是他们的100％。教师要尊重家长，自觉与家长保持密切联系，不推卸责任，联合家长、社会，齐心协力，把学生培养好。其次是为社会培养出合格的、高质量的人才。如果教师培养出的学生能够成为社会合格的建设者，就能极大地推动社会的发展和进步；反之，就会成为社会的负担甚至威胁。教师应当努力工作，将我国沉重的人口负担转化为巨大的人力资源，为社会主义现代化事业服务。

四、教师职业技能

职业技能是指从事一定职业的人们应当具备的，在职业活动中用以合理、有效地运用专业知识、专业技术、职业价值观的各种能力，是从业者实现职业理想、追求高尚职业道德的具体行动内容。职业技能包括技术技能、人际沟通技能和解决问题的技能。技术技能是指阅读、写作、计算等个人的一般能力以及与特定职务相关的能力，是从业者能够从事某项职业的前提条件；人际沟通技能是指通过沟通，与他人建立良好人际关系的技能，是从业者能够提高工作绩效、履行职业责任的重要基础；解决问题的技能是指通过分析和逻辑推理等方式发现问题、分析问题、解决问题的能力，是从业者能够实现职业发展的重要因素。从业者提高职业技能，一方面是组织进步、社会发展的需要；另一方面，也是为自己今后更进一步发展、取得更大的职业成就做准备。

教师的职业技能是教师应当具备的教书育人的技术和能力，是教师履行职业责任的基础。努力提高职业技能不仅是教师职业本身对教师的要求，也是教师职业道德对教师提出的要求。如果一个教师空有做好本职工作的愿望，而缺乏过硬的职业技能，只会误人子弟，不可能展现出高尚的职业道德。教师崇高的师德修养，不仅表现在自觉履行教师职责上，还应当表现为高超的教师职业道德。一个师德高尚的教师，必然要刻苦钻研科学文化知识，努力掌握教书育人的技能，为履行教师的职责而不断努力。一个师德水平低下的教师，不可能认真钻研业务、学习新的知识，也不可能做好本职工作。教师职业技能的高低直接关系到教书育人的效果，关系到人才培养的质量，集中反映了教师的职业道德水平。

教师要提高自身的职业技能应当做到以下几点：首先，教师应善于学习，刻苦钻研业务，不断更新科学文化知识。教师掌握的专业知识是教师开展业务的基础。随着科学技术的发展，新的知识不断涌现，教师只有刻苦钻研、不断学习，才能避免自身知识的陈旧、老化，才能不断提高业务水平。其次，教师应学习和掌握教育规律。教师要搞好教育工作必须要懂得教育，除了要掌握本学科的知识和教学技能外，还要学习和掌握教育学、心理学、德育学等方面的知识。只有具备渊博的知识，掌握各种先进的教育方法、手段和工具，了解被教育对象的发展规律，才能搞好教育工作。再次，教师应具备一定的组织和管理知识。教师要正常地开展教学工作，无论是组织课堂教学，还是带领学生进行社会实践以及开展思想政治教育活动，没有一定的组织管理才能是不行的。教师学习掌握了一定的管理知识，即善于同学生沟通、善于组织协调团队关系。最后，教师应当勇于实践，不断创新。教学过程中，只有理论联系实践，才能帮助学生更好地掌握知识和技能。教师要勇于实践，在实践中探索新的知识，掌握新的技能。实践出真知，教师在实践中要自觉地、有意识地探索和总结，不断创新，提高职业技能。创新精神是培养现代人才的主要目标，只有具备实践和创新精神的教师才能培养出社会急需的创新人才。

五、教师职业纪律

职业纪律是职业劳动者在职业活动中必须遵守的行为规则和程序，它是保证劳动者执行职务、履行职责、完成自己承担的工作任务的重要措施。职业纪律的调整范围是整个劳动过程以及与劳动过程有关的一切方面，包括作息时间、劳动态度、执行生产、技术、安全、卫生等规程的要求，以及服从管理、考勤等方面的全部内容。执行职业纪律可以维护正常的职业活动，保证劳动生产过程能够顺利有序地进行；可以促使劳动者安全规范地行使自己的劳动权利，提高劳动效率，进而提高组织的工作绩效；可以提升组织的科学管理水平，促进组织内部管理的制度化；可以有利于组织文化的形成，提高其精神文明建设水平。职业纪律通常表现为一定的规章制度，如服务行业的"服务公约、服务守则"，学校的"教师行为规则"等。职业纪律具有明确的规定性和强制性的特征，一旦形成，从业者就必须严格执行；如果违反纪律，就要受到相应的处罚。

职业纪律和职业道德是辩证统一的关系，二者既相互联系、又相互区别，相辅相成。一个具有较高职业道德素养的从业者，必然是一个严格遵守职业纪律的人。遵守职业纪律和职业道德是职业活动的共同要求，二者是相互联系、相互促进的。同时，职业纪律和职业道德又具有差异性，职业纪律属于法律关系范畴，职业道德属于思想意识范畴。职业纪律的直接目的是保证劳动者完成劳动义务，职业道德的直接目的是更好地履行职业责任，达成组织的职业目标。职业纪律以外部的惩罚和激励相结合作为实现手段，职业道德的实现主要依靠社会舆论，凭借人们内心的信念来实现。社会主义职业纪律是在广大劳动者利益一致的基础上形成的新型职业纪律，是法规性和劳动者自觉性的统一。维护社会主义职业纪律除了外部奖惩措施外，主要依靠广大劳动者的自觉性。这种高度的自觉性特征，使得社会主义职业纪律成为职业道德的重要内容。

教师的职业纪律是指教师在从事教育劳动过程中应当遵守的规章、守则、条例等行为规则，是维持教育活动正常进行的保证。教师要为人师表，必须自觉地、模范地遵守职业纪律，才能成为学生的学习榜样。教师的职业道德要求教师在遵守职业纪律方面应当做到以下几点：首先，教师应当树立和强化表率意识。教师应当时时刻刻想到自己是一名教师，自己的一言一行都是学生模仿的对象。在发表言论或采取行动前，教师都要考虑这些言行是否符合自己的教师身份，是否符合教师职业纪律的要求，是否会对学生产生不良的影响。长此以往，教师就会将职业纪律变成内心信念并指导自己的行为，提高职业道德素质。其次，教师要认真学习职业纪律的有关规定。教师的职业纪律内容较多，涉及课堂教学、校园活动、实习实践、考核等各个方面。教师应当认真学习和掌握相关的规章、守则和条例等。正确理解和把握各种纪律的含义，是模范遵守职业纪律的前提。再次，教师在教育劳动中要从一点一滴做起，严格遵守职业纪律。教师遵守职业纪律的过程本身就是教书育人的过程，是培养学生养成遵纪守法意识的过程。有的教师认为上课迟到几分钟或提前几分钟下课都是"小事一桩"。这种看法是十分错误的，会让学生产生轻视纪律规定的思想。教师必须带头严格遵守每一条纪律，从一点一滴做起，勿以恶小而为之。最后，教师在实践中要虚心接受批评，勇于自我批评。教师出现违纪行为时，应当勇于承认错误，虚心接受学校领导和同事的批评，并坚决改正错误。接受批评和开展自我批评是教师自我教育的重要手段，是提高师德修养的重要方法。总之，教师要坚守教师的职业道德，就必须持之以恒地、自觉地、模范地遵守教师职业纪律。

六、教师职业良心

职业良心是劳动者对职业责任的自觉意识。职业良心在职业活动中起着重要的作用，它往往左右人们职业道德的各个方面，贯穿于职业活动的各个阶段，成为劳动者思想和情操的重要精神支柱。在劳动者作出某种行为之前，职业良心具有动机定向的作用。一个劳动者具有职业良心，就能根据履行职业义务的道德要求，对行为的动机进行自我检查，凡符合职业道德要求的动机就予以肯定，凡不符合职业道德要求的动机就进行抑制或否定，从而作出正确的行为。在职业行为过程中，职业良心能够起到监督作用。对符合职业道德要求的观念、情感和意志，职业良心就给予激励并促使其坚持下去；对于不符合职业道德要求的情绪、欲望或冲动，职业良心则予以抑制，促使劳动者自行改变其行为方向、方式，以符合职业道德的要求，避免产生不良后果。在职业活动结束以后，职业良心能够对自己行为的结果和影响作出评价。对履行了职业义务的良好结果和影响，内心会得到满足和欣慰；对没有履行职业义务的不良结果和影响，内心会谴责、反省，表现出内疚、惭愧和悔恨，以至毅然改正自己的错误。

教师职业良心是指教师在履行职业责任过程中形成的特殊的道德责任感和道德自我评价能力，是践行教师职业道德行为的内在动力。教师劳动的特殊性决定了教师职业良心在师德中的重要地位。教师的劳动虽然可以通过上课学时、完成科研的数量等指标加以客观衡量，但每堂课备课的深度和广度、批改作业的认真程度以及对学生的关心程度等都是教师的"良心活"。教师工作中的许多超额的工作是不可能明文规定的，也不可能纳入学校的考核体系，只能靠教师在职业良心的支配下自觉自愿去做。教师职业良心是教师无怨无悔、辛勤工作的精神支柱。许多教师终其一生奋斗在条件艰苦地区，在职业良心的支撑下，心甘情愿地为祖国的教育事业呕心沥血、鞠躬尽瘁，为教育事业的发展默默奉献。实践证明，教师的职业良心能够促使教师超越物质利益的限制，忠诚并献身于祖国的教育事业。这种发自内心的道德责任感，正是教师为教育事业建功立业的内在动力和重要精神支柱。

教师的职业良心贯穿于教育劳动的每个阶段，支配着教师职业道德的各个方面。培养和增强教师的职业良心，首先要树立对教师工作高度负责的精神。教师职业良心形成的前提便是对教师工作的高度负责。如果一个教师对于学生高度负责，就会认真备课、讲课、答疑、批改作业，主动去关心帮助学生，这样良心上就会得到安慰；反之，就会受到良心的谴责。如果对工作没有责任

心，就不可能建立起这种道德责任感，也就不具有职业良心。其次，应当不断培养高尚的师德品质，这是增强教师职业良心的基础。具有高尚师德品质的教师，在工作中出现了疏忽或犯了错误，就会觉得良心不安，千方百计地想法进行补救；而师德品质较差的教师就会敷衍了事，不会感到良心的谴责，甚至在面对领导和同事的批评、舆论的压力时，还会千方百计地为自己辩护，拒绝承认错误。可见，只有不断提高师德品质，才能增强教师的职业良心。最后，培养教师职业良心的关键是要有正确的荣辱观。教师应坚决抵制社会上的不良思潮，坚持社会主义荣辱观，知廉耻、自尊、自爱。如果一个教师连起码的知耻心、自尊心和自爱心都不具备，也就谈不上具备职业良心，故建立正确的荣辱观是培养教师职业良心的关键。

七、教师职业荣誉

职业荣誉是衡量职业责任和职业良心的价值尺度，包括对职业行为的社会价值所做出的公认的客观评价和正确的主观认识。职业荣誉包括两个方面：客观方面，职业荣誉是社会对于一个人履行职业责任的贡献和职业道德水平的赞赏、评价，是职业行为价值的体现；主观方面，职业荣誉是职业良心中知耻心、自尊心、自爱心的体现。职业荣誉感能够促使一个人自觉地按照职业道德要求的尺度去履行义务，宁愿自我牺牲去保持尊严、信誉和人格完美，也不愿违背职业良心，去做可耻、损害人格的事情。职业荣誉感体现的是全心全意为人民服务的职业理想和主人翁的职业态度。社会主义职业道德之所以强调职业荣誉，最主要的目的是将社会对职业道德的客观评价，转化为劳动者的自我评价，激励劳动者更好地履行职业道德的要求。职业荣誉是职业道德的重要组成部分，如同社会道德与社会荣誉的关系一样，作为职业道德组成部分的职业荣誉，对职业道德产生着显而易见的影响——它维护和激励着职业道德，并且通过职业道德对该职业产生作用。没有职业道德就没有职业荣誉，而没有职业荣誉的职业道德也是难以想象的。

教师职业荣誉是教师在履行职业义务后，社会给予的赞扬和肯定，以及教师个人所产生的尊严和自豪感。实践中，教师将受到学生尊敬和爱戴、学生进步、工作得到肯定和表彰、获得各种荣誉等作为最光荣的事情；而把学生的不尊敬、人格受到侮辱、遭受谩骂或殴打、得不到社会的肯定和尊重以及出现品德败坏的事件等视为最可耻的事情。教师的职业荣誉推动着教师更好地履行教师的职业义务。如果教师认真履行职业义务并作出贡献，必然会得到社会的肯定和褒奖，而社会的肯定和褒奖反过来又会强化这种行为，促使教师更加认真地履行职业义务，做出更大的贡献。同时，教师的职业荣誉能够教育和鼓励社会各界人士尊师重教，为教育事业的发展创造出良好的社会环境。改革开放以来，通过提高教师的社会地位和福利待遇，对一些师德高尚、贡献突出的教师进行表彰和奖励，尊师重教蔚然成风，取得了积极的社会效果，促使广大教师将社会客观评价转化为个人内心的体验，形成正确的职业荣誉感，自觉地践行师德行为。

教师要取得职业荣誉必须认真履行职业道德义务，用自己的实际行动和做出的贡献获得社会的肯定、赞赏。教师职业荣誉是社会对于教师职业行为的公允评价，是衡量教育效果的价值尺度。不履行义务，对社会没有贡献，就不可能获得职业荣誉。每一个教师将获得荣誉和履行义务紧密结合起来，努力奋斗，为社会做出贡献，自然会取得职业荣誉。决不能为了荣誉弄虚作假、沽名钓誉，也不能通过诋毁他人来抬高自己，更不能为了谋取个人荣誉而损害集体荣誉。教师要获得职业荣誉必须具备良好的职业素质。渊博的知识、过硬的专业水平是获得职业荣誉的前提条件。教师只有努力学习科学文化知识，掌握教书育人的本领，加强师德修养，才能为社会做出贡献，从而取得职业荣誉。与此同时，教师无论是获得个人荣誉还是获得集体荣誉，都要注重发扬集体协作的精神，这是获得职业荣誉的可靠保证。教师间的团结协作是现代教育的基本要求，也是教书育人的重要内容。只有通过集体协作才能实现人才培养的目标，才能培养学生的团队协作精神。

八、教师职业作风

职业作风是劳动者在职业实践和职业活动中表现出的一贯态度。职业作风是职业道德在劳动者的职业实践中的习惯性表现。职业作风是人们在长期的实践中自觉培养起来的，职业作风的好坏取决于人们的思想和目标。确立了崇高的职业理想和目标，在实践中就会形成优良作风；反之，缺乏职业道德素养，思想上落后，就必然产生腐败作风。优良的职业作风具有积极的潜移默化的教育作用，能把新的成员迅速培养成为合格的职业劳动者，使老的成员永远保持优良的职业品质。一个组织具有了良好的职业作风，就可以互为榜样，互相监督，相互教育，相互影响，形成良好的内部舆论环境，不知不觉中使得好的思想、好的品质和好的行为得到肯定、发扬，使坏的思想、坏的品质和坏的行为得到否定、遏制。

教师职业作风是教师在教育活动中表现出来的一贯态度和行为。优良的教师职业作风应当包括以下几点。

（一）实事求是、坚持真理

教师在教育过程中应当尊重事实，一切从实际出发，注重调查研究，使教育工作建立在客观事实的基础上，有的放矢。要做到这一点，教师应深入学生，全面了解学生对知识的理解、掌握情况，以及学习生活情况和思想状况，有针对性地开展教育和教学工作。教师在工作过程中要坚持真理，讲真话，办实事，做到言行一致、表里如一，切实关心学生疾苦，帮助学生解决实际问题。

（二）工作积极，认真负责

教师在工作过程中要积极主动地接受各种挑战，面对困难迎难而上，勇担重担，埋头苦干，兢兢业业，在业务上精益求精，思想上不断进步，为祖国的教育事业多做贡献；对学生的成长、成才要认真负责，不仅向学生传授科学文化知识，还要关心和引导学生的思想，做到既教书又育人。

（三）忠诚坦白，平等待人

教师对人要诚恳，交流中要坦诚。无论是对待学生、家长、同事还是领导，教师都要保持忠诚坦白的作风，不隐瞒自己的观点，敢于讲真话。教师在与人交往中要一视同仁，不居高临下，以平等的态度对待每一个交往对象。教师对待每一个学生都要平等，不能因为学生的家庭背景、学习能力、性格习性的不同而区别对待。无论是学习好的学生还是学习差的学生都应采取相同的态度，甚至对于表现差的学生还要更加关注、关心和帮助。坚决杜绝那种不坚持原则，因人而异，搞亲亲疏疏、拉拉扯扯、吹吹拍拍的市侩作风。

（四）发扬民主，团结互助

教师在工作中要有民主意识和民主作风。民主思想是近代最重要的思想，也是个人重要的道德品质。教师在教育过程中一定要尊重学生、理解学生、信任学生，发扬民主，虚心听取学生的意见和建议，使学生能够增强自信。教师在维护教学秩序的过程中不能只是树立自己的权威，要求学生一味地服从，不敢表达自己的观念，使学生心理上感到压抑，而是应当通过自己丰富的专业知识、精湛的教学艺术、高尚的道德情操、民主的管理作风来引导学生遵守秩序，达到良好的教育效果。教师在工作中一方面要与其他教师团结互助，另一方面也要与学生团结互助，建立起真诚团结、心心相印、相互关心、相互帮助的同事关系和师生关系。

第三节　教师职业道德的原则

教师职业道德规范体系是由教师职业道德基本要素、教师职业道德原则和教师职业道德规范等构成的，其中教师职业道德原则居于主导地位，统帅和支配教师职业道德规范，具有广泛的指导性和约束力。教师在教育实践中，必须遵守一定的道德原则，以此来指导和规范自己的行为，调整教育过程中的各种关系，以维系教育过程的正常进行。教师职业道德原则包括教书育人、社会主义集体主义和以人为本这三项原则，它们是对教师的根本要求，是调节、指导和评价教师行为的基本道德标准。为此，研究和确立教师职业道德原则，对于加强师德修养具有重要的指导意义。

一、教师职业道德原则及其特征

道德原则是一定社会或阶级在道德方面对人们的行为和品质提出的根本要求，是处理个人利益和集体利益的基本原则，是调整人们相互关系的各种规范的基本指导思想。道德原则集中反映了社会的本质和阶级属性，在道德规范体系中居于主导地位，是贯穿整个道德体系的总纲和精髓。

（一）教师职业道德原则的涵义

教师职业道德原则是教师在教育过程中应遵循的根本行为准则，是教师职业道德行为的基本指导思想，它贯穿教育过程的各个阶段，是教师职业道德体系的重要内容，是衡量教师行为和思想品质的价值标准，集中体现了一定阶级或社会对教师职业活动提出的最根本的道德要求。教师职业道德原则是教师职业道德体系的核心，教师职业道德规范是它的展开、补充和具体化。

理解教师职业道德原则的涵义应当把握以下两点。

1. 教师职业道德是调整利益关系的根本准则，是区别于其它道德的根本标准

教师职业道德原则是调整教师个人与他人、集体、社会利益关系的根本准则，是区别于其他类型职业道德、社会道德的根本标准。

职业道德是协调本行业内人与人、本行业与其他行业、与行业服务对象，以及本行业与社会和国家利益关系的行为标准。每个职业都具有特定的利益关系，具有不同的职业要求和行为准则，具有特定的职业道德标准。教师职业道德原则就是指导教师与学生、教师与教师、教师与学校、教师与家长、教师与

社会以及教师与国家之间利益关系的根本指导原则，它集中反映了教师应当承担的社会责任、应履行的社会义务，是区别于其他类型职业道德、社会道德的根本标志。教师职业道德原则是对教师指导性、原则性的要求，具有一定的灵活性，其通过一系列具体的、可操作的职业道德规范来调节和指导教师的职业行为。

2. 教师职业道德原则是指导和评价教师职业行为的最高道德标准

首先，不同于纪律、规章、条例等依靠外部行政或法律强制力对教师职业行为的指导和评价，教师职业道德原则对教师个人职业行为的指导和评价是依靠社会舆论、行业惯例、个人内心信念实施的。相对于法律等外部评价手段，教师职业道德原则的指导和评价是教师的自我反省、自我约束，依靠的是个人内心的精神力量，是一种更高层次的道德指导和评价标准。

教师职业道德原则贯穿于教师整个职业活动的始终，指明了教师职业行为的总方向，体现了教师职业道德的本质属性。教师职业道德是评价教师个人行为和思想品质的标准，而教师职业道德原则在教师职业道德体系中居于核心和统帅地位，其地位决定了教师职业道德原则是评价教师个人职业行为的最高层次的道德标准。

（二）教师职业道德原则的基本特征

教师职业道德原则作为调节教师工作的根本准则，并非人们主观臆想或逻辑推理出来的，而是一定历史时期的产物，反映了当时社会和阶级对教师、教育提出的道德要求和行为标准。从与一般社会道德、其他职业道德以及具体的道德规范相比较的角度看，教师职业道德原则具有行业性、阶级性、时代性和主导性的特征。

1. 行业性

行业性特征是指教师职业道德原则反映了教师劳动的特点。教师职业道德是从教师劳动实践中引申出来的。教师劳动的目标是培养社会新人，劳动的对象是人，劳动的工具是人（主要是教师的素质），劳动的产品是人。教师劳动的这些特征决定了教师道德上的特殊要求，也指明了教师职业道德原则的方向必须反映教师劳动的特殊本质，使之成为与其他类型社会道德和职业道德相区别的根本标志。教师职业道德原则反映了教师行业职业道德的核心要求，是教育过程中对教师多方面、多层次道德要求的概括，符合教育过程的客观规律，具有明显的行业性特征。

2. 阶级性

阶级性是指教师职业道德原则反映了社会经济关系和阶级利益的根本要

求。道德是一种上层建筑、意识形态，是由社会经济关系决定的，体现了社会的阶级本质。在阶级社会中，人们的职业活动必然受到阶级关系、阶级利益和阶级意识的影响、制约，相应的职业道德必然具有一定的阶级性。恩格斯说："人们自觉地，归根到底总是从他们的阶级地位所依据的实际关系中——从他们进行生产和交换的经济关系中，吸取自己的道德观念。"① 所以，只有反映当时经济关系和某一阶级根本利益的道德要求、准则才能构成一定社会和阶级的道德原则。教师职业道德原则是教师职业道德的核心内容，直接反映了教师职业的本质特征，具有鲜明的阶级性，体现了一定社会道德的阶级本质。

3. 时代性

时代性是指教师职业道德反映了本国、本地区当时特定的政治、经济形式以及民族、文化地域传统。一定社会的职业道德是历史的范畴，其形成和发展有深刻的历史根源，随着社会历史条件和经济关系的发展而变化。在不同的历史时期，职业道德的内容是不同的。教师职业道德原则描述的是教师职业活动领域的道德现象，反映了一定时期经济关系的要求，同时又受到当时的政治思想、法律观念、社会意识的制约和影响。实践证明，社会发生急剧变更的时代，必然对教师提出新的职业道德要求。当前，我国正处于建设社会主义市场经济的转型时期，整个国家的政治、经济、文化都发生着广泛而深刻的变化，这种变化必然会对教师的职业道德产生深远的影响。教师的职业道德原则正是反映了教师职业在道德方面存在的问题，揭示了社会主义精神文明的实质，体现了时代的要求。如果教师职业道德原则不具有这种时代性，就不能在教育过程中充分发挥作用，不能对教师的思想和行为产生深刻的影响。

4. 主导性

教师职业道德原则的主导性是指其在教师职业道德规范体系中居于指导、支配的地位，对教师的职业行为具有根本的指导和约束作用。从道德规范体系的结构上来看，道德原则是一定社会和阶级对人们提出的根本的道德要求，而道德规范是一定社会和阶级对人们提出的主要道德要求和行为标准。道德原则揭示的是人们之间最重要、最基本的道德关系，具有普遍的指导性和约束力。教师职业道德原则正是体现了教育活动中人与人之间最重要、最基本的道德关系，对教师的思想、言论、行为具有最普遍、最根本的指导性和约束力。教师职业道德原则不仅是职业行为的规范，更是蕴含在教师内心深处的道德信念，激励教师不断追求更高的道德境界。教师职业道德原则贯穿于教师职业活动的

---

① 《马克思恩格斯选集》第3卷，人民出版社1972年版，第133页。

始终，影响着教育过程的各个阶段，对整个教育教学发挥着主导作用。

二、教书育人是教师职业道德的根本原则

教育活动的目的是培养社会发展的建设者、接班人。这一目的决定了教师职业活动的内容是培养人，既要向学生传授科学文化知识，也要对学生进行思想品德教育、引导。教书育人是教师的职业活动的根本任务，是教师职业道德的出发点和根本原则。

（一）确立教书育人原则的依据

社会主义教育必须为社会主义现代化服务，必须同生产实践相结合，必须按照全面发展的要求来培养人才。社会主义教育的这一性质、方针和任务，决定了教书育人是教师职业道德的根本原则。确立教书育人原则的依据是其反映了教师行业的本质特征、符合社会主义教育的根本要求。

1. 反映了教师行业的本质特征

教书育人反映了教师这一行业的本质特征，指出了教师这一行业与其他行业不同的根本所在；同时，教书育人是教师的天职，是对教师基本职责的高度概括，教书育人是教师职业活动的基本职责和任务。教书育人是古今中外许多思想家、教育家一直强调的。《礼记》曰："师也者，教之以事而喻诸德者也"，要求教师不仅要教学生"谋事之才"，还要教学生"立世之德"。唐代韩愈在《师说》中，以"传道、授业、解惑"概括了教师应有的教书育人的职责。著名教育家徐特立认为，"经师"和"人师"的统一是搞好教书育人的根本。他认为，教师分为两种，一种是"经师"，一种是"人师"。"经师"是教学问的，"学生的品质、学生的作风、学生的生活、学生的习惯，他是不管的"；"人师就是教行为，就是怎样做人的问题"。他主张："我们的教学是要采取人师和经师二者合一的，每个教科学知识的人，他就是一个模范人物，同时也是一个有学问的人。"[①]陶行知先生在论述教师和学生的职责时说："有书读的要做事，有事做的要读书。先生不应该专教书，他的责任是教人做人。学生不应该专读书，他的责任是学习人生之道。"[②]

作为一个教师，如果只注意传授知识，不注意培养学生如何做人，就没有尽到教师的职责。古往今来，教书育人一直是衡量和判断教师工作优劣的根本标准，自然成为指导教师一切教育活动的根本原则。只要从事教师职业，就要

---

① 中央教育科学研究所：《徐特立文集》，人民教育出版社1979年版，第205页。
② 《陶行知全集》第8卷，四川教育出版社2005年版，第146页。

履行教书育人的职责；不认真履行这一职责，或不履行这一职责，就不是一个合格、称职的教师。教书育人作为教师职业道德的根本原则，是由教师职业的本质特征和职责所决定的，是教师职业道德的出发点和根本要求。

2. 符合社会主义教育的根本要求

职业道德原则必须要反映当时的社会经济关系和阶级利益的根本要求，只有反映生产资料所有制的性质，服务于某一阶级根本利益的道德要求才能成为某一社会和阶级的道德原则。教师职业道德原则的形成受到社会、政治、经济、文化等各方面的影响，必须要反映一定时期的经济基础和统治阶级的利益要求。社会主义社会条件下，教师职业道德原则就要反映社会主义的经济基础和广大人民群众的根本利益要求。

社会主义社会实行的是生产资料的社会主义公有制，无产阶级和广大人民群众成为国家、社会的主人。在社会主义制度下，社会主义教育制度和私有制社会的教育制度具有本质的区别，它要求教育过程不但要向学生传授科学知识，还要注重人的全面发展，特别是要培养学生的社会主义道德品质，为社会主义现代化建设培养合格的建设者和接班人。社会主义道德不同于强调个人主义和功利主义的资产阶级的道德，强调的是社会主义集体主义，是更高层次的道德。教师要付出更多的时间、精力去教育和引导学生排除腐朽道德风气的侵扰，提高个人的道德修养。献身教育、教书育人是社会主义教育对教师提出的根本要求，也是教师职业道德的根本原则，反映了无产阶级和广大人民群众的根本利益。

（二）教书育人原则的基本要求

教书育人原则的基本内容是教师应按照教育目的和教学特点，以及学生成长的规律，在教学的各个环节，结合知识的传授和技能的训练，有目的、有计划、有组织地开展德育工作，言传身教，为人师表，引导和促进学生在德、智、体、美、劳等方面得到全面发展。教师在教学过程中遵循教书育人原则，应当注意以下几点。

1. 正确理解育人的含义

教师应正确理解育人的含义，树立全面的育人意识。教书的目的是为了育人，那么育怎样的人就至关重要。对这一问题认识不同，培养出来的人会有很大差别。一般人理解教书育人，是指教师不仅要向学生传授科学文化知识，而且要培养学生良好的思想品德。这种说法虽然揭示了教书育人的主要内容，但却不全面。在教书过程中培养人的思想品德虽然重要，但不是教书的唯一。教育活动所培养的人，应是一个能在各方面适应社会、推动社会发展进步的完整

的人，即在德、智、体、美、劳等方面全面发展的人。把育人单纯理解为对人的思想品德的培养是不全面的。一个人的良好思想品德固然十分重要，但是在未来的工作、生活中，如果缺乏学习认知能力，缺乏沟通协调的技能，缺乏解决问题的技巧，就不具备很好生存和发展的能力。因此，教书所育之人，不是仅指具有某一方面素质之人，应是全面发展的人。只有坚持这样的育人理念，才能培养出适应社会发展、促进社会进步的人。教师要实现教书育人首先应具有这样的育人意识。

2. 正确处理教书与育人之间的关系

教书是学校教育中教师培养人才的主要工作方式，但教师教书的根本目的不是为了教书，这就如同农民种地的目的不是为了种地本身，而是为了收获粮食。教师教书，目的是培养人才，教书只是培养人才的重要手段。教师虽被称为教书的人，但其工作实质并不仅在于教书，而主要是以教书这一工作形式达到为社会培养人才的目的。书作为科学知识、人类文化、生活经验、价值观念的载体，除了具有丰富的科学知识和社会知识外，还蕴涵着科学精神、人文精神、道德观念、历史传统等精神财富。通过学习书本知识，会使学生从中受到多方面的教育，获得一些为人的道理。教书虽有育人的作用，但并不全面，部分教材只注重知识记诵，或只注重逻辑推理，或只注重文字表述，缺乏为人做事的道理，不能指导和引领学生道德品性的形成和发展，难以培养出有益于社会的人才。在某些情况下，会出现教书不育人的问题，如同农民对种地目的的认识一样，如果他种地不追求丰收，认为种地本身就是目的，那他就不会关心收获，不会加强田地管理，最后可能一无所获，故教书不等于育人。教书育人或不育人，关键在于教师对教书目的的认识。教师在教书育人关系上，要始终明确育人是目的，教书是工作形式，是育人的主要手段，两者是密切联系、相互促进的。教师要教书育人就应正确处理教书和育人之间的关系。

3. 乐勤敬业，献身于人民教育事业

乐勤敬业，献身于人民教育事业，是祖国和人民对教师提出的根本要求，是每个教师的人生价值目标，也是实现人生价值的途径。教师要教书育人，首先要不断深化对社会主义教育价值的认识，提高职业道德修养，增强自身的教育责任感。有了强烈的责任感，就能够乐于从事教育事业。其次，教师要不断深化对教师历史使命的认识，从社会历史、现实和未来的发展中，领会教师的崇高使命，增强教师工作的荣誉感。再次，教师要善于从辛勤的教书育人工作中，去体验教书育人的快乐，强化乐于从教的情感体验。教书育人虽十分艰苦，但当教师看到教出的学生一批批地成才，为社会作出贡献时，会感到无比的自豪和快乐。最后，教师要不断增强热爱学生的社会责任感，认识到学生是祖国的未来、社会存在和发展的基础。教师要勤于钻研，掌握教育规律，勇于创新，具有强烈的事业心，忠于职守，认真对待日常教书育人工作。教师通过不断学习和实践，强化自身修养，完善自我，提升自己的思想道德境界，就会更加乐于从教，达到乐勤敬业、以教为乐的境界。

4. 以身作则，成为学生的榜样示范

以身作则，成为学生的榜样示范是教师职业道德的主要特征，是教师应当遵守的基本的师德原则。教书育人原则要求教育者先受教育。西汉学者扬雄在《法言·学行》中说："师哉！师哉！童子之命也。务学不如务求师。师者，人之模范也。"教师教书育人，必须先具有高尚的人格。要具备高尚的人格，教师就要不断冶炼自己的人格，使之达到"慎独"的境界。《礼记·中庸》中说，"君子慎其独也"，意思是品德高尚的人，即使当他独自一人时也总是小心谨慎地不做任何不道德的事。这是人格修养的理想境界，也是教师职业人格的最高理想境界。在实践中努力锻炼和形成良好的师德素养是教师育人的前提。在个人修养方面，教师应当思想开朗，不以个人好恶影响学生的观念；学识渊博，足以使学生心悦诚服；言出必行，言行一致，处事公平而无偏私；良好的仪态，吸引学生不知不觉中接受教师的人格示范。在对待学生方面，教师应严格而不苛求，温和而不随便；有民主性，不滥用教师权威；随时留心学生反应，培养学生自我修正的能力。教师应经常帮助学生解决实际困难，这会对学生人格的发展起到良好示范作用。

三、社会主义集体主义是教师职业道德的基本原则

道德原则的核心是个人和集体关系的问题，教师职业道德原则需要解决个人和集体利益关系的问题。社会主义集体主义是现阶段处理我国人民内部矛盾，处理个人和他人、个人和集体、个人和社会之间关系的基本原则。社会主义教育的目的是培养社会主义建设者和接班人，社会主义集体主义精神理所当然地成为教师处理各种利益关系的基本原则。

（一）确立社会主义集体主义原则的依据

教师在教育活动中的核心任务是处理各种利益关系，将社会主义集体主义原则这一社会主义道德的基本原则确立为教师职业道德的基本原则正是为了更好地指导和评价教师在处理各种利益关系中的行为，符合社会主义道德规范的核心要求。

1. 反映了社会主义公有制经济关系的根本要求

教师职业道德原则反映了当时社会经济关系和阶级利益的根本要求，具有鲜明的阶级性。在社会主义条件下，教师的职业道德原则应反映社会主义公有制经济的根本要求，反映广大人民群众的根本利益。社会主义集体主义符合无产阶级的根本利益，其产生于无产阶级与资产阶级针锋相对的阶级斗争中。由于无产者个人无法与掌握生产资料的资本家相抗衡，只能联合起来组成强大的集体才能取得无产阶级革命的胜利。社会主义集体主义是社会主义社会实行生产资料公有制的重要目的，是为使人们摆脱物质资料的束缚，实现个人的解放、个性的全面发展。而离开了集体，这一目的是无法实现的。社会主义教育事业建立在生产资料公有制基础上的这一特性决定了集体主义既是教师的行为准则，也是教育的主要目的，即培养具有社会主义集体主义精神的社会新人。

2. 正确解决个人利益和集体利益关系的基本准则

如何处理个人利益和集体利益、个人利益和社会利益关系的问题，是任何职业道德原则都必须解决的问题。由于在社会主义社会，个人利益、集体利益和社会利益是根本一致的，集体利益是个人利益的集中体现，是个人的集体利益；同时，个人利益不是脱离集体的纯粹的个人利益，而是依靠集体实现的个人利益，二者是辩证统一的关系。社会主义集体主义原则就是要使个人利益和集体利益、社会利益能够实现辩证的、有机的统一，强调在实现集体利益的同时维护个人的合法利益；在处理各种利益关系时，尽量体现最大多数成员的意愿，最大限度地代表多数人的利益。教师在教育过程中处理个人和他人、个人和集体以及个人和社会利益关系时，应当遵循社会主义集体主义的原则，在维护集体利益、社会利益的前提下实现个人利益。

3. 符合社会主义道德规范核心的要求

社会主义集体主义原则贯穿于社会主义道德的一切规范之中，成为社会主义道德规范体系的核心。只有具有集体主义精神，才会热爱社会主义，自觉抵制资本主义个人主义思潮的侵蚀；只有具备集体主义精神，才能培养出无产阶级的阶级良心，懂得荣誉来自集体，为人民服务是最大的幸福；只有具备集体主义精神才能站在时代潮流的前列，为探索真理和坚持真理而努力拼搏，为振兴中华而努力奋斗。教师职业道德原则作为教师职业道德的重要组成部分，必然受到当时社会主流道德思想的影响和制约。在社会主义条件下，教师职业道德原则受到社会主义道德规范的影响，符合社会主义道德规范核心的要求。社会主义集体主义原则，既是社会主义道德规范的核心，又是教师职业道德的基本原则，对教师职业道德具有指导和支配作用。

（二）社会主义集体主义原则的基本要求

社会主义集体主义的基本内容是：在处理个人利益和集体利益关系时，坚持个人利益和集体利益的辩证统一，强调集体利益高于个人利益，充分尊重和维护个人的正当利益；当个人利益和集体利益发生冲突时，要以集体利益为重，必要时放弃或牺牲个人利益；不断发展集体利益的同时逐步满足个人的正当利益，以促进个人利益、集体利益的协调发展。社会主义集体主义原则要求教师在处理各种利益关系的过程中要注意以下几点。

1. 坚持全心全意为人民服务的人生价值观

为人民服务反映了社会主义社会经济关系的客观要求。社会主义社会是以公有制经济为主体的多种所有制经济共同发展的社会，其目标是实现广大人民群众的共同富裕。坚持为人民服务，就是坚持公有制的主导地位。社会主义集体主义是社会主义道德的集中表现，体现为一种为他人、为社会的服务精神和奉献精神。教师要树立全心全意为人民服务的人生价值观，首先要把为人民服务作为人生目的，只有这样才能关心人民、爱护人民，想人民所想，急人民所急，自觉维护人民的利益，从而形成一种团结和睦、相互帮助的新型人际关系。其次，教师要把人民利益作为判断行为是非善恶的根本标准。教师的一切言论行为都要从维护人民的利益出发，坚决杜绝损害人民利益的言论和行为。最后，教师应真正尊重人民群众的主人翁地位。在教育活动和日常生活中，教师对人民群众的尊重应发自内心，不得有漠视、藐视甚至敌视人民群众的思想和言行。

2. 把集体利益放在首位

人才的培养是教师集体劳动的结果。教师总是集体的一员，在学校的领导和管理下开展教学工作，其劳动是个人劳动和集体劳动的统一。教师应关心和维护教师集体的利益，树立校荣我荣、校耻我耻的思想，把自己的发展和集体的发展联系起来，依靠集体的发展的力量来推动个人的发展。一个优秀的教师应首先考虑的是"我为集体做了什么"，而不是"集体应给我什么样的待遇和利益"，任何时候都是将集体利益放在首位。教师要自觉为学校的荣誉增光添彩。学校的荣誉是通过学校教师的共同努力，为教育事业做出了贡献而得到的社会的肯定、褒奖。教师的一举一动不仅关系个人荣誉，也同教师集体的形象和学校的荣誉息息相关。爱护学校的荣誉、维护集体的形象，是教师将集体利益放在首位的具体体现。教师应将集体利益放在首位，积极主动地承担学校集体安排的各项工作。学校工作的完成是教师集体分工合作、共同努力的结果。教师应以主动、自觉的态度对待学校集体的工作安排，勇担重担，树立学校的

事情就是自己的事情的集体主义思想。

3. 尊重他人的正当利益

人与人的关系，归根结底是利益的关系。社会主义集体主义在强调集体利益的同时也主张尊重和维护个人的正当利益。所谓个人的正当利益，是指在一定历史条件下，个人一切正当需求的总和。它同集体利益的价值目标一致，是当时社会物质、精神财富条件下，社会能够依据实际情况相对公平地提供的个人利益。违背社会道德尺度，违背社会物质、精神条件的个人无限制的物质和精神需求不构成个人的正当利益。个人正当利益的获得，既需要个人的努力，还需要得到社会和他人的尊重。教师在教育活动中要正确认识他人的正当利益，正确看待个人发展、个人待遇之间的差别，尊重他人的人格尊严、正当权利、发展机会。对于他人合法取得的荣誉和利益应尊重、维护，不应采取嫉妒、甚至敌视、反对的态度。同样，对于他人提出的不符合社会主义集体主义价值标准的利益要求，教师要坚决抵制，以维护集体和社会的利益。

4. 正确处理贡献与索取之间的关系

社会主义集体主义原则强调个人利益和集体利益的统一，强调个人对集体的责任和贡献，也尊重和满足个人的正当利益。一切正常的人，既要为社会作贡献，又要从社会活动中获得必要的满足。对集体的奉献和从集体索取个人正当利益是相辅相成、密不可分的。一个人只有对集体做出了贡献，才能获得自己所需要的东西，同时自己获得了应该得到的东西后又会激发更大的积极性、创造性，为集体做出更大的贡献。教师在教育活动中要正确处理贡献和索取之间的关系，首先应当将个人的责任和贡献放在首位，认识到个人对集体的贡献是集体存在和发展的基础。只有为集体创造了财富，满足了集体生存和发展的需要，才能保证个人的生存和发展。其次，教师应当将个人对集体的奉献作为人生价值目标。实践中，许多教师用自己的辛勤耕耘、呕心沥血、无私奉献，为社会主义事业培养了一批又一批合格的建设者和接班人，实现了人生的价值。最后，教师应通过自己的努力和贡献，在正当的奖励机制下，取得合理的物质回报和精神奖励。教师既不能只讲索取不讲贡献，认为获得越多，人生价值越大；也不能将索取和贡献等同起来，认为要贡献也要索取，既不占便宜，也不吃亏。教师应该正确认识、处理贡献和索取之间的关系，克服对个人得失斤斤计较的倾向，为社会主义教育事业做出更大的贡献。

5. 反对和抵制个人主义价值观的侵蚀

教师在坚持社会主义集体主义的同时要坚决抵制个人主义的价值观。个人主义理论强调自身与集体主义是针锋相对的，认为集体主义不尊重个人的价值、尊严、自由和平等，是一种反对个人、轻视个人甚至迫害个人的理论。个人主义还申明自己与利己主义有根本区别，标榜自己在强调个人至上的时候，只是强调个人的尊严、价值、自由方面的独立性，而不会以损害他人的目标来达成目标。教师在教育活动中要正确认识个人主义思想的危害性。实质上，个人主义是资产阶级价值观的核心，是将个人利益置于集体利益和他人利益之上，为达到个人目的不惜采取不道德甚至不合法手段的一种思想体系。个人主义强调一切从个人出发，从自己、家庭和朋友的小圈子的利益出发，实质上是利己主义；个人主义导致了人与人之间的残酷斗争，危害社会安定；个人主义强调我行我素、个人兴趣至上的思想，导致人们的信仰危机。个人主义思潮对成长中的青少年学生具有极其有害的影响，教师应当坚决加以抵制，要教育和引导学生正确认识集体利益和个人正当利益的关系，树立社会主义集体主义精神。

四、以人为本是教师职业道德的重要原则

人是教育的中心，也是教育的目的。当今社会是一个以人为中心的社会，人的发展受到前所未有的关注。教师在教育过程中应突破传统的观念和模式，坚持以人为本的发展理念。以人为本的理念是社会主义人道主义的具体体现，是教师处理教育过程中各种人际关系的行为准则，是教师职业道德的重要原则。

（一）确立以人为本原则的依据

以人为本原则是社会主义人道主义在教育领域、教育过程中的具体化，是调整教育过程中各种人际关系的原则和规范。以人为本原则反映了教育活动过程中人际关系的特殊性，体现了教师和学生之间的特殊关系，其确立符合社会主义人道主义的基本精神和社会主义教育事业发展的客观要求。

1. 反映了教育过程中人际关系的特殊性

教育活动过程中，教师与学生以及其他参与者之间的关系具有特殊性，教师往往处于一种主导者的地位。在教育过程中，教师作为知识、技能和思想的传播者、灌输者、教育者，相对于其他参与者来说居于主导地位，自然形成了居高临下的地位。然而，为了达到教育目的，教师在调节和处理教育过程中各种人际关系时又不能采取居高临下的态度。教育过程中这种人际关系的特殊性，决定了如果仅用一般的道德规范来加以调节是不够的，还必须加上一些符合教育规律的道德原则、规范来加以调节。在调节教育过程中的各种人际关系

对应以人为本，并以此渗透于教育过程中的各种关系中，有利于教师完成教育任务，实现教育目标。如果一个教师在教育过程中待人行事不能坚持以人为本的理念，没有关心、尊重和帮助他人的热忱，即使具有渊博的知识，掌握了精湛的教育技术，也不能完成教育任务和实现教育目的。因此，以人为本原则是教师角色的特殊性以及教育过程中对教师的特殊要求决定的教师职业道德的重要原则。

2. 体现了教师和学生之间关系的特殊性

教育过程中，教师和学生之间的关系是最基本、最重要的人际关系。在这种关系中，教师居于主导地位，运用什么样的道德规范、如何调节这种关系以及调节的效果如何，直接关系到教育的成效。如果教师在与学生交往过程中坚持以人为本的原则，就能积极地影响学生的人格和行为，从而促进两者之间关系积极、健康地发展。反之，如果教师总是以居高临下的姿态对待学生，就会伤害两者的关系，无助于教育任务的完成，无助于教育目标的实现。以人为本原则是协调教师和学生关系、实现教育目标的内在要求。教师是否遵循以人为本的原则，不但影响学生的成绩、行为表现等教育效果，还会在很大程度上影响到学生对于社会主义人道主义精神的态度，影响到学生对以人为本精神的理解和接受，影响到学生道德品质的发展。违反以人为本原则的教师不可能培养出具有社会主义人道主义精神的学生。因此，确立以人为本原则是教师和学生之间关系的特殊性所决定的。

（二）以人为本原则的基本要求

以人为本原则的基本内容就是要求教师和学生在教育过程中，从坚持社会主义人道主义原则出发，尊重学生的价值和尊严；教师应当发挥自己在教育过程的主导作用，以完美的人格要求自己，以人道主义的原则协调自己和他人之间的关系，从而调动教育过程中所有参与者的积极性和创造性，以利于教育任务的完成、教育目标的实现。

以人为本原则作为教师职业道德的重要原则，对教师的要求是多方面的。在处理教师与学生的关系上，首先，教师应尊重学生。教师应将学生视为与自己在人格上完全平等，尊重学生的个性，而不能因为自己在教育过程中占据的主导、支配地位，以及因为学生在知识、技能、思想观念上的不足而轻视学生，忽视学生独立的人格价值，而将其仅仅视为自己的劳动对象。教师尊重学生是以人为本原则的前提，也是学生尊重教师的基础。其次，教师应理解学生。在与学生的交往过程中，教师应当在尊重学生的基础上理解学生。对学生表面上尊重，实际上采取漠不关心，或者敬而不闻、敬而不问、敬而远之的态度，是严重违背以人为本精神的，自然也不可能真正理解学生。再次，教师应当在尊重、理解学生的基础上，真正地关心学生。尊重、理解学生是关心学生的前提，没有尊重和理解，就不能掌握学生的思想状况、长处和短处，也不能了解学生真正需要关心的地方，从而不能因人施教、因材施教。最后，教师在教学过程中要勇于解剖自己，正视自己的缺点与不足，并向学生或他人学习。教师的教育过程，同时也是一个自我学习、自我完善的过程。在科学技术飞速发展、专业分工不断深化的时代，教师应具有取其所长补己之短的胸怀和勇气。正如韩愈所说："孔子曰：三人行，则必有我师。是故弟子不必不如师，师不必贤于弟子。闻道有先后，术业有专攻，如是而已。"教师能尊重学生、理解学生、关心学生、虚心向学生学习，才能使学生发自内心地尊重、理解教师，从而形成积极、健康的师生关系。

在处理与其他教师、学校领导的关系时，坚持以人为本原则就要求教师能够相互尊重，真诚沟通，团结协作，努力与他人形成融洽的集体，同心协力地促进教育的顺利进行；要坚决反对嫉贤妒能、"文人相轻"、损害他人人格的腐朽作风，将教师之间的关系看成是市场竞争关系，优胜劣汰，是错误的，教师之间的竞争是良性的竞争，是建立在团结、互助、相互奉献爱心基础上的竞争，是为了共同提高教育效果的竞争。

在处理与学生家长和教育过程其他参与者的关系时，教师同样应尊重他人，及时与家长进行沟通交流，真诚地争取家长的合作、配合，以取得最佳的教育效益。教师坚持以人为本原则，就要坚决反对和克服那种将市场经济中的等价交换原则运用到人际关系中的错误思想，那种将道义、良心、友谊、责任等商品化，将师生之间、教师之间、教师和家长之间的关系变成纯粹的利益关系、金钱关系是极端错误的，严重违背了教师职业道德，也是与以人为本原则背道而驰的。

总而言之，以人为本原则要求教师尊重和关心交往对象的个人价值，全方位有效地协调、处理教育过程中的各种人际关系，获得教育的最大效益。同时，以人为本原则不但是对教师的要求，也是对所有教育过程参与者提出的要求，所有教育参与者都要秉持以人为本的理念，充分尊重、理解和关心教师，并从各自所处的角度以实际行动积极配合教师的工作，以保证教育工作的顺利实施，教育任务得以完成，教育目标能够实现。

第五章 中小学教师职业道德规范

　　为实现从人力资源大国向人力资源强国的根本性转变，我国教育事业进入了一个新的发展阶段。在教育事业飞速发展的同时，人民群众对教育质量和水平的期望、要求也不断提高，不仅要求"有学上、有书读"，还要求"上好学、读好书"。提高教育质量，关键在教师，没有高水平的教师队伍，就没有高质量的教育。建设人力资源强国，提高教育质量和水平，对教师队伍的职业道德和业务素质都提出了新的更高的要求。师德是教师最重要的素质，师德水平也是人民群众对教育工作满意不满意的一个重要标尺，更是教育改革发展的内在需要。改革开放以来，我国于1985、1991、1997、2008年先后4次颁布和修订了《中小学教师职业道德规范》。2008年的修订是在继承优秀师德传统的基础上，根据中小学教师职业特定的责任与义务做出的，充分反映了新形势下经济、社会和教育发展对中小学教师应具有的道德品质和职业行为的最基本要求，对中小学教师的职业道德起着重要的指导作用。

　　该规范的许多内容是我国教师法、义务教育法等法律法规相关条文的具体化，但规范本身不是强制性的法律，而是教师行业性的职业道德和纪律，是倡导性的要求和评价标准。新的规范具有广泛性、针对性和现实性的特征。例如，新的规范中写入"保护学生安全"，就是针对现实中出现的部分中小学教师漠视学生安全的情况而制定的。中小学教师面对的是自我保护能力弱的未成年人群体，应当负有保护其安全的责任。该规范中针对当前中小学教师职业行为中存在的共性问题和突出问题、也是社会反映比较强烈的问题，提出了许多禁止性规定，如"不以分数作为评价学生的唯一标准"、"自觉抵制有偿家教"等，但这些禁止性规定也并非包括了中小学教师职业行为中存在的所有问题。通过提出现阶段可操作的、具体化的要求，能够使学校和教师在教育教学过程中明确要求，有规可依，有章可循，从而规范教师职业行为，不断促进提高中小学教师的师德水平。

《中小学教师职业道德规范》包括爱国守法、爱岗敬业、关爱学生、教书育人、为人师表、终身学习六部分，是调节教师与学生、教师与教师、教师与学校、教师与家长、教师与国家、教师与社会相互关系的基本行为准则。

第一节　教师职业的基本要求——爱国守法

《中小学教师职业道德规范》第 1 条规定，教师应当"爱国守法。热爱祖国，热爱人民，拥护中国共产党领导，拥护社会主义。全面贯彻国家教育方针，自觉遵守教育法律法规，依法履行教师职责权利。不得有违背党和国家方针政策的言行"。

爱国守法是教师职业的基本要求。热爱祖国是每个公民，也是每个教师的神圣职责和义务。建设社会主义法治国家，是社会主义现代化建设的重要目标。要实现这一目标，需要每个社会成员知法守法，用法律来规范自己的行为，不做法律禁止的事情。

一、热爱祖国、热爱人民

爱国是公民对自己祖国最深厚的情感，是一个国家、民族得以生存和发展的巨大凝聚力、向心力。热爱自己的祖国，维护祖国的和平统一，热爱人民，维护人民的根本利益，这是每一个公民应尽的义务和神圣的职责，也是教师职业道德的重要内容之一。爱国是教师精神的支柱、动力的源泉，一个教师只有热爱祖国，才能把个人的命运同国家的前途、命运统一起来，才能充分认识到祖国的存在和发展是个人存在和发展的前提，祖国的命运和个人的命运有着血肉一般不可分割的关系。

（一）爱国的基本内容

教师的爱国思想首先表现为对祖国和人民的热爱，拥护中国共产党的领导，拥护社会主义，维护祖国的统一、尊严，祖国的利益高于一切；自觉、正确地处理好国家、集体、个人三者的利益关系，始终坚定建设社会主义的共同理想和信念。同时，教师肩负着培养社会主义建设者、接班人的重任，他们的爱国思想在教育活动中还具有特殊的内容。

1. 爱党、爱国与爱社会主义是高度统一的

拥护中国共产党的领导，拥护社会主义制度，坚持社会主义道路是爱国的本质要求。坚持爱党、爱国与爱社会主义的高度统一，就要始终坚持中国共产

党的领导地位不动摇。中国共产党的领导地位是历史形成的，历史和人民选择了中国共产党。在风云变幻的近代中国曾出现过大大小小数百个政党，但只有中国共产党作为工人阶级的先锋队，在革命斗争中历经磨难而生生不息，经受住了历史考验，开创了马克思主义与中国实际相结合的道路。正是中国共产党团结全国各族人民，取得了革命、建设和改革开放一个又一个的胜利，把积贫积弱的中国引向了民主和富强。

坚持爱党、爱国与爱社会主义的高度统一，就要始终坚持社会主义制度不动摇。走社会主义道路是近代中国社会历史发展的必然结果，是历史和人民的选择。鸦片战争后，中国人民不堪忍受西方列强的侵略，为实现民族独立和国家富强，前仆后继，浴血奋战，各种救国图强运动风起云涌，各种救国方案纷呈迭现，它们虽然都对实现这一目标起到了积极作用，但又都没能从根本上改变中国半殖民地半封建社会的面貌。正是中国共产党创造性地将马克思主义同中国具体实际相结合，形成了一套适合中国国情的理论、路线和政策，带领全国各族人民取得了新民主主义革命的胜利，建立了社会主义制度，取得了社会主义革命和建设的伟大成就。只有社会主义才能救中国，只有社会主义制度才能使国家强盛、民族振兴、人民富裕，这是新中国成立以来的实践告诉我们的真理。中国革命和建设的事实充分证明：只有社会主义才能救中国，只有社会主义制度才能发展中国。

2. 继承和发扬祖国优秀的文化传统

教师是人类知识财富的传播者，应当了解祖国悠久的历史，尊重和热爱祖国灿烂的文化，并通过自己的教学活动，不断传承和发扬祖国优秀的文化传统。中华民族悠久的历史、灿烂的文化对世界文明的发展做出了巨大贡献，除了"四大发明"对人类社会进步产生了巨大的促进作用以外，中国历史上还涌现出了众多的思想家、政治家、文学家、军事家、发明家，这些杰出的历史人物为中华文化宝库增添了无限的宝藏，对世界文化的发展产生了极为深刻的影响。中国文化在长期的历史发展过程中形成了自己独特的优秀传统。

教师是祖国优秀传统文化遗产的继承者和发扬者。祖国灿烂的文化哺育、滋养着广大教师，而教师又传播、发扬着祖国的优秀文化。教师有了爱国情感，才能认真学习祖国灿烂的历史文化，积极吸收世界各民族的优秀文化成果，丰富祖国的文化宝库；才能满腔热忱地去教育学生正确看待各国的文化差异，珍视和发扬我们的民族文化；才能在对外交流过程中充满民族自豪感，平等地与世界各民族进行交流，维护民族尊严。

3. 立足本职，热爱自己的教育工作

俄国哲学家杜勃罗留波夫说过："真正的爱国主义不应表现在漂亮的话上，而应表现在为祖国和为人民谋福利的行为上。"热爱祖国，不是空洞的口号，而是具体的、实在的行为表现。如果说人民军队强烈的爱国之情表现为在战场上奋勇杀敌，那么人民教师强烈的爱国之情则集中表现为立足本职工作，深深地热爱自己的教育事业，满腔热情地教书育人，为祖国培养优秀人才。著名特级教师霍懋征说过："我知道孩子是祖国的花朵，是祖国未来的建设者，爱孩子就是爱祖国，我要把热爱祖国、热爱教育事业之情，倾注到我的学生身上，全身心地投入到小学教育事业中。"北京景山学校著名特级教师马淑珍是这样说的："我虽然天天战斗在三尺讲台前，每节课教儿童识几个汉字，但这几个汉字却连接着祖国。"一个教师对祖国的爱，既要像霍懋征老师这样体现在人生志向的确立上，也要像马淑珍老师这样体现在教育教学的每一个细小的环节上。

人民教师的工作直接关系到祖国的未来、民族的强盛兴衰。衡量一个教师是否真正爱国，不只是看其口头上是否关心祖国命运、是否热爱祖国的优秀文化遗产、是否拥护中国共产党的领导和拥护社会主义制度，而且要看他能不能将对祖国、对人民、对党、对社会主义的爱转化为对学生、对教学工作的高度责任感和义务感。一个教师真挚地热爱教育事业，真诚地去关心和爱护每一个学生，实质上就是热爱社会主义教育事业，就是具有爱国主义思想的具体表现。

4. 加强对学生的爱国主义教育

教师职业活动的根本目标是培养学生成为热爱祖国，具有现代科学文化和技能的社会主义事业建设人才。教师的爱国之情不仅表现在自己对祖国、对人民、对教育事业的爱，还表现在教育过程中不断地向学生进行爱国主义教育，培养学生的爱国主义情感。爱国主义教育是学生思想政治教育的重要内容之一，教师应当在课堂教学、校园文化活动以及社会实践等教育环节中，结合教材内容，通过各种途径不断地向学生传播祖国优秀的文化传统，宣讲爱国主义思想，激发学生的爱国主义热情。

教师在进行爱国主义教育过程中要坚持正确的爱国理念，坚决抵制和反对社会上的个人主义、利己主义思潮，引导学生正确表达自己的爱国思想，理性爱国。当前，中国的发展正处在一个难得的战略机遇期，这既是机遇，更是挑战。面对国际上不时出现的各种排华、反华言行，要维护好国家的根本利益、核心利益，从而真正做到爱国，就需要我们显示出中国人的冷静、智慧和团

结；要向世界表明，今天的中国，正在有条不紊地发展自己，没有任何力量能干扰、阻挡得了。我们应理性表达爱国主义，只有这样，才能维护社会的和谐稳定，才能赢得发展的契机，才能使祖国变得更美好。这才是真正的爱国。

（二）爱国主义的养成要求

1. 爱国主义是义不容辞的责任

作为教师，更多地生活和工作在学校的环境之中。然而，作为一个公民，教师也离不开校外的大社会，需要在祖国这个社会大环境中生存、生活。祖国这个大环境包括社会、政治、文化等，这一社会环境像源源不断的清泉滋润着每一个人的爱国主义情怀，它是爱国主义情感形成、升华的重要条件。祖国养育了她的儿女，每一个人都与祖国有着千丝万缕的联系。马克思说过："作为确定的人，现实的人，你就有规定，就有使命，就有任务，至于你是否意识到这一点，那都是无所谓的。这个任务是由于你的需要及其与现存世界的联系而产生的。"[①] 只要作为祖国的一员，就有热爱祖国、服务祖国、献身祖国的使命和义务。

祖国的生存和发展是每一个人存在和发展的前提，祖国的命运和每个人的命运有着血肉一般不可分割的联系。对这种关系的认识并不是生来就存在于每个人心中的，它的产生、形成经历了一个认识、体验的过程。每个人只有自觉地认识到自己与祖国的客观联系，认识到自己对祖国义不容辞的责任，才能真正迸发出炽热的爱国情感，尽自己所能报效祖国。

2. 要了解祖国的过去、现在和未来

中华民族有着五千年的文明史，在历史的长河中，爱国主义始终是一面旗帜，是民族之魂，是鼓舞中国人民为了民族的解放和独立、为了祖国的统一和富强而不断进取拼搏的力量源泉。作为一名教师，必须认真学习中国历史，特别是近代史和现代史。通过学习，了解中华民族百折不挠、自强不息的发展历程，了解中华民族对人类文明发展的卓越贡献，了解中国历史上的重大事件和著名人物，了解中国人民反对外来侵略和压迫、反抗腐朽统治、争取民族独立和解放而前赴后继、浴血奋战的历程，特别是了解中国共产党领导全国人民为建设新中国而英勇奋斗的崇高精神和光辉业绩。

知史以明志，教师只有了解了中国历史，才能树立报国之志。爱国主义是一个历史范畴，不同历史时期的爱国主义有不同的时代内涵。鸦片战争以后，仁人志士变法图强，反对清政府的腐朽统治，是爱国主义；"五四"运动提出

---

① 《马克思恩格斯全集》第3卷，人民出版社1960年版，第329页。

"外争国权，内惩国贼"，是爱国主义；抗日战争爆发后，反对日本帝国主义的侵略，是爱国主义；解放战争时期，"打倒蒋介石，解放全中国"，是爱国主义。在当代，爱国主义的内涵就是统一祖国、振兴中华、建设社会主义现代化强国。邓小平同志指出："中国人民有自己的民族自尊心和自豪感，以热爱祖国、贡献全部力量建设社会主义祖国为最大光荣，以损害社会主义祖国利益、尊严和荣誉为最大耻辱。"① 这是对现阶段爱国主义的精辟概括。在改革开放、社会主义现代化建设的新时期，爱国主义与建设中国特色社会主义是内在统一的。广大人民教师只有深刻了解国情，牢牢把握住改革开放的时代主旋律，才能激发起满腔的爱国热情，才能把这种热情凝聚到建设中国特色社会主义的伟大事业上来。

3. 要激发爱国主义情感

培养爱国主义的情感，就是培养民族的自尊心和自豪感，培养一种对一切有损于国家利益、丧权辱国、丧失国格人格的事产生厌恶憎恨的情感，而对为国争光、振兴中华的伟大事业，能产生振奋献身的激情。教师应当具有"天下兴亡，匹夫有责"的爱国意识，坚持"先天下之忧而忧，后天下之乐而乐"的奉献精神。

中华民族历来有坚强不屈、战胜困难的意志。无论是林则徐的"苟利国家生死以，岂因祸福避趋之"，还是周恩来的"为中华之崛起而读书"，"我们爱我们的民族，这是我们自信心的泉源"，都表达了中华民族浓浓的爱国之情。当前，中国还处于社会主义初级阶段，处于全面建设小康社会的关键时期，正需要我们激发爱国热情，把自己的拳拳报国之心无私地奉献给祖国。所以，教师要在了解中国历史和现状的基础上，激发爱国之情，进一步增强民族自尊心和自信心，发扬中华民族居安思危、爱国自强的优良传统，自觉挑起为祖国培养建设者的历史重担。在教育过程中，教师还要从日常行为入手，利用好身边的典型素材，激发学生的爱国主义情感，让爱国主义深深植于心中，让学生牢固树立爱国主义思想。

4. 要将爱国主义思想转化为爱国主义行为

教师爱国主义养成的根本目标是内化爱国主义思想，使爱国之言、爱国之情转化为自觉行动，养成良好的爱国主义行为习惯，达到知行的高度统一。判断一个人是否爱国，不仅要听他怎么说，更要看他怎么做。教师要成为一个真正的爱国者，就必须把自己的爱国热情化作爱国的实际行动，从小事做起，从

---

① 《邓小平文选》第3卷，人民出版社1993年版，第3页。

平凡做起，时时处处维护祖国的利益、尊严和荣誉。

教师在教学过程中要展现爱国主义。在教育教学工作中，教师要把爱国主义思想转化为爱国的行为。教师只有认识到、体验到自己所从事的教育工作的崇高，意识到自己肩上担负着祖国和民族的未来，从而树立献身教育的坚定信念，才能做到言行一致，不论遇到什么困难，都处处为教育事业着想，呕心沥血，矢志不渝地为培养一代新人而默默奉献自己的一生。

教师要在社会生活中实践爱国主义。学校是个小天地，社会是个大课堂，社会生活的风风雨雨，都会反映到教师的思想情感之中。教师爱国意识的培养、爱国行为的养成，都需要在社会生活中去磨练、去实践。广大教师应走出校门、走向社会，去了解国情、民情，积极参加社会公益活动，为社会、为人民奉献爱心。

二、依法执教

《中华人民共和国宪法》第 5 条规定："中华人民共和国实行依法治国，建设社会主义法治国家。"依法治国要求各行各业在职业活动中要遵循法治的原则，在教育方面，就是要求依法治教，包括依法进行教育制度建设、依法进行教育行政管理和依法执教。依法执教是建设社会主义法治国家重要的组成部分，是教师基本的职业道德规范。

（一）依法执教的基本内容

依法执教就是指教师应当模范遵守宪法和其他各项法律、法规、规章制度，使自己在教育教学过程中的言行完全符合社会主义法治的要求。《中小学教师职业道德规范》中要求教师"全面贯彻国家教育方针，自觉遵守教育法律法规，依法履行教师职责权利。不得有违背党和国家方针政策的言行"。这是建设社会主义法治国家对教师的必然要求，也是社会主义教育事业对教师的基本要求。

1. 全面贯彻党和国家的教育方针

中国共产党是我国的执政党，党和国家的意志是一致的，党和国家的方针、政策也是一致的。党的路线、方针和政策体现着工人阶级和人民群众的利益与意志，是全国人民共同行动的纲领。党的领导在很大程度上是通过执行党的路线、方针、政策来实现的。教育方针是国家或政党在一定历史阶段提出的有关教育工作的总方向、总指针，是教育基本政策的总概括。它是确定教育事业发展方向，指导整个教育事业发展的战略原则和行动纲领，内容包括教育的性质、地位、目的和基本途径等。不同的历史时期有不同的教育方针，相同的历史时期因需要强调某个方面，教育方针的表述也会有所不同。党的十七大报告指出，要"坚持育人为本、德育为先，实施素质教育，提高教育现代化水平，培养德智体美全面发展的社会主义建设者和接班人，办好人民满意的教育"。

教师要认真学习、贯彻党和国家的教育方针、政策，不得有违背党和国家方针、政策的言行。在教育教学过程中，坚持以人为本、全面实施素质教育是贯彻党和国家教育方针的基本要求，其核心是解决好培养什么人、怎样培养人的重大问题，重点是面向全体学生、促进学生全面发展，着力提高学生服务国家、服务人民的社会责任感、勇于探索的创新精神和善于解决问题的实践能力。

（1）坚持德育为先

要把社会主义核心价值体系融入国民教育全过程，立德树人。加强马克思主义中国化最新成果的教育，引导学生形成正确的世界观、人生观、价值观；加强理想信念教育和道德教育，坚定学生对中国共产党领导、对社会主义制度的信念和信心；加强以爱国主义为核心的民族精神和以改革创新为核心的时代精神教育；加强社会主义荣辱观教育，培养学生团结互助、诚实守信、遵纪守法、艰苦奋斗的良好品质。加强公民意识教育，树立社会主义民主法治、自由平等、公平正义理念，培养社会主义合格公民。加强中华民族优秀文化传统教育和革命传统教育。教师要把德育渗透于教育教学的各个环节，贯穿于学校教育、家庭教育和社会教育的各个方面。相关部门、相关工作人员应切实加强和改进未成年人思想道德建设、大学生思想政治教育工作。构建有效衔接大中小学德育的体系，创新德育形式，丰富德育内容，不断提高德育工作的吸引力和感染力，增强德育工作的针对性和实效性。

（2）坚持能力为重

教师应优化知识结构，丰富社会实践，强化自身能力培养；着力提高学生的学习能力、实践能力、创新能力，教育学生学会知识技能，学会动手动脑，学会生存生活，学会做人做事，促进学生主动适应社会、开创美好未来。

（3）坚持全面发展

全面加强和改进德育、智育、体育、美育，坚持文化知识学习与思想品德修养的统一、理论学习与社会实践的统一、全面发展与个性发展的统一。加强体育，牢固树立健康第一的思想，确保学生体育课程和课余活动时间，提高体育教学质量；加强心理健康教育，促进学生身心健康、体魄强健、意志坚强；

加强美育，培养学生良好的审美情趣和人文素养；加强劳动教育，培养学生热爱劳动、热爱劳动人民的情感；重视安全教育、生命教育、国防教育、可持续发展教育；促进德育、智育、体育、美育有机融合，提高学生的综合素质，使学生成为德智体美全面发展的社会主义建设者和接班人。

2. 依法履行教师的职责权利，依法维护教师的合法权益

现阶段，我国已颁布了教育法、教师法、义务教育法、高等教育法、职业教育法等教育法律法规，还有与教育相关的未成年人保护法、妇女权益保护法、残疾人权益保障法等法律法规。教师在教育教学实践活动中，要以法律为尺度，严格依照法律进行教师职业行为选择，依法履行教师的职责权利。

我国教师法第 7 条规定了教师具有如下基本权利："（一）进行教育教学活动，开展教育教学改革和实验；（二）从事科学研究、学术交流，参加专业的学术团体，在学术活动中充分发表意见；（三）指导学生的学习和发展，评定学生的品行和学业成绩；（四）按时获取工资报酬，享受国家规定的福利待遇以及寒暑假期的带薪休假；（五）对学校教育教学、管理工作和教育行政部门的工作提出意见和建议，通过教职工代表大会或者其他形式，参与学校的民主管理；（六）参加进修或者其他方式的培训。"这是教师完成教书育人任务的条件和保证，如果受到侵害，必然会影响教师的工作、生活和情绪，会直接影响对人才的培养。学校、政府和社会各界都要坚决维护教师的合法权益。

我国教师法第 8 条规定了教师在教育教学过程中应当履行如下义务："（一）遵守宪法、法律和职业道德，为人师表；（二）贯彻国家的教育方针，遵守规章制度，执行学校的教学计划，履行教师聘约，完成教育教学工作任务；（三）对学生进行宪法所确定的基本原则的教育和爱国主义、民族团结的教育，法制教育以及思想品德、文化、科学技术教育，组织、带领学生开展有益的社会活动；（四）关心、爱护全体学生，尊重学生人格，促进学生在品德、智力、体质等方面全面发展；（五）制止有害于学生的行为或者其他侵犯学生合法权益的行为，批评和抵制有害于学生健康成长的现象；（六）不断提高思想政治觉悟和教育教学业务水平。"这是法律规定的教师必须履行的职责。依法执教就是要求教师从教育的方法到手段都符合法律的规定。教师的教育教学活动，一定要合法、规范、严谨，要用相关的法律法规来指导自己的教育教学实践。我国教育法和教师法规定，教师的行为选择如果不符合法律，就要承担法律责任，受到法律制裁。每一位教师都应自觉遵守宪法法律，严格依照国家法律法规，依法执教，履行教书育人的职责，为培养全面发展的社会主义建设者和接班人做出应有的贡献。

3. 对学生进行社会主义法治教育

教师在教育教学的过程中，不但要身体力行，遵纪守法，还要向学生进行社会主义法治教育，把学生培养成懂法守法的合格公民。法律法规和国家的政策只有经过教师有意识、有计划的宣传教育，才能被学生认识和了解，并化为其行为的规范。教师要引导学生利用有关法律法规维护自己的合法权益，带领学生同各种违法行为进行斗争。加强学生的社会主义法治教育，是民主法制建设的基础性工作。国民素质的提高，社会、经济、文化的发展，民主与法制的推进，都寄希望于广大的青少年学生。

在进行社会主义法治教育过程中要坚持理性教育和情感教育相结合。由于青少年学生正处于世界观和人生观的形成时期，其理性思维比较弱，所以要借助于形象思维的方法，通过举办文艺演出、征文演讲比赛、知识竞赛、模拟法庭等学生喜闻乐见的校园活动，提高学生的法律知识水平，以强化法律观念。通过组织撰写读后感、定期召开法治主题班会，举行升国旗仪式和重要法规颁布宣传活动等，以生动、直观、形象的形式，使学生在潜移默化中形成社会主义法治意识。

同时，在教育过程中要坚持学校教育与社会教育相结合。在青少年学生法治教育中，必须坚持学校与社会"同唱一台戏"。学校在充分发挥法治教育职能作用的同时，还要定期邀请司法、行政领域的专家到学校举行法治讲座。学校要主动争取执法机关的配合，对侵犯学生权益、扰乱学校正常教学秩序的行为进行及时查处。

在教育过程中还要坚持教师教育与依法治校相结合。学校领导和教师要带头学法、用法，成为学生的典范。学校必须严格遵守教育法律法规，建立健全违纪违法责任追究制度，自觉接受社会监督。学校应把依法治校作为学校常规管理的突破口，及时把学生不良行为、违法行为消灭在萌芽状态。

(二) 依法执教的养成要求

1. 高度认识依法执教的意义

教师要提高对依法执教意义的认识，只有这样才可能履行好这条重要的规范。首先，教师要努力学习马克思主义、毛泽东思想和中国特色社会主义理论。正确的理论是旗帜、是方向，是对事物本质和规律性的客观反映，是在社会实践中产生并经过实践检验的真理。马克思主义是迄今为止最科学、最革命的理论；毛泽东思想是马列主义普遍原理和中国革命具体实践相结合的产物；中国特色社会主义理论是当代中国的马克思主义，是马克思主义在中国发展的新阶段。教师要做到依法执教，必须要具备正确的理论基础。

其次，要坚决拥护党的基本路线。党的基本路线是党在一定历史时期指导全局的总路线、总方针、总政策的集中概括，是党的指导思想和基本理论的集中体现，是党和国家的生命线，是我们国家在一定历史时期长治久安、发展强大的保障，离开了这个基本路线，依法执教就失去方向和根基。

最后，依法执教是依法治国的必然要求，是依法治教的重要内容。教育是兴国之基础，强国之支柱，依法治国首先就要依法治教。依法治教一般包括教育立法、教育行政执法、教育司法、教育法制监督、教育法律的遵守、教育法学教育和研究等。其中，依法执教是遵守教育法律法规的重要内容。教师在职业活动中，要依法从事教育教学活动，依法行使教书育人的权利，履行教师法定的职责、义务；要依法管理教育事务，保证教书育人过程依法进行。教育的使命是提高人的素质，教育的根本任务和主要功能是提高全民族的素质。教师只有做到了依法执教，才能更好地为国家培养依法治国的人才，才能迅速提高全民族的法律意识。

2. 认真学习教育政策、法律法规

依法执教的前提是知法、懂法。只有深入、全面地学习党和国家的有关政策、法律法规，才能知法、懂法。政策是党和国家为实现一定历史时期的路线和任务而制定的行为准则、策略和措施等，是广大人民群众在一定时期政治、经济利益的要求，是制定一切法律法规的指导思想和根据。教师要做到依法执教，就必须下功夫学习、掌握党和国家的教育方针、政策。

对于教师而言，知法除了要了解每一个公民都必须遵守的宪法、刑法、民法等之外，还必须深入学习并遵守与教师执业行为相关的法律法规，包括教育法、教师法、义务教育法、职业教育法、高等教育法、未成年人保护法，以及与教育法、教师法相配套的教师资格条例、教师职务条例、教师聘任条件等。

教师不仅要深入、全面地学习、理解和掌握政策、法律法规的宗旨、内容、适用范围等基本知识，还要深入了解怎样运用政策、法律法规同违反和破坏教育政策、法律法规的现象作斗争，维护党的各项政策、法律法规的权威性和严肃性。

3. 以法治精神规范自己的日常行为

教师要将教育政策和各种法律法规的精神贯穿于自己的教育教学工作中，依法实施教育行为。教师应从日常行为做起，从小事做起，以法治精神规范自己的行为。社会主义法治建设包括 3 层含义：一层是"规律之治"，即党和国家在制定法律法规时要遵循人与自然和谐相处的规律，人类社会发展的规律，社会主义建设的规律等客观规律；一层是"规则之治"，将法律法规作为个人和组织行为的普遍规则，是依靠国家强制力来保证实施的；一层是"规心之治"，即真正的法治是靠社会成员的自律实现的。法律只有深入人们的内心世界，被人们所信仰、所信赖，法治才能有力量，法律才能有权威；否则，社会主义法治建设就会付出更多的成本和代价，甚至难以承受。法治最终的目标是实现人的自律、自治。

法治精神是民主精神、人权精神、公正精神和理性精神，是社会主义法治建设的核心内容。教师不能因为担心受到法律法规的惩罚而被动地遵守法律法规，而是要将社会主义法治理念、社会主义法治精神内化为自己的思想品质，自觉地依法执教。在教育教学过程中，不但自己不能违反法律规定，还要坚决反对和制止学生的不良行为、违法行为，帮助学生树立法治精神。教师要经常反省自己，要用社会主义法治精神来衡量自己的一言一行，不断进行自我道德评价，从而形成依法执教的高尚品德。

第二节　教师职业的本质要求——爱岗敬业

《中小学教师职业道德规范》第 2 条规定，教师应当"爱岗敬业，忠诚于人民教育事业，志存高远，勤恳敬业，甘为人梯，乐于奉献。对工作高度负责，认真备课上课，认真批改作业，认真辅导学生，不得敷衍塞责"。

爱岗敬业是教师职业的本质要求。没有责任就办不好教育，没有感情就做不好教育工作。教师应始终牢记自己的神圣职责，志存高远，把个人的成长进步同社会主义伟大事业、同祖国的繁荣富强紧密联系在一起，并在深刻的社会变革和丰富的教育实践中履行自己的光荣职责。

一、热爱教育、乐于奉献

热爱教育、乐于奉献是教师爱岗的基本要求，是教师处理与教育事业之间关系的基本准则，是教师职业道德的核心和基础。教师只有由衷地热爱教育事业，才能从教育教学中得到无限的乐趣。这种乐趣能够激励教师努力学习，认真工作，乐于奉献，把教学工作做好。

（一）热爱教育、乐于奉献的基本内容

1. 忠诚于人民的教育事业

教育事业直接关系到国家和民族的兴衰，是教师职业道德规范产生的依据。教育事业同每个家庭、每个青少年的成长息息相关，关系到全体人民的根

本利益。因此，热爱教育、忠诚于人民的教育事业是全心全意为人民服务的具体表现，是爱岗敬业的前提。

教师对人才的培养和科学文化事业的发展起着重大的作用。要做好教师工作，就必须忠诚于人民的教育事业。教师的工作对象是成长过程中具有极大可塑性的未成年人，教师的道德表现能够影响学生的一生。榜样的力量是无穷的，教师的身教必然重于言教。教师要在自己的职业道德方面追求卓越，追求高标准，这是构建未来民族道德素质的基础。教师的道德，是教育文化的深层内涵，也是一个民族在教育活动中表现出来的富有强大生命力的优秀思想、高尚品格和坚定行为，是提高民族素质、培养民族精神的动力之源。著名学者梁启超先生说过："在教育界立身的人，应当以教育为唯一兴趣更不消说。一个人若在教育上没有兴趣，我劝他立即改行。"我们不能设想，一个不热爱自己家庭的人，会热爱自己的祖国；同样，我们也无法想象，一个不热爱人民教育事业，不热爱自己教育工作的教师，能够成为一名坚守职责、无私奉献的优秀教师。

2. 甘为人梯，乐于奉献

爱岗敬业是一种对事业全身心投入和不悔追求的信念。教育作为一种事业，其意义在于奉献。在中华民族发展的历史长河中，留下了许多优秀的道德传统，其中最为推崇的传统美德是在教育事业中甘为人梯、终生不渝的献身精神。教师的职业注定安于平凡，淡泊名利，讲究职业良心。如果把平凡而神圣的教师岗位看作个人谋生的手段，那永远也不会成功。甘为人梯、乐于奉献，要求教师能够静下心来教书，潜下心来育人，努力做受学生爱戴、让人民满意的教师。教师就要一辈子用爱心去点亮一盏盏"心灯"，在照亮学生未来的同时，也辉煌自己的人生。泰戈尔说："花的事业是甜蜜的，果的事业是珍贵的，就让我从事叶的事业吧，因为叶总是谦逊地垂着绿荫的。"

（二）热爱教育、乐于奉献的养成要求

1. 树立教师的职业理想

教师热爱教育、乐于奉献首先要树立崇高的职业理想。职业理想是个人在职业活动中前进的方向，是心中的职业目标。人生发展的目标同职业理想密不可分，并最终通过职业理想来实现。俄国的托尔斯泰曾说过："理想是指路的明灯，没有理想就没有坚定的方向，就没有生活。"教师在教育教学过程中，如果没有树立教师的职业理想，职业目标不明确，就谈不上热爱教育事业和乐于奉献，教书育人的热情就会低落，教育就达不到预期的效果。教师一旦树立了职业理想，再经过努力奋斗，必然会成为一名合格的人民教师。

教师的劳动是一种复杂而繁重的脑力劳动，教师经常不得不突破空间、时间的限制，耗费巨大的精力、心血，而这种付出与所得是难以对等的。由于教育工作本身固有的迟效性，教师的劳动成果要立竿见影是不大可能的，这使得教师劳动不易为人们充分理解。教师职业理想在教育实践中具有参照系的作用，它指导并调整着教师的职业活动。当教师在工作中偏离了理想目标时，教师职业理想就会发挥纠偏作用，尤其是在教育实践中遇到困难、阻力时，如果没有教师职业理想的支撑，教师就会心灰意冷、丧失斗志，严重影响教育质量甚至严重影响教育过程的顺利进行。只有在崇高的教师职业理想的激励下，忠诚于人民的教育事业，本着对人民负责、对党的教育事业负责，教师才能把自己的全部心血倾注在教育事业上，无论是顺境还是逆境都能奋发进取、勇往直前，创造性地工作，为社会主义现代化建设培养人才。

2. 培养热爱教育、乐于奉献的情感

热爱教育事业、乐于奉献最重要的是要正确看待教师的苦与乐，能够真切体会到教师职业的乐趣，才能甘为人梯、乐于奉献。教师职业一贯被比喻为"蜡烛"、"人梯"、"春蚕"，但这并不意味着教师职业仅仅是奉献，教师还要从中获得一种生命成长的体验，一种生命的意义感，感受到快乐和幸福。教师在"燃烧"自己、照亮别人的同时，也同样在照亮自己、发展自己。教育从本质上说是心灵和心灵的沟通，是情感和情感的交流，是生命和生命的对话，教育过程是一种师生共同地交融于一体的生命涌动的过程。教师职业的崇高之处，也是其他任何职业无法比拟之处，就在于从事这一职业的教师已经不能用人的自然生命来衡量其生命价值。教师的生命在无数学生的生命中得以延续和发展，在民族的生命中得以延续和发展。

乐于奉献固然是教师生命价值的体现，但同时，教师在奉献过程中也可以提升自己的生命价值，丰富自己的生命意义，实现奉献精神与自我发展精神的统一。这是教育和教师生命价值长远意义的体现。

二、立足本职、尽职尽责

热爱教育事业、乐于奉献的精神在实践中就是教师的敬业，就是教师自身对教育事业有正确的认识，对教师职业工作极端负责，对教育技术精益求精，表现出来就是乐业、勤业和精业。

（一）立足本职、尽职尽责的基本内容

《中小学教师职业道德规范》在强调教师对工作高度负责、不得敷衍塞责

的同时，特别强调教师在教学工作中要认真备课上课、认真批改作业和认真辅导。教学工作是学校实现教育目的、完成教育任务的重要环节，也是教育的主要内容。有利于学生身心发展的途径有很多，如学校教学、校园活动，各种形式的社会实践、家庭活动等，这些都成为现代教育中学校教育广泛运用的途径，各种途径相互作用影响学生的发展。但学校教育的主要途径目前仍旧是课堂教学，它也是教师主要的职业活动。教师的爱岗敬业首先就要表现为对教学工作恭敬认真、勤奋努力，不偷懒、不怠工，主要体现在认真备课上课、认真批改作业、认真辅导学生。

1. 认真备课上课

认真备课是上课成功的关键。所谓备课，就是在对讲授内容有深刻理解的基础上思考如何讲授这些内容，即如何组织教学活动。认真备课要求教师首先要认真制定课程的教学计划。课程的教学计划是反映一门课程的整体构想和进度，包括各种教学环节及学时分配，每次课的主要内容，复习、测验、考试的时间安排等，是组织学期教学的重要依据。其次，教师要认真研究教材，深入领会教材内容。教师一定要认真研究大纲、教材，认真地反复熟读，找出教材的特色，明确重点和难点，同时要广博地收集、阅读、积累有关资料，使自己的课能深入浅出，便于学生理解、掌握。再次，在充分了解学生的学习态度、认识能力、知识结构、兴趣爱好和班级学习风气等基础上，教师要精心编制教案，设计板书，理清讲课思路，突出重点，解决难点。这样才能有针对性地组织课堂教学活动。最后，青年教师还应当做好课前的试讲和课后的总结，通过反复的试讲和及时的总结，不断提高备课的质量。

充分的备课是上好课的前提。正如一首好的乐曲并不一定意味着一场好的演出一样，教师还必须掌握课程的讲述技巧。认真上课首先要求教师要做好教学组织工作，树立教师的中心地位，吸引学生的注意力。其次，要与学生建立平等的教学关系，诱发学生对课程提出问题，刺激学生的学习兴趣，尊重和满足学生的需要。再次，教师讲课过程中要做到清楚明白，层次清晰，具体生动。最后，讲课内容要中心突出，循序渐进，结合实际；语言表达要规范，言简意赅；板书简明、系统，教态自然大方。

2. 认真批改作业、认真辅导学生

课外作业是教学的重要环节。作业设计安排得当，就能帮助学生掌握知识和技能，增强他们的责任感，培养他们养成独立学习、工作的习惯。教师首先应精心设计作业。教师在布置家庭作业时要根据教学实际，结合学生的学习情况精心设计高质量的课外作业。作业应贯穿整个教学过程，使学生在教学活动中手脑并用，学思并重。作业要适合学生的实际，不能出偏、难、怪、错题，要以学生的能力为条件，适应学生的差异性，能够激发不同程度的学生完成作业的积极性。

除了精心设计作业外，教师应当认真批改作业。教师首先应当提示作业练习和进行示范。教师不能只是指定作业完事，应当对作业进行适当的提示，让学生明确作业的性质、范围、要求和完成方法。只有这样才能引导学生进一步学习相关知识，收集、阅读相关资料，采取正确的方法完成作业。其次，教师应当认真检查学生作业的完成情况。通过对作业的批改，了解不同程度学生对知识掌握的情况，有助于采取针对性的教学措施。最后，教师要注意对作业的评讲。作业完成后，不能仅仅满足于检查正误，还要对作业的情况进行评鉴，总结优点，发掘学生作业中的创造性思维和方法。对于出现错误的作业，要引导和鼓励学生查找原因，克服缺点，改正错误。教师一定要认真批改和评讲作业，缺乏评鉴的作业不是有效的作业。

教学不仅要传授知识，还要教会学生怎样学习，激发学生的学习兴趣，使学生掌握学习方法，解除学生的学习困难。教师对学生的指导、辅导是教学的重要环节，是培养学生良好的自学习惯和较好的自学能力的关键。教师应当坚持以教师为主导、学生为主体的新教学观，教给学生正确的学习方法。认真辅导学生，不仅要帮助学生掌握基本理论、基本知识和基本技能，还要注意对中小学生进行有益的心理辅导，帮助学生克服成长中的障碍。通过集体辅导、个别辅导、教育教学中的心理辅导以及家庭心理辅导等多种形式，帮助学生自我认识、自我接纳、自我调节，从而充分开发自身潜能，促进其心理与人格健康和谐发展。

（二）立足本职、尽职尽责的养成要求

教师要立足本职工作、尽职尽责地完成教育教学任务、达到预期的教学效果应当从以下方面严格要求自己，树立正确的职业态度和职业良心，从而履行好自己的职业责任。

1. 尊重教师的职业选择

教师应尊重自己的职业选择，学习雷锋同志的"干一行，爱一行，专一行"的精神。为什么要选择教师职业，这是每一个教师都要认真思考的问题。无论是为了一个稳定的工作，还是为了从教师职业中获得快乐和幸福，一旦一个人选择了教师职业，就要尊重自己的职业选择。其影响将伴随学生的成长和发展。一句鼓励的话，有可能造就一名杰出的科学家；而一句讽刺挖苦的批评，有可能毁掉一个具有创造性的灵魂。

中小学教师职业是崇高的，不能将之仅视为谋生的工具，更应肩负起神圣的职业责任。教师是否尊重自己的职业选择，是否热爱这份平凡的职业，很大程度上与其所追求的人生价值有关。以正确的价值观去看待自己所从事的教师职业，是一个教师敬业的基础。现实生活中，绝大多数教师是不可能从教师职业中获得丰厚的薪酬、优越的物质生活条件的。如果一个教师不能树立正确的价值观、人生观和职业观，就不可能真正地热爱教师职业，就不可能兢兢业业、任劳任怨地履行教师应尽的职责。

2. 遵守教师的职业行为规范

教师要做到尽职尽责，最基本的要求便是遵守教师的职业行为规范。虽然很难给教师的职业行为制定详细的行为规则，但一些普遍性的、基础性的职业行为规则和职业纪律还是可以统一制定的。各个学校要针对教师的职业活动制定一些统一的、具体的要求，对教师礼仪、教案书写、备课上课、作业布置、作业评讲、辅导活动和校园文化活动等提出明确的要求。这些规范的目的不是将教学活动变成工厂式的标准化作业，而是期望通过一些客观的标准来保证教学活动的质量。教师要正确认识这些规范，它们虽然不可能尽善尽美，但毕竟是一些基本的要求，应该严格执行。

教师除了遵守这些行为规范明确的要求外，还要在教育教学过程中，将这些原则性规定内化为自己的行为准则，制定更高的行动标准，提高教学各个环节的质量。教师的工作是无法通过外在的指标来要求的。同样是书写教案，可以通过分析学生，针对性地精心设计教学过程；也可以通过查阅资料，完全借鉴他人的教学教案。这两种情况从表面上看都是符合教学规范的，但教师的劳动付出和实际的教学效果具有显著差别。教师应在职业良心的支配下，严格遵守教师职业行为规范。

3. 不断提高自身业务水平

扎实的教学基本功是教师履行好自己职责的基本手段。要成为一名合格的人民教师，就必须掌握教学各个环节的教学技能。教育是一种有目的、有组织、有计划地培养社会新人的活动，通过教育可以大大缩短人的社会化的过程，提高人的社会化的质量。教师的职业活动就是通过知识传播，通过有目的的言传身教，以较短的时间、最好的效果把社会所积累的知识传授给学生。教师是否掌握教学技术、是否具备较高的教学水平，将会影响到人才培养的速度和质量。

教师应努力钻研业务，不断提高自身的教学水平。首先，要把握教育规律，掌握正确处理教与学的关系、传授知识和培养能力的教学规律，提高学校、家庭和社会在教育过程中的综合效应等。教师应当认真学习教育理论，在实践中探索、总结出适合学生发展的新的教育和教学规律。其次，教师应树立新的教育理念，坚持面向全体学生，坚持促进学生的全面发展，坚持培养学生自我学习、自我发展的能力。最后，教师应掌握教学各个环节的教育方法和技能。"教育是一门艺术"，教师钻研业务最终是要成为掌握这门艺术的"艺术家"。教师要在教育理论的指导下，通过自己的实践摸索出一套行之有效的教学方法，不断提高教育教学能力。

第三节　师德的灵魂——关爱学生

《中小学教师职业道德规范》第 3 条规定，教师应当"关爱学生。关心爱护全体学生，尊重学生人格，平等公正对待学生。对学生严慈相济，做学生良师益友。保护学生安全，关心学生健康，维护学生权益。不讽刺、挖苦、歧视学生，不体罚或变相体罚学生"。

关爱学生是师德的灵魂。亲其师，信其道。没有爱，就没有教育。教师必须秉持以人为本的理念，关心爱护全体学生，尊重学生的人格，平等公正对待每一个学生；对学生严慈相济，成为学生的良师益友。同时，教师有责任保护学生的安全，关心学生健康，维护学生的合法权益。关爱学生是爱岗敬业的前提，是处理教师和学生之间关系的基本准则，也是最重要的教师职业道德规范。

一、尊重和理解学生

教育教学过程中往往强调对学生的热爱、关心、保护和教育，其实，尊重和理解学生是对学生更高层次的关爱。约翰·高尔斯华馁说："人受到震动有种种不同：有的是在脊椎骨上；有的是在神经上；有的是在道德感受上；而最强烈的、最持久的则是在个人尊严上。"[①] 实践也证明，尊重和理解学生是产生良好教育效果的重要基础。

（一）尊重和理解学生的基本内容

尊重和理解学生，在思想上要将学生视为平等的主体，尊重学生的人格和自尊心；在行动上要平等、公正地对待每一个学生，尊重学生的合法权益。

---

① 约翰·高尔斯华馁：《福尔赛世家·出租》，上海译文出版社，1978 年版。

1. 尊重学生的人格和自尊心

苏霍姆林斯基指出:"没有自我尊重,就没有道德的纯洁性和丰富的个性精神。对自身的尊重、荣誉感、自豪感、自尊心——这是块磨练细腻的感情的砺石。"每个学生都有自己的人格和自尊心,都渴望得到教师的尊重和信任。教师的尊重和信任,会让学生感觉到自己的品德、才能得到认可,从而会增强学习的信心,获得前进的动力,自觉地向更高的目标发展。如果教师不尊重学生的人格,不管学生感受如何,也不管对错,不高兴就劈头盖脸地训斥,甚至讽刺、挖苦学生,这样势必会严重伤害学生的自尊心,使学生畏惧老师,产生自我否定的负面情绪。这不仅挫伤了学生的学习积极性,还会影响学生的心理健康和成长。

在教育过程中学生难免会犯这样那样的错误,但教师绝不能嫌弃、挖苦、训斥,更不能打骂、体罚,这样都会伤害学生的自尊,引发逆反情绪和对抗行为。这样只能暴露出教师的褊狭和无能。教师要时刻注意保护学生的自尊心,给他们以充分的信任,对他们取得的成绩和存在的不足要客观、公正地给予评价,并要珍惜学生对自己的信任和敬爱,加强沟通交流,加深感情,成为知心朋友。在尊重学生的同时不要忘记去理解学生,理解他们的所思所想,理解他们的喜怒哀乐,理解他们对未来的憧憬和幻想。教师只有尽可能地理解学生的一言一行,才能真正做到尊重学生的人格和自尊心。

2. 平等、公正地对待每一个学生

苏霍姆林斯基指出:"很难想象还有什么比由于不公正而产生的情感上的麻木更能摧残儿童心灵的了。"教师与学生在人格上是平等的,只有平等、公正地对待学生,才能真正建立起良好的师生关系,打通教育的通道。学生彼此的地位是平等的,每名学生都希望得到教师平等、公正的对待。无论是学习成绩好的学生,还是学习成绩差的学生,教师都应一视同仁,用同一个标准对待他们。早在 2500 多年前,孔子就提出了"有教无类",这是人类教育史上第一次提出教育公平的口号。孔子的三千弟子,大多出身贫贱,堪称富贵者寥寥,甚至像子路那样的声名不佳之辈,也未受歧视,最终成为孔门高徒。

平等、公正地对待每一个学生是教育公平的体现,也是社会主义教育事业对教师的基本要求。如果教师将学生分成等级,亲疏有别,以自己的喜、怒、哀、乐牵制于学生,使学生受到歧视和不公正的待遇,甚至讽刺、挖苦,可能对学生的精神世界造成极大的伤害。寸有所长,尺有所短,学生的差异性必然存在。教师要善于发现每个学生的闪光点,并且视同至宝,精心呵护与引导。即使是所谓的"差生",也应该相信他们不是天生就无能,而是一群"才能未被开发之人"。陶行知曾经告诫教师："你的教鞭下有瓦特，你的冷眼里有牛顿，你的讥笑中有爱迪生。"轻易地伤害学生的自尊心，意味着扼杀人才。教师要平等对待成绩好和成绩差的学生；平等对待智力与能力高低不同的学生；平等对待听话和不听话的学生；平等对待不同家庭背景的学生。只有这样，才能避免偏颇，平等、公正地对待每一个学生，才能让学生感受到师德中平等、公正的魅力。

3. 尊重学生的合法权益

每个学生在学校、家庭和社会生活中都有自己的合法权益。教师应当充分认识受教育者的这些权益，尊重、保护学生的合法权益。除了学生作为公民应当享有的生命权、健康权、人格权、自由权等基本权利外，教师在实践中要特别尊重和维护学生在教育中的基本权利。我国义务教育法第4条规定："凡具有中华人民共和国国籍的适龄儿童、少年，不分性别、民族、种族、家庭财产状况、宗教信仰等，依法享有平等接受义务教育的权利，并履行接受义务教育的义务。"教师要保护学生接受义务教育的权利，现实中存在的不让学生听课、甚至开除学生都是严重违法的。

我国教育法第42条规定："受教育者享有下列权利：（一）参加教育教学计划安排的各种活动，使用教育教学设施、设备、图书资料；（二）按照国家有关规定获得奖学金、贷学金、助学金；（三）在学业成绩和品行上获得公正评价，完成规定的学业后获得相应的学业证书、学位证书；（四）对学校给予的处分不服向有关部门提出申诉，对学校、教师侵犯其人身权、财产权等合法权益，提出申诉或者依法提起诉讼；（五）法律、法规规定的其他权利。"学校和教师在教育过程中，要严格遵守法律规定，尊重学生的合法权益，保证学生能够全面、充分地享有这些受教育的权利。

（二）尊重和理解学生的养成要求

教师要做到尊重和理解学生，就应转变教育观念，树立科学的学生观，努力提高自身的综合素质，才能获得学生的尊重和热爱，才能在相互尊重和理解的基础上建立平等的师生关系，成为学生的良师益友。

1. 树立科学的学生观

教师的学生观是教师对学生的最基本的看法，是教育过程中教师对学生采取何种态度和采取何种教育方法的出发点、依据。它支配着教育行为，决定着教育者的工作态度和工作方式。学生观是教育观的核心，是调节教师和学生关系的思想基础。树立科学的学生观，对于建立新型的师生关系具有重要意义。

在传统的学生观中，学生是被压制和被塑造的、缺乏独立性的受教育者。

在封建时代，在父权、君权思想和尊卑有序思想的影响下，形成了"师为上，生为下；师为主，生为仆；师为尊，生为卑"的封建宗法制学生观。在这种学生观下，学生被视作教师的隶属品，缺乏主体地位和人格尊严，学生在教育中沦为被灌输的对象。学生在教育中的任务就是在教师的决定作用下亦步亦趋地达到某种知识与道德体系的标准，"非礼勿视，非礼勿言，非礼勿动"成了学生不能逾越的准则，严重抹杀了学生的个性、创造性和进取精神。这种观念深深地影响着许多教师，导致了他们对学生产生偏见，不能对学生做出正确的评价，严重束缚了学生的发展。

树立科学的学生观，教师就应转变教育观念，坚持"以人为本"的理念，把学生作为教育的主体，促进学生的全面发展。现代学生观将学生视为具有独立人格、思想感情、主观能动性和认知潜能的教育对象。在教育中，教师不仅要尊重学生的人格尊严，而且，还必须将学生视为主动、积极的、有进取精神和创造性的学习者；在教育教学活动中要给学生自由想象与创造的时间和空间，把精神生命发展的主动权交给学生，使学生真正成为学习活动的主人。与此同时，由于每个学生都具有独特个性，教师在教育中要承认和接受学生个体发展的差异性，因材施教，促进学生的个性化发展。除此之外，在教育中，教师必须把学生作为完整的人来对待，注意还学生完整的生活世界，给予他们全面展现个性的时间和空间。

教师必须以发展的眼光看待学生，把学生作为一个发展中的人来对待，要理解学生身上存在的不足，允许学生犯错误，并努力帮助学生改正错误，从而不断促进学生的进步和发展。在对学生进行有效的教育和管理的同时，教师还必须注意尊重和保护学生的合法权利。教师应真正地把学生当做"学生"，当做"朋友"，当做"老师"，当做"同学"，尊重学生的生活经验和独特体验，充分关注每一个学生身上蕴藏着的丰富、独特的发展"资源"。现代教育要求教师由以往单纯的"传授"、"改变"和"塑造"转变为对学生潜能的"唤醒"和"开发"，从而实现学生独立人格、自由个性全面发展。

2. 努力提高教师的综合素质

教育家加里宁说过："如果教师很有威信，那么这个教师的影响就会在某些学生身上永远留下痕迹"。可见，教师的威信影响教育的效果和成败，而教师的威信来源于教师的综合素质和日常的师德行为。杜勃罗留波夫在《论人民教师的威信》中就这样说："有人说：'师生间最不幸的关系，是学生对教师学问的怀疑。'我还要加一句，如果儿童的怀疑涉及到教师的道德方面，则教师的地位更为不幸了。"只有具备高尚的品德、优良的综合素质的教师才能获得学生的尊重和信任。青少年具有很强的求知欲，都希望从教师那里获得更多的知识。如果一个教师在课堂上表现出欠缺对相关知识的把握，东拉西扯，不能清晰、系统地进行讲授，甚至出现明显的错误言论，都会使学生怀疑教师的能力，从而看不起教师。

在科学技术迅猛发展的今天，教师应努力学习新的科学知识，特别是学生特别关注的知识领域，这样才不会在学生向教师求教时一问三不知，失去威信。教师要尊重理解学生，必须要获得学生的尊重和信任。为此，中小学教师除了要具备扎实的基础知识、精深的学科知识外，还要学习和掌握教育学、心理学、社会学等相关知识，加强师德修养，不断提高自身的综合素质。

3. 加强与学生的沟通交流

良好的沟通是构建平等、和谐师生关系的桥梁。保持沟通渠道的畅通，能够促进师生的相互了解，互敬互爱。在沟通中，教师应当把握以下原则。

（1）关注学生的心理状态，设身处地为学生着想

尊重和理解学生，设身处地为学生着想，要求教师站在他们的角度，去体味他们的内心感受。苏联著名教育家赞科夫说过："敏锐的观察力是一个教师最可宝贵的品质之一。对一个有观察力的教师来说，学生的欢乐、兴奋、惊奇、疑惑、恐惧、受窘和其他内心活动的最细微的表现，都逃不过他的眼睛。一个教师如果对这些表现熟视无睹，他就很难成为学生的良师益友。"因此，教师要注意把握沟通学生的心理状态，一切以学生的内心感受为重，从"心"开始，真诚、亲切、细致，不能急功近利。教师在与学生沟通时，要就事论事，不要去翻旧帐，更不能对其个性强制压抑；否则，会给学生造成伤害，导致学生产生对立情绪。

（2）在与学生合作和共同分享中沟通

在进行课堂组织、班级管理的时候，要加强与学生的合作；和学生交流避免命令可以减少对立。当碰到一些棘手的问题要主动放弃与学生争辩，因为辩论只会带来反辩，特别在课堂上学生出现轻微不当行为的时候，改变课堂气氛比设法改变学生的想法，更容易得到学生的合作。无论是胜利还是失败，教师始终应该与学生共同经历、感受和体验，与学生分享，把自己置于学生的群体中，同欢喜、共悲伤。这样分享、共情的沟通才能激发出学生的内心真切的情感，才能真正地了解学生的内心世界。

（3）熟练运用多种沟通技巧

沟通的方式、方法、渠道，随着社会发展已经越来越多，除了传统的面对面交谈、作业批注、家访，教师还可以借助电子邮件、聊天软件等，同学生进

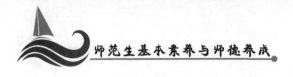

行立体化的交流。教师在沟通中要注意沟通的方式和技巧,专心倾听,用爱心接纳每个学生,用诚心赞美鼓励学生,坚决杜绝沟通过程中的藐视、抱怨、窥探隐私、苛刻盘问、辱骂、恐吓,设置圈套、"线人"等不良的行为。沟通要真诚,而不能造作,虚情假意不能达到教育的目的,反而让学生感到反感。

(4)抓住沟通的最佳时机

沟通是要讲求实效性的,教师在与学生沟通时,要善于抓住最佳时机,及时进行沟通。在取得成绩骄傲时、在碰到挫折低沉时、在结交了不良的朋友时、在碰到了学习的障碍时、在大考前焦虑时,教师都要加强与学生进行交流。如果错过了时机,学生内心的负面情绪会成倍增长,就会加大沟通的难度,增大对后面教育教学效果的不利影响。

二、关心和爱护学生

尊重和理解学生是关心和爱护学生的前提,只有真切地了解学生的心理状态、行为背景、现实需求,才能真正地关心和爱护学生;只有真心地关心学生,切实维护学生的权益,才是对学生真正的尊重和理解。那种对学生不管不问、敬而远之的"客户"式的尊重实质上是对学生人格的轻视,是对教育事业的极端不负责任。

(一)关心和爱护学生的基本内容

关心和爱护学生要求教师在尊重和理解学生的基础上,能从高度的责任心和社会责任感出发,保护学生的安全,关心学生的健康,维护学生的权益,严格要求、教育学生,为国家、为社会培养出德才兼备的社会主义建设人才。

1. 保护学生安全

保护学生安全,不论是从法律角度,还是从职业道德角度,都是教师必须承担的责任。中小学教师面对的是未成年人,处在成长中的青少年,他们缺乏成年人那样的判断与处置能力,教师要成为他们校园生活、社会生活中的引领者、组织者。教师不仅要传授主要的学科知识,也应开展生命安全、生命价值的教育,引导学生认识生命、珍惜生命、尊重生命和热爱生命,掌握基本的自我安全保护的技能,促进学生的健康成长。

在保护学生安全方面,"范跑跑"事件和"杨不管"事件影响恶劣,发人深省。2008年5月12日,汶川发生地震时,四川某学校的一位老师不顾学生,本能地猛冲下楼,第一个到达操场。事后,该教师发表《那一刻地动山摇》的帖文说:"在这种生死抉择的瞬间,只有为了我的女儿我才可能考虑牺牲自我，其他的人，哪怕是我的母亲，在这种情况下我也不会管的。"其逃跑行为和帖文中的言论引发大家的热议。同年，安徽省一中学发生"杨不管"事件。在课上到大概一半的时候，坐在第三排的陈某和杨某不知为什么突然发生了争执，随后在课堂上当着正在上课的教师的面两人打起来，而且越打越凶，最后导致其中一人死亡。授课教师杨老师并未加以制止，也没采取任何措施，而是继续上课直至下课。

我国教师法明确规定，教师要"关心、爱护全体学生"，要"制止有害于学生的行为和其他侵犯学生合法权益的行为"。我国未成年人保护法也规定，保护未成年人是全体成年公民共同的责任。《中小学教师职业道德规范》中更是明确规定教师应"保护学生安全"。因此，当学生的生命安全受到威胁时，无论当时面临的是什么样的危险状况，作为一位教师，选择主动回避、畏缩不前或无动于衷都是违背职业道德，违反法律规定的行为。

现实中，许多教师在危险来临之际，交出了完美的答卷，谱写出一曲曲爱的赞歌。他们为了保护学生的生命，用柔弱的血肉之躯、用鲜活的生命为学生抵挡了死亡，用爱和无私撑起了希望的天空，把生的希望留给学生，把死的危险留给自己。在"5·12"汶川大地震中，面对突如其来的灾难，有许多教师没有选择逃避，而是始终把学生的生命安全放在首位，舍生忘死，奋不顾身，保护学生。例如，德阳市汉旺镇东汽中学教导主任谭千秋老师，地震时张开双臂趴在课桌上，他的后脑被楼板砸得深深凹下去，但身下护着的4个学生却安然无恙。汶川县映秀镇小学29岁的数学老师张米亚，跪扑在废墟中，双臂像雄鹰展翅般张开，紧紧搂着两个依然存活的学生，他紧抱孩子的手臂已经僵硬……这些英雄的教师们用血肉之躯为他们的学生牢牢把守住了生命之门，用行动和生命诠释了保护学生安全的含义。

2. 关心学生健康

健康是教育的基础。近代思想家、教育家严复在《实业教育》一文中写道："教育之要，必使学子精神筋力常存朝气，以为他日服劳干事之资。"没有健康的体魄，无论是学习、工作，还是生活，必然受到很大的影响。早在上世纪50年代，针对当时学生负担过重、身体素质下降的状况，毛泽东就写信给时任教育部长马叙伦说："此事宜速解决，要各校注意健康第一，学习第二。营养不足，宜酌增经费。学习和开会的时间宜大减。病人应有特殊待遇。全国一切学校都应如此。"

学生健康包括身体健康和心理健康两个方面。在身体健康方面，目前我国中小学生课业过重，身体素质严重下滑，肥胖增加，近视率持续走高，已经引

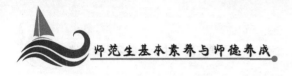

起整个社会的担忧。教师应关心学生的健康，引导、督促学生加强锻炼，不得随意侵占学生的休息、娱乐、体育锻炼的时间。在心理健康方面，据调查发现，部分学生存在强迫症状、人际关系敏感、抑郁等明显的心理健康问题。

关心学生健康首先要增强他们的体质，保持身体健康。生理学研究表明，中小学生是人体生理发育成熟的关键时期。在此期间，采用科学的锻炼方法，合理安排运动量和运动强度，可以促进身体形态与功能的生长发育，增强体质，提高健康水平；相反，如果错过青春期身体锻炼的黄金时期，将会影响、阻碍和制约身体的生长发育，削弱各器官系统的活动能力。因此，教师要切实减轻中小学生过重的课业负担，让他们跳出题海，走出课堂，亲近自然，积极参加文体娱乐和社会实践活动，强身健体，增长才干。其次，要关心学生的心理健康。良好的心情、健康的心态，不仅能提高人的免疫功能，抵御各种疾病的侵袭，还能提高学习和工作效率。教师要针对中小学生的思想和心理状况，有计划地抓好心理健康教育，及时发现学生存在的心理问题，帮助他们排除各种心理障碍，引导学生养成健康人格，树立正确的世界观、人生观、价值观。

3. 维护学生的合法权益

学生的合法权益是指学生在教育教学活动中依法享有的各种权利。学生的权利是与其身份和法律地位紧密相连的。在教育过程中，学生有双重身份，既是公民，又是正在接受教育的未成年学生。这决定了他们享有权利的特殊性：作为公民，他们享有法律所规定的公民应享有的各项权利；作为学生，他们还享有受教育者的各项权利。青少年学生，特别是中小学生，他们大多未满18周岁，是无民事行为能力和限制民事行为能力的人，他们的身心发育尚未成熟，还不能完全准确地辨别是非和保护自己。因此，教师对其权利必须给予特别的关心和保护。

教师要以学生健康成长为出发点，充分尊重和保护学生的各项权利，维护学生的合法权益。现实社会中，学生因为年龄和相关的生理因素的关系，在学校中成为相对弱势的群体。儿童和青少年处于个体生理、心理发育的重要时期，正在发育成长过程中，尚有一定的依赖性而没有完全独立，自立能力较差。他们正处于社会化的重要阶段，其核心任务是获得主要的社会资格、能力。在这一过程中，无论是身心的发展、社会道德规范与意识的养成，还是知识与技能的获得，都需要家庭、学校和社会的支持，需要给予特殊的关心照顾。

作为教师，要树立师生平等的观念，尊重学生，充分认识到在人格尊严上师生之间是平等主体，对处于弱势地位的学生应给予加倍的呵护，坚决同一切损害学生权益的行为作斗争，认真维护他们的合法权益。在加强学校的保护、教师的保护、家长的保护以至社会的保护等外部力量的同时，要提高学生自我保护的意识和能力。学生保护自己的意识、能力提高了，外在的保护才会发挥更大的效力。因此，教师要帮助学生获取这种能力，教育学生学会利用法律武器保护自我，维护自身的合法权益。

（二）关心和爱护学生的养成要求

教师要关心和爱护学生，了解和信任学生，加强同学生的交流沟通，成为学生的知心朋友；同时，要爱而不溺，严格要求学生，要关心和重视培养学生集体。

1. 了解和信任学生，成为学生的知心朋友

全面了解学生是教育的起点。要关心和爱护学生，就要了解、信任学生，这样才能产生情感共鸣，成为学生的知心朋友。现阶段，绝大多学生都是独生子女，他们具有鲜明的个性，他们渴望得到老师和同学的尊重、信任。对此，教师一方面应根据学生的情绪变化和行为举止观察学生内心的状况；另一方面应敞开心扉，与学生进行真诚沟通，使学生愿意向教师倾诉真情。从表面上看，学生之间的差别不大，其实，每个学生都有自己独特的个性。如果教师不了解、不信任学生，就不可能给学生真正的关心。如果教师不能及时发现学生遇到的问题、困难，就不可能切实地保护学生的权益。教师既要了解学生个体的过去和现在，也要了解学生成长的家庭环境和社会环境；既要了解学生的外在优缺点，又要了解学生的内心世界。

随着年龄的增长，学生往往会把自己遇到的困惑、苦恼隐藏起来，不愿意对教师或家长说。一项针对初中学生的调查"你的心事最想向谁说"，选择的对象有父母、教师、同学、朋友。结果显示：选择朋友的最多，占 69.8%；选择父母的占 20.5%；选择同学的占 7.3%；而选择老师的只有 3%。这表明，当学生遇到困惑时，首先想到的是朋友，因为家长和教师通常是以居高临下的教育者姿态出现，很难让学生敞开心灵交流，也很难沟通理解。这样下去，教师将很难了解到学生可能面临的心理问题，不能及时、正确地疏导，会严重影响学生的身心健康。教师要虚心听取学生的意见，不摆架子，把学生当做自己的朋友，信任学生，从而努力成为学生的知心朋友，成为学生愿意倾诉的对象。

2. 严格要求学生

教师对学生的关心和爱护，不是基于亲缘关系，也不是基于个人需要，而是基于教育事业的要求。这种关爱包括对学生的严格要求和耐心教导。关爱学

生，不是要溺爱、宠爱学生，而是要严格要求、从严治学。没有严格的要求就没有教育。教师严格要求学生，但不能提出不切实际的要求，也不能一味斥责，要严得合理、严得适当。教师严格要求学生应当注意以下要求。

（1）教师要严而有理

教师对学生提出的要求要符合教育方针和政策的要求，要有利于学生的身心健康，要有利于学生的学业进步和品行养成；以道理去修正学生的不良习惯，让学生心服口服，心甘情愿地接受教师的严格要求。

（2）教师要严而有度

教师提出的每个要求都要符合学生的年龄和身份特点，符合学生成长的规律。如果教师的要求过严，脱离实际情况，学生无法达到，这种严格要求就失去了激励学生成长的意义。教师对不同程度的学生应区别对待，适度地要求学生。

（3）教师要严而有方

教师要采取适当的方法，耐心说服，正面疏导，才能使严格要求达到预期的目的。那种居高临下、盛气凌人式的说教只会使学生表面服从，内心反感。

（4）教师要严而有恒

教师对学生的严格要求要持之以恒，决不能时紧时松。既然对学生提出了较高的标准，就要毫不松懈地要求到底，要常要求、常检查、常督促，将要求落到实处，直到学生达到要求、养成良好的学习生活习惯为止。

（5）教师要严而有细

教师在严格要求过程中要关注细节，尽可能地了解和发现学生生活、学习、思想、活动和家庭中存在的问题，及时引导和规范学生的轻微不良行为，防患于未然，避免其酿成大错，贻误终身。

3．特别关心和爱护后进生

由于学生在智力、个性等方面存在差异，每个班级总会有一些后进生，他们大都对学习不感兴趣，缺乏前进的动力和自信心。如果教师对这部分学生一开始就丧失了信心，长此以往，他们的学习热情就会受到压抑、伤害，就会自暴自弃，导致其学习始终学不好，成为名副其实的"差生"了。

教育实践证明，许多后进生在智力方面不存在问题，而是未得到及时的关心和帮助。教师无论是在日常生活中，还是在教学活动中，对后进生都要格外关心和爱护，多了解他们的思想状况和学习困难，不失时机地激励他们学习进步的愿望。教师在日常教学过程中可以采取多种措施，如加强与后进生的沟通、引导优秀学生与后进生交朋友、上课提问时鼓励后进生回答、耐心解答后进生的问题、当面批改后进生的作业、班主任和科任老师分别帮助一两个后进生等，为后进生创造获得成功的机会，让他们体验到学习的快乐。

后进生的不良行为往往是由自身的错误观念和外部的各种诱因所引起的。这要求教师要深入细致地了解和分析造成学生后进的原因，有的放矢地开展教育工作。后进生在转变阶段往往要经历多次反复。这要求教师在教育过程中，要保持耐心，动之以情，晓之以理，持之以恒。只有这样，才能使后进生知理、明理、讲理，提高自身的思想觉悟和认识水平。教师关心、爱护每个学生，更要格外关注后进生，善待他们，给他们创造同等成才的机会，帮助他们克服自卑，树立自信心，健康地成长。

第四节　教师的天职——教书育人

《中小学教师职业道德规范》第4条规定，教师应当"教书育人。遵循教育规律，实施素质教育。循循善诱，诲人不倦，因材施教。培养学生良好品行，激发学生创新精神，促进学生全面发展。不以分数作为评价学生的唯一标准"。

教书育人是教师的天职，也是教师根本的道德责任。教师教书育人要遵循教育规律，树立科学教育观，实施素质教育，不以分数作为评价学生的唯一标准。在教育过程中，教师要善于运用现代教育技术，循循善诱，诲人不倦，因材施教，培养学生的良好品行，激发学生的创新精神，促进学生的全面发展。

一、遵循教育规律、因材施教

教育规律就是教育系统在其运动发展过程中内部诸要素之间、教育系统与外部环境（物质的、精神的，社会的）之间的一种本质或必然的联系，是教育现象同其他社会现象或教育现象内部各构成要素之间的固有矛盾，或彼此间的内在联系。中小学素质教育是一项庞大的系统工程，也是一项长期的任务、使命，只有遵循教育规律、因材施教，才有可能促进学生的全面发展，完成素质教育的目标。

（一）遵循教育规律、因材施教的基本内容

教师要认真学习和掌握教育规律，树立素质教育的理念，在教育过程中要循循善诱、诲人不倦；在教学中针对程度不同的学生，坚持因材施教。

1. 遵循教育规律，实施素质教育

素质教育是以提高民族素质为宗旨的教育。它是依据教育法规定的国家教育方针，着眼于受教育者及社会长远发展的要求，以面向全体学生、全面提高学生的基本素质为根本宗旨，以注重培养受教育者的态度、能力，促进他们在德智体等方面生动、活泼、主动地发展为基本特征的教育。素质教育是教育改革深化和发展的需要在教育理论和思想认识上的产物，是一个具有鲜明时代特征和重要理论价值的命题。素质教育是针对应试教育的弊端提出来的。在传统的应试教育模式中，关心的是如何考高分，关心的是应试能力，它不关心其他能力甚至排斥其他能力，也不关心应试能力的社会应用。应试教育存在的误区有：一是忽视了教育的全体性，把目光盯在少数升学有望的学生身上，置多数学生的利益于不顾，只为了少数学生能够通过考试进入好的中学或大学，片面强调和追求升学率，从而使基础教育成为面向少数人的教育；二是忽视了教育基础性，在教育内容上尽量减少德育、体育、美育和生产劳动教育，只重视与考试相关的学科知识的传授；三是忽视教育的全面性，不重视学生能力与心理素质培养，追求的是片面发展，而不是全面发展，甚至把学生当做考试的"机器"、分数的"奴隶"，根本违背人才培养的规律。素质教育是面向全体学生的教育，是为了提高全体受教育者综合素质的教育，其从本质上说，是以提高国民素质为宗旨的教育。素质教育要求教育者要着眼于受教育者群体和社会长远发展的要求，发挥自己的创造精神，培养学生的基本素质和终身学习的能力，促进学生可持续地自主发展。

遵循教育规律开展教育教学，是成功实施素质教育的关键。教育规律涉及教育者、受教育者、教育内容、教育方法和师生互动过程等诸多方面。在中小学日常教育教学过程中要遵循教育规律，应注意以下要求。

（1）把握中小学生身心发展的规律

中小学生的年龄跨度大，身心发展所处阶段多样，教师应准确把握处于不同发展阶段学生的身心发展特点，适时地设计和组织不同的教育活动。

（2）掌握学科学习本身的特点与教学规律

不同的学科在知识体系、理论假设、方法论上差别很大，教师应寻找学科教育与学生特点的最佳匹配点，找到学生的最近发展区，对于提高学科人才培养水平非常重要。

（3）遵循学习的规律

学习本身有很多规律可循，教师应遵循学习规律，科学地组织教育教学过程，有意识地指导学生掌握科学的学习方法，对提高课堂教学质量极为重要。

（4）重视动机与情感影响学习活动的规律

动机和情感是影响学生学习的重要因素，教师的教育风格、师生关系的状况等均对学生的学习有重要影响。

（5）注重评估方式对教育教学的导向作用

教师应加强对学生自我学习能力、实践创新能力的考核，重视在平时的教学过程中开展形成性与终结性评价，将有利于创新精神的培养。

（6）强调学生的参与和体验

学生对学习过程的参与和体验在知识转化为能力、观念转化为行为的过程中发挥着催化剂的作用。教师在教学过程中，通过科学、合理地给学生提供大量亲身参与、实践体验的机会，能够有效地提升人才培养质量。

总之，不断加强对教育规律的研究与认识，并在教育教学过程中自觉遵循，是教师做好教书育人工作、提高素质教育实施效果的重要前提，也是全面提升中小学教育质量的重要基础。

2. 循循善诱、诲人不倦、因材施教

循循善诱是孔子教育艺术的精髓。"循循"是指教师要遵循教育规律，由浅入深，由表及里，由此及彼，举一反三，融会贯通，有步骤、有顺序地开展教学活动，它体现的是教育的智慧。"循循"要求教师在开展教育教学前要精心的准备、精密的思考，要重视学生的学习规律，要关注学生的成长规律，不能随心所欲、自以为是地组织教学活动。教师在"循循"基础上还要"善诱"。"善诱"指善于启发，擅长诱导，体现了教学艺术之境。循循善诱可谓教育的至高境界。这种境界要求教师能够把握教育的真谛，吸引学生，让学生兴趣盎然，乐此不疲，欲罢不能。循循善诱不是为了哗众取宠、自我展示，也不能喧宾夺主，而是处于对学生的爱和情，真心加耐心基础上的因材施教。

诲人不倦是指教师在教学过程中要特别耐心，从不厌倦。孔子曰："学而不厌，诲人不倦。"这两句话是孔子对自己的要求，同时也是孔子为后世的教师立定的一根标杆。教师不但自己要不断学习、学明白，还有责任让学生明白。诲人不倦是教师的爱，教师的天职。教师要热爱学生，视学生如自己的孩子、亲人，只有这样才能做到诲人不倦。倾心倾力、心无旁骛地教一时容易，教一辈子不容易；耐心细致、锲而不舍地教几个、几十个容易，教一批又一批学生不容易。孟子曰："老吾老以及人之老，幼吾幼以及人之幼。"教师只有把对自家孩子、自己亲人的那份爱心发挥出来、推广开来，才能真正做到有教无类、循循善诱、诲人不倦。

只有因材施教，才能做到循循善诱、诲人不倦。因材施教是教学中一项重要的教学方法，要求教师在教学中根据不同学生的认知水平、学习能力以及自身素质，选择适合每个学生特点的学习方法来有针对性地教学，发挥学生的长

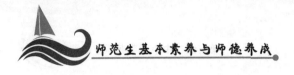

处，弥补学生的不足，激发学生学习的兴趣，树立学生学习的信心，从而促进学生全面发展。

因材施教要求教师要留意观察、分析学生学习的特点。对待学习成绩差的学生，要做具体分析、区别对待，从动机的激发维持和学习方法的指导等多方面入手，采取不同的措施，使学习成绩差的学生能够在自尊、自信的状态下学习。教师要根据对学生学习风格的了解，在教学过程中有针对性地采取风格相配的教学方式。教师不仅要分析、把握学生的学习风格，而且要引导学生认识自己的学习风格特点，促使学生把学习风格转化为学习策略。因材施教并非是要减少学生的差异性。实际上，在有效的因材施教策略影响下，学生学习水平的发展差异可能会更大，因为能否更充分地得益于受教育条件，这本身就是个体潜能高低的表现。在较适宜的学习条件下，潜能低者能够开发出潜能，潜能高者会发展得更快。教师应帮助不同水平的学生制定不同的发展规划，这样才能有意识地进行培养，真正做到因材施教。

3. 全面考核、科学评价

教育家苏霍姆林斯基曾告诫教育者："不要让上课、评分成为人的精神生活的唯一的、吞没一切的活动领域。如果一个人只是在分数上表现自己，那么就可以毫不夸张地说，他等于没有表现自己。而我们的教育者，在人的这种片面表现的情况下，就根本算不得教育者——我们只看到一片花瓣，而没有看到整个花朵。"不以分数论英雄，教师不能为了达到上级制定的某些指标而一味地去追求学习成绩，这实属杀鸡取卵，得不偿失。成绩只是学生一方面能力的体现，不能将其作为衡量他的所有能力的体现。《中小学教师职业道德规范》特别强调"不以分数作为评价学生的唯一标准"，就是为了避免这种唯分数论、唯升学论的片面考核方式。

每一位学生的一生是否有成就，不会简单由他的一次或几次考试来决定，要看他将来在社会上如何发挥自己的才能、起着什么样的作用。教育的根本目的是培养人的能力、提高人的素质，而不是为了在考试中取得好的成绩。因此，作为教师，应坚持对学生进行全面考核、科学评价，促进学生的健康成长。科学的评价体系不仅要关注学生的学业成绩，而且要发现和发展学生多方面的潜能，了解学生发展中的需求，帮助学生认识自我，建立自信；发挥评价的教育功能，促进学生在原有水平上的发展；同时，科学的评价体系还要能促进教师不断提高，强调教师对自己教学行为的分析与反思，建立以教师自评为主，校长、教师、学生、家长共同参与的评价制度，使教师从多种渠道获得信息，不断提高教学水平。

（二）遵循教育规律、因材施教的养成要求

教师要做到遵循教育规律、因材施教，就要正确认识和理解教育规律，转变教育观念、改革传统的人才培养模式，这样才能在实践中探索和创新教学模式，提高教学质量。

1. 正确认识和理解教育规律

教师首先要认识什么是教育规律。"教育规律所要回答的是：'教育怎样运动发展'，它所揭示的是教育的运动和发展所必然受到的制约因素，或其所必然遵循的逻辑轨道"。"我们对教育基本规律的探索，必须始终遵循三点：其一，我们所概括出来的教育基本规律必须具备客观性、必然性和普遍性三种属性，三者缺一不可；其二，根据'规律就是关系'的界定，我们所概括出的教育基本规律，必须能够说明是什么事物之间的关系和是怎样的关系；其三，这种规律必须是对一切教育有效，而且只对教育有效"。[①] 教育的对象是人，而人又是精神与物质、生理与心理的统一体。因此，不能仅仅从"物"的角度来认识和理解教育规律，更应从"人"的角度来认识和理解教育规律，把教育规律看做是各教育主体参与其中共同生成的教育活动的规律，它渗透着教育活动中主客体、主客观的能动统一。教育规律不是刚性的规律，在实践中具有生成性、价值性和或然性的特点，即会随着教育主体的活动不断地生成、演变，同时受制于教育主体的价值观，在揭示教育现象和周围因素以及教育内部存在的必然性联系外，还存在一定的或然性。教育规律不是一成不变的，教育活动本身是非常复杂的，教育内部诸要素以及教育活动之间的各种关系的非线性复杂性，以及相互作用的因果不对等性，使得教育活动及其过程具有多样性和不确定性，其变化发展表现为一定的或然性。因此，教育规律不是唯一的，不同的教师在不同的教学环境下遵循教育规律形成的教学方法也存在差异。

虽然教育规律存在一定的或然性，但教育规律是客观存在的，仍然是指导教师教育教学的重要准则。教师要认真学习，在实践中摸索和掌握教育与社会、政治、经济、文化之间的关系，教育与青少年成长之间的关系，学校教育、社会教育、家庭教育之间的关系，教育目标与教学之间的关系，课内和课外教育之间的关系，智育与德育、体育、美育、劳育之间的关系，智育中教育者的施教与受教育者的受教之间的关系，学生学习动机、学习态度、学习方法与学习成绩之间的关系等客观规律，从而提高自己对教育活动的认识水平，提

---

① 孙彩平：《教育规律中的量——兼析教育负效功能的存在机制》，《教育理论与实践》1999 年第 8 期，第 14～17 页。

高教育教学的质量。

2. 转变教育观念，改革教学模式

教师要转变传统的只注重具体学科知识传授和掌握的教育观念，根据素质教育的要求改革教学模式。《中共中央国务院关于深化教育改革，全面推进素质教育的决定》中要求，"智育工作要转变教育观念，改革人才培养模式，积极实行启发式和讨论式教学，激发学生独立思考和创新的意识，切实提高教学质量。要让学生感受、理解知识产生和发展的过程，培养学生的科学精神和创新思维习惯，重视培养学生收集处理信息的能力、获取新知识的能力、分析和解决问题的能力、语言文字表达能力以及团结协作和社会活动的能力"。

首先，教师应把教学视为学生学习的一个过程，充分发挥学生的主体作用，让学生主动学习、独立思考，把提高学生的学习能力和思维能力作为教育目标。教师应把教育教学过程变成培养学生创造精神、激发学生创造力的过程，不仅向学生传授现成的知识，更要引导学生探索未知的领域，让学生不仅接受解决问题的现成答案，还要学生自己寻找解决问题的独创性方法。

其次，改革"以学科为中心"的教学模式，要以学习者为中心，按照学生的需要和能力实施学科教学，充分开发具有不同禀赋学生的潜能，让具有不同基础和潜能的学生得到充分发展的机会。

再次，教师要在课堂中营造自由探讨、标新立异的氛围、环境，创造机会让学生参与和体验知识产生、发展的过程。教学过程中既要提倡相互学习、相互帮助，又要公平竞争，激励进取和拔尖。教育劳动是一种创新性劳动，有定规而无定法，教师只有不拘泥教条，善于根据具体的教育情境机智灵活地组织教育劳动，才能培养出既符合统一标准、又有丰富个性的新人。

二、育人为本、德育为先

党和国家明确提出，教育要"要全面贯彻党的教育方针，坚持育人为本、德育为先，实施素质教育，提高教育现代化水平，培养德智体美全面发展的社会主义建设者和接班人"。"育人为本，德育为先"是素质教育的根本要求，具有很强的现实性和针对性，为广大教师指明了工作的重点和努力的方向。

（一）育人为本、德育为先的基本内容

育人为本、德育为先就是要加强德育工作，提高学生的思想政治素质，培养学生良好的品行。同时，为了应对世界新技术革命的挑战，帮助学生更好地适应现代社会环境，教师还要努力培养学生的创新品质，激发学生的创新精神。

1. 培养学生的良好品行

人的思想和良好的行为习惯不是先天就有的，而是靠后天的教育和养成形成的。研究表明，一个人思想品德的发展和提高一般是由日常文明行为习惯开始，到伦理道德，再到政治思想，最后上升为人生观、世界观这一轨道行进的。可见，高尚的道德品质和良好的行为习惯的养成是确立正确的政治方向和科学的世界观的基础。

教师必须重视德育工作，以马克思主义、毛泽东思想、邓小平理论、"三个代表"重要思想和科学发展观为指导，按照德育总体目标和学生成长规律，依据不同学龄阶段的德育内容和要求，在培养学生的思想品德和行为规范方面，形成一定的目标递进层次。要加强辩证唯物主义和历史唯物主义教育，使学生树立科学的世界观和人生观。要有针对性地开展爱国主义、集体主义和社会主义教育，中华民族优秀文化传统和革命传统教育，理想、伦理道德以及文明习惯养成教育，中国近现代史、基本国情、国内外形势教育和民主法制教育，把发扬中华民族优良传统同积极学习世界上一切优秀文明成果结合起来。

教师在德育过程中要寓德育于学科教学之中，加强德育与学生生活和社会实践的联系，讲究实际效果，克服形式主义倾向。针对新形势下青少年成长的特点，加强学生的心理健康教育，培养学生坚忍不拔的意志、艰苦奋斗的精神，增强青少年适应社会生活的能力；加强民族团结教育，规范国防教育，提高学生的国家安全意识；加强校园的精神文明建设，严禁一切封建迷信和其他有害于学生身心健康的活动及物品传入校园。

2. 激发学生的创新精神

教书育人要激发学生的创新精神。创新精神是指具有能够综合运用已有的知识、信息、技能和方法，提出新方法、新观点的思维能力和进行发明创造、改革、革新的意志、信心、勇气和智慧。创新是知识经济时代的一个显著标志，"创新是一个民族进步的灵魂，是国家兴旺发达的不竭动力"。因此，教师在教学工作中要注重培养学生的创新精神和创新能力。要让创新型人才辈出，就要用创新教育培养学生的创新精神。

（1）要改进教学方法，营造鼓励创新、想象的课堂气氛

教师应变灌输式教学为主动探索式教学，变学生的被动学习为主动学习，努力创设有利于学生创造性思维发展的教学氛围，运用有利于学生创新意识培养的教学方法，为学生创新意识的培养创造条件。传统教育中"填鸭式"的教学方法显然不能培养学生的创新思维和能力，只有通过发现式、启发式、讨论

式等先进教学方法，才能激发学生的创新思维。在课堂教学中，教师要尊重学生的主体地位，引导学生思考，鼓励学生探索与创新；创设民主、和谐的教学氛围，让学生处于一种轻松愉快的心理状态，积极思维，敢于打破陈规、标新立异。为此，教师要在相信学生具有创造潜力的基础上，充分调动学生的思维与想象，比如，上课适时鼓励学生举手提出问题；鼓励学生自由地表达自己的观点；允许学生和老师争辩。一旦学生正确，要及时肯定、表扬，让学生体验创新的喜悦；即使不正确，也不要轻易否定，以免挫伤他们的自尊心和自信心。尤其当学生表达了与教师和书本不同的观点时，教师不要马上表示反对，应与学生互相沟通，共同探求正确的结论。

（2）要培养学生学习的兴趣，鼓励学生大胆质疑

郭沫若说："兴趣出勤奋，兴趣出天才"。兴趣是最好的教师，当一个人对某种事物发生兴趣时，他就会产生强烈的好奇心，主动地、积极地、执着地探索该事物的奥秘。兴趣具有一种巨大的推动力，可以激发人的想象力和创造力。教师要引导学生充分认识学习的目的和意义，展现各学科知识的魅力；还要培养学生对学习过程本身和内容的兴趣，努力采取多样化的教学方法和教学手段，巧妙运用具体的激趣方法。同时，教师要鼓励学生大胆质疑，质疑是创新的开始。在当今的信息社会，知识更新的速度大大加快，要在海量的信息中获取有用的知识，教师必须培养学生具有良好的判断能力和批判精神。教师应鼓励学生在学习和继承人类已经创造出的优秀文明成果的基础上，勇于突破成规，勇于对现有知识大胆质疑，挑战已有的学术体系，在发现和创新方面敢于独辟蹊径；要打破"听话的孩子就是好孩子"的观念，倡导勤思、善问的良好学风。教师要保持一颗平常心对待学生的质疑，不要怕被学生问倒而扼杀学生质疑的优秀品质。

（3）要改革教学评价标准，激励学生勇于创新

人的活动都是在一定动机支配下进行的。正确的动机是学生学习主动性、积极性、创造性的内在动力。任何学生都希望获得教师的肯定，获得好的成绩，故教学评价标准将直接影响学生创新的动机。传统教学评价偏向以课本知识为唯一标准，往往要求十分细碎，偏重记诵、速度和熟练，很少鼓励创新思维、考核创新能力。为了激发学生的创新精神，在学生评价过程中要鼓励创见，鼓励专长。教师在评鉴作业或试卷时，对有创新思想的学生要提出表扬，使创新意识和创新精神形成班风乃至校风，促进全体学生创新能力的提高。通过创新性教学评价标准的实施，让学生懂得创新的重要意义，激励学生勇于创新，就会使他们产生强烈的创造动机和责任意识，自觉地为中华民族的全面振

兴和美好的人生去奋斗。

（二）育人为本、德育为先的养成要求

1. 树立正确的教书育人观念

教书育人是教师的神圣职责，教师要树立正确的教书育人观念。教书育人主要指教师要根据社会发展的需要和学生身心发展的规律，在教育教学过程中自觉地把教学和教育结合起来，尽职尽责，既传授科学文化知识，又进行思想品德教育，把学生培养成为德、智、体、美、劳全面发展的社会主义新人。教书育人的根本目的是培养人。教师承担着塑造人类灵魂的神圣职责。教师是传播人类文化、开发人类智能，帮助学生形成科学世界观和正确人生观，用人类崇高思想、高尚道德去塑造学生灵魂，引导学生养成良好行为习惯的引路人。

教师既要认真传授科学知识，又要注重思想教育，要把二者有机地结合起来。陶行知说："先生不应该专教书，他的责任是教人做人；学生不应该专读书，他的责任是学习人生之道。"在古代汉语中，"教"和"育"是分开的，所谓"教"指的是"上所施，下所效也"；"育"则是指"养子使作善也"。从义理上分析，"教"强调的是技术、技艺的传授，指向的是物质世界；"育"注重的是价值的引导、心智的启迪、思想的架构，指向的是精神世界。教中有育、育中有教，既教书又育人是教育的本质要求，也是师德的基本要求，更是教师的责任和义务。

2. 严格遵守中小学德育规范

德育就是对学生进行政治、思想、道德以及心理品质的教育。中小学教师在德育过程中要认真学习中小学德育的理论知识，明确中小学德育工作的要求，严格遵守中小学德育规范。

第一，中小学德育工作的基本任务是培养学生成为热爱社会主义祖国、具有社会公德、文明行为习惯、遵纪守法的公民。在这个基础上，引导他们逐步树立正确的世界观、人生观、价值观，并为使他们成为有理想、有道德、有文化、有纪律的一代新人打下良好的基础。

第二，中小学德育工作要遵循学生的身心发展规律和思想品德形成规律，以爱祖国、爱人民、爱劳动、爱科学、爱社会主义教育为基本内容，循序渐进地开展文明行为习惯养成教育，中华民族优秀传统和革命传统教育，道德和民主法制教育，中国近现代史、基本国情和时事、政策教育，正确的世界观、人生观、价值观教育；同时，还要对学生进行心理健康教育，培养学生健康的心理素质，帮助学生形成健全的人格。

第三，国家颁布的中小学德育工作规程和纲要是我国中小学德育工作的基

本依据。这些规范明确规定了小学、中学各阶段的德育目标、教育内容和基本要求，以及德育原则、途径和实施办法等，体现了国家对中小学生思想、品德、心理品质和政治素质的基本要求。国家还制定了《小学生守则》、《中学生守则》、《小学生日常行为规范》和《中学生日常行为规范》。这是对中小学生思想品德行为的基本要求，也是每个中小学生必须遵守的行为准则。

第四，学校德育工作是学校教育的重要内容，其主要教育形式和途径包括：小学思想品德课和中学思想政治课及各科课堂教学；学校、班级活动和管理；课外、校外社会实践活动和共青团、少先队、学生会组织工作等多种形式。同时，学校与家庭、社会密切配合，营造良好的社会育人环境，对青少年进行教育和熏陶也是德育工作的重要方面。此外，通过劳动和劳动技术教育，培养学生正确的劳动观念、良好的劳动习惯以及热爱劳动的态度和生活自理能力，使学生掌握一些生产劳动的基础知识和基本技能。

3. 在实践中不断提高德育技能

教师要坚持"育人为本，德育为先"，除了要让"育人"回归教育的本位，除了把"德育"放在学校教育的首位之外，还要在实践中创新德育方法，不断提高德育技能。身处网络信息时代的教师，与学生相比，除了人生经验和部分专业知识外，学生懂得的不一定比教师少。随着互联网的普及，网络课堂、远程教育应运而生，学校教学已不再是学生获取知识的唯一渠道。更为重要的是，相对于教师，学生对于信息时代的新知识更敏感。我们时常会发现，许多教师知道的学生都知道，而许多学生知道的教师却不知道，如网络名词、网络事件、网络流行元素等。

改革开放以来，传统价值观受到很大的冲击，教师应尝试用一些新的观念去理解德育的内容，如勤俭节约代之以学会理财，谦虚谨慎代之以张扬个性，循规蹈矩代之以质疑创新；"一日为师，终身为父"不再是师生关系的写照，代之以建立在尊重与平等基础上的新型师生关系。以人为本已成为学校教育教学的指导思想，一切以学生的全面发展为本，学生是教育的主体。在这样一个张扬个性、强调创新、追求多元化的时代，教师的作用和地位自然随之而改变，像以往那样按照学校和教师的一元标准来要求、塑造学生已经不可能。

如今，学生家长对学校教育的态度和要求也发生了很大的变化，这样也促使教师改变传统的德育方法。家长维护自身权益的意识开始觉醒，对学校教育的期望和要求越来越高，对于学校一些不正确的做法也从以前的隐忍变为越来越敢于质疑。教师再也不可以对家长居高临下，发号施令，在双方意见冲突时，只能平等友好地与家长协商，相互理解、妥协。教育是一种服务的观念已经越来越得到社会的认同，政府有责任给社会公众提供优质的教育资源，而学校和教师则有责任为家长提供优质的教育服务。许多学校已经面临生源的巨大压力，巨额的硬件投入可以在短时间内改变学校的外在物质条件，但是学校的内涵发展却不是一蹴而就的，需要学校管理者和教师长期的努力。德育工作是中小学校的首要工作，它的内在规律是引导、熏陶、潜移默化，而不是高高在上的说教，有效的德育应该是在良好的思想情感氛围中实现的。因此，教师应该从自身做起，在实践中不断创新德育方法，提高德育技能。

第五节　教师职业的内在要求——为人师表

《中小学教师职业道德规范》第5条规定，教师应当"为人师表。坚守高尚情操，知荣明耻，严于律己，以身作则。衣着得体，语言规范，举止文明。关心集体，团结协作，尊重同事，尊重家长。作风正派，廉洁奉公。自觉抵制有偿家教，不利用职务之便谋取私利"。

教师要坚守高尚情操，知荣明耻，严于律己，以身作则，在各个方面率先垂范，做学生的榜样，以自己的人格魅力和学识魅力教育、影响学生。在教育教学中，教师要勇挑重担，关心集体，团结协作，尊重同事，尊重家长。教师要依法执教，廉洁从教，工作和生活中要作风正派，廉洁奉公；自觉抵制有偿家教，不利用职务之便谋取私利。

一、严于律己、以身作则

唐代教育家韩愈提出，教师要"以身立教"，才能"其身亡而其教存"。无数教育实践证明，一名品德高尚、专业精湛、举止有礼、仪表端庄、言行一致、表里如一的教师必然在学生中享有崇高的威信，其教育教学活动也必然得以顺利地开展，取得预期的教育效果。教师应努力在各方面对学生施加积极、正面的影响，成为学生和社会上人们效法的表率、榜样和楷模。以身立教、为人师表应成为教师的终身追求。

（一）严于律己、以身作则的基本内容

严于律己、以身作则是指教师应严格要求自己，以自己的言行作为学生成长的榜样。教师应成为身体力行的表率，成为健全人格的榜样，成为高尚道德的楷模。

1. 教师应成为身体力行的表率

教师的言行对学生有很大的影响，且身教重于言教。俄国教育家乌申斯基

177

说："没有教师本身给予学生的直接影响，深入到学生性格中的真正的教育是不可能有的。"现代教育理论认为，教师的言行具有示范性，而学生具有向师性、模仿性。作为学生成长的重要外部因素的教师，其政治态度、思想作风、道德品质、治学精神和行为习惯等都可成为学生学习的楷模。因此，教师要自觉加强道德修养，完善自己的人格，处处严格要求自己，以身作则，为人师表，使自己在学生面前成为活生生的教材，成为身体力行的表率。

身体力行要求教师要严于律己，表里如一。教师要在各方面严格要求自己，无论是在教学过程中还是在社会生活中都要成为学生言行的表率。教师要光明磊落，内在美和外在美和谐统一。与学生交往中不能只做表面文章、阳奉阴违，不能给学生以虚伪、做作的印象，这样会让学生产生反感和抵触情绪，使教师失去在学生心中的地位和尊严。教师应谦虚谨慎，言行一致。教师应虚心，不骄傲、不自满，发扬永不满足的进取精神。教师应善于发现自己的错误，勇于接受批评和开展自我批评。教师要说到做到，不要说一套、做一套，只有"言必行，行必果"，才能树立教师的威信。

2. 教师应成为健全人格的榜样

教师应当追求真善美的理想人格，成为健全人格的榜样。为人师表蕴含着真善美。中国现代漫画大师、教育家丰子恺曾经说过："圆满的人格就像一只鼎，真、善、美好比鼎的三足，缺一不可。"为人师表作为教师职业内在的要求，蕴含着丰富而深刻的道德内容，最突出的就是体现了教师对真善美健全人格的追求。健全的人格是各种良好人格特征在个体身上的集中体现，如热情开朗、乐观向上、乐善好施、人际关系和谐、良好的社会适应能力和正确的自我意识等。

教师的人格是否健康不仅会影响自身的行为和认知，还会影响学生人格的健康。当教师人格不健全时，他的行为和认知会出现偏差，情况严重的话会出现错误的行为，这就不仅影响到他自身的生活，也可能影响到他人的生活，特别是学生的生活。教师健全的人格能给学生带来欢乐和鼓励，不健康的人格会让判断力不强的学生产生悲观厌世、冷漠、自卑的情绪。

健全的人格要求教师一要培养崇高的理想和高尚的情操，树立科学的人生观和世界观，正确对待人生的得与失；胜不骄、败不馁，认真负责，勇于克服困难、争取胜利。二要培养坚强的意志和顽强的毅力，养成做事有目的性、行动有自觉性、处事有果断性、坚持到底的精神。三要培养谦虚谨慎、沉着稳重、凡事要三思而后行的品质和习惯，锻炼其勇于批评与自我批评，以便能够不断地消除其自身弱点，并使自己的行为方式能够不断地适应时代前进的步伐。四要培养实事求是的精神，以积极的态度，正确地处理生活、学习、工作中出现的各种矛盾和问题，绝不回避现实，凡事从实际出发，能实事求是地分析问题，严于律己，对于能做到的事情则要努力完成。

3. 教师应成为高尚道德的楷模

教师正确的世界观、人生观、价值观，高尚的道德思想，对学生有着积极的导向作用。教师应成为高尚道德的楷模，要有积极的人生态度，热爱生活。只有热爱生活的人能感受生活的乐趣和人生的意义，才能以乐观向上的心态献身教育事业。教师要具有健康的生活品味，只有具有高尚的人生价值观、健康的生活品味，才能使自身精神世界越来越充实，道德情操也随之得到提升。教师要养成高尚的道德品质，具有无私奉献、淡泊名利、甘为人梯的道德情操；具有客观公正、平等民主的道德意识；具有良好的道德习惯。教师要具备坚强的道德意志，在实践中自觉克服错误思想和不良行为，通过自我否定去除自身的弊端，消除自身的痼疾，成为高尚道德的楷模。

（二）严于律己、以身作则的养成要求

1. 要树立"身教重于言教"的教育理念

教师要树立"身教重于言教"的教育理念，在思想品德、工作作风、生活态度等方面都要给学生以正面的影响。教师对学生的教育包括"言教"和"身教"两种，身教重于言教。所以，古今中外的教育家都非常重视为人师表并身体力行。教育家孔子就是为人师表的楷模，他一生严格要求自己，"言必信，行必果"，要求学生做到的事情自己首先做到。他说："其身体正，不令而行；其身不正，虽令不从"。"君子讷于言而敏于行"，"敏于事而慎于言"，"听其言而观其行"，"君子正其衣冠"，"君子有三变：望之俨然，即之也温，听其言也厉"。所有这些，都是在鞭策自己和教导学生，要努力成为一个有道德、诚信、气节、人格的人，这就是孔子身教重于言教的为师之道。

陶行知说："要想学生好学，必须先生好学。惟有学而不厌的先生才能教出学而不厌的学生。""要学生做的事，教职员躬亲共做；要学生学的知识，教职员躬亲共学；要学生守的规则，教职员躬亲共守。"教师是学生最关注的人物，也是他们最爱模仿的对象，教师的一言一行，从道德品质到每一个生活细节，对学生思想品质的形成都起着潜移默化的教育作用。

2. 谦虚谨慎、严于律己

教师要时时、处处做学生的表率，谦虚谨慎、言行一致、坦诚相待，用自己的模范行为和实际行动去感化、教育学生。首先，要模范地遵守各项教学规范。教师要成为"守法"模范，在教育教学过程中带头执行学校的各项规章制

度，不但要自己严格遵守，还要严格要求学生，一丝不苟地维护正常的教学秩序。在指导学生行为过程中，教师要注意正确调节自己的情绪，把自己的不良情绪深深地埋在心底，以积极的情绪去正确影响、引导他们。

其次，教师要正确对待自身的失误，虚心接受批评，开展自我批评，不断反省自己的行为。人无完人，教师也不例外。教学中，由于有时缺乏调查研究、慎重思考，也会产生失误。如板书有误、引用资料有误或错怪学生，教师不要为了维护自身所谓的尊严而强词夺理，要和学生坦诚相见，有时还要向他们虚心学习。这样做，一来学生不会产生怨气和抵触情绪，二来使他们觉得老师的形象更加高大。

最后，教师要正确对待困难。面对如班级纪律差、考试成绩不理想等问题，教师要先检查自己的教学和管理方法是否得当，而不能一味地埋怨、责怪学生，把责任全推给学生；否则，就容易使学生产生失望、自卑心理。教师在困难面前不能悲观失望，而应该用自己的经验和智慧去帮助引导学生，以自己克服困难的信心和乐观情绪去启发、感染学生，激发他们战胜困难的勇气，使他们团结协作不断进步。

3. 仪表端庄、言行得体

教师的外在素质有利于树立教师的威信，有利于培养学生的品行，有利于提高课堂教学的效果。所谓外在素质，就是教师要有良好的风度仪表，这是教师各方面素质的综合表现。中外教育家都十分重视教师风度的培养，一致认为教师风度是一种强有力的教育因素，在教育过程中具有不可替代的"身教作用"。英国教育家洛克在《教育漫话》中提出："做导师的人自己便当具有良好的教养，随人、随时、随地都有适当的举止与礼貌。""优雅的态度永远是可以获得别人的欢心的，是因为一个人在做某件事情的时候，他的心情正合于那个时候的情境。""导师自己如果任情任性，那么教训儿童克制感情便是白费力量的；自己如果行为邪恶、举止无礼，则儿童的行为邪恶、举止无礼，也就无法改正。"①

教师要体现以下的风度：稳重、可亲、有识。一位优秀教师不仅要做到言行一致，胸怀磊落，谦虚诚实，而且还应做到仪表端庄，服饰适当，举止得体，礼貌待人，语言文明，谈吐优雅。

教师培养自己优雅的风度一要语言文雅，亲切自然，即语言要规范、精练、准确、生动、纯洁。二要仪表端庄，格调高雅。教师的仪表最直接地反映

① 洛克：《教育漫话》，人民教育出版社 1957 年版。

了教师的道德面貌和审美情趣，对学生具有重要的道德意义和审美价值。良好的仪表能获得学生的认同和敬重，糟糕的仪表能引起学生反感，破坏师生间应有的亲和力，从而给教育教学带来一定程度的影响。三要风度从容，彰显个性。风度是人的全部生活姿态所提供给他人的一种综合形象，人们通常所说的风姿、风采、风格、风韵，都是风度的具体表现。一个人的风度与这个人的个性气质、品德、情趣、文化素养、生活习惯相关。一句话，风度离不开一定的外在表现，也离不开特定的精神内涵。

二、关心集体、团结协作

教师职业作为一种培养人的特殊职业，其工作的过程除了要处理师生之间的关系外，还要面对各种各样的人际关系和社会关系。一个善于处理人际关系的教师，容易得到他人的理解和合作，这对自身的提高和发展都是十分有利的。教师也是人，有物质需求，也有精神需求，只有当各种需求能够得到满足的时候，心情才会感到得愉快。教师都希望得到友谊、获得团队的接纳、尊重和支持。如果一个教师不能很好地与他人交往，人际关系紧张，就会感到失衡、压抑、孤独，从而影响身心健康，影响教育教学工作。因此，教师要正确认识和处理好与其他教师、领导和家长的关系，团结协作，共同育人。

（一）关心集体、团结协作的基本内容

现代教育是一种群体协作性很强的职业活动，它需要教师与教师，教师与学校领导，教师与家长，教师与社会等坦诚合作，相互尊重，形成教育合力，共同育人。

1. 尊重同事、通力合作

教师之间的关系很微妙、复杂，如果处理得好，不仅有助于教学的成功，也有助于学校事业的发展，更有助于个人自身的发展；如果处理不好，教师之间的人际关系紧张、对立，就会破坏教育工作的统一性，影响教育效果。教师要互相尊重，既要对自己正确地评价，也要对他人全面、客观地评价；既要尊重与自己感情较好、观点相近的同事，也要尊重与自己交往较少、观点相左的同事；要注意克服自傲、妒忌的心态。当发生矛盾冲突时，要以集体利益为重，宽容大度，虚怀若谷。

教师间要通力合作，优势互补。现代教育是统一整体，不是哪一个教师能够单独完成的，必须靠全体教师的同心协力，互相配合和支持；否则，就会出现对学生的要求不一致，使学生无所适从，长此以往就会影响教学质量。不同

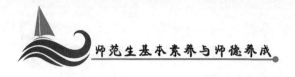

的学科、不同经历的教师都有其自身的优势，教师之间的交往应充分发挥教育的互补功能，在互相交往中实现思想上的互助、情感上的融合、信息上的互换和知识上的整合，从而提高整个教师队伍的专业化水平。教师间应加强情感互动，通过互动，促进教师间交往的协调发展，促进每个人价值的实现，从而在教师团体中形成互相欣赏、互相促进、互相竞争的良好氛围。

2. 尊重领导、忠于职守

在教育实践中，教师应处理好与党政各方面领导的关系，相互尊重、相互理解和支持，从而保证教育教学活动的顺利进行。作为领导者，一要更新观念，树立牢固的服务意识，平等待人，绝不可高高在上、盛气凌人。二要深入基层，了解教学第一线教师的情况、学生学习的情况，绝不可脱离实际，搞遥控指挥。三要关心教师的工作、学习和生活，为他们多创造条件，多提供机会，多增加待遇，充分发挥他们在培养人才和推动学校发展中的作用。四要一身正气，公正处事，绝不可持双重标准；要敢于负责，对下属的过错自己也要主动承担，绝不可以争功诿过。

作为教师，必须正确地对待领导、尊重领导，服从和支持领导的工作；但对领导要有适度、合理的期望值，对领导在工作中出现的缺点和失误，要真心实意地帮助，抱着对工作负责、与人为善的态度予以指正。工作中遇到困难和挫折，不要一味指责抱怨，应以集体利益为出发点，气量大度，讲究分寸，说服领导，相互理解和支持。教师要为学校的发展出力献策，发扬主人翁精神，主动参与学校的建设和发展，及时提出合理化建议，勇挑重担，把学校集体的发展、教育事业的发展当做自己的神圣使命，并心甘情愿地为其奋斗终生。

3. 尊重家长、共同育人

学生是教师的培养对象，而学校和家庭是学生的主要生活环境，教师要做好教育工作，就必须取得家庭的紧密配合。在现实生活中，教师和家长在教育方法、教育内容方面常常发生一些矛盾，解决好这些矛盾，处理好与家长的关系，不仅有利于教师教学活动的顺利开展，还会有利于学生的身心健康和发展。教师应该积极主动地与家长建立联系，通过家访、家长会、家校联系卡、电话、通信、网络等多种形式，与家长互通情况，协调教育方法、步骤。教师要及时地通报学生的思想、学习和生活的动态，特别是当出现异常情况或突发事件时，要在第一时间与家长沟通，及时分析原因，商讨对策，共同实施最有效的教育方法。

教师要树立服务意识，尊重家长。与家长交往中要注意文明礼貌，不要趾高气扬，盛气凌人，不要伤害家长的感情。要全面、客观地介绍其子女在校学习、生活的情况，热情、耐心地与家长进行沟通交流。要经常向家长征求意见，虚心地听取家长的批评和建议。教师要重视向家长传播现代教育知识，促进家庭教育的科学化，使家长能够在正确的教育思想指导下，以恰当合理的教育方式配合学校的教育教学工作，实现共同育人的目标。

（二）关心集体、团结协作的养成要求

教师要发扬社会主义集体主义精神，克服各种错误倾向，继承、倡导和培养良好的校风。教师之间要相互尊重，相互支持，公平竞争，建立新型的协作关系。

1. 发扬社会主义集体主义精神，克服各种错误倾向

教师在教育教学中，要发扬社会主义集体主义精神。社会主义集体主义坚持国家、集体和个人利益相统一，把国家、集体利益放在首位；充分尊重和维护个人的正当利益，发挥个人的主观能动作用；当国家、集体和个人利益发生矛盾时，个人利益要服从国家和集体利益。教师要关心集体，坚决维护集体荣誉和利益。然而，由于历史的、现实的和社会的多方面原因，导致教师集体中不团结、不和谐的现象时有发生，主要表现在以下方面：

第一，教师在教育思想、教育方法、教育内容等方面认识上产生分歧，盲目追求多元化。不同的人对同一事物有不同的看法是无可非议的，这是个人价值观、人生观、世界观的不同造成的。现代社会追求个性、提倡多元化，教育也不例外。但一味地提倡多元化、追求个性会造成教师在教育目的、教育方法和学生的发展等认识上出现分歧。

第二，教师工作上各自为政，"文人相轻"。有些教师过高地评价自己的能力和贡献，追求自我，表现个性，认为没有必要与其他教师协作。不同学科的教师缺乏教学上的交流，认为"道不同不相为谋"；即使是相同学科的教师也不愿意交往，害怕别人获得自己的经验后影响评比，甚至出现了同行是冤家，相互诋毁、相互拆台。

第三，教师人际关系冷漠，不关心集体。有些教师过分强调个人利益，以自我为中心，不关心学校集体、教师集体和学生，总认为学校是学校的事，自己是自己的事，做好自己的事就是万事大吉。这些教师缺乏集体主义精神，将自己等同于"打工者"，从不考虑学校的发展，也从不体谅集体的处境与困难，一旦自己生活上或工作上稍感不满意就抱怨这样、抱怨那样，向学校提出各种要求，如暂时不能解决就会牢骚满腹，有时甚至以不认真教学作为报复。有些教师为了评职称、争名次、拿奖金，相互排挤，恶性竞争，一旦自己不能获得就去嫉妒他人或仇恨他人，好像其他教师是自己不能得到的根源，从不考虑其

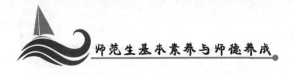

他教师的心理感受，致使教师之间关系恶化。

学生的发展是多方面的，不是某一个教师完全承担得了的，而是许多教师连续不断施加影响的结果。教师工作上的不协调是极其有害的，不利于提高教育质量。教师在追求个性、崇尚自主的同时要注意克服各种错误倾向，重视集体协作，共同努力，促进学生全面发展。

2. 建立新型的协作关系

现代社会，竞争无处不在，学校和学校之间、年级和年级之间、班级和班级之间、教师和教师之间都存在着竞争。教师间新型的协作关系是一种既有合作，又有竞争的关系。教师要树立正确的竞争意识，在工作中既要不断开拓、不甘落后，又要善于与同事合作，共同维护集体的荣誉。学校要创造良好的氛围，鼓励教师之间的团结协作和良性竞争。

学校应举行多种形式的集体活动培养教师的集体协作精神。在集体活动中，教师们增加了相互了解，为培养集体意识奠定了感情基础，教师们真实地感受到集体的存在和关怀，就会满足其归属感的需求。在集体活动中，人与人之间容易建立和谐、健康的关系，进而在感情上使自己与集体融为一体；容易敞开心扉地表现自己，同时也给集体了解自己提供机会。

学校应加强集体核心力量的建设，增强教师集体的凝聚力。通过加强集体核心力量的建设，发挥其领导带头作用，让教师积极地融入集体，发挥集体的优势。在集体核心中，不但要有德高望重的老教师，还应有出类拔萃的青年教师和热心集体的骨干教师，要充分发挥他们的榜样作用，增强集体的凝聚力，促进整个集体和谐发展。

学校要建立必要的规章制度，引导和激励教师集体协作。规章制度是集体存在的前提，因为每个集体都是建立在一定的规则之上的。每个教师都有着自己的家庭背景、生活环境、个人经历、兴趣爱好，有着不同的人生目标、事业追求，他们工作在同一集体必须依靠一定的规章制度来保障相互之间的协调合作。合理的规章制度不但具有约束功能，而且也具有导向和激励功能。学校的规章制度除了要奖勤罚懒、提倡竞争外，更要鼓励教师之间的协作。这样可以激励教师将集体组织的行为规则内化为个人的行动指南，充分发挥个人的主观能动性，团结互助，实现集体的目标。

三、廉洁从教

教师在从事教育活动中不能借职业之便谋取私利。廉洁是教师良好人格的表现，具备廉洁公正的品格，其人格才具有可信性，进而在教育中才有可能把真、善、美的种子真正播撒在学生的心田。只有廉洁，教师才具有道德上的感召力；只有廉洁，教师才能保持教育公正性。公平、合理地对待和评价每个学生，是教育公正最基本的要求。实现教育的公正性，教师就应具备公正执教的品格。为教公正与廉洁从教是密切联系的，不廉则不正，廉洁从教是保持教育公正的前提。

（一）廉洁从教的基本内容

作风正派、廉洁奉公是师德规范的重要内容，是教育公平公正的重要保证。教师要坚持廉洁从教，不利用职务之便谋取私利，自觉抵制有偿家教。

1. 廉洁奉公，不利用职务之便谋取私利

任何职业都有其职业特性决定的职业权力。职业权力特指从业人员在自己的职业范围内、在职责范围内或在职业活动中拥有的支配人、财、物的力量。教师的职业权力主要表现在对学生精神上鼓励或者惩罚的权力。这种权力虽然没有直接支配人、财、物，却会对学生的心灵造成很大的影响。特别是对于心智尚不成熟的中小学生来说，教师鼓励或者惩罚可能会改变一个孩子的命运。很多家长给教师送礼，请教师吃饭，帮教师办私事，千方百计地讨好教师，目的就是想让教师对自己的孩子好一点，多些鼓励，少些惩罚，由此导致了教育活动中的不正之风。

教师要正确认识和处理家长、学生送礼的问题。学生、家长最初的送礼大多基于对教师辛勤培育孩子的感谢，表明教师的付出能得到学生、家长的认同。在教师节里，学生们用自己的劳动，画一幅画、唱一首歌、写一篇文章来表达对老师的爱，是师生间真情的体现，也是教师的职业荣耀和幸福。可到今天，这种感谢已有些变质了，隐含了一层贿赂和索取的意思。家长们送礼的目的越来越明朗化，送礼的金额也越来越大，要么希望对自己的孩子特别关照，要么想为孩子谋个"一官半职"。教师要重视学生、家长送礼和谋取私利的问题，坚决杜绝利用职务之便谋取私利，以自己的行动抵制不良的社会风气。

2. 自觉抵制有偿家教

自觉抵制有偿家教是《中小学职业道德规范》对在职中小学教师提出的特别要求。有偿家教是指部分教师利用休息时间或节假日对有补课或课外辅导需求的学生提供有偿服务的活动或行为。在职教师从事有偿家教，引起了社会的广泛关注和讨论，主要是它的负面影响非常明显，容易使教育涂上功利化、商业化的色彩，将原来无偿的学生辅导变成了有偿的教育服务，使师生之间的教学关系蜕变为金钱关系，有损师德、师表。从事有偿家教的教师在获取个人利益的同时，会渐渐淡薄对本职工作的责任，渐渐失去师生交往中纯净的情感。

有偿家教和有偿补课的表现形式多种多样，主要有：未经教育主管部门批准，利用寒暑假、双休日或法定节假日在校内补课并从中获取报酬；相互介绍或提供家教生源、为退休教师和社会办学机构介绍生源并从中获取报酬；在本人住房或租借房屋等场所进行课外辅导、补习活动并从中获取报酬；利用职务之便暗示、诱导、动员或强制学生参与有偿辅导并从中获取报酬；在社会各种办学机构兼课或为其提供便利并从中获取报酬，等等。

教师承担着教书育人的重要工作，需要付出很大的心血、投入大量的精力才能教育好学生。实践中，绝大多数教师能够兢兢业业、爱生如子，在平凡的岗位上做出了伟大的贡献。而在极少数教师身上却存在着利用职务之便，进行有偿家教、谋取私利的情况，上课该讲的内容可能不讲，要放到课后有偿家教的时候去讲，甚至有极个别教师利用职务方便组织学生去进行有偿家教，以此来谋取一些利益。这样的行为肯定会影响正常的教育教学秩序，违背教育的宗旨，影响教师的职业形象。这种行为、这种现象，不但是广大家长、社会所不能接受的，也是广大教师所不能容忍的。所以，对于教师利用职务之便进行有偿家教、谋取私利的行为要坚决反对和抵制。

（二）廉洁从教的养成要求

1. 认真学习教育法律法规和反腐倡廉的规定

教师要认真学习教育法律法规和反腐倡廉的规定，只有熟知这些规定，才能正确辨识相关行为是否合法，才能将这些法律法规的精神贯彻到日常的行为中，廉洁自律，维护人民教师的形象。

教育部在《关于切实加强教育系统廉洁自律和厉行节约工作的通知》中明确要求教育部门和教师应廉洁自律，不得有以下行为："一、不准用公款搞相互送礼、相互宴请、游山玩水、出国（境）旅游和进行高消费娱乐活动，也不得接受其他单位和个人邀请的高消费娱乐活动。二、不准到高级宾馆举办茶话会、联欢会等节日庆典和拜年活动；严禁以任何名义发放贵重礼品和纪念品。三、不准巧立名目突击花钱和滥发津贴、补贴、奖金和实物；严格控制年终各项检查评比达标表彰活动，削减不必要的开支。四、不准以各种名义向下属单位转嫁、摊派和报销费用。五、不准违反规定收受和赠送与行使职权有关系的单位和个人（包括上、下级单位和个人）的礼品、礼金、干股、有价证券和支付凭证。六、不准违反规定在经济实体、社会团体等单位中兼职或兼职取酬，以及从事有偿中介活动。七、不准收受学生及家长的礼品、礼金、有价证券、支付凭证或其他财物。八、不准违反规定从事有悖于教师职业道德规范的活动，也不得向学生索要或暗示索要财物。"教师要引以为戒，自觉遵守这些规定。

针对时不时出现的学校管理人员或教师的贪污受贿现象，司法部门也加大了对教育系统贪污受贿的打击力度。最高人民法院和最高人民检察院在《关于办理商业贿赂刑事案件适用法律若干问题的意见》第 5 条特别规定："学校及其他教育机构中的国家工作人员，在教材、教具、校服或者其他物品的采购等活动中，利用职务上的便利，索取销售方财物，或者非法收受销售方财物，为销售方谋取利益，构成犯罪的，依照刑法第三百八十五条的规定，以受贿罪定罪处罚。学校及其他教育机构中的非国家工作人员，有前款行为，数额较大的，依照刑法第一百六十三条的规定，以非国家工作人员受贿罪定罪处罚。学校及其他教育机构中的教师，利用教学活动的职务便利，以各种名义非法收受教材、教具、校服或者其他物品销售方财物，为教材、教具、校服或者其他物品销售方谋取利益，数额较大的，依照刑法第一百六十三条的规定，以非国家工作人员受贿罪定罪处罚。"教师应该自觉遵守国家的法律法规，养成依法执教、廉洁从教的高尚品德。

2. 树立正确的义利观，抵制金钱名利的诱惑

《公民道德建设实施纲要》提出，要坚持尊重个人合法权益与承担社会责任相统一，要把权利与义务结合起来，树立把国家和人民利益放在首位而又充分尊重公民个人合法利益的社会主义义利观。教师要以大义为先，将国家和集体的利益放在首位，树立社会主义义利观，坚决抵制金钱名利的诱惑。

教师要以公正廉洁之心对待教师职务所带来的各种利益诱惑，自觉抵制不良风气，洁身自好，坚决反对收受学生和家长财物，利用职务之便向学生和家长推销不必要的商品，借补习之名收取高额费用的行为。教师要乐于奉献。乐于奉献是人民教师的精神支柱。教师要具有以教为志、以教为荣、以教报国的精神，以为学生服务为最高目的，以培养青少年成长成才为最大责任，淡泊名利、乐于付出。教师要发扬"俯首甘为孺子牛"的精神，"一支粉笔，两袖清风，三尺讲台"，无私奉献，满腔热情地献身于教书育人的伟大事业。

教师之所以受人尊敬，不仅仅是因为教师职业是神圣的，肩负着传授文化知识、教授学业的光荣职责，更重要的是因为教师是学生心灵的塑造者、社会价值和规范的传递者，承担着培养一代又一代社会新人的重任。作为一名人民教师，要从精神上、灵魂上培养一代又一代的青少年，必须在市场经济的环境中洁身自好，不放纵物欲；严于律己，分清是非善恶；爱岗敬业，自尊、自重、自强不息。教师要在社会生活中保持廉洁自律，坚持高尚情操，不断加强人生观、世界观、师德的学习和修养，努力提升道德认识水平，不断地自我评

价、自我约束、自我调控，及时调整和纠正行为中的失误，自觉抵制不良风气和腐朽思想的侵蚀，永葆行为的端正廉洁。

第六节　教师发展的不竭动力——终身学习

《中小学教师职业道德规范》第 6 条规定，教师应当"终身学习。崇尚科学精神，树立终身学习理念，拓宽知识视野，更新知识结构。潜心钻研业务，勇于探索创新，不断提高专业素养和教育教学水平"。

终身学习是时代发展的要求，也是教师职业特点所决定的。教师必须树立终身学习理念，拓宽知识视野，更新知识结构，潜心钻研业务，勇于探索创新，不断提高专业素养和教育教学水平。

一、终身学习的基本内容

人非生而知之者，只有通过学习才能明白人生的道理，才能掌握社会生活的知识、技能。处于现代社会中的人，学习是不能一次性完成的，需要继续教育、终身学习。虽然教师相对学生而言在某些方面"先知先觉"，但要保持这种"先知先觉"就必须"学而不厌"，才能"诲人不倦"。一个人学一时容易，一辈子不厌倦地学习不容易。"天行健，君子以自强不息"；"学海无涯"，学无止境。教师决不能取得一点成绩就沾沾自喜、自高自大、故步自封、裹足不前，只有孜孜不倦地不断自我超越方能成为一名优秀的人民教师。

终身学习是现代社会的产物，要求教师要崇尚科学精神，拓宽知识视野，更新知识结构，潜心钻研业务，勇于探索创新，不断提高专业素养和教育教学水平。终身学习是当代教师自身发展和适应职业的必由之路。"严谨笃学，与时俱进，活到老，学到老"是新世纪教师应有的终身学习观。

（一）崇尚科学精神，树立终身学习理念

教师要崇尚科学精神。所谓科学精神，是人们在长期的科学实践活动中形成的共同信念、价值标准和行为规范的总称。科学精神集中体现为追求真理，崇尚创新，尊重实践，弘扬理性。科学精神倡导不懈追求真理的信念和捍卫真理的勇气。科学精神坚持在真理面前人人平等，尊重学术自由，用继承与批判的态度不断丰富、发展科学知识体系。科学精神鼓励发现和创造新的知识，鼓励知识的创造性应用，尊重已有认识，崇尚理性质疑。科学精神不承认有任何亘古不变的教条。科学是永无止境的。科学精神强调实践是检验真理的标准，要求对任何人所作的研究、陈述、见解和论断进行实证和逻辑的检验。科学精神强调客观验证和逻辑论证相结合的严谨方法，科学理论必须经受实验、历史和社会实践的检验。[①] 教师所从事的工作就是科学工作，在教育教学过程中要遵循教育教学规律，特别是要遵循青少年成长发展规律、思想品德形成规律。教师崇尚科学精神，就是教师必须正确认识和严格遵循教育的内在发展规律办事。

随着知识经济时代和信息社会的到来，知识更新日新月异，新技术、新发明不断涌现，新理念、新专业、新方法层出不穷。中国要建设人力资源强国，就需要开展创新性教育，培养大批创新型人才。教育的根本目的不是传授已有的东西，而是要培养人的能力，把人的创造力诱导出来。科技进步，知识、经济和信息发展以及政治变迁，意识形态、生活方式和个人潜能的变化是终身教育思潮形成和传播的主要历史背景。终身教育是现代社会的产物。教育不再随着学校学习的结束而结束，教师不再是知识的权威与垄断者。少部分教师缺乏科学精神与判断能力，因循守旧、习惯模仿、缺乏创新精神，抱着学历证书、躺在功劳簿上。逆水行舟，慢进则退，不进则汰，没有终身学习理念的教师终将无法取得进步。

深化教育改革，全面推进素质教育，首先要转变教师的教育教学观念。不同年龄和知识梯度的新老教师，必须通过学习，才能转变教育教学观念，树立新的教育观和师生观。通过学习，才能掌握现代化的教学手段，传播先进文化，弘扬学术精神，造就创新人才。新的教育观念认为，终身学习是当代教师成长和发展的必由之路。新世纪的教师必须道德高尚、知识渊博，具备扎实的教学基本功，有终身学习和创新教育的能力。终身学习是一种知识更新、知识创新的要求。终身学习的主导思想就是要求每个人必须有能力在自己的一生中利用各种机会，去更新、深化、进一步充实最初获得的知识，使自己适应快速发展的社会。在深刻认识教育在社会、经济活动中的作用的基础上，必须把终身学习看做是教师的一种社会责任，一种人自身发展的需求。

现代教师要努力成为一名创造型教师。创造型教师应具备如下特点：具有现代师生观，与学生建立新型关系；具有现代教育的人才观、德育观，致力于学生的身心发展；掌握现代教育手段和方法，培养学生的自主意识和创新意识。创造型的教师要能用自己独特的教育理解来发现和创造行之有效的方法，进而成功地影响学生；否则，就不是一位好教师。教师在传递知识的同时，要

[①] 路甬祥：《科学的价值与精神》，《民主与科学》2010 年第 3 期，第 8～11 页。

努力把传递知识的过程变成学生发展的过程。过去那种把学生看做知识的"受纳器"而单向进行灌输的教学方式，是不能促进学生发展的。创造型的教师在很大程度上是相对于教师自身教育习惯的一种超越，包括树立新的教学理念、形成新的教学风格、尝试新的教学方法、采用新的教学手段，都可以看做是教育创新。同时，教师正是在这种创造中使自己的职业生命充满活力。一旦教师停止了学习，教师的工作便如同机械的运作，在单调枯燥的活动中教师会丧失人的本质，会觉得生活毫无意义，沮丧而没有活力。因此，学习本身也在激励着教师。

教师从事的是专门培养人才的职业，从业者不仅要有高尚的道德情操，而且应该具有广博的专业知识、精湛的教学艺术，才能担负起为祖国培养建设者和接班人的重任。信息时代，科技飞速发展，社会日新月异，教育者必须日新其德、日勤其业，才能学为人师，行为世范。学习是教师可持续发展的持久动力和源泉。教师要不断地补充、更新自己的专业知识，更新观念，拓展知识面，不断提升自己的整体素质，始终跟上社会发展的需要，成为热爱学习、终身学习的楷模。

（二）严谨治学

严谨治学包括两层含义，一是要求教师认真完成教学任务，以负责的态度对待教学。教师在求知和传授知识、学问的过程中要做到严密谨慎、严格细致，追根求源、沙里淘金；要勇于探索，大胆实践，以实事求是、科学严肃、认真负责的态度对待自己的工作，对相关科学知识有通透的理解。如此，才能在教学过程中做到举一反三，游刃有余。二是要求教师把教育和教学当做一门科学来对待，提高教育教学水平。教师要树立良好的学风。良好的学风是学习主体崇尚的一种较稳定的学习意识、学习态度、学习行为习惯、学习氛围的综合，是教师思想作风在业务学习上的具体体现。教师要刻苦钻研业务，不断学习新知识，探索教育教学规律，改进教育教学方法，提高教育、教学和科研水平。

教师严谨治学的具体要求表现在以下三个方面：一是刻苦钻研业务，提高自身素质。教师要主动学习、探索新理论和新知识，做到锲而不舍，学而不厌，掌握渊博的科学文化知识，提高自身的综合素质。二是认真细致地向学生传授科学文化知识。历史辩证法告诉我们，任何一门学科都是真理与谬误相伴相争而前进的，有时谬误的阴霾会遮住真理的阳光，教师更应独具慧眼，去伪存真，向学生传授科学真理，用真正的科学文化知识来培育人才。教师要坚持真理，求真务实，做到诲人不倦。三是努力探索教育教学规律，改进教学方法，提高自身教学水平。教师要求精、求实、求真、求善、求美，加强教育科学研究，不断提高科研水平。严谨治学最重要的是坚持实事求是的精神，根据已有的事实、材料寻找正确的结论。严谨治学是党和人民对教师的业务要求。教师作为人类文化的传播者和智力资源的开发者必须严谨治学。

（三）勇于探索创新

人类文明正进入以高科技为特征的信息化时代，开拓创新是一个民族进步的灵魂。开拓创新，从根本上讲靠教育、靠人才，一是靠教育培养出创新型人才，二是教育本身的创新。崇尚科学、热爱真理、追求进步的品质是创新的根本动力，是创新人格的核心要素，是创新型人才成长的动力、目标与价值导向。教师要养成关注现实、关注科学前沿的学术品格，发现问题、提出问题，最大限度地挖掘自己的创新潜能，激发追求真理、献身科学的持久热情，在教学内容、教学方法上有所创新，积极推进课堂教学改革，切实提高课堂教学效益；同时，要以培养高素质人才为目标，努力培养学生的自主创新能力。

1. 要具备创造性思想

教师勇于创新主要包括两个方面，即一是要具备创造性思维，二是要培养学生的创新性人格。在掌握教育规律的基础上，勇于探索创新，培养自己的创新意识，成为具有创造性思维、能够创造性地解决问题的人才。所谓创造性思维，就是有创见的思维，即通过思维不仅能揭示事物的本质，还能在此基础上提出新的、建树性的设想和意见。创造性思维与一般性思维相比，其特点是思维方向的求异性、思维结构的灵活性、思维进程的飞跃性、思维效果的整体性、思维表达的新颖性等。创造性思维是一种发散性思维，遇到问题时，能从多角度、多侧面、多层次、多结构去思考，去寻找答案；既不受现有知识的限制，也不受传统方法的束缚，思维路线是开放性、扩散性的，其解决问题的方法不是单一的，而是在多种方案、多种途径中去探索，去选择。

创造性思维具有新颖性，贵在创新，或者在思路的选择上、或者在思考的技巧上、或者在思维的结论上，具有前无古人的独到之处，在前人、常人的基础上有新的见解、新的发现、新的突破，从而具有一定范围内的首创性、开拓性。创造性思维又具有极大的灵活性，它不同于其他的思维方法，能自由地、海阔天空地发挥想象力。著名数学家华罗庚说："'人'之可贵在于能创造性地思维"。具备创造性思维是教师在实践中能够开拓创新，探索科学教育方法，完善教学艺术的关键。

2. 要培养学生的创新型人格

创新型人格是科学的世界观、正确的方法论和坚韧不拔的毅力等众多因素

的有机结合，是创新型人才表现出的整体精神面貌。没有创新人格，人的创新潜能很难充分发挥。因此，培养创新型人才，不能只注重掌握知识，同时还要注重创新人格的养成。

培养学生的创新人格，应做到以下几点。

（1）培养学生高度的社会责任感，激发学生追求科学、追求真理的激情

崇尚科学、热爱真理、追求进步的品质是创新的根本动力，是创新人格的核心要素，是创新型人才成长的动力、目标与价值导向。教师要教育、引导学生把服务于民族的进步、国家的发展，服务于人类社会的整体利益作为创新活动的出发点和根本归宿。只有这样，才能最大限度地挖掘学生的创新潜能，最大限度地激发学生追求真理、献身科学的持久热情。

（2）培养学生关注现实、关注前沿科学的学术品格

学习与研究要站在科学的前沿，了解实践中的需求、感知时代的脉搏，在丰富多彩的社会实践中发现问题，寻找有价值、有意义的课题与项目。这就需要教师努力培养学生的问题意识，使学生具备综合素质。

（3）培养学生强烈的求知欲和坚韧不拔的毅力

广泛的兴趣和强烈的求知欲、坚忍不拔的毅力和信心对于创新型人才的成长具有重要意义。创新是一种探索，面临失败的可能性很大。这就要求我们培养的学生具备不怕挫折、不惧失败的心理承受能力，即使在最困难的时候也能够坚持探索。

（4）培养学生"敢为天下先"的勇气和科学怀疑、理性批判的精神

缺乏独立思考，人云亦云，就不可能有主见；缺乏"敢为天下先"的勇气，不敢超越常规，不敢坚持自己的独特见解，就不可能有所发明创造。要创新，就必须不唯上，不唯书，不唯权威，不唯潮流。教师在培养创新型人才的过程中，要注重培养学生独立思考的能力，鼓励学生对现有知识进行科学的怀疑和理性的批判，并勇于提出自己的见解。

（5）培养学生开放的心态以及团结协作的精神

随着时代的进步和科技的发展，知识量在成倍地增加，个人不可能知晓一切。只有正确处理继承与创新的关系，善于学习，积极吸纳今人、前人、国人、洋人以及不同学派、流派的知识成果，在实践中善于同他人团结协作，才能避免因个人知识和能力的不足所造成的局限性。兼收并蓄，集思广益，才能

有所突破，有所创新。①

二、终身学习的养成要求

教师要树立终身学习的理念，把学习当做自己的人生需要；通过终身学习扩展知识，提高教学水平；社会和学校构建终身学习体系，为教师的知识拓展铺平道路。

（一）主动学习，勤于学习

教师要主动学习，把学习当成自己工作的一部分，对学习要有如饥似渴的激情。一个人如果养成了主动学习的习惯，他就永远不会抱怨时间不够用，随时随地，只要有空闲，他首先想到的事情总会是学习，这样就会把零散的时间都利用起来，主动学习。

教师只有勤于学习，才能不断丰富自己的大脑，提高自己的文化底蕴，才能使自己的知识不断更新，在教学上才会有创新，才会有灵感，才能做一个学生喜欢的老师。从某种程度上说，教师的学习与否关系到教育的成败。教师不学习是缺乏教育创新理念的表现。教师不学习，没有了教育思考，没有了教育智慧，也就没有了教育活力；没有了教育创新，就没有了教育生命。教师是职业学习者，是职业读书人。教师只有活到老、学到老，才能不愧为一名合格的教师。

（二）善于自我评价，乐于反思

自我评价是每个学习者必须掌握的基本方法之一。有正确的自我评价，才能弄清楚自己的学习状况，知道自己的优势和不足。这样既有利于发挥自己的长处，也有利于对自己的短处进行改善。学习并不是一个人关起门来苦读书，或如古人那样悬梁刺股般地读死书、死读书，而应该学会借助于有效的表达和倾听来反馈学习的效果，既要能很好地表达自己的想法，又要以开放的心态容纳别人的想法。真正的学习者应经常扪心自问、反思"为什么"，理性地分析问题、得出结论，然后与别人充分地交流，并对与己不同的观点抱宽容和尊重的态度。

要使学习中的自我评价的功能得到充分发挥，需要有效地克服自我评价可能产生的负面作用。心理学的研究表明，人有一种自我保护偏见，也就是说，

---

① 纪宝成：《怎样培养创新型人才注重创新人格的培养》，《求是》2006 年第 24 期，第 35～36 页。

人们会倾向于将成功归于自己，而不愿对失败承担责任。这样有助于保护人的"自我"，且使人确信正在努力实现"自我目标"。但是，这种偏见是由不正确的自我评价所导致的，有失偏颇、公允，从而导致对自己的现实状态和发展趋势不能正确把握。在这样的自我偏见引导下，人的行为自然会出现偏差。人要促进自我设计、自我发展、自我实现和自我完善，就必须正确地评价自己。如果不能克服自我评价的障碍，自我评价的功能就无法充分发挥。实际上，自我评价反映了人对自己的态度，不能正确对待自己的人，必然不能正确对待他人。所以，在学习过程中，教师要防止不符合自身实际的自我评价发生。通常，教师在学习过程的自我评价中所犯的错误主要表现为自己对自己的偏见，主要包括过高或者过低评价自己这两种情况，导致对于自己的学识和能力过于自负，瞧不起他人，故步自封；或者怀疑自己的学习能力，缺乏自信，从而丧失学习的动力，畏缩不前。在实践中，要克服过高或过低地进行自我评价，实事求是地评价自己。如果教师在学习过程中能客观地评价自己，那就一定能不断自我完善、自我发展。

（三）积极实践，不断探索

知识，来源于人类的生产生活实践，是人们在解决实际问题的过程中不断积累和发展的。只有在学习过程中积极实践，不断探索，人们才能真正把握知识的内涵，提高自身的能力。教师积极进行教育教学实践可以培养敏锐的感觉、发现或准确判断新问题的能力；培养把握教育时机、转化教育矛盾或冲突的能力；培养根据学生实际和面临的情境及时作出选择、调节教育行为的能力。教师还应积极参加社会实践，了解知识产生、发展及应用的过程和条件，加深对间接知识的理解和把握。在"学以致用"的过程中，人们能够充分发现、发挥自己的潜力。教师在实践中要具备良好的心态，勇于面对各种困难和挑战。许多人对自己缺乏信心，认为自己这也不行，那也不行，肯定什么也做不好。其实，真正存在的问题是：你尝试过去做吗？你是浅尝辄止，还是不断地尝试，屡败屡战呢？有些事情看起来很复杂，实际上一步一步地去做的时候却会发现这些事情并不太难。而真正复杂的问题，往往不可能一蹴而就地解决，如果每次都是浅尝辄止，这样只能加重自己的失败意识，更加缺乏信心。教师要善于去尝试，不能在想象中畏缩不前。想象中的恐惧往往比真实情况更加令人恐惧，如果放任负面的想象膨胀，那我们会永远处在害怕失败的惊恐之中。如果真的去行动，你对问题的恐惧感反而会下降，行动是克服想象恐惧的良药。所以，多做，就会发现自己能做的事情越来越多；少做，就会发现能做的事情越来越少。

　　不断探索，就是在未知的领域里，凭借自己的兴趣爱好进行学习，多方寻求答案、解决疑问。探索首先来源于兴趣。教师培养不断探索的习惯，首先要对周围某些事物、现象，听到或看到的某些话题、观点等有浓厚的兴趣。如果周围的事物和现象不能引起你的丝毫兴趣，不能令你有所感触，不能让你心动，那就不可能产生真正的探索。除了兴趣，还要具备一些物质条件，如相应的实践场所、工具、实验科学需要的实验室和相应的实验设施设备等。教师培养不断探索的习惯，还需要不断丰富自己的信息资源。信息资源，既包括人际方面的资源，也包括知识方面的资源。人际方面的资源主要是指具备相关领域的知识专长，能够给予你指导和帮助的专家，他能够解惑释疑。知识方面的资源主要是指相关领域的基础理论、研究历史和现状等资料，这些是开始探索的基本知识储备。培养不断探索的习惯，还要对新事物持开放的心态。教师要有宽阔的胸襟、包容的心态，正确看待学生中和社会上出现的新鲜事物，认真研究这些新鲜事物出现的背景以及对学生的影响，科学合理地对学生进行引导和教育。

　　每位教师都应具备自我发展、自我完善的能力，不断地提高自我素质，不断地接受新知识、新技术，不断更新自己的教育观念、专业知识和能力结构，以使自己的教育观念、知识体系和教学方法等跟上时代的变化，了解教育和相关学科最新发展的状况。学会学习无疑是艰苦的，也是快乐的。因为学习使人自强，使人发展，教人创新。教师要务实求真，成为热爱学习、学会学习和终身学习的楷模；并将所学知识充分应用于教学实践，以人为本，尊重学生个性，引导和启发学生自主学习，鼓励学生学会思考、应用知识，学会怀疑、创新。

第六章　教师礼仪文明

中国是具有五千年历史的文明古国，素有"礼仪之邦"的美誉。古籍《说文》中将"礼"解释为："礼，履也，所以事神，致福也"，"礼"有尊敬或尊重之意；而"仪"的含义即"仪式"之意，是人们表示尊敬或尊重时所采取的外在的具体形式。所谓"礼仪"，是表示礼貌的仪式，是礼节与礼貌的统称，即指一个人在社会生活特别是人际交往中为尊敬或尊重别人、处理好人际关系所表现出的礼貌、礼节，以及为表达这些礼貌、礼节所持的仪表或仪态。礼仪是在人际交往中自始至终地以一定的、约定俗成的程序、方式来表现的律己、敬人的完整行为。作为一种社会文化，礼仪既是社会进步、文明的标志，又是人们社会活动中的行为规范和待人接物的道德标准，是调节人际关系的重要手段。在社会活动中，交谈讲究礼仪，可以变得文明；举止讲究礼仪，可以变得高雅；行为讲究礼仪，可以变得得体。人不知礼，难做文明公民，难得事业成功。

在社会生活中，礼仪具有普遍性、共同性、指导性的规律，这些规律即是礼仪的原则。礼仪的原则主要包括：①遵守的原则。在交际应酬之中，每一位参与者都必须自觉、自愿地遵守礼仪，以礼仪去规范自己在交际活动中的一言一行，一举一动。②自律的原则。礼仪规范由对待个人的要求和对待他人的做法两大部分组成。对人的要求是礼仪的基础和出发点。③敬人的原则。在人际交往活动中，与交往对象互谦互让，互尊互敬，友好相待。这也是对待他人做法的一部分。对待他人的最主要的一条是：敬人之心长存，处处不可失敬于人，不可伤害他人的尊严，更不能侮辱对方的人格。④宽容的原则。这是要求人们在交际活动中运用礼仪时，既要严于律己，更要宽待他人。⑤平等的原则。对任何人都要一视同仁，给予同等程度的待遇。⑥从俗的原则。由于国情、民情、文化背景等的不同，因此，在人际交往中对客观现实应有正确的认识，不自高自大，与大多数人的习惯做法保持一致。⑦真诚的原则。待人以诚，言行一致，表里如一。⑧适度的原则。注意技巧，合乎规范，特别注意把握分寸，认真得体。

崇尚礼仪、提高全民族素质的关键靠教育，教师负有重要的使命，更要注重礼仪。教师礼仪，是教师在从事教育或教务活动、履行职务时所必须遵守的礼仪规范。教师礼仪有自己特定的适用范围、特定的适用对象。与其它礼仪相比，教师礼仪具有以下两种特性：①鲜明的强制性。从事此种职业者必须遵守。遵守职业礼仪要以职业规范为核心，以人民利益为重，不能随心所欲。②强烈的形象性。是否遵守教师礼仪不仅是个人行为，更是集体行为，应体现并维护良好的职业形象、学校整体形象、教师队伍整体形象。

教师肩负着教书育人的光荣使命，因此，无论是在教学过程中还是在交际场合，都应该讲究礼仪。教师具有很强的示范性，他不仅是为学生指点迷津的导师，也是学生学习为人处世的楷模。苏联教育家马卡连柯认为，教育者对被教育者的作用首先是教师品格的熏陶、行为的教育，然后是专门知识和技能的训练。教师的品质和行为不仅是自身修养的表现，也是一种重要的教育手段。教师的一言一行都受到学生的关注，对他们有着潜移默化的影响。因此，教师礼仪的培养，不仅是教师个人的品质修养的提高和形象的体现，而且直接影响着学生的思想行为，对学生的成长起着至关重要的作用。

对于当代教师而言，人际关系与学识、才能同等重要。社会交往和工作、生活已融为一体，一个合格的教师，不仅要有高尚的品德修养、广博的知识经验、现代化的教育能力和健康的身心，还要有为人师表、受人尊重的外在形象。

第一节　教师仪容礼仪

仪容是指个人的容貌，它是由发式、面容以及所有未被服饰掩盖的暴露在外的肌肤构成的。人际交往中，每个人的仪容都会引起交往对象的特别关注，并将影响到对方对自己的整体评价。有调查指出，在人际交往的过程中，人们各种感觉器官接收信息的比例为：视觉，87%；听觉，7%；嗅觉，3.4%；触觉，1.6%；味觉，1%。人们会凭借第一印象判断你的经济状况、教育度，而可信赖度、社会地位、社会经验、工作态度、交往意向、性格等，也即判断出。

作为教师，重视仪容，一方面是自身修养的需要，另一方面是社会的客观现实要求。教学是一项与学生面对面沟通的近距离工作。虽然俗话说"人不可

貌相",但现实生活中教师的仪容举止就是这"貌相"成为学生的第一印象。对于教师来说,仪容礼仪的首要要求是仪容美,具体而言是指:①仪容自然美。有的教师仪容先天条件好,天生丽质,在与人交往时,其仪容相貌令人赏心悦目、感觉愉快。这样的美是先天的,不可变的。②仪容修饰美教师可以依照规范与个人条件,对仪容进行必要的修饰,扬长避短,设计、塑造出美好的个人形象,在人际交往中尽量令自己显得有备而来,自尊自爱。这是后天的,教师可以利用仪容修饰弥补先天所带来的部分缺憾。③仪容内在美。教师可以通过努力学习,不断提高个人的文化、艺术素养和思想、道德水准,培养自己高雅的气质与美丽的心灵,使自己秀外慧中、表里如一。内在美也可以通过后天学习来弥补。教师的仪容美应该是三方面相统一,不能忽略任何一方面,特别是后两方面在教育教学中往往能给教师带来意想不到的教学效果。在这三者之间,仪容的内在美是最高的境界,仪容的自然美是人们的心愿,而仪容的修饰美则是仪容礼仪所关注的重点。

注重仪容美,最基本的是要注重个人卫生。教师的个人卫生反映着教师的精神面貌,直接影响着他在学生心目中的形象。教师应有良好的卫生习惯,如经常洗脸、修剪指甲、理发、换衣等,上课前也应梳理头发、整理衣服。另外,教师应有一套合理的生活习惯,要妥善安排自己的工作、学习、娱乐、休息和其他活动。这样做既可以保证自己有旺盛的精力,促进身体的健康,又可以给学生树立一个良好的榜样。

一、教师面容修饰礼仪

仪容,在很大程度上指的就是人的面容。面容,在此指的是人们面部所显示出的综合性表情。它既可对眼神、笑容发挥辅助作用,也可以自成一体,表现自己的独特含义。通过面容所显示的表情具有两重特征:其一,变化迅速,很少凝固不变;其二,彼此配合,时常合作。根据一般规律,通过面容所显示的表情,既有面部各部分局部显示的,又有它们彼此合作、综合显示的。

修饰面容,首先要做到清洁,即要勤于洗脸,使之干净清爽,无汗渍、无油污、无泪痕、无其他任何不洁之物。修饰面容的要求,具体到各个不同的部位,还有一些不尽相同之处。

(一)脸部

教师的职业特点决定了教师要多注意面部的保养,养成多洗脸的良好习惯。不仅早上起床之后、晚上就寝之前要洗脸,午休之后、劳动之后、外出碰上刮风下雨之后也要洗脸。坚持以正确的方法勤洗脸，不仅可以促使面部皮肤进行良好的血液循环和新陈代谢，使人精神焕发，充满朝气，而且能够有效地清除滞留于面部的灰尘（粉笔灰）、污垢、汗渍、泪痕，使人显得清清爽爽。洗脸不可三下五除二就了事，脖根、耳朵却依旧"原封未动"，那些地方一样会为他人所注意，"冷落"不得的。脸上生了疱疹、疖子，要立即去看医生，并遵照医嘱进行治疗，不要听之任之，或是乱挤、乱抠，弄得脸上伤痕累累，十分难看。

（二）嘴部

嘴是教师表达语言的工具，是教师一生教学之中运用最多的地方。教师的嘴部与眼睛、眉毛一样，表达着复杂的思想感情，如嘴巴大开表示惊讶恐惧；咬紧嘴唇表示自省或自嘲；含住嘴唇表示努力或坚持；撅起嘴巴表示生气或不满；嘴角一撇表示鄙夷或轻视；嘴巴努向某方表示怂恿或支持；拉着嘴角又分上拉和下拉，上拉表示倾听，下拉则表示不满或固执。教师通过这些嘴部动作配合面部表情，以组织教学。

教师的嘴部一定要保持牙齿洁白、口腔无异味。要做好这一点，首先要每天定时刷3次牙，以去除异物、异味。其次，要注意忌食烟、酒、葱、蒜、韭菜、腐乳等气味刺鼻的东西，免得让学生或同事"受罪"。教师可以随身常备口香糖，以便随时清新口气。

对于男教师而言，唇间长有胡须，是男子的生理特点，但是在交际场合中，因蓄须造成不雅，也是十分失礼的。因此，男教师若无特殊宗教信仰和民族习惯，最好不要蓄须，并应经常及时地剃去胡须。

（三）耳鼻

细节决定成败。相对身体动作来说，耳和鼻内的异物虽然比较隐蔽，非常不起眼，但每一名教师同样都不该予以忽略。

对于耳，首先是要保持清洁卫生。在洗澡、洗头、洗脸时，不要忘记清洗一下耳朵。必要之时，还需清除耳孔之中不洁的分泌物。其次，学习利用耳朵表达自己的情感。耳朵虽然不能像四肢一样有过大的动作变化，但同样也可显示不同的思想感情，如侧耳表示关注，耸耳多表示吃惊，捂耳多表示拒绝，摸耳多表示亲密。在教学中，教师可以利用侧耳表示对学生的回答是否表示关注。

对于鼻，首先是要保持鼻腔清洁，不要让异物堵塞鼻孔。但一定要注意，对耳、鼻进行保洁的具体操作不能当众进行。尤其不能随处吸鼻子、擤鼻涕，

也不要在人前人后随时挖鼻孔或掏耳朵。对鼻子上的"黑鼻头"要及时清除。教师要注意勤检查，不要以为事小而忽略。

总之，教师对于面容，一定要保持清洁，在日常生活中注意健康，防止疾病，善待和爱护自己的仪容，使之尽可能清爽干净。

二、教师手部修饰礼仪

除了面部之外，每个人的手部都是为他人所关注的另一个重要部位。教师的双手堪称是自己的"第二张名片"。在教学之中，教师的双手用得最多，所以要努力使之给别人留下好印象。修饰手臂，要多关注手掌、肩臂等部位。

（一）手掌

手掌，是手臂的中心部位，也是人们日常交际中"制作"形形色色的手语的关键媒介。

首先，要注意经常洗手。在日常生活里，手是接触其他人、其他物体最多的地方，对于教师而言尤为突出，所以非得勤洗不可。洗手，不应只是在饭前、便后，而应当是在一切有必要的时候（尤其是下课后）。如果自己的双手粗糙、红肿、皲裂、蜕皮，并不能说明自己操劳过度，很多时候是由于不经常洗手造成的。

其次，要注意修剪指甲。手上的指甲应定期修剪，通常每周修剪 1 次，不可长时间不剪指甲，也不要留长指甲。修剪手指甲，应令其不超过手指的指尖。若是指甲的外形不美观，也可以进行适当的修饰。另外，不要刻意蓄留长指甲。在修剪手指甲时，总的要求是忌长，并且要求经常地对它进行修剪。但是，这并不等于要求在修剪手指甲时翻新花样，把自己的手指甲形状修得怪怪的，有意让它与众不同。对女教师而言，留长指甲非但毫无美感和实际用处，而且也极不卫生。即使长指甲沟看起来"白白净净"，但从卫生的角度来讲，它也是"藏污纳垢"之处。要经常修剪自己的指甲，最长不要让它长过自己的手指尖，绝不可以直接用牙齿啃自己的指甲，也不要当众剪指甲。对于女教师而言，不要把指甲涂得大红大紫，由于教师的形象要求优雅含蓄，不主张涂抹彩色指甲油，若为了保护指甲则可使用无色的指甲油。

再次，要注意去除"暴皮"。要及时地除去指甲沟附近的"暴皮"。除"暴皮"时，要注意时机与场合，不宜当众操作。不宜学生做题时，自己旁若无人地操作。要用剪子或指甲刀，不要用手去撕扯，搞得自己的指甲沟附近伤痕累累。

最后，要注意防止伤残。对于手部要悉心保养，不要让它经常带伤。若皮肤粗糙、红肿或是皲裂，应及时进行护理、治疗；若长癣、生疮、发炎等，要及时治疗，并避免接触他人，因为不论是直接还是间接接触，都会使人产生不快，甚至反感。

（二）肩臂

教师礼仪规定，在非常正式的教学或其他公务活动中，教师不宜穿着半袖装或无袖装，手臂和肩部都不应当裸露在衣服之外；而在非正式场合，则无此限制。另外，要特别注意腋毛，在正式场合，一定要牢记，不要穿着会令腋毛外现的无袖装。而在非正式场合，若打算穿着暴露腋窝的服装，则务必先行脱毛或者剃去腋毛。

三、教师腿、脚修饰礼仪

俗语说："远看头，近看脚，不远不近看中腰。"腿、脚部在近距离之内常为他人所注视，在修饰仪容时自然不能忽略。

（一）腿部

在正式场合中，男教师的着装不允许暴露腿部，女教师可以穿长裤、裙子，但不得穿短裤，或穿暴露大部分大腿的超短裙。一般来说，越是正式的场合，女教师的裙子应当越长。在庄严、肃穆的场合，女教师的裙长应长过膝部以下，同时不要不穿袜子，尤其不应该将光着的大腿暴露于裙子之外；但在非正式的场合，特别是在休闲活动中，则无此规定。

（二）脚部

在正式场合中，是不允许光着脚穿鞋子的，这样做既不美观，又有可能被人误会。因为在社会上，女性光脚穿鞋，或穿一些可能使脚部过于暴露的鞋子，都有可能被视为卖弄"性感"的做法。对于脚部需要注意以下几个方面。

1. 要注意保持清洁

在正常情况下，应注意保持脚部的卫生。鞋子、袜子要勤洗勤换，脚要每天洗1次，袜子则应每日一换，以防臭气熏人。不要穿残破、有异味的袜子。如有可能，应在办公室或随身所带的公文包里装上备用的袜子，以备不时之需。在非正式场合光脚穿鞋子时，要确保其干净、清洁。不要在他人面前脱下鞋子、趿拉着鞋子，更不要脱下袜子抠脚丫子。此类不良习惯，往往令人作呕，对教师的个人形象损害很大。

2. 要注意勤剪趾甲

脚趾甲要勤于修剪，至少要做到每周修剪 1 次。不应任其藏污纳垢，或是长于脚趾趾尖。在正式场合活动时，教师的脚趾与脚跟通常不应露出鞋外。

四、教师头发修饰礼仪

"一切从头开始"，头发是人体的制高点，因此它颇受人们的关注。教师无论留什么发型，都应整洁、无头屑，忌讳脏、乱、怪、彩、假。不能使自己披头散发，蓬乱不堪。蓬头散发不只是对自己不尊重，也是对别人不礼貌。教师的头发应重点注意并做到以下两点。

（一）干净整洁

头发是一种自然的物质，经过很好地清洗、梳理，能给人以美的感觉。良好的发型可使人仪表端庄，显得彬彬有礼。头发处于人体的"制高点"，其干净、整洁与否他人往往一目了然，而且也是他人视线最先注意的地方。作为教师，应当对自己头发的干净与整洁给予高度的重视。头发干净，就要求教师养成周期性洗头的好习惯，通过定期勤洗头发，使之无异味、无异物。对头发勤于梳洗，具体作用有 3 点：一是有助于消除异味；二是有助于清除异物；三是有助于保养头发。若是对头发懒于梳洗，弄得自己蓬头垢面，满头汗馊或油味，头皮屑随处可见，是很败坏个人形象的。

对于理发，男教师应半个月左右 1 次，女教师可根据个人情况而定，但最长不应超过 1 个月。洗发，应当至少 3 天进行一次。至于梳理头发，更应当时时不忘，见机行事。如有重要的交际应酬，应于事前再进行一次洗发、理发、梳发，不必拘泥于以上时限。倘若自己是油性头发，则应当两天左右洗一次。遇上某些特殊情况，如刮大风、出汗等，应当随时洗头。参加一些比较正式的活动，尤其是参加自己有可能成为众人所注意的"焦点"的活动之前，最好专门洗理一次头发，使之不给自己"添乱"。爱出汗的教师，每天都应在上班之前特意检查一下自己的头发有没有怪味。要是自己站立于学生或他人中间，头发散发出一股怪味，对自己形象无异于是一次"重创"。爱掉头发的人、头屑过多的人，每次出门之前都要对自己的头发加以精心的检查与梳理，并且要把头顶上、脸上、衣服上、眼镜上，特别是肩背上从头上散落下来的落发、头屑认真地清理干净，不然就会给人以极其不洁的感觉。对灰尘、树叶、草梗之类飘落在头发上的东西，也要加以防范。

（二）造型适宜

发型，即头发的整体造型，在理发与修饰头发时，对此都不容回避。选择发型时，不仅要求美观大方，而且要自然得体。在这一方面，除了个人偏好可适当兼顾外，最重要的是要考虑个人条件、身份差异及年龄差异。

首先考虑个人条件。个人条件，包括发质、脸型、身高、胖瘦、年龄、着装、佩饰、性格等，都会影响到发型的选择，对此切不可掉以轻心、不闻不问。其中，脸型对发型的选择影响最大，选择发型时，一定要遵守适应自己的原则。

其次考虑身份差异。一般来说，在工作场合抛头露面的人，发型应当传统、庄重、保守一些；在社交场合频频出现的人，发型则应当个性、时尚、艺术一些。教师理应选择传统、庄重、保守一些的。不论是男性，还是女性，作为教师都不应煞费心机地在自己头发上搞花样，不能使自己的发型奇形怪状、男女不分。

第二节　教师仪表礼仪

仪表是指一个人的外表。仪表礼仪主要是指人在不同社会活动中穿着服饰方面的礼节与规范。[①] 在人际交往中，仪表是一个人的教育修养和情趣的外在表现，体现着一个人的文化修养和审美情趣，是一个人的身份、气质、内在素质的无言的"介绍信"。正如英国著名体态语学者 D. 莫里斯所说："穿衣服不传递社会信号是不可能的。每件衣服都说出穿着者的一段故事，而且常常是很微妙的故事。"[②] 穿着得体，不仅能赢得他人的信赖，给人留下良好的印象，而且还能够提升与他人交往的魅力。而穿着不当，不仅会降低身份、损害形象，还将影响到对方对自己的整体评价。

服装是一种无言的文化，着装是一门艺术。孔子曾说："不可以无饰，不饰无貌，无貌不敬，不敬无礼，无礼不立"。教师的服饰仪表不仅要适合审美的原则，还要符合其职业性质、教育对象和自身条件，做到大方得体，具有亲和力，切忌标新立异、奇装异服。风格上，质朴、儒雅、沉静、大方、活泼、典雅、矜持等都能体现教师职业特色，但重要的是能给学生留下成熟、稳定、练达的印象。学校是一个教书育人的环境，教师的着装应尽量与学校的学习气

---

① 刘维俭、王传金：《现代教师礼仪教程》，南京师范大学出版社 2006 年版，第 44 页。

② 转引自庄锦英、李振村：《教师体态语言艺术》，山东教育出版社 1993 年版，第 323 页。

氛相吻合。郑板桥有云："子弟若持貌忽心必不力于学，此最是受病处"。如果女教师浓妆艳抹，男教师不修边幅地站在讲台上，就会和课堂的学习气氛格格不入，学生会因拒绝接受而产生消极的负面效应。而形象端庄、穿着得体、干净利索的教师则很容易赢得学生的好感和信任感。对学生来说，教师的良好形象会给学生留下较好的印象，从而稳定听课情绪、消除心理疲劳，增强学习兴趣，提高学习效率，缩短彼此间的心理距离，增加师生的接近度。

一、教师着装的基本原则

服饰可以反映一个人文化素质的高低、审美情趣的雅俗。教师的着装是否具有美感，并不一定在于服装的新奇漂亮、流行时髦，也不一定在于本人有一副适宜装扮的漂亮身材，关键在于着装要适合自己的身份，要体现教师职业特点规范下的仪表美的深层内涵。具体地，教师着装应主要遵循以下原则。

（一）整洁性原则

所谓整洁，也就是整齐和清洁，教师的衣服不论其质量好坏、新旧如何，都要做到端正、妥帖，衣服要洗干净，每粒扣子都要扣好。这样，即使衣服穿得很朴素，款式已陈旧，甚至质料很一般，但仍会给人以清新、高雅之感，使学生感到可敬可亲，无形中成为学生学习的榜样。教师的着装应整洁得体，落落大方，避免肮脏或邋遢，追求整洁和谐、情趣高雅的美。无论在什么条件下，作为教师都应该着装整洁，不能穿着又褶又皱的衣服出现在教室。衣服应该是干净的，不能散发异味。着装不允许存在明显的污渍和油迹。

（二）协调性原则

教师着装要与社会角色相协调。教师在家可以自由穿戴，但是在工作场所，面对学生和同事就不能随心所欲了。教师应该按照教师的服饰规范来装扮自己，同时还要和自己的年龄相协调。年轻人应穿着鲜艳、活泼、随意一点，这样可以充分体现出青年人的朝气。而中老年人则要注意庄重、雅致，体现出成熟和稳重。

（三）应景性原则

这一原则亦即 TPO（Time Place Object）原则，一个人的穿着打扮在重要场合要和他的时间、地点和身份相吻合。教师的着装应结合自己的教学内容，尽量与当时的季节、天气变化、地点和教学对象相适应。教师在服饰方面不要过分追求时新、华美。一般说来，教师的服装式样应该庄重、自然，色彩素雅、含蓄。教师如果经常打扮得花枝招展、浓妆艳抹，很容易分散学生学习上的注意力，既影响教学效果，又降低了自己的威信。

二、女教师的服饰

女性的服装比男性更具个性特色，但是要注意自己教师的身份，在校园不要穿着得过分性感、过分艳丽、过分奢华。服饰价格不求很高，但是要协调，合理搭配，无论是颜色系列还是饰物、手包等，要注意细节，体现高雅、大方、端庄的风度。

（一）女教师服装注意事项

女教师的服装应具有实用性、审美性和象征性等职业服装的基本特征，能体现出教师的责任和义务，使教师产生庄重、自尊的心理。应当保持服装的整洁、利落，表现出不卑不亢、热情大方的风度。女教师的服装一般分为职业服装和社交服装。职业服装包括西服套裙、连衣裙和西服套装，社交服装包括礼服（旗袍）、便服。女教师服装选择余地极为广阔，裙装、裤装均可，其中以着西装套裙为最宜。女西装配西装裙的职业套装更能显露女性的高雅气质和独特魅力。

1. 西装

女教师在一些正式场合，如接见外宾、外出访问、出席典礼或庆典，在名剧院看剧、听音乐会等一般需要着西装。西装上衣应做得长短适中，以充分展现女性腰部、臀部的曲线美，如果配裤子，则可将上装做得稍长些。无论配裙子或裤子，一般采用同一面料做套裙，使得整体感强。西装的"V"字型领口要高低适中，胸围和腰身都不要有紧绷感，前襟不翘，后身不撅，前后身处在一个水平线上。女教师在选择西装时要注意以下几点：

首先，女子西装款式多样，所以女教师要根据自己的年龄、体形、皮肤、气质、职业等来选择；要讲究皮鞋、袜子、皮包、饰物、发型、化妆与西服的配套协调。

其次，挑选西装时，以基本色为最好，不必选择流行的颜色，黑、褐、灰或者条纹、碎点的图案比较好，面料质地要好。

2. 套裙

套裙，是西装套裙的简称，其上身为一件女式西装，下身则是一条半截式的裙子。在许多正式场合，套裙是女教师的首选。它不仅会使着装者看起来干练而成熟，而且还能烘托出其所独具的韵味，使之显得优雅和妩媚，可以很好地体现出女教师的职业特点和女性的魅力，并且与具体的场景相协调。

在一般的社交场合，女性可以穿连衣裙或穿中式上衣配长裙。夏季可穿长、短袖衫配长裙或过膝裙。在宴请等正式社交场合，一般要穿长裙，至少要长过膝盖，不应穿长裤、牛仔裤和超短裙。套裙的搭配，亦是女教师必须重视的。其一，衬衫。衬衫在公共场合不宜直接外穿，衬衫的下摆必须掖入裙腰之内，不得任其垂悬于外，或是将其在腰间打结；衬衫的纽扣要一一系好，除最上端一粒纽扣按惯例允许不系外，其他纽扣均不得随意解开。其二，衬裙。衬裙特指穿在裙子之内的裙子。一般而言，穿套裙时，是非穿衬裙不可的，衬裙的色彩，最好是单色，并且不宜出现任何图案。

女教师穿衣服要注意衣服不应过大或过小。在学生面前不要穿低腰裤和露肚脐，上衣最短齐腰，西服裙子最短到小腿中部，要合体典雅，体现服饰美。不能衣扣不到位，不能系上衣口，敞胸露怀；不允许不穿衬裙，衬裙颜色与套装裙颜色一致协调，不允许内衣外现。穿吊带衫时，文胸的吊带不论是什么颜色、质地，都不要露出来，更不要使好几条带子露出来。穿西装时衬衫不应透明，内衣不能从领口露出，不能不穿衬衫，直接把连胸式衬裙或文胸当衬衫穿在里面，这样有失身份。不能随意搭配，套装不能与休闲装混穿，不能与牛仔服、健美裤、裙裤"合作"，黑皮裙、黑皮靴也不能当正装来穿。

3. 鞋袜

在正式或者非正式场合，女性一般穿黑色半高跟皮鞋，不要穿鞋跟太高、太细的高跟鞋，以免走路时步伐不稳，影响形象。穿西装不能穿旅游鞋、布鞋和凉鞋，否则可能被视为不懂礼貌。

女教师穿裙子应当配以长筒袜或者连裤袜，颜色以黑色和肉色最为常见。有洞、挑丝或者自己补过的袜子都不能穿着外出。在正式场合，不穿袜子是不礼貌的。不能在公共场合整理自己的袜子，袜口也不能露在裙摆或者裤脚外面。

(二) 女教师日常服装"五忌"

1. 忌露

教师工作与外出时，着装不能露出乳沟、肚脐、脊背、腋毛等。若穿露肩臂的正式晚礼服，则应去掉腋毛。

2. 忌透

天气再热衣服再薄，也不能使内衣、背心、文胸、内裤等若隐若现，甚至一目了然，也不能让内衣外穿之风刮进校园。

3. 忌紧

制服过于紧身，让内衣、内裤的轮廓"原形毕露"既不文雅，也不庄重。

4．忌异

教师不是时装模特，着装不能过分新奇古怪，招摇过市。

5．忌乱

不可穿着不讲究，卷袖子、敞扣子、颜色过乱、饰物乱配，以及衣服脏、破、皱、油垢、牙膏遗迹等现象都不应出现。

三、男教师的着装

男教师的服装一般也分为职业服装和社交服装。但在我国，教师这一职业没有统一的职业服装，因此，对多数男教师而言，其职业服装和社交服装没有多大区别。社交服装有正装和便装之分，正装主要是西装和中山装，便装则多种多样。总的来说，在校园，男教师衣服应有领有袖，不穿紧身衣、短裤、拖鞋、残破的袜子进教室。全身衣着的色彩，不超过3种。男教师的着装应适合职业性质、工作环境，要实用又便于活动，能给人美观整洁之感，能振奋人心，增强职业自豪感。

（一）西装

男教师在选择正装时，通常都选择西装，主要原因是造型优美、做工讲究。教师要想使自己所穿着的西装称心如意，就必须在西装的选择、西装的穿法、西装的搭配、西装的场合这四个方面循规蹈矩，严守相关的礼仪规范。

1．西装的选择

由于西装对做工十分讲究，因此要想使穿在自己身上的西装替自己增色，首先要进行精心的选择。通常情况下，教师要注意色彩、款式、面料、图案、尺寸、造型和做工等各个方面的细节。一般说来，三件套西装（一衣、一裤和一件背心）比两件套西装（一衣一裤）要显得更加正规一些。西装以无图案为好，也可以选择以"牙签呢"缝制的竖条纹西装。西装颜色可选择蓝色、灰色或棕色。在挑选西装时，必须检查其做工的精度。这主要从下述几点着手；一是要看衬里是否外露，二是要看衣袋是否对称，三是要看表面是否起泡，四是要看针脚是否匀称，五是要看纽扣是否缝牢，六是要看外观是否平整。

2．西装的穿法

教师在身着西装时，必须对其具体的穿法倍加重视。若不遵守西装的规范穿着，或者在穿西装时肆意妄为，都是有违礼仪的无知表现。

（1）拆除商标

在正式穿西装前，务必将商标先行拆除，因为这等于是对外宣告该西装已

被启用；否则，就会贻笑大方。

（2）系好纽扣

穿西装时，上衣的纽扣都有一定的系法。一般而言，站立时西装上衣的纽扣应当系上；就座之后，则大都要解开。唯独在内穿背心或羊毛衫、外穿单排扣上衣时，才允许站立之际不系上衣的纽扣。根据着装惯例，1 个扣的要扣上；两个扣的只需扣上面的 1 个，平时可以都不扣；3 个扣的，扣中间一个；双排扣西服，通常情况下，纽扣全部扣上。

（3）保持平整

欲使一套穿在自己身上的西装看上去美观又大方，首先就要使其显得平整挺括、线条笔直。因此，除了要定期对西装进行护理外，还不能把西装当做披风一样地披在肩上，也不可以将西装上衣的衣袖挽上去，或者卷起西裤裤管。此外，把两手随意插在口袋里，也是不礼貌的。

同时，为保证西装在外观上不走样，应当在西装的口袋里少装东西，或者不装东西。西装上衣左侧的外胸袋除可以插入一块用以装饰的真丝手帕外，不可再放其他任何东西。内侧的胸袋，只能用来别钢笔、放钱夹或名片夹。外侧下方的两只口袋，原则上不放任何东西为佳。在西装背心上，口袋多具装饰之功能。在西装的裤子上，两只侧面的口袋只能够放纸币或钥匙包，其后侧的两只口袋，则不宜放任何东西。

（4）慎穿毛衫

教师要打算将一套西装穿得有"型"有"味"，那么除了衬衫与西装背心之外，上身只能穿上一件薄型"V"领的单色羊毛衫或羊绒衫，而不能再穿其他任何衣物。穿西装时通常不提倡穿毛衣，更不能穿多件毛衣。如果要穿毛衣，只可穿一件；若穿在衬衫外时，领带应放在毛衣内部，并且不穿带图案的毛衣，应穿素色毛衣；羊绒衫可穿在衬衫内，但衬衫内不应露出任何衣服的领子。

3. 西装的搭配

穿西装时，十分讲究相关的搭配，教师应该对其有所了解。

（1）衬衫的搭配

与西装搭配的衬衫，应当是正装衬衫。一般而言，正装衬衫必须为单一色彩，以无任何图案为佳，其衣领多为方领、短领和长领，衣袖必须为长袖。穿着正装衬衫与西装相配套，要注意下述事项：

①大小要合身。其衣领与胸围要松紧适度，下摆不宜过短。

②长度要适度。穿西装时，西装的袖长以达到手腕为宜。衬衫的袖长应比

上衣袖口长出 1.5 厘米左右，衬衫的领口亦应高出上衣领口 1.5 厘米左右，这样有一种匀称感。西裤长度以裤脚接触脚背为宜。穿西裤时，裤扣要扣好，拉锁全部拉严。西装坎肩要做得贴身，与西装配套的大衣不宜过长，一般以在腋窝下延 3 厘米为宜。

③下摆要掖好。穿长袖衬衫时，不论是否穿外衣，均须将其下摆均匀而认真地掖进裤腰之内。

④衣扣要系上。穿西装的时候衬衫的衣扣、领扣或者袖扣都要一一系好。只有在穿西装而不打领带时，才可以解开衬衫的领扣。

（2）领带的搭配

领带是与西装配套的饰物，在正式场合系上领带，既礼貌又庄重，且领带是西装"V"字型开领处的灵魂。在佩戴领带时要注意以下几方面：

①领带选择。领带的选配，应和服装的颜色相互协调，并且还要与衬衣相搭配，这是使用领带时最重要的一点。在较正式的场合，领带不宜过于鲜艳，以暗色为宜。在吊唁、慰问的场合，则必须配黑色领带。

②领带打法。在领带的打法上，应注意以下几点：一是注意场合。在公务场合必须打上领带；在参加宴会、舞会时，为表示尊重主人，亦可打领带；在休闲场合，通常则是不必打领带的。正式场合必须系领带，领带颜色要讲究。宴会等喜庆场合领带可鲜艳明快；参加吊唁活动要系黑色或素色领带；参加商业活动宜佩戴醒目且花纹突出的领带；职业领带往往是素色或深色，多无花纹。二是注意服装。穿西装套装时非打领带不可；穿单件西装时，领带则可打可不打；在非正式活动中穿西装背心时，可以打领带；不穿西装的时候，通常是不宜打领带的。系领带要注意衬衫领围大小，西服内衣有西服坎肩、鸡心领毛背心的，领带要放在这些衣服内，且领带下角不可从这些衣服下端露出。三是注意结法。打领带结的基本要求是令其挺括、端正，并在外观上呈倒三角形。领带结的具体大小，最好与衬衫衣领大小形成正比。打领带时衬衫应系好领扣，不打领带时，领扣应打开；要采取合适的领带结法，以配合衬衫领型，产生舒适、协调的效果。四是注意长度。打好之后的领带最标准的长度，是上面宽的一片须略长于下面的一片，其下端的大箭头正好抵达皮带扣的上端。

此外，领带夹可用，亦可不用。使用领带夹时，应使之不易被外人所见。

（3）鞋袜的搭配

穿西装时，一定要穿皮鞋，黑色皮鞋和深褐色的系带皮鞋是最佳之选。袜子则选与裤子、鞋同类颜色或较深颜色，勿选白色或者其他浅色。

在正式样场合，男教师只宜穿黑色或深咖啡色皮鞋，不宜穿鞋跟过高或钉掌的皮鞋。穿皮鞋时，不论其新旧，保持鞋面清洁永远都是第一位的。西裤的裤管不宜太长，一般而言，站立起来，裤脚前面都能碰到鞋面，后面能垂直遮住1厘米的鞋帮就行了。男教师所穿的袜子，颜色以单一色调为佳，但无论如何也不能在正式场合中穿一双白色或者是肉色袜子。袜子要是高及小腿上部，质地不要太薄或太厚，以棉线袜为最佳，尼龙袜不宜穿。

（4）腰带的搭配

腰带的宽度应在2.5～3厘米之间，颜色要与鞋的颜色配合。在腰带上，应尽量不挂手机、钥匙等物品。

4. 西装的场合

西装配套是有讲究的。正式场合要着深色套装，以示庄重、自尊；非正式场所要力求和谐，以展示风度，讲究领带的选择与佩戴，以显示人的个性与人格。要注重衬衫的选配，正式场合衬衫颜色力求素净文雅，整洁无皱的衬衫可显示人的内在美；西装款式的选择要与人的脸型、体型、年龄和性格相适应，以显示个人的身份。西装整体的协调更重要，要使身份、场所、年龄、季节、性格相互协调；要使西装、衬衫、领带、皮鞋、袜子和穿着方式相互协调。

总之，男教师穿西装的根本要求是整洁，要体现出着装人的精神面貌，应该使自己的服饰做到：有洁白的衬衫，典雅大方的领带，裤线笔直的西裤，打油上光的皮鞋。

（二）便装

便装又称便服，通常都是指相对于正装而言、适于在各类非正式场合所穿的服装。一般说来，便装在穿着时没有多少严格的限制或规定，但同样需要遵守相关礼仪。

1. 便装的选择

在选择便装时，应围绕着自身形体的特点来选择服装，同时要注意协调、风格统一。着装时既要注意防止出现多中心、多重点的装扮，还要注意到诸多因素之间的协调一致性。比如，所穿便装的款式、颜色，一定要与自己的性格、年龄、形体、脸型、肤色以及所处场合、季节等诸因素协调一致。

2. 便装的场合

男教师在非正式场合里可以身着便装，即只有在休闲场合才可以身着便装。在休闲场合中，教师着装应重点突出"舒适、随意、自然"。

3. 便装的搭配

便装在穿着时自由度较大，可以任人发挥，但仍应注意下列问题。

（1）风格协调

牛仔装的奔放、运动装的矫健、家居装的舒适，往往令人耳目一新，但是，教师在身着便装的时候，应力求使其在风格上完美一致。

（2）色彩和谐

教师在选择便装时，除了要注意本人对色彩的偏爱和色彩的流行之外，还要使其在色彩上统一或呼应。

（3）面料般配

教师在选择便装时，不仅要对其舒适、外观美感予重视，同时还要使所穿的数件便装在面料上大致趋同。

需要注意的是，男教师不可穿短裤参加正式活动，且长裤的裤脚也不可卷起。

（三）饰物

教师为了展示人体美，可以在校园等工作场合佩戴饰物，如帽子、手套、围巾、手提包、胸花、戒指、头饰等，但饰物的佩戴必须符合一定的礼仪规范和佩戴原则，以达到丰富魅力、展示高雅、合理渲染的效果。

佩戴饰物时，要求与个性和着装协调。这样，饰物与着装巧妙搭配，形成和谐的整体，以衬托仪表、体现个性，展示出教师的内在气质和高雅品位。佩戴饰物也要求饰物的质地适宜，这样才可以产生整体和谐的美。

1. 佩戴饰物的要求与原则

佩戴饰物应遵守礼仪规范，饰物可以向对方传递某种信息。使用首饰时，通常应当恪守如下原则。

（1）数量原则

戴首饰时，数量上的原则是以少为佳，点到为止。一般说来，女教师可戴多种首饰，而男教师所适宜佩戴的只有结婚戒指一种。具体而言，女教师在佩戴首饰方面要遵守的一项重要规则，就是在公共场合中首饰至多不能超过3件，而且场合越正规，适宜其佩戴的首饰就应当越少。

（2）场合原则

佩戴饰物，应与所处的环境、场合相适应。一般说来，只有在社交场合或休闲场合，教师才能佩戴饰物，而课堂教学、执行公务、进行运动或旅游时则不宜戴首饰。

（3）质地原则

戴首饰时应争取同质。教师在正式场合中不戴首饰是可以的，戴就要戴质地、做工俱佳的，而千万不能戴粗制滥造的装饰品。

（4）体形原则

戴首饰时要使首饰与自己的体形相配，突出个性，不盲目模仿，扬长避短。

（5）搭配原则

戴首饰时，搭配上要尽力使服饰协调。例如，猫眼石、钻石不要与珍珠首饰同时佩戴，不要显得过分夸耀。同时要注意，如果已经佩戴了胸花，就不宜再佩戴耳环等突出女性魅力的饰品。

（6）习俗原则

戴首饰时要懂得寓意，避免尴尬。

（7）身份原则

戴首饰时要使其符合身份，显优藏拙。

（8）色彩原则

戴首饰时色彩上力求同色。

2．饰物佩戴方法

饰物佩戴方法同样十分重要。

（1）戒指的戴法

戒指的戴法最为讲究，戴在不同手指上，将给对方不同的信息。例如，按照惯例戒指戴在食指表示目前独身且觅偶，戴在中指表示正在热恋中，戴在无名指上表示已婚，戴在小指上表示持独身态度。戒指不要乱戴，也不要别有用心地暗示对方。如果已婚女士不愿暴露婚姻状况时，可以不戴戒指。戒指一般戴在左手上，如戴在两只手上要左右手对称。

（2）教师不宜戴手镯

戴手镯在讲课或板书时会分散学生的注意力。如着便装休闲时戴手镯，形状不宜过于招摇，档次不宜过低。着西装时不戴木、石、皮、骨、绳、塑料等艺术性手镯。手镯可戴1只，通常戴右手上，也可戴两只，但一只手上只准戴一样饰物，手镯、手链、手表任选一样。手链通常只宜戴1条。不要戴在袖口之上，或有意露出。手镯和手链的戴法也有不同暗示，戴在右臂，表示"我是自由的"；戴在左、右两臂或仅是左腕，说明已婚。尽管很多人并没有意识到上述戴法的特殊意义，如若无意中戴错了，那么，有可能会在交往中出现误会。

3．男士饰物的特殊要求

男性比女性拥有的饰物显得少而精，但它们的实用性更强，因而佩戴更要符合礼仪规范。

（1）皮带

选择一条质量上乘、款式大方、新颖别致的皮带，可以增加男人的风度和气质。皮带质地有皮革的、塑料的、金属的及人造革。皮带色彩与裤子色彩搭配时，可采用同一色、类似色和对比色。一般说来，黑色皮带可以配任何服装。

（2）公文包

适应正式场合用的公文包，一般应质地较好，做工精细。适合常外出或上班用的公文包，应较注意实用性。专为郊游、旅行或类似的场合用的公文包，在选购时应选质地耐用、体积较大的为宜。此外还要注意，在用包的时候不宜张扬，数量不能太多，东西不要乱装。在室内活动时，公文包也不宜乱放。

（3）皮夹与名片夹

皮夹是男士重要的随身物品，它有真皮和人造革两种。有身份的男士最好购买真皮的，颜色可选含有华贵之感的暗咖啡色和黑色。皮夹中不宜塞满东西。名片夹用于装自己的名片和他人给予的名片，以皮制的最好，金属的次之。

（4）手表与笔

手表、金笔和打火机在西方被称作男士三大配饰，被认为是身份的象征。男士在公务活动或社交活动中应该携带一支钢笔。在较为正式的场合最好带一枝金笔，笔可以放在公文包内或西装上衣内侧的口袋内，不要插在西装上衣左胸外侧的装饰口袋内。

（5）眼镜

选择眼镜时，要充分考虑自己的身材、脸形和肤色。

（6）其它装饰

男士的装饰最普遍使用的是配西装的领带夹、衬衫袖扣和西服领上的徽章。恰到好处的装饰，会使庄重的西装生动起来。

第三节　教师仪态礼仪

仪态，又称举止，指的是人们在日常生活中的活动、动作，以及身体各部分在其过程中所呈现的姿态。日常生活中一颦一笑，举手投足，体现的就是仪态。人们的仪态，可以展现其所独有的形体之美。平日人们所推崇的风度和气质，其实指的就是训练有素的、优雅的、具有无比魅力的仪态。人们的仪态，由于在日常生活里时刻都自觉地或不自觉地表露人们的思想、情感以及对外界

的反应，因此，它被视作一种无声的语言，又称第二语言或副语言。

一、教师仪态礼仪的要求

对于教师来说，应遵守举止礼仪规范，即要求其举止合乎约定俗成的行为规范，其中关键是要举止文明、举止优雅、举止有度。

（一）举止文明

所谓举止文明，即要求教师举止自然、大方、高雅而不俗，以表现出良好的个人文化素养。

作为一名现代人，尤其是为人师表的教师，举止文明是对其举止行为的最基本要求。举止文明，具体而言，就是要求教师的举止行为不仅应当显示出自己的良好行为习惯，而且还应当显示出自己的稳重与成熟。这不仅可以说明其阅历丰富，而且也可以显示其处事有方。举止文明要求教师应努力做到稳健沉着、不温不火、有条不紊、泰然自若，如不要大声喧哗。在相互交谈时，声音的大小，以能使谈话对方听得清楚为适宜。说话时，手势不要过多，也不能以手指或刀叉、筷子指着对方说话，那样做显得不礼貌。在图书馆、博物馆、医院等公共场所，应保持安静。在举行隆重的仪式时，或是在听演讲、听音乐时，都要保持肃静。在室外走动时，一般应保持正常速度，不宜快步疾走，或者狂奔而去。前去拜访他人时，应首先敲门或者按响门铃，获得许可后方可入内；千万不能直接推门而入，也不能用拳擂门或是用脚踢门。与尊长通电话时，一般应由对方首先终止电话。

（二）举止优雅

所谓举止优雅，即要求教师举止规范美观，得体适度，不卑不亢，风度翩翩。

优雅是一种较高层次的礼仪要求，具体体现为如下方面。

1. 举止美观

举止美观即要求教师举止雅致耐看，给人以美感。要站有站相，坐有坐相。坐时，腿不能摇晃，更不要跷二郎腿，女士要双腿并拢。站立时，身子不要歪靠一旁，也不能半坐在桌子上或椅背上。走路时，脚步要轻。不要在别人正在交谈或照相时，从中间穿越而过。在剧场、电影院，如必须从别人的座位之前穿越，则应以言语致歉且尽量侧身而过。

2. 举止大方

举止大方是指教师在举止方面应显得洒脱、大方、不卑不亢。在面对交往对象时，不论对方是熟人还是生人，是同性还是异性，都要敢于正视对方，以示对对方的尊重；否则就会给人以过于害羞、小家子气的感觉，甚至会让人产生目中无人或心怀不轨的误会。

3. 举止自然

举止自然是指教师的举止不能给人以勉强、局促、呆板、虚假、做作之感。因此，举止自然的关键，就是要求教师在举止上力求美观大方的同时，要做到顺理成章或水到渠成，防止过分程式化、过分脸谱化和过分戏剧化。

（三）举止有度

所谓举止有度，即要求教师举止适当、适时、适宜，能够配合相关的场合，符合常规。只有举止合"度"，才称得上是举止得体，如行进时为贵宾开道、落座时请客人先坐，即表示重视。举止有度具体体现在如下方面。

1. 热情有度

在人际交往中，待人热情的人通常最受欢迎，但作为教师则一定要遵循"热情有度"的基本守则。具体而言，在工作和生活中，教师既要注意为人热情，又要把握好为人热情的具体分寸。教师自身的所作所为应不影响对方，不妨碍对方，不给对方平添麻烦，不令对方感到不快或不便，不干涉对方的私人生活，不损害对方的个人尊严。千万不能过度热情而热情越位，最后导致好心办坏事。

2. 动作适度

这主要是要求教师在正式场合里必须有意识地控制肢体动作的幅度，适度减少肢体动作，从而使自己的举止不至于让人感到夸张或者被人误解，并给人以教养良好、稳重而成熟的感觉。

教师的仪态，往往反映出他们的综合素质和内在修养。教师在这方面给人所留下的印象往往会成为相互间进一步了解和交往的重要依据。因此，教师在各种场合都应当尊重他人，不卑不亢、落落大方、稳重自持，展现出良好的精神风貌。

二、教师神态礼仪

教师的神态礼仪主要包括眼神和微笑两个方面。

（一）眼神

眼神，是面部表情的核心，指的是人们在注视时眼部所进行的一系列活动以及所呈现的神态。人的眼神能表达其思想感情和对人对事的倾向性。

教师在与学生、同事交流时，往往借助于眼神传递信息。教师在交往中，特别是在和学生的交往中，要以期待的眼神注视着学生讲话，面带浅淡的微笑和不时的目光接触，这种温和而有效的方式会营造出一种温馨的氛围。

教师眼睛是其心灵的窗户，运用眼神时应注意以下事项。

1. 眼神的角度

在注视他人时，眼神的角度在某种意义上意味着与交往对象的亲疏远近。注视他人的角度，通常有以下 3 种：平视、仰视、俯视。

平视，即视线呈水平状态的注视，一般适用于普遍场合的交流与对话，或者是身份、地位基本平等的人与人之间的交流，如教师同事之间的交谈或者课题研讨。仰视，即主动居于低处，抬眼向上注视他人。其表示尊重、敬畏之意，适用于面对尊长之时。俯视，即抬眼向下注视他人，一般用于身居高处之时。它可以对晚辈表示宽容、怜爱，也可表示对他人轻慢或者歧视。这种眼神不宜多用，并且要慎用。

教师在讲课时，多处于位置比较高的讲台之上，其眼神不自觉地便成了俯视，一方面是方便观察学生，另一方面教师要学会利用俯视的眼神建立自身的威信。

2. 注视的部位

在人际交往中眼神所及之处，就是注意的部位。注视他人的部位不同，不仅说明自己的态度不同，也反映着双方关系的不同。不宜"目中无人"，不宜过多地注视其头、腿、脚部与手部。通常允许注视他人的常规部位有以下几处：额头、双眼、眼部至唇部、眼部至肩部等。如与学生谈话时，眼睛注视对方双眼到嘴巴的"三角区"。

3. 注视的时间

在人际交往中，尤其是与熟人相处时，注视对方时间的长短往往十分重要，在交谈中，听的一方通常应当多注视说的一方，以表示友好、重视和对其所谈话题的兴趣。

若对对方表示友好，则注视对方的时间应占全部相处时间的 1/3 左右。若对对方表示关注，或者表示兴趣时，则注视对方的时间应占全部相处时间的 2/3 左右。若注视对方的时间不到相处全部时间的 1/3，表明对学生、对谈话都不感兴趣。

4. 注视的方式

注视他人，在交际场合有多种方式可以选择。教师在注视方式上应当有所把握，切不可因为注视方式的不妥而影响工作或交流。教师比较常用的注视方式有直视、凝视、环视、盯视等。

直视，即直接地注视交往对象，它表示认真、尊重，适用于各种情况。若直视他人双眼，即称为对视。如在和亲近的人谈话（与学生单独交谈）时，可以注视他（她）的整个上身，显示自己大方、坦诚，或是关注对方。凝视，是直视的一种特殊情况，即全神贯注地进行注视。它多用于表示专注、恭敬。另外，正视的时间过长，会变为凝视。教师在课堂中不能长时间注视某位学生，否则，学生会认为自己出现了什么问题，导致不能专心听讲。对精力不集中、做小动作或窃窃私语的学生，教师可以凝视他几秒钟，待双方目光接触以后再移开，这样既起到了告诫的作用，又保护了学生的自尊心。环视，即有节奏地注视身边不同的人员或事物。它表示认真、重视，适用于同时与多人打交道，表示自己"一视同仁"。环视是教师在进行课堂教学时运用最广泛的一种眼神。盯视，即目不转睛，长时间地凝视某人的某一部位。师生在交谈中，应注视对方的眼睛或脸部，以示尊重别人；但是，当双方缄默无语时，就不要再一直看着对方的脸。因为双方无话题时，本来就有一种冷漠、踌躇不安的感觉，如果此时注视学生，势必使对方显得更尴尬。

学生渴望教师的眼神是鼓励的，因为它能给学生以自信和力量，能增强学生的自尊心、上进心。他们会从这种眼神中得到鼓励，迎着这种眼神，他们便敢于大胆地表达自己的观点和要求，敢于说自己想说的话，敢于做自己想做的事，使他们最大限度地享受自由、张扬个性。

当然，有一些眼神是教师所禁忌的，这些眼神主要包括：

第一，怪的眼神。这种眼神容易使学生产生逆反心理，造成学生对教师的对抗情绪，容易使两者矛盾激化，也不利于学生健康人格的发展。

第二，漠视的眼神。只顾做自己的事，不看对方说话，是怠慢、冷淡、心不在焉情绪的流露。当出现教师的讲话被学生打断或教师的活动被突发事件打断时，不能投以鄙夷或不屑的眼神，要学会倾听，让学生表达。漠视眼神极易使学生的自尊心受到伤害，致使学生产生极大的自卑心理，甚至导致性格上的孤僻、冷漠和自私。

第三，呆板的眼神。眼睛转得太慢，会显得"缺乏生气"。当然，眼睛转动得太快也会给人以不真诚、不庄重之感。

另外，也忌看着学生突然一笑或面无悦色的斜视，前者通常被认为是一种讥讽，而后者则是对人鄙夷的表现。

（二）微笑

美国喜剧演员博格说："笑是两个人之间的最短距离"。美国沟通学家卡耐

基所言的"被人喜爱的六个秘诀"之一便是"用微笑对待他人"。微笑在传达亲切温馨的情感、有效地缩短双方的心理距离以及增强人际吸引力等方面的作用是显著的。微笑作为一种表情，不仅是形象的外在表现，也是人的内在精神的反映。其不仅有助于营造和谐、宽松的社会氛围，还有助于保持积极乐观的心态，进而有利于身心健康。

微笑是教师在教育教学中的重要体态语，有人甚至把微笑看做是教师的"职业表情"。日本某一教育调查机构的调查显示，中小学生认为"最温暖的"是"教师的微笑"。古人曰："亲其师，信其道。"教师要让学生感到亲切，尤其应经常嘴角含带微笑。微笑体现教师的自信和值得信赖，绝大多数优秀教师都会用微笑着说话的艺术来吸引学生，让学生感到如沐春风的愉悦，这正是教育情境中的移情作用。

老师的情绪对学生的影响无疑是巨大的，对学生保持微笑不仅保持了教师的良好形象，更显示了其人格魅力。

教师在微笑时应注意以下方面。

1. 声情并茂

笑的时候，应当做到表里如一，令笑容与自己的举止、谈吐相辅相成，锦上添花。特别是在表扬学生的时候，教师的微笑应能让学生真真切切地从内心感觉到表扬是真诚的。

2. 气质优雅

真正的笑，应当发自内心，并出自善意。不仅要讲究笑得适时、尽兴，而且要讲究笑时精神饱满、气质典雅，因为它能非常自然地反映着人们的文化修养和精神追求。

3. 表现和谐

在笑的时候，要使眉、眼、鼻、口、齿以及面部肌肉和声音协调行动，让各个部位运用到位，应不温不火，不应顾此失彼甚至笑得勉强做作。

美国密西根大学的心理学家詹姆士·麦克奈尔教授认为，有笑容的人在管理、教导、推销上更能成功，更可以培养快乐的下一代。教师应依靠渊博的学识、精湛的教学艺术赢得学生的敬佩，同时以真诚的微笑、谦和的态度来融洽师生感情。因为只有当学生亲其师，才会信其道。教师应懂得微笑的意义，即使在十分疲惫或身体不适的情况下，走进教室时也应该面带微笑，这是自信和友好的标志，是使学生心悦诚服的有力武器。教学活动中，教师面带微笑，可以迅速缩短师生间的心理距离，造就融洽和谐的课堂气氛。教师的微笑可以表现出温馨、亲切的表情，能有效地缩短师生的距离，给学生留下美好的心理感受，从而形成融洽的交往氛围。微笑是师生交往中的"增效剂"，也是化解师生矛盾的有效方式。

三、教师姿势礼仪

（一）教师手势

教师手势，即教师利用手的动作与姿势来传递思想感情，组织教育教学，展示自身良好的精神风貌与职业修养。据研究表明，手势与表情结合，可传导信息的40％。手势可以反映人的修养、性格，对于增强教学效果亦具有十分重要的作用。在教学实践中，教师应善于运用手势语言描摹事物的复杂状态，传递潜在心声，显露教师心灵深处的情感体会与优雅举止。

1. 教师的基本手势

（1）垂放与背手

垂放，是教师最基本的手势。手放的位置有两种：第一种是双手自然下垂，掌心向内，叠放或相握于腹前；第二种是双手伸直下垂，掌心向内，分别贴放于大腿两侧。当教师站立或行走时，通常可以选择两手垂放或者背手。背手，多见于站立、行走时，既可显示教师的权威，又可镇定自己，双臂伸到身后，双手相握，同时昂首挺胸。但要注意，背手很容易给他人留下盛气凌人的感觉。所以，在正式场合，或者有领导、长辈在场的情况下需要慎用。

（2）握手

在人际交往中，握手能起到直接沟通的作用。对方向你伸出手，你迎上去握住他，这是表示友好与交往的诚意；你若无动于衷地不伸出手去，或懒懒地稍握一下对方的手，则意味着你不愿与其交朋友。

（3）鼓掌

鼓掌，是用以表示欢迎、祝贺、支持的一种手姿，多用于会议、演出、比赛或迎候嘉宾。表示欢迎、祝贺或支持时，可以鼓掌致意。其正确的手势是：以右掌有节奏地拍击左掌。若有必要，可站立起来并高兴地双手鼓掌。

（4）夸奖

这种手势主要用以表扬学生。表扬他人时，可以伸出右手，翘起拇指，指尖向上，指腹面向被夸奖者。但在交谈时，不应将右手拇指竖起来反向去指其他人，因为此举意味着自大或藐视。以之自指鼻尖，这有自高自大、不可一世之意。在交谈中，若伸出小指，则是贬低对方，对教师来说此种手势则是严禁使用的。

（5）指示

指示是用以指示方向的手姿。当教师需要为他人引导或指示方向时，标准的手势应当是：伸直并拢手指，掌心向上，腕关节伸直，指尖与手臂形成一条直线，首先指向被引导者的身躯中段，随后再指向其应去之处。若是掌心向下地如此运用，将是极其不礼貌的。

2. 教师手势的礼仪要求

（1）大小适度

在社交场合，应注意手势的大小幅度。手势的上界一般不应超过对方的视线，下界不低于自己的胸区，左右摆的范围不要太宽，应在自己胸前或右方进行。在课堂上，教师手势动作幅度不宜过大，次数不宜过多，不宜重复。

（2）自然亲切。

教师在课堂上，应多用柔和的曲线手势，少用生硬的直线条手势，以求拉近师生间的心理距离。低年级学生的情绪感染力比较强，教师可以自然地抱抱他们、摸摸他们，增加学生对你的认可。

（3）恰当适时

教师讲课应伴以恰当的、准确无误的手势，以加强表达效果，并激发学生的听课情绪。切忌不停地挥舞，因为这含有教训人的意味。同时，也应避免胡乱地摆动，或者将手插入衣兜或按住讲桌不动。手舞足蹈会令人感到轻浮、不稳重，过于死板又会使学生感到压抑，总之，应以适度为宜。

（4）简洁准确

手势是教师最明显、最丰富，也是使用最频繁的教具之一。在讲课时，手势要适度舒展，既不要过分单调，也不要过分繁杂。一般说来，向上、向前、向内的手势表示失败、悲伤、惋惜等。

教师手势的运用应规范适度，给人一种优雅、含蓄、彬彬有礼的感觉。谈到自己的时候，不要用大拇指指自己的鼻尖，应用右手掌轻按自己的左胸，那样会显得端庄、大方、可信；谈及别人、介绍他人、指示方向、请对方做某事时，应掌心向上，手指自然并拢，以肘关节为轴指示目标，同时上身稍向前倾，以示敬重，切忌伸出食指来指点。掌心向上的手势有一种诚恳、恭敬的含义；而掌心向下则意味着不够坦率、缺乏诚意。招手、鼓掌等都属于手势的范围，应根据不同场合和目的恰当运用，不可过度。教师应掌握增强语言表现力的手势，并使之优雅自然。

（二）教师站姿

站立是教师最基本的举止。其基本要求是：抬头、挺胸、收腹、立腰，身躯正直，下颌微收，双眼平视，双肩自然放松，身体重心落在两脚正中。教师在站立之时，应当显得挺拔而庄重，即身体站直，挺胸收腹，双腿并拢，双脚微分，双肩平直，双目平视，头部保持端正。教师在讲台上的站姿优美与否，其感召力是不一样的，教师的站姿应给人以挺拔笔直、舒展大方、精力充沛、积极向上的印象。站姿在一定程度上反映了一个教师的精神面貌和对课堂的投入程度。因此，教师的站姿在稳重之中还要显露出活力，不要过于拘谨和呆板。教师站在讲台上要精神振作，潇洒大方。

站姿是教师在课堂中最重要的举止之一。在课堂上，教师不同的站立姿势，对学生的心理有不同的影响。站立时，对男教师的要求是稳健，对女教师的要求则是优美。男教师站立时，一般应双脚平行，并要注意其分开的幅度。这种幅度一般应当以不超过肩部为宜，最好间距为一脚之宽。要全身正直，双肩展开，头部抬起，双臂自然下垂伸直，双手贴放于大腿两侧，双脚不能动来动去。如果站立时间过久，可以将左脚或右脚交替后撤一步，使得身体的重心分别落在另一只脚上；但是上身仍须直挺，伸出的脚不可伸得太远，双腿不可叉开过大，变换不可过于频繁。

女教师站立时，则应当挺胸，收颌，目视前方，双手自然下垂，叠放或相握于腹前，双腿基本并拢，不宜叉开。站立之时，女士可以将重心置于某一脚上，双腿一直一斜。还有一种方法，即双脚脚跟并拢，脚尖分开，张开的脚尖大致相距 10 厘米，其张角约为 45 度，呈现"V"形。女教师还要切记，千万不能正面面对他人双腿叉开而立。

教师站着讲课，一方面是对学生的尊重，另一方面是更有利于强化教学效果。在课前，教师可把备课夹放在右腋下走向教室，到达教室门口，在门旁立正站立，等候上课。在上课时，一般来讲，教师站在教室的前中央为最佳位置，即讲桌与黑板之间，并抬头、双目向前平视，面带微笑，躯干挺直，身体重心在两腿中间，没有特殊情况不得坐着上课；不能一节课固定在一点上，要适当移动位置；但也应注意不要移动太快，忽左忽右，显得信心不足、情绪紧张。在擦黑板时，教师站立要稳，不能全身猛烈抖动，左右摇晃；也不能专注于自己板书，背对学生，应侧身而站。在学生回答问题时，教师身体应微微前倾，表明对学生说的话感兴趣，也说明教师的注意力都集中在学生身上，没有走神，增加了亲切感，而不应将双手交叉抱在胸前或背在背后。在学生自习时，教师可用手撑住桌沿，把重心移到某只脚上，但不能长时间手撑桌面，免得学生认为疲惫不堪。如果站立过久，可以将左脚或右脚交替后撤一步，但上身仍需挺直，脚不可伸得太远，双腿不可叉开过大，变换也不能过于频繁；忌

双脚随意乱动、无精打采、自由散漫的姿势。

（三）教师坐姿

坐姿，即人在就座之后呈现的姿势。在日常工作与生活中，坐姿往往是教师采用较多的姿势。教师的坐姿，是一种静态造型。端庄优美的坐姿，会给学生以优雅、稳重、自然、大方的美感，从而提升教学效果。教师优雅的坐姿，向学生传递着自信、友好的信息，同时也显示出教师高雅、庄重的良好风范。课堂上教师入座时，头要端正，腰背挺直，肩放松，手可放在双腿上，身前的桌子上，男女教师均应注意不要仰靠椅背，翘起并摇动二郎腿；双腿不要叉开过大；或把一条小腿架在另一条大腿上，两腿之间留出大大的空隙，即所谓的"4"字型架腿；也不要双手抱在腿上，甚或是用脚自脱鞋袜。身前如有桌子，双腿尽量不要伸到外面来，也不要将腿放在桌子上，更不允许盘坐在椅子上。同时，教师要注意入座和起座姿势，入座时要轻柔和缓，起座要端庄稳重，不可猛起猛坐，弄得桌椅乱响，造成尴尬气氛。

1. 教师的基本坐姿

（1）头要端正

教师落座后不要出现仰头、低头、歪头、扭头等情况。整个头部看上去应当如同一条直线一样和地面相垂直。在办公时可以低头俯视桌上的文件等物品，但在回答学生问题时，必须抬起头。在和学生交谈的时候，可以正向对方，或者面部侧向对方，不可以把头后部对着对方。

（2）身体要端正

教师不应倚靠椅背。倚靠座椅主要用以休息。在教室就座时，不应把上身完全倚靠在座椅的背部，最好不要倚靠，不应占满椅面。在课堂上，不要坐满椅面，最合乎礼节的是占椅面的 3/4 左右。

2. 手臂的摆放

可以将手臂各自扶在一条大腿上，女教师也可以双手叠放后放在腿上，或者双手相握后放在双腿上；也可以将手臂放在身前桌子上，双手平扶在桌子边沿，或是双手相握置于桌上；还可以把双手叠放在桌上，手臂放在椅子扶手上。当正身而坐时，要把双手分扶在两侧扶手上；当侧身而坐时，要把双手叠放或相握后，放在一侧的扶手上。

3. 教师落座的方法

入座时，动作要从容不迫，轻盈和缓。女教师在落座前应回视座椅，右腿退后半步（视面部朝向而定），待右小腿后部触到椅子后方可轻轻坐下。女教师着裙装入座，通常应先用双手拢平裙摆，然后再平稳坐下。落座时，应坐椅面 2/3 左右，否则是有失风度的。落座后，上体自然挺直，最合适的姿势是肩平背直，膝盖成直角。女教师应并拢双膝，双脚一起朝向一边或一只脚稍前、一只脚稍后放置地上或采取小腿交叉的姿势；男教师可双膝略微分开，不要超过肩宽，双脚平踏于地，不能两腿叉开，半躺在椅子里，离座要平稳。

（四）教师的行姿

行走是人生活中的主要动作，行姿是一种动态的美。一般说来，行走时步履应自然、轻盈、敏捷、稳健。教师应走得稳重、从容、落落大方。其一，最基本的行姿是使自己的脊背和腰部伸展放松，并使脚跟首先着地。行走时移动的中心是腰部，而不是脚部。所以，行走应被首先视为腰动，而不是脚动，应当上体前驱，借以带动脚动。其二，行走时腿不伸直是无法走出漂亮姿势来的，因此，在走动时务必要使膝盖向后方伸直。如果膝盖伸直了，腿也就自然而然地随之伸直了。其三，行走时要有一定的节奏。行走时双肩要放松，双臂要伸直，手指要自然并拢并略为弯曲，然后还应当使两只手臂一前一后地摆动。双臂摆动应以肩关节为轴，手臂与上身之间的夹角不要超过 30 度，双臂各自摆动的幅度不应大于 40 厘米。走路时双臂不动或同时向一个方向摆或摆幅过大，均不雅观。行走的速度也应当不紧不慢，保持节奏感。其四，行走时应使脚尖略为展平，脚跟首先触地，通过后跟将身体的重心移送至前脚，促使身体前移。须注意的是，行走时的注意力应集中于后脚，而不是向前跨出的那只脚上。其五，行走时应上身挺直，目视正前方。在腰际以上，不允许摆摆晃晃；同时，成一直线前进，不左右摇摆。

一般而言，教师在行走时体略前倾，身体重心在前脚掌上，手臂前后摆 30～40 厘米。一般课堂行走，教师应注意不要弯腰屈背、面无表情、步履蹒跚或拖着鞋走路，不宜走动得过频、过急。欢快、热烈的场合可走得稍快，步幅可较大。在校园行走时，最好不要敞开衣襟、勾肩搭背而行；也不宜边走边吸烟或吃东西。

第四节　教师言谈礼仪

语言是人们交往的重要工具，是表达与思维的载体，承载着文化传承的使命。语言反映着个体的思想情感，表现着个体的综合素质，凸显着个体的基本特征，在社会发展的历史中至关重要。如何进行语言交谈，一直是古今中外人们谈论的一个重要话题。《论语》曰："言之不文，行之不远"。古希腊亚里士多德在其名著《雄辩术》一书中指出，口头交谈有 3 个要素：谈话者、主题和

听话者。要达到"施加影响的目的",就必须注意这三个要素。

教师是一种特殊的脑力劳动者。他们好比一个知识的中转站,要把从书本、社会中学到的知识,贮存在他们的大脑中,根据教育教学工作的需要,教师对贮存的知识进行提取、加工、整理,然后再有计划、有步骤地传输给学生。教师所从事的这种"传道、授业、解惑"的特殊工作,决定他们必须以语言作为履行职责、完成使命的职业工具。在现代社会中,教师在语言交谈中首先必须掌握好的就是语言礼仪。

教师口头语言是教师职业生涯中运用最广泛的工作语言,也是最快捷、最方便的教育教学工具。教师口头语言自产生以来,便一直承担着向下一代传授知识技能的重任。书面语与口语一样,都用于交流与传递信息,是教师语言中重要的组成部分。教师书面语的文字与符号的基本特征是规范、工整、美观。教师书面语中使用的汉字是规范汉字与汉语拼音,即 1986 年公布的《简化字总表》和 1988 年公布的《汉语拼音正词法基本规则》中的书面汉字;同时,要使用规范的标点符号、数目符号、图表等其他符号进行教学。教师书面语中的符号要求有足够的清晰度,符号与符号之间有足够的区分度。工整的书面符号会使学生准确、快捷地接受教师语言传递的信息。

一、教师语言的职责和作用

(一) 基本职责

课堂是一种弥散着语言的环境,无论教学手段多么先进,教学语言艺术的地位和作用是难以被完全取代的。从教学内容看,教师的语言承担着以下基本职责。

1. 真

所谓真,是指传授自然科学、社会科学和人文科学这三方面的人类文化知识,即传授人类迄今为止创造的一切物质和精神文化,并引导学生不断充实知识和不懈追求真理。

2. 善

其是指教导学生怎样正确地认识社会、自然和自我,并且拥有崇高的理想境界、高尚的道德情操和良好的社会公德。

3. 美

在品德教学中,尤其是在艺术教学中,教师要注意培养学生欣赏美和创造美的能力,并懂得如何用一颗爱美的心灵去追求真理、热爱生活和充实人生。

（二）主要作用

教师是教学语言的主体，即教学语言的使用者和创造者。同样一句教学语言，不同的老师能表达不同的意思，产生差异悬殊的效果。如"你怎么啦"这句看来简单的疑问句，据教学法专家测定验证，它能表达十几种不同的含义，同样是对一个迟到的学生说这句话，热爱学生、尊重学生的老师说出来时包含着关切和爱护；不了解学生、方法简单的老师说出来时充斥着责备和愤懑；教学严谨的老师说出来时显得严肃而宽容；教学松弛的老师说出来时显得敷衍而随意。

教师语言的情感在塑造学生美好心灵方面有着不可估量的作用。教师语言作为衡量教师素质高低的重要标准之一，其是否饱含了对事业和学生高度负责的情感，学生是最能直接感受到的。在教师的"以知育人"、"以理服人"、"以情感人"的教学活动中，可以说"以情感人"应始终贯穿于前两者之中。

二、教师语言表达的礼仪

教师承担的主要任务离不开语言表达。因此，作为一名教师要注意言谈时应遵守的礼仪礼节。

（一）教师言谈的原则

教师在语言交谈时一般要遵循"三 A"原则。"三 A"原则是交往礼仪中最重要的一个原则，它的含义是要求人们在与其他人进行交往的过程中应努力地以自身的言行去接受对方、赞赏对方、重视对方。由于与接受、赞赏和重视这三个词相对应的英语单词的首个英文字母皆为 A，故称之为"三 A"原则。

1. 接受（ACCEPT）原则

这一原则是指教师与人相处时要能容纳对方、宽容对方，要善于求同存异，不应对对方见外排斥。教师要能够容纳周围的人，在语言上要做到善解人意，为社会公众树立一个宽容大度的榜样，切不可自以为是地设定一个较高的标准，叫别人的行为完全合乎自己的准则。

2. 赞赏（ADMIRE）原则

这一原则指教师要善于发现对方之长，并及时用语言加以肯定、承认，但又不曲意奉承对方，更不明褒暗贬。这一点在教育教学中尤为重要。教师应善于把握学生的心理，能够客观、全面地看待学生，对学生做出公正的评价。教师还要善于运用期待性的语言，课堂上或课后与学生交谈时，话语中应当充满对学生的希望、鼓励。

3. 重视（ATTEND）原则

该原则指教师在言行中应体现出对对方的尊重，使对方感到自己在别人心目中十分重要。首先，教师应尊重学生，教师和学生之间是教育者和被教育者的关系，但在人格上应是完全平等的；其次，教师应尊重自己的同事，这是教师与他人和睦相处团结共事的基础。

（二）教师言谈效果的强化

1. 让话语负载情感

教育心理学的研究表明，情感性的话语比单纯的理论性话语更能收到好的教育教学效果。学生自身就具有一种情感潜势，在外界刺激下就会引发出来。优秀教师的高明之处就在于：用满面春风的语态，带有浓郁情味的话语，饱含激情的语气来引发学生的情感潜势，在情感共鸣的语境中对学生进行教育，使学生为之所动，从而转化为良好的学习动机，获得理想的教育效果。

2. 让语调增强表达

人们说话时常常要流露真情，语调就是流露这种真情的一个"窗口"。愉快、失望、坚定、轻松、压抑、狂喜和悲哀等复杂的感情都会在语调的抑扬顿挫、轻重缓急中表现出来。语调同时还流露着一个人的态度，那种心不在焉、和尚念经式的语调无法引起学生感情上的共鸣。教师为使自己的谈话引人注目、谈吐得体，就一定要在声音的大小、轻松、高低、快慢上有所用心，这样才能收到好的效果。比如，放低声调总比提高嗓门说话显得悦耳得多；委婉柔和的声调总比粗粝僵硬的声调显得动人；发音稍缓总比连珠炮式易于使人接受；抑扬顿挫总比单调平板容易使人产生兴趣。但这一切都要追求自然，如果装腔作势，过分追求所谓的抑扬顿挫，也会给人演戏的感觉。

3. 让幽默发挥作用

教学语言幽默，既是一种教学的艺术，也是一种教学机智、教育风格。教学幽默语是教师聪明才智的表现。幽默的语言，既有趣可笑，又寓意深长，如能在谈话中适当加以运用，不仅能够活跃气氛，而且能够启人心智、吸引听众，更好地与他人沟通和交流。教学中的幽默语具有多种作用，其可以使师生之间的关系更为和谐，缩小师生间的心理差距，可以益智明理从而引发学生兴趣，能改善课堂气氛，也有助于培养学生开朗的个性和发展学生的创造力。许多优秀教师都具有幽默的话语风格。教师语言的幽默艺术包括：教师设计的情节幽默；笑话趣事；妙语警句；生动有趣的描述或评论，以及超想象夸张、旧语换新义、巧妙换言、肢体幽默、表情幽默等。

4．让礼貌成为必然

在任何社交场合，诚实和热情都是交谈的基础，只有开诚布公的谈话才能使人感到亲切自然，气氛才会融洽。与任何人进行面对面的交谈，关系都是对等的，以礼待人，才能显示出自身人格的尊严，才可以满足对方的自尊需要。为此，交谈中要随时随地有意识地使用礼貌语言，这是教师应当具备的基本素养，也是表达敬人之心的基本方式。教师语言的礼貌表现为态度的诚恳、亲切，声音大小适宜，语调平和沉稳，等等。教师语言中要善于使用敬语，表示尊敬和礼貌，如日常使用的"请"、"谢谢"、"对不起"，第二人称中的"您"字等。要努力养成使用敬语的习惯。现在，我国提倡的礼貌用语是 10 个字："您好"、"请"、"谢谢"、"对不起"、"再见"。这 10 个字体现了语言文明的基本形式。

（三）教师言谈时的注意事项

1．注意场合

在正式、公开场合，如讲课、做报告、演讲时，就应严谨认真，尽量选准词语，把握分寸；在非正式非公开场合则可以随便一些，轻松一些。在喜庆欢快的场合，应尽量谈论愉快的话题；在庄重的会议场合，作为听众的教师不能眉飞色舞地与人闲聊，而应安安静静地聆听，这既是在尊重他人，也是自尊的表现。无论是面对众多学生还是面对个别学生进行谈话都不要言过其实，不说未经查实的事情。在大庭广众之下，教师不能随便批评纠正指责他人，即便是对学生，也应考虑学生的自尊与颜面，在合适的场合用适当的方法进行教导才能达到预期的教育目的。

2．注意时机

"言贵精当，更贵适时"。不该说的时候说了，是操之过急；该说的时候没说，是坐失良机。把握住说话的适宜时机，是说话得体的重要因素。教师在教学活动中应注意把握好提问和与学生个别谈话的时机。教师提问最好在学生似懂非懂、有思有疑且急于弄清而苦于不知怎样表达的时候进行，这对学生学习的主动性、自觉性、积极性都会有很大促进。教师与学生个别谈话要选择好恰当的时机，一般说来，在学生情绪发生波动时谈话效果较好，谈早了条件不成熟，达不到预期的目的；谈晚了，时过境迁，则会失去作用。

3．注意分寸

教师讲话须谨慎。讲话之前要考虑所表达内容的轻重、主次，选择恰当的措辞和表述方式，努力把握好表达的分寸，力求准确、恰当。教育学生时一定要把握好表扬和批评的尺度，要心平气和、客观公正、入情入理，在维护学生

自尊的基础上尽量用饱含感情的语言去启迪、感化学生。

4. 谈吐禁忌

教师在人际交往和教学活动中必须注意谈吐的禁忌，避免说出一切触犯他人感情的话和不雅的字眼。教师谈吐的禁忌主要有：一忌脏话连篇。教师在学生面前一旦出口成"脏"，在学生心目中的地位就会大打折扣。不文明的语言有失教师身份，也是教师的职业道德所不允许的。二忌恶语伤人。与对方交谈的过程中，有时难免会产生分歧，但是无论双方分歧有多大，都要记住尊重对方，切勿挖苦讽刺、恶语伤人。"伤人之言，重于刀枪剑戟"。充满恶意的话，定将伤害对方的自尊心、自信心。应特别注意不能说如"你真傻"、"从来没见过你这么笨的"等这类话，否则会极大地影响学生的自信心，不利于他们战胜困难，也影响教师在他们心目中的形象。三忌狂言妄论。教师在社会交往和教学工作中，需要让别人了解自己，以便更好地与人交往和教育学生。但需要注意分寸，不可将自己的优点和能耐说得太过，总是夸耀自己能干；不能说话狂妄，办不到的事不应胡乱吹嘘；对国家的重大方针政策和人民群众关心的问题，不能妄加议论。四忌三心二意。交谈中，目光注视对方是一种起码的礼貌，以表示对谈话的兴趣和对对方的尊重，同时也可以为愉快和谐的谈话气氛创造条件。美国NBC的著名节目主持人芭芭拉·华特曾说："对全神贯注和我谈话的人，我以为是可亲近的人"，"没有其他的事比这更重要了"。与人谈话时不要东张西望，左顾右盼，更不能看书看报，或者面带倦容，哈欠连天；也不要做一些不必要的小动作，如玩指甲、弄衣角、搔脑勺、压指甲等，这些动作显得猥琐、不礼貌，也会使人感到你心不在焉，傲慢无理。教师与人谈话时要注意在方式、方法、表情、语言、内容等方面与交谈对象进行必要的互动。对方与你面谈时，如果你面含微笑、点头致意，表示若有所思，对方感觉一定很好。

第七章　师范生师德养成的途径

　　师范生要成长为一名合格的教师，必须具备教师职业的基本素养，尤其是师德。而师德的养成是一项系统工程，需要师范生从步入高等师范院校起就要有意识地接受师德养成教育，注重他律与自律的结合，注重师德规范教育与道德人格自我塑造的融通，注重理论与实践的联系。师范生师德养成一方面依赖于高等师范院校教育对师范生的影响，即通过教育途径使师范生了解和掌握教师职业道德的规范和要求；另一方面还需要师范生自觉地认知、感悟、体验师德，并逐渐将师德意识内化，进而转化为师德行为，实现知行统一。简而言之，师范生师德养成是要使师范生在人生价值取向上认同教师职业，坚定教师职业的理想、信念，将个人品德职业化、社会化，与师德真正融合。

第一节　师德课程学习

　　师范生师德养成的起点是获得一定的教师职业道德知识，其基本途径要通过课程学习来实现。课程的概念有狭义和广义之分，狭义的课程是指被列入教学计划的各门学科，及其在教学计划中的地位和开设顺序的总和；广义的课程则是指学校有计划地为引导学生获得预期的学习结果而付出的综合性的一切努力，既包括教学计划内、也包括教学计划外，既指课堂内、也指课堂外，不仅指各门学科，而且指一切使学生学有所获的努力。[1] 课程是学校教育教学活动的根本依据，是实现教育目标的重要保证。

　　师德课程集中体现在与课堂教学形式相结合，涉及师范生在专业学习过程中与师德相关的学科内容和方法；同时，课堂教学活动之外的师德主题活动也是师德课程范畴不可或缺的内容。目前，在我国高等师范院校中，师德课程设

---

　　[1]　教育部人事司：《高等教育学》，高等教育出版社 1999 年版，第 235 页。

置大致可分为两类，第一类是一般的普通课程，以学科教学为途径，发挥德育功能；第二类是师德专业课程，以学科课程、专题课程和讲座等形式，开展师德规范的学习与训练、师德现实问题的探讨和师德案例价值分析等。师德教育通常未作为一门独立的专业学科课程，而是分散在思想政治理论课和教育类课程之中。在这种情况下，客观上就需要充分挖掘师德相关课程的内在价值，并积极开设专门的师德课程，使师范生通过师德课程学习，强化对师德概念、本质、特点和规范原则的认知，有意识地加强师德修养，达到对师德学以致知和学以致用的目的。

一、思想政治理论课

高等师范院校的思想政治理论课是对师范生开展系统思想政治教育的主渠道、主阵地，旨在充分发挥思想政治和道德法制的育人功能，培养"有理想、有道德、有文化、有纪律"的社会主义事业接班人。根据马克思主义基本原理，师德属于意识形态范畴，反映一定社会的经济基础和统治阶级利益的要求，受着社会占统治地位的思想意识、道德原则和规范的制约。在我国当前社会主义现代化建设进程中，师德是社会主义道德体系的重要组成部分，与思想政治理论课所传递的主流意识思想相一致。师范生只有深入理解思想政治理论课的基本思想，才有利于把握师德的社会价值。

2005年，《中共中央宣传部、教育部关于进一步加强和改进高等学校思想政治理论课的意见》实施方案印发，规定高等学校思想政治理论课（简称"思政课"）属于公共必修课，本科课程设置有"思想道德修养与法律基础"（简称"基础"）、"马克思主义基本原理"（简称"原理"）、"毛泽东思想和中国特色社会主义理论体系概论"（简称"概论"）、"中国近现代史纲要"（简称"纲要"）共4门，专科课程设置有"思想道德修养与法律基础"（简称"基础"）、"毛泽东思想和中国特色社会主义理论体系概论"（简称"概论"）共2门。

从课程内容来看，"基础"课主要进行社会主义道德教育和法制教育，帮助学生增强社会主义法制观念，提高思想道德素质，解决成长成才过程中遇到的实际问题。"原理"课讲授马克思主义的世界观和方法论，帮助大学生从整体上把握马克思主义，正确认识人类社会发展的基本规律。"概论"课讲授中国共产党把马克思主义基本原理与中国实际相结合的历史进程，充分反映马克思主义中国化的理论成果，帮助学生系统掌握毛泽东思想和中国特色社会主义理论体系的基本原理，坚定在党的领导下走中国特色社会主义道路的理想信念。"纲要"课主要讲授中国近代以来抵御外来侵略、争取民族独立、推翻反动统治、实现人民解放的历史，帮助学生了解国史、国情，深刻领会历史和人民是怎样选择了马克思主义，选择了中国共产党，选择了社会主义道路。这些课程能够从不同角度对大学生的世界观、人生观和价值观产生积极影响。

思想政治理论课融合了思想教育、政治教育、道德教育、法制教育等内容，除了要发挥思想政治教育的作用外，还具有较强的德育功能。师范生可由此培养良好的道德品质，成为具有良好社会公德的好公民；培养正确的政治方向，形成正确的政治信念和为国家富强、人民富裕而奋斗的献身精神；培养正确的世界观、人生观和价值观。其中的关键是树立马克思主义世界观、人生观和价值观，只有以此为前提才能把握社会主义道德的本质，才能明确师德的社会价值，提高师德认识水平，为形成崇高师德打下坚实的理论基础。

在思想政治理论课中，对师范生的师德教育产生有效作用较为直接的当属"基础"课。"基础"课是一门以思想政治教育学、伦理学、法学为学科依托，融思想性、政治性、知识性、综合性和实践性于一体的高校思想政治课程，旨在帮助大学生树立正确的世界观、人生观、价值观、道德观和法制观，打下扎实的思想道德和法律基础，提高自我修养，促进德智体美全面发展。

马克思主义理论研究和建设工程高校思政课《思想道德修养与法律基础》教材编写组首席专家、中国人民大学吴潜涛教授曾概述"基础"课的突出特点有：综合地运用马克思主义理论和其他多种相关学科的知识，对大学生在人生观、价值观、道德观和法制观方面遇到的理论问题和实际问题创造性地作出科学的、有说服力的回答和阐释；注重理论与实践的结合、知和行的统一，在传授法律知识和道德知识的同时，更重视实践和行为，更重视"规范"向实践的转化；其自身是一个逻辑严谨的理论体系，体现了人生观、价值观、道德观和法制观教育的统一；既注重理论逻辑的严谨性，又强调彰显问题意识，由"知其然"上升为"知其所以然"，由他律走向自律，不断提高思想道德水平和法律素质。[①] 这些特点足以说明，"基础"课对大学生道德观教育的系统性和实践性，有助于全面和有针对性地提升大学生的道德修养。

"基础"课的道德观教育内容集中于统编教材第四章至第六章。第四章"加强道德修养锤炼道德品质"着重帮助大学生认识道德的本质、功能作用及其历史发展，把握社会主义道德的核心、原则、基本要求和公民基本道德规范，引导大学生在实践中弘扬社会主义道德，努力提高道德修养的自觉性。第五章"遵守社会公德维护公共秩序"和第六章"培养职业精神树立家庭道德"

---

① 《〈思想道德修养与法律基础〉的几个突出特点》，《中国教育报》2006 年 6 月 23 日。

的部分内容论述了社会主义道德在公共生活和职业生活等领域中的具体要求，使大学生能够在大学生活和将来的社会生活中自觉地遵守道德行为规范。这些内容从理论指导、规范解读和现实道德问题分析等方面提升大学生的道德修养、锤炼大学生的道德品质，使大学生成长为品质高尚、人格完善的社会所需人才。

高等师范院校可在"基础"课中结合职业道德章节增加师德教育，促使师范生在领会思想政治教育主旨和把握道德观教育基本内容的基础上，进一步深入了解和认知其未来的职业道德，为逐渐成长为师德高尚的优秀人民教师做好准备工作。

二、教师教育类课程

教师教育类课程是每位师范生必修的基础课，旨在培养师范生树立正确的教育理念、掌握有效的教学方法，形成一定的教学能力。长期以来，由于理论性强、实践性差、内容陈旧、教学方式单一等因素，教师教育类课程难以发挥其应有的作用。因此，全国各高等师范院校都在深化教育理论课、教育技能课和教育实践课相统一的改革创新。但是，无论采取哪一种改革实践模式，教育学和心理学等依然是师范生首当其冲的教师教育类课程。师范生师德养成应贯穿于教育学和心理学理论知识学习过程之中。

教育学是以教育现象和问题为研究对象，探索解决教育活动中的问题，归纳总结人类教育活动的科学理论与实践，揭示一般教育规律的科学。在高等师范院校，教育学通常被视为一门传授教育理念和教育教学技能的课程，侧重于教学模式、教学方法和教育策略等内容，忽视对师范生教师职业道德的培养。但是，学习教育学的目的是为了让师范生了解教育的规律、教育的本质内涵等教育的基本知识，形成相应的教育能力，能够在教育实践中处理各种教育问题，说到底是为了使从事教师职业的人走向专业化，在具备专业学科知识的基础上拥有专业的教育知识，成为真正的教育专业人才；而教师职业的专业化不仅包括专业学科知识和专业教育知识，还应当包含专业的道德品质，即师德。教育学作为教师教育的重要课程，不仅要教给师范生如何教学的知识，更要教给师范生如何做一名好教师的知识。一名真正的好教师，"不仅具有自觉的专业伦理，而且是具有良好的道德品质的教师，一个自主、自觉追求在教育行动上确立专业道德准则，并不断提高自己的教育美德、形成良好的教师人格的优秀教师。"① 依据教育学相关内容，将师德教育渗透其中，可分别在涉及教育的基本知识中增加教育的道德性，涉及教师的章节增添教师道德和职业道德等。由此，师范生通过教育学的学习，真正理解教育育人的深意。

心理学是研究心理现象及其规律的科学。在高等师范教育中设置的心理学课程一般为教育心理学，即研究教育过程中存在的心理现象及其规律的科学。教育心理学的首要任务是揭示学生掌握知识、技能和发展智力、体力以及形成良好的思想道德品质的心理规律，揭示学生的学习活动和心理发展与教育条件和教育情境的依存关系，从而使教育工作建立在心理科学的基础上，提高教育的科学性和效益性，促进教育事业的发展。②

大学阶段是师范生自我意识完善和人格塑造的关键时期。心理学课程有利于使师范生深入了解自我意识和道德品质的形成、发展规律。一方面，师范生要增强教师职业角色意识，全面而正确地认识教师角色在社会中所承担的职责，并在角色认知基础上熟悉教师职业道德规范，强化教师角色认同，继而坚定角色信念，将教师角色中的社会期望转化为个人的心理需要，以教师角色要求作为自己的行动指南，形成教师职业荣誉感；另一方面，师范生要加强自我教育，这是主体自我按照社会要求对客体自我自觉实施的教育，在自我教育过程中，把握自我意识、自我教育和榜样作用三者的关系，即产生自我意识→萌发自我发展意向→进行自我设计→寻找自我发展楷模→学习楷模→发展自我③，全面认识自我，确立理想自我，为理想自我确定合适的社会坐标和人生坐标，将教师职业与个人人生价值相统一。

除了常规教师教育类课程之外，为贯彻落实教育规划纲要，深化教师教育改革，全面提高教师培养质量，造就高素质专业化教师队伍，教育部于2011年10月8日发布了《教育部关于大力推进教师教育课程改革的意见》，提出创新教师教育课程理念、优化教师教育课程结构、改革课程教学内容、开发优质课程资源、改进教学方法和手段、强化教学实践环节、加强教师养成教育、建设高水平师资队伍、建立课程管理和质量评估制度、加强组织领导和条件保障这十项建议，同时制定《教师教育课程标准（试行）》。该标准细化了教育类课程标准，确立了育人为本、实践取向和终身学习的基本理念。对于职前教师的师范生而言，课程目标和课程设置体现了教师职业道德教育的内在要求。现将《教师教育课程标准（试行）》中适应不同阶段教育的职前教师教育课程目标与

---

①　金生鈜：《何为好教师？——论论教师的道德》，《中国教师》2008年第1期，第19页。
②　教育部人事司：《高等教育心理学》，高等教育出版社1999年版，第24页。
③　教育部人事司：《高等教育心理学》，高等教育出版社1999年版，第286页。

课程设置列举如下。

（一）幼儿园职前教师教育课程目标与课程设置

幼儿园职前教师教育课程要帮助未来教师充分认识幼儿阶段的特性和价值，理解"保教结合"的重要性，学会按幼儿的成长特点进行科学的保育和教育；理解幼儿的认知特点和学习方式，学会把教育寓于幼儿的生活和游戏中，创设适宜的教育环境，保护与发展幼儿探究、创造的兴趣，让幼儿在愉快的幼儿园生活中健康地成长。

1. 课程目标

课程目标可根据具体目标领域的不同细化为如下内容。

（1）教育信念与责任目标领域

在此领域，课程目标分别是：其一，具有正确的儿童观和相应的行为。其基本要求包括以下3个方面：一是理解幼儿阶段在人生发展中的独特地位和价值，认识健康、愉快的幼儿园生活对幼儿发展的意义；二是尊重和维护幼儿的人格和权利，保护幼儿的好奇心和自信心；三是尊重幼儿的个体差异，相信幼儿具有发展的潜力，乐于为幼儿创造发展的条件和机会。

其二，具有正确的教师观和相应的行为。其基本要求包括：一是理解教师是幼儿学习的引导者和支持者，相信教师工作的意义在于帮助幼儿健康成长；二是了解幼儿园教师的职业特点和专业要求，自觉提高自身的科学与人文素养，形成终身学习的意愿；三是了解教师的权利和责任，遵守教师职业道德。

其三，具有正确的教育观和相应的行为。其基本要求包括：一是理解教育对幼儿成长、教师自身发展和社会进步的重要意义，相信教育充满了创造的乐趣，愿意从事幼儿教育事业；二是了解幼儿教育的历史、现状和发展趋势，认同素质教育理念，理解并参与教育改革；三是形成正确的教育质量观，对与幼儿教育相关的现象进行专业思考与判断。

（2）教育知识与能力目标领域

在此领域，其目标分别是：其一，具有理解幼儿的知识和能力。其基本要求包括：一是了解儿童发展的主要理论和儿童研究的最新成果；二是了解儿童身心发展的一般规律和影响因素，熟悉幼儿年龄阶段特征和个体发展的差异性；三是了解幼儿认知发展、学习方式的特点及影响因素，熟悉幼儿建构知识、获得技能的过程；四是了解幼儿情感、社会性发展的特点，熟悉幼儿品德和行为习惯形成的过程和规律；五是掌握观察、谈话、倾听、作品分析等基本方法，理解幼儿发展的需要；六是了解幼儿期常见疾病、发展障碍、学习障碍的基础知识和应对方法；七是了解我国教育的政策法规，熟悉关于儿童权利的内容以及维护儿童合法权益的途径。

其二，具有教育幼儿的知识和能力。其基本要求包括：一是了解我国幼儿园教育的目标和任务，熟悉健康、语言、社会、科学、艺术等各领域的教育目标，学会以此指导自己的学习和实践；二是了解幼儿教育的基本原理，理解与整合各领域的内容、综合地实施教育活动的重要性，学会设计和实施幼儿教育活动；三是了解幼儿的生活经验，学会利用实践机会，积累引导幼儿在游戏等活动中建构知识、发展创造力的经验；四是掌握照顾幼儿健康地、安全地生活的基本方法和技能；五是了解教育评价的理论与技术，学会通过评价改进活动与促进幼儿发展；六是了解与家庭、社区沟通的重要性，学会利用和开发周围的资源，创设有利于幼儿发展的环境；七是掌握幼儿心理健康教育的基本知识，学会处理幼儿常见行为问题；八是了解 0～3 岁婴幼儿保育教育的有关知识和婴幼儿保育教育的一般方法；九是了解小学教育的有关知识和幼小衔接的一般方法。

其三，具有发展自我的知识与能力。其基本要求包括：一是了解教师专业素养的核心内容，明确自身专业发展的重点；二是了解教师专业发展的阶段与途径，熟悉教师专业发展规划的一般方法，学会理解与分享优秀教师的成功经验；三是了解教师专业发展的影响因素，学会利用以课程学习为主的各种机会，积累发展经验。

（3）教育实践与体验目标领域

在此领域，其目标分别是：其一，具有观摩教育实践的经历与体验。其基本要求包括：一是结合相关课程学习，观摩幼儿的生活和教育活动的组织与指导，了解幼儿园教育的规范与过程，感受不同的教育风格；二是深入幼儿园和班级，参与幼儿活动，获得与幼儿直接交往的体验；三是了解幼儿园保教工作的特点和幼儿园各部门工作的职责和要求，感受幼儿教育实践的丰富性和复杂性。

其二，具有参与教育实践的经历与体验。其基本要求包括：一是了解实习班级幼儿的实际情况，在指导下设计教育活动方案，组织一日活动，获得对教育过程的真实感受；二是参与各种教研活动，获得与幼儿园教师直接对话或交流的机会；三是与家庭和社区合作，提高沟通能力，获得共同促进幼儿发展的实践经历与体验；四是参与不同类型的幼教机构活动和幼儿教育实践活动。

其三，具有研究教育实践的经历与体验。其基本要求包括：一是在日常学习和实践过程中积累所学、所思、所想，形成问题意识和一定的解决问题的能力；二是了解研究教育实践的一般方法，经历和体验制订计划、开展活动、完

成报告、分享结果的过程；三是参与各种类型的科研活动，获得科学地研究幼儿的经历与体验。

2. 课程设置

在不同的学习领域，课程设置亦不尽相同。

（1）儿童发展与学习领域

此领域课程建议模块为：儿童发展；幼儿认知与学习；特殊儿童发展与学习等。

（2）幼儿教育基础领域

此领域课程建议模块为：教育发展史略；教育哲学；课程与教学理论；学前教育原理等。

（3）幼儿活动与指导领域

此领域课程建议模块为：幼儿游戏与指导；教育活动的设计与实施；幼儿健康教育与活动指导；幼儿语言教育与活动指导；幼儿社会教育与活动指导；幼儿科学教育与活动指导；幼儿艺术教育与活动指导；0～3 岁婴幼儿的保育与教育；幼儿园教育环境创设；幼儿园教育评价；教育诊断与幼儿心理健康指导等。

（4）幼儿园与家庭、社会领域

此领域课程建议模块为：幼儿园组织与管理；幼儿园班级管理；家庭与社区教育；教育资源的开发与利用；幼儿教育政策法规等。

（5）职业道德与专业发展领域

此领域课程建议模块为：教师职业道德；教育研究方法；师幼互动方法与实践；教师专业发展；教师语言技能；音乐技能；舞蹈技能；美术技能；现代教育技术应用等。

（6）教育实践领域

此领域课程建议模块为教育见习、教育实习等。

（二）小学职前教师教育课程目标与课程设置

小学职前教师教育课程要引导未来教师理解小学生成长的特点与差异，学会创设富有支持性和挑战性的学习环境，满足他们的表现欲和求知欲；理解小学生的生活经验和现场资源的重要意义，学会设计和组织适宜的活动，指导和帮助他们自主、合作与探究学习，形成良好的学习习惯；理解交往对小学生发展的价值和独特性，学会组织各种集体和伙伴活动，让他们在有意义的学校生活中快乐成长。

1．课程目标

课程目标可根据具体目标领域的不同细化为以下内容。

（1）教育信念与责任目标领域

在此领域，其目标分别是：其一，具有正确的学生观和相应的行为。其基本要求包括：一是理解小学阶段在人生发展中的独特地位和价值，认识生动活泼的小学生活对小学生发展的意义；二是尊重学生学习和发展的权利，保护学生的学习兴趣和自信心；三是尊重学生的个体差异，相信学生具有发展的潜力，乐于为学生创造发展的条件和机会。

其二，具有正确的教师观和相应的行为。其基本要求包括：一是理解教师是学生学习的促进者，相信教师工作的意义在于创造条件帮助学生快乐成长；二是了解小学教师的职业特点和专业要求，自觉提高自身的科学和人文素养，形成终身学习的意愿；三是了解教师的权利和责任，遵守教师职业道德。

其三，具有正确的教育观和相应的行为。其基本要求包括：一是理解教育对学生成长、教师专业发展和社会进步的重要意义，相信教育充满了创造的乐趣，愿意从事小学教育事业；二是了解学校教育的历史、现状和发展趋势，认同素质教育理念，理解并参与教育改革；三是形成正确的教育质量观，对与学校教育相关的现象进行专业思考与判断。

（2）教育知识与能力目标领域

在此领域，其目标分别是：其一，具有理解学生的知识与能力。其基本要求包括：一是了解儿童发展的主要理论和儿童研究的最新成果；二是了解儿童身心发展的一般规律和影响因素，熟悉小学生年龄特征和个体发展的差异性；三是了解小学生的认知发展、学习方式的特点及影响因素，熟悉小学生建构知识、获得技能的过程；四是了解小学生品德和行为习惯形成的过程，了解小学生的交往特点，理解同伴交往对小学生发展的影响；五是掌握观察、谈话、倾听、作品分析等方法，理解小学生学习和发展的需要；六是了解我国教育的政策法规，熟悉关于儿童权利的内容以及维护儿童合法权益的途径。

其二，具有教育学生的知识与能力。其基本要求包括：一是了解小学教育的培养目标，熟悉至少两门学科的课程标准，学会依据课程标准制定教学目标或活动目标；二是熟悉至少两门学科的教学内容与方法，学会联系小学生的生活经验组织教学活动，将教学内容转化为对小学生有意义的学习活动；三是了解学科整合在小学教育中的价值，了解与小学生学习内容相关的各种课程资源，学会设计综合性主题活动，创造跨学科的学习机会；四是了解课堂组织与管理的知识，学会创设支持性与挑战性的学习环境，激发学生的学习兴趣；五

是了解课堂评价的理论与技术，学会通过评价改进教学与促进学生学习；六是了解课程开发的知识，学会开发校本课程，设计、实施和指导简单的课外、校外活动；七是了解班队管理的基本方法，学会引导小学生进行自我管理和形成集体观念；八是了解小学生心理健康教育的基本知识，学会诊断和解决小学生常见学习问题和行为问题；九是掌握教师所必需的语言技能、沟通与合作技能、运用现代教育技术的技能。

其三，具有发展自我的知识与能力。其基本要求包括：一是了解教师专业素养的核心内容，明确自身专业发展的重点；二是了解教师专业发展的阶段与途径，熟悉教师专业发展规划的一般方法，学会理解与分享优秀教师的成功经验；三是了解教师专业发展的影响因素，学会利用以课程学习为主的各种机会积累发展经验。

（3）教育实践与体验目标领域

在此领域，其目标分别是：其一，具有观摩教育实践的经历与体验。其基本要求包括：一是结合相关课程学习，观摩小学课堂教学，了解课堂教学的规范与过程；二是深入班级，了解小学生群体活动的状况以及小学班级管理、班队活动的内容和要求，获得与小学生直接交往的体验；三是密切联系小学，了解小学的教育与管理实践，获得对小学工作内容和运作过程的感性认识。

其二，具有参与教育实践的经历与体验。其基本要求包括：一是在有指导的情况下，根据小学生的特点和教学目标设计与实施教学方案，经历1~2门课程的教学活动；二是在有指导的情况下，参与指导学习、管理班级和组织班队活动，获得与家庭、社区联系的经历；三是参与各种教研活动，获得与其他教师直接对话或交流的机会。

其三，具有研究教育实践的经历与体验。其基本要求包括：一是在日常学习和实践过程中积累所学所思所想，形成问题意识和一定的解决问题能力；二是了解研究教育实践的一般方法，经历和体验制订计划、开展活动、完成报告、分享结果的过程；三是参与各种类型的科研活动，获得科学地研究学生的经历与体验。

2. 课程设置

在不同的学习领域，课程设置亦不尽相同。

（1）儿童发展与学习领域

此领域课程建议模块为：儿童发展、小学生认知与学习等。

（2）小学教育基础领域

此领域课程建议模块为：教育哲学；课程设计与评价；有效教学；学校教

育发展；班级管理；学校组织与管理；教育政策法规等。

（3）小学学科教育与活动指导领域

此领域课程建议模块为：小学学科课程标准与教材研究；小学学科教学设计；小学跨学科教育；小学综合实践活动等。

（4）心理健康与道德教育领域

此领域课程建议模块为：小学生心理辅导、小学生品德发展与道德教育等。

（5）职业道德与专业发展领域

此领域课程建议模块为：教师职业道德；教育研究方法；教师专业发展；现代教育技术应用；教师语言；书写技能等。

（6）教育实践领域

此领域课程建议模块为：教育见习、教育实习。

（三）中学职前教师教育课程目标与课程设置

中学职前教师教育课程要引导未来教师理解青春期的特点及其对中学生生活的影响，学习指导他们安全度过青春期；理解中学生的认知特点与学习方式，学会创建学习环境，鼓励独立思考，指导他们用多种方式探究学科知识；理解中学生的人格与文化特点，学会尊重他们的自我意识，指导他们规划自己的人生，在多样化的活动中发展社会实践能力。

1. 课程目标

课程目标可根据具体目标领域的不同细化为如下内容。

（1）教育信念与责任目标领域

在此领域，其目标分别是：其一，具有正确的学生观和相应的行为。其基本要求包括：一是理解中学阶段在人生发展中的独特地位和价值，认识积极主动的中学生活对中学生发展的意义；二是尊重学生的学习和发展的权利，保护学生的学习自主性、独立性与选择性；三是尊重学生的个体差异，相信学生具有发展的潜力，乐于为学生创造发展的条件和机会。

其二，具有正确的教师观和相应的行为。其基本要求包括：一是理解教师是学生学习的促进者，相信教师工作的意义在于创造条件帮助学生自主发展；二是了解中学教师的职业特点和专业要求，自觉提高自身的科学与人文素养，形成终身学习的意愿；三是了解教师的权利与责任，遵守教师职业道德。

其三，具有正确的教育观和相应的行为。其基本要求包括：一是理解教育对学生成长、教师自身发展和社会进步的重要意义，相信教育充满了创造的乐趣，愿意从事中学教育事业；二是了解人类教育的历史、现状和发展趋势，认

同素质教育理念，理解并参与教育改革；三是形成正确的教育质量观，对与学校教育相关的现象进行专业思考与判断。

（2）教育知识与能力目标领域

在此领域，其目标分别是：其一，具有理解学生的知识与技能。其基本要求包括：一是了解儿童发展的主要理论和最新研究成果；二是了解儿童身心发展的一般规律和影响因素，熟悉中学生年龄特征和个体发展的差异性；三是了解中学生的认知发展、学习方式的特点及影响因素，熟悉中学生建构知识和获得技能的过程；四是了解中学生品德和行为习惯形成的过程，了解中学生交往的特点，理解同伴交往对中学生发展的影响；五是掌握观察、谈话、倾听、作品分析等方法，理解中学生学习和发展的需要；六是了解我国教育的政策法规，熟悉关于儿童权利的内容以及维护儿童合法权益的途径。

其二，具有教育学生的知识和能力。其基本要求包括：一是了解中学教育的培养目标，熟悉任教学科的课程标准，学会依据课程标准制定教学目标或活动目标；二是熟悉任教学科的教学内容和方法，学会联系并运用中学生生活经验和相关课程资源，设计教育活动，创设促进中学生学习的课堂环境；三是了解课堂评价的理论与技术，学会通过评价改进教学与促进学生学习；四是了解活动课程开发的知识，学会开发校本课程，设计与指导课外、校外活动；五是了解班级管理的基本方法，学会引导中学生进行自我管理和形成集体观念；六是了解中学生心理健康教育的基本知识，学会处理中学生特别是青春期常见的心理和行为问题；七是掌握教师所必需的语言技能、沟通与合作技能、运用现代教育技术的技能。

其三，具有发展自我的知识与能力。其基本要求包括：一是了解教师专业素养的核心内容，明确自身专业发展的重点；二是了解教师专业发展的阶段与途径，熟悉教师专业发展规划的一般方法，学会理解和分享优秀教师的成长经验；三是了解教师专业发展的影响因素，学会利用以课程学习为主的各种机会积累发展的经验。

（3）教育实践与体验目标领域

在此领域，其目标分别是：其一，具有观摩教育实践的经历与体验。其基本要求包括：一是观摩中学课堂教学，了解中学课堂教学的规范与过程，感受不同的教学风格；二是深入班级或其他学生组织，了解中学班级管理的内容和要求，获得与学生直接交往的体验；三是深入中学，了解中学的组织结构与运作机制。

其二，具有参与教育实践的经历与体验。其基本要求包括：一是在有指导的情况下，根据学生的特点，设计与实施教学方案，获得对学科教学的真实感受和初步经验；二是在有指导的情况下，参与指导学习、管理班级和组织活动，获得与家庭、社区联系的经历；三是参与各种教研活动，获得与其他教师直接对话或交流的机会。

其三，具有研究教育实践的经历与体验。其基本要求包括：一是在日常学习和实践过程中积累所学所思所想，形成问题意识和一定的解决问题的能力；二是了解研究教育实践的一般方法，经历和体验制订计划、开展活动、完成报告、分享结果的过程；三是参与各种类型的科研活动，获得科学地研究学生的经历与体验。

2. 课程设置

在不同的学习领域，课程设置亦不尽相同。

（1）儿童发展与学习领域

此领域课程建议模块为：儿童发展、中学生认知与学习等。

（2）中学教育基础领域

此领域课程建议模块为：教育哲学；课程设计与评价；有效教学；学校教育发展；班级管理等。

（3）中学学科教育与活动指导领域

此领域课程建议模块为：中学学科课程标准与教材研究；中学学科教学设计；中学综合实践活动等。

（4）心理健康与道德教育领域

此领域课程建议模块为：中学生心理辅导、中学生品德发展与道德教育等。

（5）职业道德与专业发展领域

此领域课程建议模块为：教师职业道德；教师专业发展；教育研究方法；教师语言；现代教育技术应用等。

（6）教育实践领域

此领域课程建议模块为：教育见习、教育实习。

综上所述，无论分属哪个教育阶段的职前教师，其教育课程均设有教育信念与责任的目标领域，要求具有正确的学生观、教师观、教育观及其相应行为，课程设置中也凸显"职业道德与专业发展"的模块，突出对师德的要求，要求教师履行职业道德规范，增强教书育人的使命感和责任感。教育部颁布的《教师教育课程标准（试行）》体现了国家对教师教育机构设置教师教育课程的基本要求，是制定教师教育课程方案、开发教材与课程资源、开展教学与评价，以及认定教师资格的重要依据。在我国建设高素质专业化教师队伍过程中，必须深化教师教育改革，全面提高教师培养质量，职前教师即师范生的师德培养是重要的前提和基础，而这些与师德密切相关的课程目标和课程设置势必推动师范生的师德养成。

三、教师职业道德课

目前，大多数高等师范院校的教师职业道德教育内容零散分布于思想政治理论课和教育学、心理学等教育类课程教学之中，没有专门的师德课程提供有效的支撑平台，师德教育往往遭遇被弱化或边缘化的困境。在教师专业化发展日益强化的时代，作为教师专业素质核心的职业道德修养愈发制约着教师专业知识与专业技能的发展。因此，为师范生设置专门的教师职业道德课程（简称"师德课程"）显得格外重要。

师德课程旨在培养师范生在专业成长过程中增强职业认同感，坚定职业理想信念，领悟为人师表的真谛，真正从内心、从价值取向上认同教师职业，将教育事业作为其内心的自由选择，在自主的道德践行过程中提升职业道德水准。换言之，师德课程旨在加强师德意识的培养，并在此基础上通过各种途径形成师德情感，磨炼师德意志，付诸师德行动，养成师德自律。① 其课程的主要内容应涵盖师德的本质、特点、构成、社会功能、原则规范和养成途径等方面。

师德认识是师范生师德养成的起点，也是师德课程的首要目标，目的在于使师范生对教育活动中客观存在的道德关系及其处理原则和规范具有基本的认识。与人类其他认识过程一样，师德认识一般要经历感性认识到理性认识，再从理性认识到师德践行两个阶段。师德感性认识阶段实质上是师德观念形成阶段。师范生在学习教师职业道德规范时，需要在个人品德基础上，吸收和消化各种师德理论，深刻把握师德知识，形成相应的师德观念。由于个人品德的形成受到社会因素和个体心理因素的双重制约，在社会活动中，个人道德品质主要表现为已有道德认知全方位的外化。师德课程本质上就是要促进师范生的个人品德社会化和职业化。师德认识的理性阶段是将师德认识概念化的过程，即对师德概念加以掌握。师范生可通过师德的理性认识，从师德现象和师德关系以及师德行为多方面的表现中，把握师德关系和师德行为的本质。

师德教育如同其他道德教育一样，倘若偏重于知性教育方式，将道德单纯

① 郭兰瑛：《师范生师德养成途径探析》，《伊犁师范学院学报》2005年第2期，第102页。

地作为知识传授给学生，自上而下地灌输，往往事倍功半，难以达到预期目的。师范生在接受师德养成教育过程中，除了通过师德知性教育了解师德相关知识层面的内容外，还要理解师德课程的理论思辨性，能够运用师德理论正确分析现实生活中的师德现象，充分把握师德课程的时代性和实效性。[①] 师范生师德养成离开主体的自我教育是无法实现的。因此，师德教育要取得成效，必须调动和激发师范生的主观能动性，强化自身的自律意识，促使他们由外在的强制要求转变成内在的自觉，由被动接受转化为自我约束，在实践中做到知行统一。

师德课程在实施过程中，还应坚持以下原则：

第一，以教育法律法规为重点，让师范生了解教育法律法规对教师的基本要求。《中华人民共和国教育法》第5条规定："教育必须为社会主义现代化建设服务，必须与生产劳动相结合，培养德、智、体等方面全面发展的社会主义事业的建设者和接班人。"其中，"德"是指个人对待生活和工作，对待与社会、集体、他人和自然关系时应具有的价值观念、行为品质、道德追求、人格修养、人生信念等，是对人生观、世界观、道德观、政治观及其行为品质的总称。要培养具备德的人才，教师首先要有崇高师德。《中华人民共和国教育法》第32条规定："教师享有法律规定的权利，履行法律规定的义务，忠诚于人民的教育事业。"教师的权利与教师作为普通公民所享有的民事和政治等权利在本质上是一致的，但更强调教师在教育教学活动中可以为或不可为的许可和保障，具体包括教育教学权、科学研究权、管理学生权、获取报酬待遇权、民主管理权、进修培训权等。与权利相对应，教师义务主要有遵守宪法、法律和职业道德，为人师表；贯彻国家的教育方针，遵守规章制度，执行学校的教学计划，履行教师聘约，完成教育教学工作任务；对学生进行宪法所确定的基本原则的教育、爱国主义和民族团结教育、法制教育，以及思想品德、人文、科学技术教育，组织和带领学生开展有益的社会活动；关心爱护学生，尊重学生人格，促进学生德智体等方面全面发展；制止有害于学生的行为或者其他侵犯学生合法权益的行为，批评和抵制有害于学生健康成长的现象；不断提高思想政治觉悟和教育教学水平，等等。《中华人民共和国教师法》第3条规定："教师是履行教育教学职责的专业人员，承担教书育人，培养社会主义事业建设者和接班人、提高民族素质的使命。"这强调了教师的职业身份特征，只有承担教

---

① 戴彩虹：《新形势下师范生师德教育课程策略探究》，《吉林省教育学院学报》2012年第8期，第19页。

书育人、教育教学职责的专门人员才具备教师的最基本条件。教育法律法规为教师职业规范提供了法律依据。

第二，以《中小学教师职业道德规范》为核心，使师范生明确新时期我国中小学教师师德的具体规范。《中小学教师职业道德规范》的内容包括爱国守法、爱岗敬业、关爱学生、教书育人、为人师表、终身学习六部分，包含了调节教师与学生、教师与教师、教师与学校、教师与家长、教师与国家、教师与社会的相互关系的内容，体现了与师德理想、师德原则、师德规则相对应的激励、指导、约束功能。

第三，以教师职业价值意义为目标，使师范生把握师德价值精神。师范生从教师职业理想、职业态度、职业责任、职业纪律、职业良心、职业荣誉、职业作风等方面实现职业价值，将师德思想与师德实践有机结合，达到社会所期望的教师职业要求。

四、校园文化活动的隐性课程

思想政治理论课、教师教育类课程和教师职业道德课程都需要通过课堂教学来达到教学目标，属于显性课程。与之相对的是隐性课程。隐性课程，又称为潜在课程，其目的在于课堂教学之外实现教学效果。显性课程的直接师德教育固然重要，它能够使师范生对师德的认知水平得以提高；但是，隐性课程对师范生师德养成的潜移默化作用同样是必不可少的。

在高等师范院校中，师德教育的隐性课程以教师的榜样示范、校园文化和社会实践为重要载体。师范的传统核心理念是教师的示范作用，即"为人师表"的道德楷模作用。高等师范院校教师应在日常教学活动和生活中对师范生在综合素质和师德水平方面起到示范作用，以此促进师范生自身的师德养成。

校园文化是学校课堂教学之外的文化活动，通过学校的文化氛围、文化环境、文化活动，以及学校教职员工和学生共同的行为方式、学校的规章制度，对学校内成员、尤其是学生的身心健康、思维方式和思想观念的形成、发展产生积极的或消极的影响。它是学校在历史发展过程中形成的且反映着人们在价值取向、思维方式和行为规范上有别于其他社会群体的一种团体意识、精神氛围，是维系学校团体的一种精神力量。其内容主要包括：校风和校纪；校园环境和文化活动设施；科技、文娱、体育等实践活动；生活方式、思想观念和传统习惯；学生的社团活动和时尚思潮等。校园文化具有较强的渗透性和感染性，它通过各种形式渗透于学校的一切活动之中，贯穿于学校生活的各个方面，使处于这个环境之中的每一个成员在一种有意或无意状态下受到校园文化的影响，从而实现对人们思想、行为、心理和生活方式的塑造。

高等师范院校以培养人民教师为根本职责，校园文化应彰显"师范性"，在物质文化和精神文化方面突出师范特色。丰富的校园文化和良好的校风有利于师范生的人格培养和师德教育。创建良好的师范性校园文化是促进师范生师德养成的必要途径。校园文化建设应着眼于师范生的专业发展，以师德培养作为校园文化建设的主线。[①] 高等师范院校通过校园文化活动载体，把师德教育融入校园文化活动的各个方面，鼓励师范生走出课堂、深入实践，感受教师职业的魅力和挑战，激发师范生要求自我提升的自觉性；利用丰富的校园文化活动，在陶冶情操、健全人格、提高综合能力等方面全面提升师范生的师德水平。[②]

大学生中的党组织、团组织和学生会是大学生社团的三大组织。学生党员、团员干部、学生会干部是学生群体中的核心人物，在学生中有较高威信和一定号召力、影响力。这些组织从不同角度维护着学生的利益，在教育者和受教育者之间起着沟通和桥梁作用，深得广大学生的支持和信任。因此，通过这些社团组织活动对师范生实施开展师德教育，影响面广，容易被受教育者所接受，可收到事半功倍的效果。

社会实践是学校联系社会的一条纽带，是大学生理论联系实际、由知到行的重要途径，大学生只有在社会实践活动中，才能了解社会、掌握国情，认识人生的价值，增强主人翁责任感，树立坚定的劳动观念，激发爱国热情，培养无私奉献的高尚品德和艰苦奋斗的创业精神。对于师范生来说，良好的师德意识和品行不是单靠学习师德规范、原则就能形成的，还必须通过对教师工作的体验、经历、感悟、理解来内化。社会实践为师范生提供了师德意识与师德行为统一的机会，创造了师德内化的平台。师范生的社会实践活动通常有教育见习、教育实习、社会调查和社会服务等形式。通过见习和实习，师范生一方面能从实习学校的教师身上学习到爱岗敬业的师德品质；另一方面由于角色的转化，更能亲身体验教师职业，激发其自我教育的自觉性，师德意识随之产生，从而在教育教学实践中将师德认识转化为师德行为。通过社会调查，其所获得的正面信息将强化师范生的师德情感，激励师德内化；负面信息则可引起师范生警惕，从主观上否定不道德的意识和行为。另外，通过社会服务，也可使师范生增强个人和教师身份的社会责任感。

① 戴彩虹：《新形势下师范生师德教育课程策略探究》，《吉林省教育学院学报》2012 年第 8 期，第 17～19 页。

② 陈芳宇：《新形势下师范生的职业道德教育探析》，《科教文汇》2010 年第 6 期，第 21 页。

综上所述，从将师德教育内容融入思想政治理论课和教师教育类课程，到专门教师职业道德课程的开设，再到高等师范院校教师的榜样示范以及校园文化和社会实践等隐性课程的补充强化，这些举措势必会使师范生师德课程体系得以进一步健全优化，这对于师范生师德意识的增强和师德修养的提升定将起到积极的推动作用。

第二节　师德情感培养

情感是对外界刺激的心理反应，是人们对周围事物、自身以及自己活动的态度和体验，在实际生活中具有动力和信号作用，直接影响到人的学习和工作效果。教师职业道德情感（简称"师德情感"）是指教师在教育活动中，对于他人和自己的行为举止是否符合教师职业道德的要求所产生的内心体验，一般包括包括职业自豪感、荣誉感、责任感等。强烈的师德情感不仅是教师完成工作的内在动力，而且也是感染学生和其他教师的重要条件。培养高尚的师德情感，是师范生养成良好师德品质不可缺少的重要内容和环节。一般情况下，师德情感培养以道德情感为基础，以师德认识为前提，以师德意志和师德信念为保障。

一、道德情感是师德情感培养的基础

道德情感是人们基于一定的道德认识，从某种人生观和道德理想出发，面对现实生活中的道德关系和道德行为所产生的情绪态度。在人的各种情感中，道德情感居于特殊的地位，对人的理智感、美感等情感具有重要作用。道德情感伴随着道德认识而产生，道德认识同世界观、人生观相结合便形成相应的道德情感。道德情感相较于道德认识而言，具有更大的稳定性和动力性，能够直接转化为强大的驱动力推动道德行为实践。教育事业是铸造人类灵魂的事业，只有心与心的碰撞、情与情的交融才能够完成育人使命。高尚的道德情感是教师进行创造性劳动、做好教育工作的根本保证。如果教师对教育事业、对学生缺乏感情，就很难教育和感化学生；如果教师具有高尚的道德情感，就会对陶冶个人道德情操，对处理教师与教师、教师与学生，以及教师与他人之间的关系，创造良好的教育氛围具有重要意义。[①] 道德情感为师德情感培养奠定了基本的伦理基础，在师德层面实现重合。

---

① 黄蓉生：《教师职业道德修养》，西南师范大学出版社 2001 年版，第 161 页。

教师道德情感内容相当丰富，其核心是在教育过程中彰显爱，具体表现为对教育事业的热爱、对学生的关爱和对其他教师、家长的友爱。

教师对教育事业的热爱，具有高度的责任感和强烈的事业心。教师要树立崇高的教育理想，培养和提高自己对教育事业的责任感、荣誉感，激发自己热爱和忠诚教育事业，为教育事业献身的情感。教师要秉持敬业、乐业、勤业的精神，对教师职业的性质、任务和社会作用等有正确认识，专心致志投身于教育事业。教师要明确教书育人的社会职责、对自己所从事的职业在整个社会中的地位和社会价值的认同，将塑造个人价值和实现社会价值统一于教育事业上。对教育事业深厚的爱的情感，是激励教师在教育活动中兢兢业业、尽心竭力、有所作为的强大内在情感动力。对教育事业深厚的热爱之情，既来自于对教师职业社会价值和教师职业特点的深刻认识，也来自于教育实践中的自觉陶冶和培养。一个教师只有认识和体验到自己所从事的职业虽然寂寞平凡，但却崇高而伟大；虽然复杂艰巨，但却正因此而充满了创造性与艺术性；虽然辛苦，但却苦中有乐、乐趣无穷，这样才能从内心深处真正热爱教育事业。[1]

1997年8月7日颁布的新修订的《中小学教师职业道德规范》指出：教师对学生的关爱，集中体现在关心爱护学生，尊重学生的人格，平等、公正地对待学生，对学生严格要求，耐心教导，不讽刺、挖苦、歧视学生，不体罚或变相体罚学生，保护学生合法权益，促进学生全面、主动、健康发展。简而言之，教师要正确地认识学生、了解学生、尊重学生、热爱学生，严格地要求学生，平等地对待学生。如果在认识上有偏差，情感上就会有隔膜，处理教育教学问题时就可能出现失误。要培养好学生，离不开对学生真挚的爱，因为教育的对象是人，而人是有感情的。教师要有爱心、耐心和同情心，以高尚的品格和人格魅力感化学生，从德智体美等方面全面关心学生的健康成长。教师只有对学生倾注关怀，才能符合学生的心理需求，才能使师生的情感交融，保证教育效果，实现育人目标。

教师对其他教师和家长的友爱，要具有尊重、热情的态度。在教育过程中，教师与同事们都是为共同目标而努力，都是为祖国建设事业培养人才，都共同遵循教师与教师之间的道德规范，以之约束自己，互相尊重、团结协作，才能使教育工作取得显著成绩，提高教学质量、教育水平。教师与学生家长之间应保持联系，对学生提出统一的要求，共同掌握学生在德智体美等方面的成长情况，使家庭教育与学校教育相配合。在交往过程中，教师对学生家长要以

---

[1]　教育部人事司：《高等学校教师职业道德修养》，北京师范大学出版社2000年版，第151页。

诚相待，以礼相见，并注意听取家长对学校工作的意见和建议，尊重家长们的合理要求。教师在与社会交往过程中，要意识到自己为人师表的职业形象，以自己的心灵和言行影响社会，推动文明，并帮助人们树立正确的是非观念，明白真善美与假恶丑，促进社会风气的好转。

教师职业不仅需要丰富的学识和科学的教学方法，更需要热爱教育事业的情感。师范生要培养高尚的道德情操和形成崇高的师德，必须以发展良好的道德情感为基础。

二、师德认知是师德情感培养的前提

师德品质的形成是由教育参与者对师德的知、情、意、行共同作用的结果。其中，师德认知、师德情感和师德意志构成师德意识。师德意识是师德行为的思想依据，师德意识在支配和指导师德行为的过程中，师德情感发挥着重要作用：①评价作用，即以敬慕、赞赏或鄙夷、厌恶的情绪表明对某种道德关系和道德行为的评价态度；②调节作用，即以某种情绪态度来强化或弱化个人的某种道德认识和道德行为；③信号作用，即通过各种表情动作来示意行为的道德价值。①

在师德认知方面，师范生通过课程学习充分认识到师德的重要意义和特殊价值，深刻理解师德的基本原则和规范要求，包括教师职业理想、职业态度、职业责任、职业纪律、职业荣誉、职业作风等，为自觉地遵循教师道德要求、履行教师道德义务奠定了基础。要做一名合格的教师，担负教书育人的神圣职责，就要懂得自己所从事职业对道德品质的高要求，须具备更高的道德水准、更好的道德修养，真正从内心深处认识到教师的道德人格是其立身、立教之本，时时刻刻都不要忘记自己所从事的职业将使自己在整个人生航程中始终面临着一种人格上的挑战。唯有基于如此深刻的师德认知，师范生才有可能自觉地遵守职业道德的原则和规范，自觉地加强自身的职业道德修养。

情感在认知的基础上产生，同样，师德情感建立在师德认知的基础上。因此，师范生只有对自己未来职业的社会道德价值和教育事业的崇高意义有了正确的认识，才能产生高尚的师德情感。认识和理解越全面、深刻、恰当，热爱教师职业的自豪感和责任感就会越强烈，也才会产生热爱教育事业、热爱学生的深厚情感。这种情感一旦形成，便能成为推动师范生献身未来教育事业的强大动力，促使其能数十年如一日，兢兢业业，诲人不倦，教书育人。教师如果

---

① 教育部人事司：《高等学校教师职业道德修养》，北京师范大学出版社 2000 年版，第 252 页。

仅仅从师德认知上去把握师德原则和规范，而缺乏师德情感体验，那么，其师德观念仍处于肤浅和易动摇状态。

师德情感表现在教师的自尊心、责任感、荣誉感等方面。自尊心是一种由自我评价所引起的自尊、自重、自爱的情绪体验，是教师渴望自身的角色价值得到社会集体的承认与尊重的需要。这是教师追求完善人格，实现崇高人生信念的良好品质。自尊即要维护教师的声誉，保持良好的道德形象，自觉按照教师道德要求规范自己，不做任何有损教师形象的事。责任感是教师对社会、他人应承担的义务和应尽的职责的内心体验。教师的责任感主要有对学生负责、对学生家长负责、对教师集体负责、对社会负责。这种情感可使教师在没有任何外在压力和监督的情况下，也能自觉地去完成教育教学任务。责任感是一种高尚的职业情感，是做好教育工作的强大动力。有了强烈的责任感，教师就能立足本职工作，对业务精益求精，为教书育人而全力以赴。荣誉感是教师在履行自己的职责，对社会做贡献之后得到的肯定评价，意识到自己的社会价值并感到由衷的愉快。教师的荣誉感能够促使教师认真履行职业道德义务，发扬锐意进取、奋勇拼搏的精神。[1]

师德情感是在师德认识的基础上形成的，起着将师德认识与师德意志、信念连接起来的中介和桥梁作用，并对师德认识和师德行为有着稳定的调节作用。师德情感是教师积极工作、勇于开拓进取的内部动力，是教师培养优秀的道德品质，保持高尚的道德行为的重要精神力量。没有师德情感，也就没有实践师德原则和规范的自觉行为。因此，在提高师德认识的基础上，应注意师范生师德情感的建立，进而陶冶师范生的师德情感。师德情感比师德认识具有更大的稳定性，积极、健康的师德情感在教育教学活动中具有重大的意义和作用。

三、师德意志和信念是师德情感培养的保障

从心理学意义上讲，意志是自觉地确定目的，并根据目的来支配、调节自己的行动，克服困难，从而实现目的的心理活动。信念是一种推动和鼓舞人们前进的强大精神动力，是一种支持人们克服困难、经受住严峻考验的精神支柱。[2] 人的情感与意志、信念是紧密相连的，情感的发展离不开意志和信念的调节控制，坚强的意志和坚定的信念能抑制不良情感的冲动，战胜消极情感的

---

[1] 教育部人事司：《高等学校教师职业道德修养》，北京师范大学出版社 2000 年版，第 254 页。

[2] 黄蓉生：《教师职业道德修养》，西南师范大学出版社 2001 年版，第 19 页。

影响。师德意志和信念主要强调教师不管在任何时候、任何情况下，都能坚信自己所从事的教育事业是神圣而崇高的，都能以足够的信心和勇气去面对来自各方面的偏见、诱惑和困难，矢志不渝地献身教育事业。

师德意志是教师履行教育教学义务过程中表现出来的为克服一切困难和障碍而作出抉择的力量和坚持的精神，是道德认识转化为道德行为、形成师德品质不可缺少的重要精神力量。只有职业情感深厚又有坚强的职业道德意志的教师，才能胜任教师这种光荣而平凡、艰苦复杂而又有乐趣和幸福的工作。师德意志品质一般具有如下特点：明确的目的性和实现目的的坚定意向、处理问题的果断性和坚定性、解决矛盾时的沉着、自制。

师德信念是教师对教师工作重要性和人类教育事业发展美好前景的深刻而有远见的笃信，是对教师职业道德的正确性、科学性的笃信，同时也包含由此而形成的强烈的职业责任感和远大的职业理想。只有对教师职业的社会价值有了深刻的认识，有深厚的职业情感和顽强的师德意志，才可能具有坚定的师德信念。所以，师德信念是师德认识、情感和意志的结晶，是形成优良师德品质的关键。[1]

教师树立坚定的师德信念，就会在职业实践中把追求远大的目标与平凡的工作紧密联系起来，确立志向，树立信心，产生敬业、乐业意识，从而产生巨大的精神力量；认识到时代赋予自己的历史责任和使命，把促进社会进步、国家富强和人民幸福作为自己的职业追求目标；在繁重的职业活动中用开拓精神振兴教育，用艰苦奋斗的精神服务于教育事业；正确认识和处理职业实践中碰到的困难和挫折，从而实现自己的人生价值、意义。在我国现阶段，师德基本原则要求教师树立全心全意为人民服务的职业道德理想和信念；要求人民教师一切言行以是否有利于社会、国家、集体为原则；要求他们自觉地把个人的利益和集体、国家的利益联系在一起；要求他们把人民的教育事业成为自己的事业，把人民的幸福作为自己的幸福，具有崇高的献身精神。具有这种崇高的职业道德理想和信念的教师，能够忠诚人民的教育事业，对教育的目的和意义有深刻的认识，对教育工作有强烈的责任感，在工作中能充分发挥主体的主动性、积极性、创造性，有坚强的道德意志和坚定的道德信念。[2]

坚强的师德意志和坚定的师德信念有利于保证崇高师德情感的稳定性、一贯性和持久性。

---

① 黄蓉生：《教师职业道德修养》，西南师范大学出版社 2001 年版，第 4 页。
② 黄蓉生：《教师职业道德修养》，西南师范大学出版社 2001 年版，第 131 页。

第三节　师德内化

师范生要成为一名合格教师，应从理论上把握师德规范内容，在情感上体验师德精神；尚未达到师德养成目标，还须将师德内化，即把他律的道德原则及规范转化为自身内在的道德品质，并自觉地外化为正确的道德行为。师德理论和规范要求属于一种外在的约束力，还没有完全体现师德的本质和作用，只有当师范生学习了解后并自觉地、发自内心地按照外在的师德规范行为，才能实现师德目标。

一、师德内化的涵义

道德规范本质上是对人的自由、本能的约束，是对个体的权利的约束和对个体义务的强调。因为趋利避害、趋乐避苦、追求金钱、贪图享受是动物的本能，作为"动物的人"天生不是"有道德的人"，"有道德的人"是"社会的人"。人们能成为有道德的人是社会教化的结果，也就是道德规范内化为人的行为准则。

何为"内化"？哲学、心理学和伦理学等人文社科领域对之的界定各不相同。例如，内化是指所有外部关系、客观表现以及规则形式转化为内部精神结构的一部分的过程；人对外部事物的认知转化为内部思维的过程，是人接受群体或社会性的规定并使之成为其人格一部分的过程①；植入和巩固个体的信念、态度和价值的长期过程，在思想观点上与他人的思想观点相一致，个体所认同的新思想和原有观点、信念结合在一起，构成一个统一的、持久的、具有独立人格的态度体系。

在伦理学范畴中，一般意义上的内化即是指"道德的内化"，涉及社会道德意识、道德规范和道德观念与道德主体之间的互动关系，与知情意行紧密联系在一起，通过道德认知形成道德品质，通过对行为的训练，逐步积淀为道德品质，使得经过养成积淀的道德品质进一步固定和积累，使道德主体的道德境界得到更高的提升。道德内化始于一定的道德认知，只有具有一定的道德认识，知道在具体道德情境下该做什么、不该做什么，以及为什么这样做，才能形成一定的道德情感、道德意志，并由此转化为道德行为。道德内化是一个由外向内再到外的过程。通过春风化雨式的教育、熏陶，在长期潜移默化的过程

---

① 胡林英：《道德内化论》，社会科学文献出版社 2007 年版，第 27 页。

中，把一定的社会规范转化为人的道德意识，变成个人自觉自愿的行动。[①] 由此看来，道德内化是个体在社会环境的影响下，将外在的社会道德规范融合于个体的内在道德意识，转化为个体的品德修养和行为习惯，自觉地实践相应的道德行为，由"他律"发展到"自律"，最终在道德实践中凝化为稳定德性的过程。其结果表现为形成道德行为、养成道德习惯。内化是道德形成过程中的必经阶段，道德必须经过内化的心理过程才能为个体所习得和接受。

师德作为一种职业道德，其养成遵循着道德形成的基本规律。正如同道德一样，师德的养成只有经历师德内化的阶段，才能催生出师德自律主体，也才能彰显师德的意义，使师德成为教师自身素质的有机组成部分。简而言之，师德内化是通过教育环境的影响和引导，将师德的规范转化为教师的内在素养和外在行为习惯的过程。因此，师德的内化是师德养成过程中的关键环节，也是师德养成的目的和归宿。

师德属于社会意识，以规定教师教育教学行为的道德规范体系而存在。社会意识的师德对社会存在的作用是经由社会意识形态内化为教师的个体意识形态，并将教师个体的意识落实为师德行为实践来实现。师德的养成不仅仅要使教师在进行教育教学活动中形成必须遵守的道德规范和行为准则，呈现出强制性、约束性和他律性的特点，还要致力于将师德内化为教师的素质，将教师塑造为师德自律主体，具备自觉性、自主性和自律性。在内外因共同作用下，教师经外部环境的影响和引导而自我形成、发展与完善着师德。但是，师德内化侧重于教师个体的自觉行为，对师德养成具有决定性作用。

师德是教师素质的核心，若没有崇高的师德，教师素质就不够健全或不算完整。高素质的教师队伍是推动教育事业发展的有生力量，在大力提倡素质教育的今天，促进教师队伍师德养成和提高教师队伍素质尤显重要。师范生作为教师队伍的后备军，在高等师范院校接受着职业定向教育，其培养目标是要成为一名符合社会现实需要且为人师表的教师，既要拥有丰厚的知识，又要掌握科学教育理论和基本教学技能，更要具有高尚师德。师范生师德水平的高低直接影响到未来教师的整体素质优劣，而这取决于师德的内化程度。

师范生的师德内化就是师范生通过师范教育和自我修养，逐步自觉认同师德规范，培养师德情感，磨炼师德意志，将师德规范和要求转化为自身的道德品质，进而成为自觉意识，为未来的教书育人活动塑造良好的人格。

---

① 刘胜梅、陈延斌：《道德养成、道德内化及其对未成年公民道德建设的启示》，《南京林业大学学报（人文社会科学版）》2007年第2期，第30页。

二、师范生师德内化的特点

在校师范生大多处于 18 岁到 22 岁的年龄段，美国心理学家埃里克森（Ericosn. E.）曾就此年龄段的特征描述到："这个时期（青年期）属于自我统合对角色混乱的心理发展期，这一阶段的社会成员已有明确的自我观念和自我追寻方向。"[1] 师范生的心理发展状况为培养崇高的师德提供了良好的条件，同时，他们中的大部分人职业定向明确，自愿投身教育事业。师德养成强调必须从师范生抓起，相应的，师德内化在教师职前教育的师范生阶段也极为必要。

师范生师德的形成，在很大程度上要依靠培养教育，因此，师范院校师德教育有更集中的指向意义和伦理价值。师范生的师德内化重在教育引导。教育本身就是帮助人身心健康成长和对教育对象进行价值引导的过程。师范教育应强化教师职业意义，尤其是师德的要求和价值体现，包括教师职业理想、职业态度、职业责任、职业纪律、职业良心、职业荣誉、职业作风、职业技能等，为师范生提供理想和期望的社会规定性。在这种价值意义的引导下，师范生可获得职业价值选择的预存立场，初步形成符合社会期望的教育观、教师观、学生观、人才观等基本认识。[2] 师德反映教师职业特有的道德传统、道德习惯、道德心理和道德品质，如果师德不能表达教师职业生活本身的客观要求，即使人为地加大提倡，也难以成为教师内心的"规矩绳墨"。

师范生承担着师德的受体和主体的双重角色，既是师德教育引导的客体，又是未来践行师德行为的主体，在自主选择规则和行为中显示自己的道德境界，不代表主体意志的行为则无法参与真正道德意义上的评价。师德形成于师范生教育引导和教师职业行为的过程，具有社会准则和行为的规范性。所以，师德是师范生或教师通过教育与培训以及在教育活动过程中的自我体验与修养，也就是外在师德规范经内化所形成和获得的个体性的自觉自愿的品质。

师范生师德内化过程中进行的自我感知、自我体认、自我教育、自我磨炼、自我剖析、自我提高等，不是单纯来自外界环境的影响，更多的是师范生对自己施加的动力，在内心对自己的内心世界及其行为进行反省和检查，真正把握师德的价值，指导自身的实践活动。这体现出师范生师德内化具有较强的内省性和自主性。

---

[1]　傅维利：《教师职业道德教育指南》，高等教育出版社 2002 年版，第 105 页。
[2]　傅维利：《教师职业道德教育指南》，高等教育出版社 2002 年版，第 97 页。

师范生师德的内化需要不断地加强自身修养，完善自我、超越自我，并始终坚持自重、自省、自励的原则。自重是要增强自己的责任感和使命感，尊重自己的人格、师格，珍惜社会尊师重教的荣誉；自省是要加强自身师德约束意识，反省自己的师德行为，正视其不足，从而使自己的师德日臻完善；自励即指用高尚的师德形象来激励自己、鞭策自己，达到理想的师德境界，实现人格的升华。

师范生作为教师的后备力量，担负着教书育人和"人类灵魂的工程师"的历史重任。虽然师范生职业定向较早，但因职业经验和社会经验的匮乏，许多师范生出现职业选择与职业学习相背离的情况，对教师职业的认同程度也呈现出排斥、徘徊、朦胧和自主等多种类型。排斥类型表现为由外力因素促使进入师范院校，无学习动机或学习动机强烈却有改行意识；徘徊类型表现为职业定向不确定，无做教师的心理准备；朦胧类型表现为职业选择完全由他人决定，没有教师职业心理预备；自主类型才表现为职业定向较为鲜明地指向教师职业。与对教师职业的认同程度相类似，师范生在教师角色意识的形成方面也具有一些突出的特点，如角色意识的茫然、角色意识的假想、角色意识的被动性等。① 这些类型给师范生的师德养成增添了难度，应根据不同层次的具体特点采取相对应的教育。尽管如此，无论处于哪一种层次，作为一名师范生，客观上都需要予以积极引导，加强师德内化。

当今一些师德缺失的现象层出不穷，其原因除了市场经济和东西方文化碰撞中的负面影响以及制度保障不健全等之外，还有一个重要的原因就是师德未内化为教师的内在素质。虽然师范院校历来重视对师范生进行师德教育，但是缺乏相应的有效措施，未能将外在规范内化为师范生的内在师德意识，致使一部分师范生成为教师后，缺乏师德修养，将教师的教育事业当做一种普通职业，缺乏兢兢业业工作的精神和精益求精的工作态度，没有真正热爱教育这项神圣的事业，更有甚者不热爱学生、不尊重学生人格，任意讽刺、歧视、打骂或体罚学生，做一些有违社会公德的事。这些现象严重损害了教师的形象，对社会的负面影响相当大。要弥补师德的缺失，还须从师范生的师德内化上下功夫。

师范生师德内化在社会主义教育事业的发展中具有重大的职业道德价值和重要的社会意义。

首先，师范生师德内化有利于培养师范生的职业素质。教师的职业素质综

---

① 傅道春：《谈高师生的教师角色意识培养》，《教育科学》1990 年第 4 期，第 55～56 页。

合了德与才两方面的素质，师范教育为师范生创造了接受科学文化知识的平台，也为师范生提供了师德内化锤炼的熔炉。每位师范生要形成良好的职业素质，除了学校加强师德教育之外，最主要的途径还在于师范生自身结合学习和教育教学实践活动，自觉加强师德内化和提升，才能在学习和实践中不断地提高自身的师德认识、陶冶师德情操、锻炼师德意志、坚定师德信念、养成师德行为习惯、凝成崇高的师德品质。

其次，师范生师德内化有利于帮助师范生较早树立良好的教风。教风是教师在教育教学活动中所表现的工作态度和作风。良好的教风是教师为人师表、爱岗敬业、求实创新、严谨治学等工作和生活作风在教书育人过程中的综合反映。这要求师范生按照师德规范，自觉地约束自己、提高自己，自觉地行使与师德相应的权利，履行相应的义务，以高尚的道德情操和思想作风影响未来的教育对象，影响未来所在学校的校风和学风。

再次，师范生师德内化有利于完成师范教育的使命。师范教育的主要任务是培养服务基础教育的师资力量，而基础教育是整个教育体系的基础，基础教育的质量直接关系到人才的素质。只有加强师范生师德内化，才能提高师范教育的整体水平，才能为基础教育培养德才兼备的合格教师，为基础教育的质量提供有力保障。

最后，师范生师德内化有利于培养"四有"新人。师范生通过不断地自觉加强师德内化，逐渐成长为"有理想、有道德、有文化、有纪律"的"四有"新人；同时，在未来的教育事业中运用自身的师德品质影响下一代的成长，为社会培养出一代又一代"四有"新人，充分发挥教育事业提高人的素质、促进人类进步和社会发展的功用。

此外，师范生师德内化还可在未来的教育教学活动中调节教师内部之间的关系，调节教师与学生、教师与学生家长等方面的关系，作为评价和判断教师职业行为是非、善恶的标准等。

三、师范生师德内化的机制

（一）心理机制

道德内化的心理过程集中体现于主体在不断地与客观世界相互作用的过程中积累了一定的道德知识和道德能力，并在头脑中以观念的方式形成一个相对稳定的道德认知结构。人的认知结构是一个能动的系统，是发展变化的，有着自我调节、自我完善的能力，可以不断地理解新事物、接受新事物、解决新问

题、适应新环境。道德内化从外在的社会道德规范转化为个体内在的道德，主要表现在过程效应和结果效应两种心理机制上。师德内化遵循道德内化的规律，同样受到过程效应和结果效应两种心理机制的制约。

师德内化的过程效应是指在师德规范内化过程中引起的师范生的心理反应，这些反应包括同化效应、顺应效应、失调效应和斥拒效应等。同化效应是指师范生的师德认知结构吸收师德规范，并将之有效地纳入自身的认知结构中；顺应效应是指师范生在师德规范的影响下对自身的师德行为加以约束，使自身的认知结构符合师德规范的要求。心理学家皮亚杰认为，任何外部刺激影响都是通过"同化"和"顺应"这两种机能而被接受到主体认知结构中来的，同化和顺应实质上是同一心理过程的两个方面。失调效应则是同化效应或顺应效应的先期心理反应，属于师范生的师德认知结构与师德规范之间的有效反应，连接着师德规范和师范生心理结构；斥拒效应是指在师德规范内化的过程中造成的师范生强烈的排斥反应，使师德规范被拒斥在师范生师德认知结构之外，这也是师范生师德认知结构的"自我保护"效应。产生这种效应的直接动因来自于师范生师德认知结构与外在师德规范之间的不相容。①

师德内化的结果效应是师范生的师德认知结构同化师德规范，使师范生师德认知结构发生相应变化，这会在新的同化过程中影响着过程效应。一般而言，结果效应是可以依照社会价值体系进行价值判断的。根据价值判断，结果效应可以分正效应、负效应、零效应和混合效应。其中，正效应是外在的师德规范作用于原有的师德认知结构，使师范生的认知与师德要求相一致；负效应则是外在的师德规范作用于师范生原有的师德认知结构，使师范生的认知与师德要求不相符；零效应，也即"无效应"，是师德规范既不能为师范生的认知结构所内化，也不能对师范生的师德认知结构本身产生影响；混合效应是师德规范内化产生的综合效果。②

在微观上，师德内化要注意师范生认知结构与师德规范相融合的规律和特点，应从师范生心理或师范生对师德的认知结构出发，加强针对性、有效性，进行因材施教。在师德养成教育过程中还必须将师范生的师德认知结构的内化能力训练和培养放在重要的地位，有意识地训练将会强化师范生的师德认知结构的内化能力。师范生对师德认知结构的加强，有利于师范生从师德规范与原有的师德认知结构的心理失调状态中解放出来，更快地实现心理平衡。

---

① 马向真：《试析道德规范内化的心理效应》，《教育评论》1996年第1期，第23~24页。
② 马向真：《试析道德规范内化的心理效应》，《教育评论》1996年第1期，第24页。

　　师德发展受如下基本规律制约：第一，师德形成、发展和变化受个体一般道德发展水平的制约，两者之间存在着明确的相关性；第二，师德形成是道德认知、道德情感、道德意志、道德智慧和道德行动和谐统一的过程，它一般要通过专门的教育和个体亲身的体验才能最终稳定地形成；第三，师德是在解决道德冲突中渐次发展起来的；第四，师德发展的轨迹是由他律迈向自律。①

　　师德不应被单纯地视作一种行为规范或要求，更要看到教师职业道德规范在师范生深层心理的积淀和对教师职业行为的内在制约。师范生师德的形成根据师德主体的不同，可分别从提高师德认知、激发师德情感或培养道德行为习惯开始，也可几方面齐头并进、相互促成；但是，落脚点都是为了把师德主体塑造成具有良好行为习惯、优良道德品质和完美道德人格的人。②

　　自我意识是师德内化发生作用的心理机制。自我意识是一种特有的意识形式，即个体对自己作为客体存在的各方面的认识和体验。它一般由自我调节系统、自我导向系统和自我功能系统三个子系统构成。从根本上说，师德内化发生作用的过程是师范生自我意识活动的过程。组成自我意识的各子系统及其诸要素都会参与到师德内化的作用中去。

　　师德内化过程是他律性和自律性的统一。师德作为一种社会意识，本质上是他律的。因为师德与其他意识形态一样，是人们的现实生活的反映，根源于社会的经济基础和人们的现实生活。但是，师德内化对师范生或教师个体师德的形成和发展的作用是通过个体自我意识的心理机制来实现的。而个体的自我意识，由于受到个体的生理条件、社会环境和生活经历等影响，使师德内化发生作用的过程呈现出阶段性的特点。

　　有学者综合国内外有关研究，将道德内化分为6个阶段：①定向阶段。这一阶段是道德内化的准备阶段，其基本任务是激起个体道德内化的动机和确定道德内化的目标。②认识阶段。在这个阶段，个体在头脑中形成一定的道德表象或观念以及道德概念并加以巩固，最终完成从感性认识向理性认识的升华。③评价阶段。个体在道德认识的基础上对所认识的某些道德信息、道德要求和道德行为的真假、善恶、美丑提出一定的看法，表现出一定的态度。④服从阶段。个体无条件地服从某种道德规范、行为准则或他人的命令和要求，并予以遵守和执行，具有明显的他律性。⑤认同阶段。个体在认识、情感和意志上能独立地接受他人或集体所提出的道德规范和行为准则，表现出自律的特点。⑥

---

　　① 傅维利：《教师职业道德教育指南》，高等教育出版社2002年版，第95~97页。
　　② 刘胜梅、陈延斌：《道德养成、道德内化及其对未成年公民道德建设的启示》，《南京林业大学学报（人文社会科学版）》2007年第2期，第30页。

良心阶段。个体似乎以自己的名义从一定的社会义务、社会责任出发，有效地给自己规定道德义务，要求自己履行这些义务，并对自己作出的行为进行自我评价。当认为自己尽到了应负的社会义务、社会责任时就会感到心安理得，否则就会遭到良心的谴责。道德良心的形成，他律与自律的统一，宣告道德内化的全部完成。当然，道德内化作用过程的这六个阶段并非严格地如此推进，而往往是纵横交错、相互推进的，呈现为一个有机整体。但一般说来，个体的道德只有经过这六个阶段的发展，才能从他律到自律，最后达到无律的道德境界。① 师德的内化也大致经历这六个阶段。

在他律和自律相结合的师德内化过程中，自律性尤为重要。师范生的自律要求师范生借助于教育、感化和社会舆论的力量，通过学习、修养而形成自我行动中的自觉约束，它反过来又会促进师范生师德内化，使教师职业道德规范和原则与师范生的自觉约束在相互作用中得到统一。

（二）环境机制

师范生师德内化在一定程度上受到外在环境的影响，具体体现在如下机制上。

1. 约束规范机制

约束规范机制是作为社会的外在约束来规范师范生行为的，有些情况下还要由一定机构或社会组织来实施、评价和监督。社会的外在约束主要通过法律法规、纪律、制度等的制约来完成。它们往往以强制性规范的形式，将社会的道德原则或道德要求予以确认，使部分社会道德成为师范生在法律上的义务，并对严重违反社会道德的行为给予制裁，从而起到规范、约束调控社会成员行为、维护社会生活秩序的作用。通过对行为的这种约束，逐渐使师范生把社会所倡导的道德原则和道德规范转化为自己的内在道德需要，促进了师范生的师德内化，使师范生在未来的教育教学实践过程中认识和行为实现统一。

2. 教育训练机制

教育训练机制是指通过各种教育训练方式的综合作用，使社会的道德要求真正对师范生的理想、信念、行为方式和生活规则发挥作用，并逐步内化为自身稳定的行为模式和人格特质，从而使师范生自觉地按照合乎社会要求的道德律令来规范自己的行为，并养成稳定的习惯。教育训练机制需要家庭、学校、社会共同努力，形成合力。学校教育是一种有目的、有组织、有系统的教育，

① 彭柏林：《从规律的视角看道德内化》，《湖南师范大学社会科学学报》2004年第6期，第20~21页。

对学生道德习惯的养成起着主渠道、主阵地、主课堂的作用。

3. 评价激励机制

评价激励机制大体包括主体的自我评价激励，即自我设定遵守道德规范的动力机制。由于师范生的师德行为一般是对道德原则和规范产生理性认同的结果，所以，在师德养成过程中要致力于培养师范生科学的师德理性、强烈的师德情感、高尚的师德良心，并将此作为推进师范生进入高层次师德境界的内在驱动力。客观外在的社会评价激励，可以是精神的，也可以是物质的，通过精神或物质上的补偿、奖励或谴责、鞭笞等手段来强化行为。评价激励机制不但能使师范生养成良好的道德行为习惯，帮助其全面地实现自身的价值，而且它还激励着师范生向更高层次的师德境界攀登。评价激励机制对于师德内化尤为重要，既是保证师德内化的价值目标由"应然"转变为"实然"的重要手段，又是使师德养成中良好师德行为习惯得以强化的行之有效的外在促进力量。

4. 监督机制

监督机制是指对师范生师德实践的检查和监督。建立监督机制旨在提高师范生的师德认知能力，磨炼师德意志，强化师德行为，进而凝结成师德品质。适当、有效的监督机制对师范生的师德养成和师德内化来说，能收到事半功倍的效果。实践证明，监督机制是养成师范生良好品德、加速师德内化的有效机制。监督机制的执行一般分为两种：一是自我监督，即师范生对自己言行的自我监督；二是外在的监督，包括同学、教师和学生管理部门等。在环境机制中，更多的是通过这些外在的监督来实现的，这样可形成一个纵向的网络系统，通过各种形式对师范生的职业道德、社会公德进行督导、评价。[①]

四、师范生师德内化的途径

师范生师德内化的途径主要包括以下方面。

（一）学校教育引导

师德不是自发产生的，而是建立在学习和教学实践基础上，受到各种内外因素的影响而形成的。师范生师德内化在外部环境的影响下，调动和激发师范生的主观能动性，强化自身的自律意识，使其由外在的强制转化为内在的自觉，在实践中做到知行合一，从而树立高尚的师德。尽管自律是师范生师德内化的基本要求，良好师德的形成离不开师范生的自我教育和修养，但是，客观

---

① 刘胜梅、陈延斌：《道德养成、道德内化及其对未成年公民道德建设的启示》，《南京林业大学学报（人文社会科学版）》2007 年第 2 期，第 30 页。

上还是需要他律的道德规范和教育的引导等因素。从这个意义来讲，师范生师德内化是一项系统工程。

师范生掌握扎实的专业知识、系统的教育科学理论和熟练的教书育人能力非常必要，但不能因此而忽视了师德。师范院校在培养学生专业素养时，要把专业教育和师范生师德教育相结合，保证学生既精通专业知识，又熟悉和认同教师行业，不断提高师范教育中师范生师德内化的针对性和实效性。各专业课教师在教学过程中所表现的良好师德、师风对师范生会起到潜移默化的影响。因此，每位专业课教师应当注意自己的师德形象，在培养师范生专业技能的同时，融入师德教育的内容，使师范生既热爱教师这个职业，又热衷于自己的专业。这样既有利于学生专业技能的提升，同时使师范生的师德得以养成。

近年来，一些师范院校按照师范生师德养成教育的需要，在开设的《职业生涯规划》、《形势与政策》、《思想道德修养与法律基础》、《教育学》、《德育与班级管理》等公共课和教师教育必修课当中，融入了教育法律法规、教师职业规范、师范生的人格品质与基本素养、教师职业理想等内容，充分利用课堂教学的主渠道作用，引导学生认识教师职业特点、职业要求，树立从事教育事业的远大理想。课堂教学主要通过考查来了解学生对师德规范掌握的程度。其中，《职业生涯规划》课程学习要求学生能够对自己的教师职业生涯作出初步规划；《形势与政策》课程学习要求学生能够知晓国家教育改革发展的方针政策；《思想道德修养与法律基础》课程学习要求学生掌握教师职业道德规范和教育法律法规；《毛泽东思想和中国特色社会主义理论体系概论》课程学习要求学生能够掌握社会主义核心价值体系与教师价值观，了解经济、社会发展的规律与科教兴国战略，了解和谐社会与教育公平的关系。在这些课程中渗透师德教育的内容相当必要，也会收到良好的效果。但是，对于师范生而言，更应该单设师德教育的专门课程，这样不仅可以强化师范生的师德学习意识，还有利于师范生师德水平的提高。

需要注意的是，在开设专门的师德教育课时，不应再延续强制性的说教或硬性的灌输方式，而要注重师德的内化与行为习惯的养成，使师范生真正从内心和价值取向上认同教师职业，作为一种内心的自由选择，在自主的道德践行过程中提升职业道德水准。①

除了课堂教学以外，开展以师德为主题的校园文化活动也是促进师范生师德内化的重要手段。如通过师德报告会、座谈会、文艺汇演等形式营造弘扬师

---

① 陈锋：《立足规范内化，铸造高尚师魂》，《中国校外教育》2011年第16期，第32~33页。

德的氛围；通过师德经典电影的巡展，帮助师范生了解什么是师德，什么是万世师表；通过师德征文活动，帮助师范生从切身体会中把握师德的要点；通过模拟德育情境，帮助学生学会在具体情境中掌握师德规范、践行师德行为；通过举行教师礼仪活动，帮助师范生掌握必要的教师礼仪，如怎样做到衣着得体、语言规范、举止文明等。

（二）教师师德示范

教师是教育的第一资源，师德是教师的主要素质。示范就是做出榜样，供他人学习。作为"为人师表"的教师，其劳动本身具有示范性的特点。师范院校教师的综合素质和师德要在日常教学活动和生活中起到示范作用。在教学活动中，教师要具备良好的师德，并通过自己的言传身教教育和影响学生。在日常生活中，要严于律己、以身作则、为人师表，从细微处展现人民教师的精神面貌，以自己的一言一行做好表率和示范，促进师范生养成良好的职业道德行为。

教师的道德情操不仅是自身从教的基础，而且引导师范生培养道德情操，在师范生的道德品质形成过程中占有主导地位，是师范生高尚情操形成的催化剂和推动力。道德情感是人们基于一定道德认识，从某种人生观、道德理想出发，面对现实生活中的道德关系或道德行为所产生的爱好和厌恶的情绪态度。道德情感对人的理智感、美感等高级情感具有重要作用。教师的道德情感指导教师对现实生活中的道德关系和道德行为产生好恶情绪。教师要注重陶冶崇高的道德情感，以此来影响师范生道德情感的陶冶。道德情感比道德认识更为稳定和更具有动力，崇高的道德情感能够有效而持久地推动师范生产生正确的道德行为，成为将来进行创造性的教育活动、做好教育工作的重要条件和根本保证。如果师范院校的教师对教育事业和师范生缺乏感情，就很难教育和引导师范生，影响师范生在将来的教育事业中的道德感情，乃至道德行为。

教师要有热爱生活的积极人生态度，只有热爱人生、热爱工作，对事业怀有职业情感的人，才能感受到事业对人生的意义。教师以自身的积极人生态度和乐观向上的精神面貌影响师范生，使之以献身教育事业为荣，在任何情况下都充满对生活的热爱和事业的奉献。只有这样，师范生才能在未来教育工作中以良好的精神面貌和自己辛勤的劳动，推动教育事业的发展。

崇高的师德形成于教学实践，同时又需要在教学实践中得到强化和提升。所以，师范院校应尽量多地提供教学见习、实习的机会，引导师范生在担任实习教师的过程中亲身体验良好师德品质和践行师德行为，使他们在教学实践中切身感受到作为教师的道德责任感和义务感。这样不仅可以激发师范生从事教

育事业的热情，并且使其所学到的道德知识和道德原则在教学实践中得到充分运用。更为可贵的是，教学见习、实习可以激发学生自我修养、自我完善的自觉性，促进师范生的师德养成。

（三）师范生自我教育

自我教育是指教育客体在其主体意识的基础上，发挥主体性作用，根据社会及教育者的规范、要求，通过自我认识、自我评价、自我调控等过程，有目的、有计划地改造和提高自我品质的一种高度自觉的自省自律活动。自我教育中最重要的内容之一就是学生的自我概念。学校教育以学生健全的人格发展为目的，学校中一切教学活动的效果不能单独从教学的观点来看，应站在学生的立场去了解他对自己作为学生的角色的看法，也就是学生对自我概念的认识。师范生具有自我培养与自我教育的能力，而且他们可以对自己的道德水平进行较为客观的评价。因此，自我教育是较为适合师范生进行师德教育的途径和方法。

在充分掌握师德相关理论和实践的前提下，师范生已明确自己在师德方面的具体状况，并确立了自身发展的方向和目标。在遵守师德的基础上，充分发挥师范生的自我教育作用，将师德内化为自我道德意识，寻求师德建设的内在动力，从而一步一个脚印地、踏踏实实地养成自身的师德。只有将外在教育转化为学生的自我教育，才能真正地实现教育目的。自我教育可以使学生从"盲从的道德"、"他律的道德"中解放出来。因此，师范院校应重视学生自我教育能力的培养，从而将外在的道德规范转化为学生内在的精神动力。师范生积极主动地去学习和体会教师职业道德的内容，认识师德对其未来从事教育及其提高个人修养的重要作用；同时，能将所学知识主动地运用到教学实践中，不断提高自己的师德水平。[①]

在师范生师德养成的自我教育中，师德信仰培养具有特殊的意义。

信仰是一种意识，是主体对某种思想、主义、宗教等的极度相信和尊敬。人们因为坚持某种信仰而使自己有所追求、有所寄托。从哲学的角度看，信仰是人类独有的精神活动，是人对生命不朽的终极追求，是每个有理智的有限生命安身立命的依托。信仰具有超现实性和超功利性，是以理想的方式关注有缺憾的现实，是对至真、至善、至美的一种渴望和追求。[②] 因此，信仰的价值在

① 赵月娥：《新时期师范生教师职业道德养成的对策研究》，《湘潮》2011年第6期，第109～110页。

② 黄明理、李德友等：《论道德信仰及其意义》，《教学与研究》2004年第8期，第83页。

于使自己有所追求、有所寄托。

信仰的重要功能之一就是在社会生活中确定行为准则和价值尺度，以使人免于在错综复杂的社会关系中无所适从，并有所追求。这一点恰巧与道德的功能相重合。① 故信仰能纳入道德体系之中。就本质而言，道德是历史发展的产物和现实的社会关系的反映，但其具体内容和形式从属于一定的信仰体系，并受这种信仰体系的价值观的指导。如中国历史上的"忠""恕"之道，以及"杀身成仁"的精神实际上就是一种对"仁"的信仰，这成为儒家道德的最高标准。《论语》说："志士仁人，无求生以害仁，有杀身以成仁。"这主要是指有志之士和仁慈之人决不为了自己活命而做出损害仁义的事情，而是宁可牺牲自己也要恪守仁义的原则。在生活中，只有有信仰的人才能为自己的事业而舍生取义，杀身成仁。

道德信仰是人们基于道德对于人的生存发展价值的认知，以及道德理想与道德现实的张力的推动而产生对道德（包括道德规范、道德理想和道德人格）的笃信与崇敬，并以此设定人生目标和道德行为的特殊情感。道德信仰的特殊性在于：其一，它是理智和情感的结合，理性确保了道德信仰的现实性，情感则提供了道德信仰的自愿性、感召性和意志力；其二，它是现实性和超越性的辩证统一，道德源于生活使之具有不同于其他宗教的现实力量，而超越性又使之得到升华。

道德要求人们将道德之善作为自己终极的价值追求。信仰是主体对自身价值的追求。② 作为主体的人的信仰必然包含人内在的道德结构。一方面，道德信仰以人为主体，以道德为客体，展现了人在自我追求中对自己的社会本质规定的高度自觉；另一方面，道德信仰在其客体上是客观的，是社会现实的客观反映。道德信仰产生的过程是社会对人的道德的客观要求被作为主体的人所认识，并经过习染与体验，或者权威的强制与灌输，进入到主体信仰的观念中，就产生了一种对于道德行为的价值追求。师德信仰属于道德信仰，其意义在于教师对师德价值的追求和坚持。如果教师没有这种对师德价值的追求，很难在艰苦的环境中克服重重困难，坚守善行。

综上所述，师范院校要坚持提高师范生的自身师德修养，加强专业教育与师德教育相结合，发挥高校教师的示范作用，并以丰富的校园文化活动为载体，提高师范生师德教育的针对性、实效性。作为未来人民教师的师范生，其

---

① 田建明：《论道德与信仰》，《党政干部学刊》2002 年第 5 期，第 11 页。
② 任建东：《道德信仰的主体性构成及其本质》，《长沙大学学报》2003 年第 3 期，第 30 页。

专业素养和良好的师德决定着我国教育的整体质量，事关整个民族的素质。师范院校只有培养出高素质的师范生，才能保障教育的高质量，才能适合社会的需要。"因此，各级师范院校需要切实转变和加强师范生的职业道德教育内容和形式，打造新形势下师范生职业道德教育的新体系，造就一大批爱岗敬业、甘为人梯、为人师表和高尚师德的新型教育人才具有现实而深远的意义。"①与此同时，师范生更应该将外在的师德要求和规范内化为师德意识，进而在未来的教师工作岗位上践行师德行为，并加强自身的师德信仰，注重师德情操的陶冶和师德情感的培养，为教育事业贡献自己的力量。

---

① 陈芳宇：《新形势下师范生的职业道德教育探析》，《科教文汇》2010 年第 6 期，第 21 页。

第八章 中外教育中的师德文化

师德是一个亘古至今的话题。它不仅仅表现为由谁去培养人的一般资质问题，更为突出地反映在为师之人应该具有的思想观念、人格气质和行为表现等方面的理想追求。正是由于人类的这种自觉性塑造了文化这一社会现象。因此，从文化这一视角来探讨师德养成教育在中国和世界教育史上的相关情况，对于如何针对在校师范生和入职后的教育工作者进行职业精神、职业规范再教育也就有着积极意义。

第一节 文化观照之下的师德教育内涵

关于文化的解释，尽管学术界存在多达二百余种的说法，但是，却有着"所谓教育实在和文化是异名同实"的基本判断，即：教育的本质就是使客观文化发展成为人的一种主观文化并由此去追求文化理想的实现。也就是说，人类在学习、选择、保存传统文化的同时必然是传递、创造一种新的、生动的文化的教育过程，从教育之中获得一个完满的人格所展现的最高价值的善亦是文化本质意义之所在。[①] 鉴于"人类的文化与人类的教育是一对孪生姐妹"而相互依存的事实，[②] 我们从文化的宽广背景来审视教师教育，以提高"师德养成"活动实效性和可操作性为目的的职业养成训练，就有了可以依赖的文化自觉的根基。

---

① 田培林：《教育与文化》（上册），五南图书出版公司（台北）1985年版，第4～9页。
② 叶上雄：《教育学》，人民教育社1991年版，第109页。

一、教师职业价值追求与精神观念

（一）优秀、卓越的社会性

教师职业是以教育为职责的社会工作岗位。凡是担负育人职责的人都应该自觉具有教书育人的基本能力和意识，达到教师职业规定的核心要求；否则，所实施的教育很难说是优秀的、甚至是合格的教育。教师职业的文化价值性体现了它的追求与精神观念对从事这一职业人员的道德品质和思想境界的内在要求。在校师范专业学生的职业养成，首要的是了解和认识教师这一职业的文化特性，在思想上树立起一种意义尺度，奠定人生事业奋斗的内在基础。

一般看来，教师职业的这种文化特殊性集中表现在追求优秀的事业目标、力争先进的学识目标和培育贤达精英的社会目标三个方面。

追求优秀、卓越是教师职业文化属性的内在要求。优秀的含义既指学校老师是经过选拔而来的，应该比其他行业人员在教书育人方面要优秀，也包括教师和学生要把自己事业成就的目标准星调至优秀这一标靶上，防止低要求而造成境界的堕落。

显然，优秀、卓越是一种社会标准而非教师个人单方面的自以为是。换句话说，教师个人是否优秀需要由包括学生及其家长在内的社会尺度来评定。最早提出这一要求是立足于"师徒关系"这一经验型教育发展的直接体验，尽可能挑选那些学历（年龄）、眼力和教法俱佳之人担任教师，人们口中的老师之"老"字便说明了许多问题。人们常说的"师高弟子强"就是对优秀教师与人才培养之间正向关系的通俗表达。

（二）教师上位要求的意义

如果从人的文化性本质考察，进入学校的求学之"人"有着一种在德、智、体、美、劳各个方面追求更高、更远、更强、更好的强烈上进心，希望在学习过程中，有新的发现、新的收获从而获得新的认识，成为社会中优秀群体的一分子，以实现其所确立的人生理想之梦。

这就要求无论是作为准教师的在校师范生、还是履职以后的教师，始终必须坚守努力学习、进步、成为优秀者这一职业觉悟并落实在日常的学习、工作之中。否则，失去职业理想追求的文化人不仅难以满足受教育者对为师者在知识、能力和人格方面的上好追求，而且很有可能丧失自身发展的动力，沦落成为一个平庸的"匠人"。

二、力争学识先进的基本属性

"教育"一词的文化涵义，无论从中国"上行下效，使人作善"，还是从西方国家的"引导"之意出发，都强调教师须具有求学者所要求的教育方面的知识、能力。学识平平者不能担任教师之职。衡量学识先进与否的切入点有三：教育理念、教学能力和人格影响力与教、学两个方面的规律性契合程度。一般意义上讲，这种合规律性即科学性体现得愈好，学识的先进水平就愈高。

（一）学识与教育理念的关系

所谓教育理念方面的学识，主要指拥有一种能够正确反映教育规律的认识眼光和指导其实践的思想信念。教育规律有广义与狭义之分，前者是以整个社会对人才培养教育而言的，后者主要指向以学校教育为专门机构的教育内在规定性的认识。

作为学校教师理应超越校园之墙的限制，在掌握学校这一特定环境中实施教育活动规律的基础上也能够对社会制约教育发展，以及教育推动社会发展变革这一规律有比较多的了解，从而更新教育观念，增强培育优秀人才的使命感和责任感，为成为一名合格教师提供动力保障。

（二）学识影响教学力与人格完善

教学力即教学能力，这方面的学识，无外乎是指能够以合乎现实教育目的知识、方法来完成教书育人任务的认识。教师不能通过自己的教育教学活动培养出适应社会需要的学生就算不上是一位合格的教师。所以，教学能力是教师培养中值得关注的核心问题。当然，学识的先进性在教学能力培养中更多地反映在用符合教育规律和教学安排的最新知识、科学观念武装自己的头脑，创新教育方法，增强教学效果。

人格影响力方面的学识，是指具备一种对学生人格成长内在性的科学认识，获得一种有效的影响力量。教育是一种人格影响人格的特殊人际关系。教师无论在课里、还是在课外，其种种"说教"都需要转化为一种人格修养的内容才能实现教育的最终目的；同时，也唯有这种影响对于受教育者人生成长最为持久，也最为深刻。

（三）培养创新人才的职责使命

人才对于一个社会的重要性，主要表现在两个方面：一是人才代表了先进生产力，它能满足社会、经济、政治、文化、科学技术快速发展对知识创新的需要；二是人才拥有的先进思想观念、知识能力是社会重要的人力资本，它的

投向直接影响着社会发展的历史进程。从古至今，社会所需要的人才不是自然而然产生的，而是教育"以文化之"培养的结果。

1. 学校在培养人才中的作用

肩负培养人才、传播文化、学术创新和引领社会多重社会功能的学校，其文化特性最为昭彰。它既要营造出有利于社会发展的各种人才成长的文化环境氛围，又要通过培养出各类不同人才，以推动社会各个方面的协调发展；它既要努力发掘和充分利用优秀文化财富去丰富教育内容，又要通过培育出具有文化欣赏和文化传承的"文明人"，促进文化的进一步繁荣；它既要培养出针对现实需要开展各类研究的实用型人才，还要立足引领社会未来发展需要培养出更多勇于探索的创新性人才。

2. 优秀教师的重要使命

在学校教育履行这一重要文化使命的过程中，堪当此重任者非优秀教师之莫属。然而，回顾社会现实又不得不承认，当下教育从业者群体中达到优秀这一尺度的是少数，以谋生态度来对待工作的仍不乏其人，教师职业道德与职业境界整体表现水准下降也就成为不可避免的事情。

要改变这一与社会期待不相符合的现状，除了外在条件改善、在职教育以外，还应该抓住教师入职前的师范教育阶段对学生的培养，利用在校的三四年学习时间，不断提升其对教师地位的重要性及其工作所具有崭新意义的认识觉悟。有了这一思想基础，不管是专业学习、还是职业技能训练才可能在克服困难过程中持之以恒坚持下去。从长远看，更有利于入职以后由合格教师不断向优秀教师、名师、大师目标前行，在教书育人历程中培育出更多优秀、杰出的学生，实现教育自身肩负的伟大历史使命。

三、教师职业心理素质与思维方式

教师职业浓重的文化色彩并非仅仅是社会价值附加的一种外铄印记，实则是由深层的职业心理素质和思维方式不同于其他职业要求造成的一种心理与思维结构。

心理科学仅就研究对象而言应是人学的一部分，即把人与人之间的共性与个性研究置于可观察认识和实际把握的较为客观的学术原理基础上。将其应用于教师群体与个体研究之中后，亦能从中窥见教育者的道德修养、情感操守、思维活动和行为规范皆有独自的心理机制作支撑，从而形成了教师职业文化的独特景观。概而言之，其可以归纳为内在的善、外显的爱、强记的能力与坚韧的性格以及创新的思维等特征。

（一）爱居首位的情感基础

1. 教育之爱的原初意义

"没有爱就没有教育。"这已经成为现代教育理论所公认的基本原则。按百度百科的释义，爱的情感是因"对人或事物亲近、关切、扶助、投入的心理取向"① 而产生的，由于这种心理机制受着复杂的社会因素影响，自然呈现出多种含义。

比如，从辞源意义上讲，爱是由动物"护雏"本能产生的，故其繁体字有"从爪"、"从冖"造字之形；就词义而言，有"喜好也、亲善也"，"慈惠也"、"啬也"② 等解释；随着时代变迁，又有"特指男女间有情"、"贪"、"容易、常常"一类的补充解读。③ 而从教育人本属性这一前提来看，爱的含义理应落实在"喜好也"、"亲善也"、"慈惠也"这一积极向上、有利社会快速而和谐发展的层面，以此脱离兽性本能的羁绊，升华"男女间有情"的品位，鄙弃违背社会主流价值"贪"的嗜好心理趋向。

因此，教师对学生或者教师之间的爱首先植根于人性圣洁一面。这种感情既有"视如己出"和"如同手足"一般的亲情心理，又能抑制教育过程中"生分"的私心杂念的产生，在从"良心"出发开展教育过程中不断升华教育者的思想境界，成为优秀教师成长的动力。

2. 教育之爱产生的主要条件

教师对学生或者同事之间有爱在于真正认识到了履行教师职业需要"合力"这一特点。教师职业在形式上似乎是"自由职业"，若是深入分析则可发现，其实教师的事业离不开学生的响应、同事之间的配合。也就是说，围绕教育目标离开了学校中主体间的同向以往，任何良好的教育效果只能属于个人妄想。

教师对学生或者同事之间有爱是因为来自对教师职业荣誉价值的坚定追求。自从人类告别"大人带小孩"这一早期家庭教育阶段以及打破收徒有限的私塾教育之后，走向"班级化"的现代教育新天地，学校教育也随之突破了血缘、甚至地域的限制，教师职业情感空间第一次充满了"普惠天下"的大爱情怀。

---

① "爱"字释义，http：//baike. baidu. com/view/3516. htm。
② 舒新城、沈颐等：《辞海》（上册），中华书局1981年版，第1162页。
③ 《实用汉字字典》，上海辞书出版社1985年版，第875页。

（二）长善救失的认知归宿

1. 教师"善性"的修养途径

人是不完善的，教育正是为了改变这一状况，促进人更快发展和完善起来而存在的。所以，一位称职的教师时时要求自己立足于这一本源来对待教育教学工作。由于内心善意充盈，即使所处环境可能不利、身体也许有恙，而为了学生良知良能、美德善行的培养总会表现出天职一般的使命感和责任心，做出成绩、创造奇迹也就有了坚实的内在驱动力。

教师内心之善的修炼途径或者外显过程，首先发端于认识了解学生，进而帮助学生认识自身存在的"善性"。没有学生即没有老师，老师了解受教育对象的年龄与心智、课堂与课后、校内与校外乃至家庭情况，通过分析找出有利或不利因素，为有的放矢的教育提供不可缺少的前提条件。

教师全面认识学生不能仅仅停留在"知"的层面，必须落实在教育的全过程即"善行"之中，也就是要探究教法，提高教育教学的科学性和有效性。比如，年龄尚小的学生心智发育常常处于稚嫩阶段，以及那些年龄不小却心智有缺陷的特殊学生，来自教师的关爱尤为重要。保护好学生的热情、天真、想象力比生硬地传授知识等的教育对于他们的人生发展和随后的学业进步有用得多。课堂教学的根本目的是为了促进学生课后自觉、主动地拓展学习服务的，如果仅限于课堂知识学习而丧失了课后自主学习的积极性和所需要的方法指导，那么，无论教师的"教"还是学生的"学"都是失败的。

2. 校园文化的外在熏陶

注意校内教育环境"善性"的营造同样十分重要，即通过对校园中的建筑物布局造型、楼宇道路命名、花草树木培育赋予必要的思想文化意义，以营造一个良好的育人氛围，使得学生健康成长。同时，面对社会上不良因素的渗透和影响，应注意教育学生正确区分和处理，以利于树立科学的世界观、人生观和价值观。针对家境两端的学生更需要区别对待，富裕家庭则要教育其独立而不要沉溺于简单的物质享乐之中，家境贫寒则应增强其自信心，避免自卑和过于敏感的脆弱心理影响进步。

总之，引导不成熟的学生走向完善的人生境界是每一位教师"善"的天职所在。

（三）强记博忆的品质能力

1. 学生记忆中的教师形象

教师的职业特殊性规定了为师之人需要具备比较广博的知识和较高的文化

素养，并且能够将其恰当地运用到教书育人之中去，强记博忆便是一项基本功夫。

通过对不少优秀教师的成长经历观察分析可以看出，最为学生称道的不是犹如辞海、字典的饱学之士，而是那些不仅对任教学科知识有着深刻理解、准确记忆和清晰阐释的能力，还包括可以善于发现学生情况变化并迅速给以恰当回应的敏捷之师。即使 10 年之后乃至更长时间，学生们仍能娓娓道来相处之时老师善于教书的佳话轶事。① 相反，若是连学生名字都记不住甚至搞错的教师，对其教学效果也就很难抱有什么期待。

2. 塑造最受欢迎的良师

最受学生欢迎的优秀教师，其所具有的这种准确的记忆力和敏捷的反应能力一般需要长期努力才能逐步形成：

第一，对所传授的学习知识内容形成一种立体型网络结构，这有利于"纲举目张"的教学安排。不管是记忆还是反应，都应该建立在一定知识基础上，没有清楚的概念和内容把握，也就谈不上有什么记忆，更是与准确之意相差天远。即使看似反应敏捷，也可能是胡乱回答而已，毫无价值。

第二，对学生要做到全面了解，长处、短处以及容易出问题的趋向早有把握，"心中有数"便于教育和防范在先，尤其是对于出现新情况的发展趋向做出预判。良性的势头给予鼓励引导，使其脱颖而出更上一层楼；针对问题苗头及时批评教育、疏导防患于未然，最终实现帮助每个学生都有进步的同时，又能为各自的不同发展进程创造差异化路径。

第三，教育理论熟悉和教育方法熟练，对于不同类型学生能给予及时、恰当的指导帮助。面对基础扎实而思维灵活性欠缺的学生，应重点给予方法的指导和眼界方面的拓展，帮助其提早飞跃；对于而那些思想活跃而不够扎实的学生，应指导其在基本知识、能力训练方面下些功夫；若是天资聪慧而自觉性强的学生，则需引导其做好规划、精学精练，保持领先地位；凡是那些自控能力差的学生，一定要通过启发、批评、关爱等综合措施，督促其在原有基础上有新的进步；至于那些按部就班学习的普通学生，老师的要求影响很大，布置数量适当的作业练习是必要的。

---

① 鲁迅在《藤野先生》一文中记述了入学日本仙台医学专门学校，受教于认真、和蔼、平等待人的恩师藤野严九郎时的亲身经历。虽然 22 年过去了，先生所批改的讲义因迁居搬运而丢失，"责成搬运局去寻，寂无回信。只有他的照相至今还挂在我北京寓所的东墙上，书桌对面。每当夜间疲倦，正想偷懒时，仰面在灯光中瞥见他黑瘦的面貌，似乎正要说出抑扬顿挫的话来，便使我忽又良心发现，而且增加勇气了。"这成为一段经典的尊师佳话。

（四）不言放弃的人格魅力

教师职业的魅力首先来自于教师的人格魅力，它既表现在不放弃对每一个学生成长的关注、帮助的教育"大爱"之中，也深深地反映在教师追求价值理想实现的梦境里。但此种人格魅力的形成，受以下几个因素影响。

1. 工作环境差异性的影响

工作环境条件的差异考验着每一位教师有无坚韧品质修炼的职业境界要求。如果把待遇和享受放在第一位，极有可能放弃地区偏远或学校条件差的教职岗位。即使由于不得已的原因而身居这一岗位也是随时准备"飞走"，对于工作很难谈得上全心全意。

若是立足于学生成长成才急迫需要和当地经济、社会发展对人才服务的渴求，将自己拥有的知识、感情和思想化作教育的春风雨露，成为个体成长进步的启蒙者、落后地区改变面貌的促进者，由此带来的荣耀与自豪就会令人勇敢地选择这一职业岗位并且毫不犹豫地坚持下去，从而更有可能创造出别人难以达到的成就高度。这也是社会为什么面对这一类优秀教师群体给以崇高礼遇和荣誉的缘由之所在。

2. 学生群体复杂性的考验

学生群体构成复杂，时时变化而且发展参差不齐的情况仍是考验着教师人格品质韧性的一道难题。

教师的教育岗位通常是以班级为单位来确定的，在几十个学生的班集体中除了年龄相差不大以外，无论脾气个性、天资禀赋，还是知识基础、理想抱负以及家境状况都会有着明显差异甚至很大不同，更何况随着时代的急速变化，沿用老办法面对下一届新的学生群体几无可能取得同样理想的效果。

教师职业面对的是"天底下最难的事情"，离开了坚韧的品格修养不说是胜任，就是合格这一起码的要求也难以达到。

3. 个人名利得与失的冲击

名利荣誉的得失对于身处现实社会中的教师来说其影响也不可小视、更不能忽视。

人要拥有一定利益才能生活。然而，当名与利在一定条件下成为"稀缺资源"时是闹而得、争而取，还是让优秀者上、反思自己的不足考验着每一位教师。

除了主管部门、学校校长们的"绩效观"直接作用以外，优秀教师的成长之路总是重复着这样一种景象：面对名利、荣誉引诱的坚守尽管比应对物质生活匮乏和学生捣蛋顽劣要难得多，但是却更有利于成长进步而且终身受益，人格的感召力将会自然树立起一种教书育人的丰碑。

（五）勇于创新的思维集成

1. 思维方式决定职业成就

所谓"思维方式"，即指看待事物的角度。创新思维不是单一层次或向度的思想认知活动，而是通过多种途径和方式展开分析比较、综合优化的一种具有创建特质的认识方式。在学校教育中，这种思想活动方式能够超越守旧思维而在教育活动中占有突出地位。

尽管教科书的改动需要周期，学生的成长也是一个渐进过程，然而，知识的变化、尤其是学生的思想活动却没有时空限制，它们永远处在动态之中。这为教师提出了严峻挑战：要么与时俱进，做一位合格教师；要么抱残守缺，归于"南郭先生"之列。这两种教师形象分野的主要之点是思维方式的区别。

2. 以求新思维打破职业倦态

教师需要以不同常人的认识方法去打破在"周而复始"教学活动中所形成的职业惯性，从而加深对教育规律的认识与把握，为因材施教创造前提。如果说高尚的道德品质主要来源于人生价值的理想追求的话，那么，解决问题卓有成效的方法只能与独到的思维品质结缘。

许多优秀教师在总结自己的成功经验时说：面对每一届学生我都不会轻易搬用原有的教育方式方法，而是要对他们从个人到班级进行认真分析，找出长处和短处、优势与不足，然后确定应对措施。虽然有些方法已经老掉牙了，而有的方法似乎有些另类但却很有效。学生佩服一位老师不在于他（她）多么威严或者多么亲切，而是知道学生需要什么。

面对教学活动中学科知识的相对固定与教学活动过程的动态性变化所构成的矛盾，唯有勇于探索而又实事求是才能找到解决这一矛盾的入门钥匙。教材是教师教学和学生学习的基本依据，其中的学科知识经过专家学者的精心挑选、设计而成，保持一定程度的稳定符合科学要求。再加之，教材编写是一项耗资巨大的系统工程，牵涉面很广，要随时对它进行大的修订或者重编是很难做到的。

尽管如此，优秀教师也会以自己对所教学科知识的准确把握，将合乎教育目标要求的新知识、新思想以及所包含的人文情怀随时补充到教育教学过程中去，而不受"忠于教材"之语禁锢。在教师勤奋耕耘之下，学生必然会生发出求知的欲望、求新的热情，从而奠定人生创新的根基。跻身此列的教师将会赢得学生和社会的永久敬仰。

四、教师职业行为规范与道德要求

职业不但产生于社会分工，而且也因为各自所具有的基本一致的行业规范以及特色鲜明的价值理想而成为社会分工最直观的文化风景线。

教师的职业行为与道德要求，是一种入职的底线与不断修养提升的动态过程。正因为如此，没有达到这一规定的人是不能担任教师之职的，即使部分达到也不能算作合格教师、优秀教师。依据教育部 2008 年修订颁布的《中小学教师职业道德规范》[①] 的内容，当今社会和主管部门所认定的标准应从以下几方面去认真学习和把握。

（一）自尊自重的文化觉悟

1. 选择权力的法律性质

凡是自愿选择了教师职业走上这一工作岗位的人，自觉遵守其职业行为规范是应有的道德自律品质。在现代社会里，选择成为了人的一种基本权利自由之后，其中所蕴涵的自愿的前提，早已成为不言自明的法律规定。

换言之，凡是在自愿基础上做出的选择决定理应承担相应的法律乃至道德上的责任，无法通过反对、抵制、辩解、逃避等单方面行为解除其义务。具体说来，当一个人客观上有多种职业选择情况下而主动选择了教师职业，或者主观上有能力选择其他职业的情况下而自觉选择了教育岗位，那么，这种选择既符合法律关系产生于"自愿"之规定，也契合社会伦理方面的"践诺"之要求。

2. 认真"践诺"的守法意义

无论是在校的师范专业学生、还是在职的教师，需要透过这种以教育岗位作为学业规划或者事业发展方向的自愿行为，认真思考这一选择所隐含着的道德责任与法律义务。

只有把客观上的可与不可和主观上的能与不能都跟教师是太阳底下最高尚的职业这一价值理念紧密相连，即会产生一种持久的动力驱使自身自觉坚守其理想，不管收入是否丰厚、工作地点是否优越，都毫不影响工作的态度，反而能够在不尽如人意的条件下做出不同寻常的成就来。

---

① 教育部、中国教科文卫体工会全国委员会关于重新修订和印发《中小学教师职业道德规范》的通知，http：//www. moe. gov. cn/publicfiles/business/htmlfiles/moe/s7002/201212/145824. html。

（二）履行义务的公民道德

1. 教师职责的上位要求

一位合格教师的道德义务总是以其公民身份的一般要求作为底线的，然而，却不限于这样的一般要求而时常以更高一些的教师职业道德准则来规范自己的言行。

对于在校师范生来说，了解、认识教师职业行为尚属师范教育的起点，必须将其上升到教师职业修养这样的精神层面，特别是在自己的职业生涯中形成一种贯彻始终的高度责任意识。这样的教师必然是守住了职业或行业道德底线——法律法规相应要求——的合格者，也为自身道德境界的升华——在优秀教师成长之路不断前行，奠定了重要的思想基础。

2. 职业操守的主要内容

在行业行为与职业修养过程中，我国教师道德义务与道德责任的基本内容表现为如下几点。

（1）必须具有"爱国守法"的政治责任意识

这是由于教师的工作既与个人幸福直接相连，也同国家的发展、民族的未来关系密切。当今时代，"不得有违背党和国家方针政策的言行"，这是职业要求的一个方面；另一方面，还必须拥有"热爱祖国，热爱人民，拥护中国共产党领导，拥护社会主义"的政治意识；还应该以自身"全面贯彻国家教育方针，自觉遵守教育法律法规，依法履行教师职责权利"的言行去影响学生的健康成长。

（2）必须拥有"爱岗敬业"的精神品质

教师职业高尚性最集中的一点就是把工作当做事业、专业作为一生的追求，不仅需要牢记"不得敷衍塞责"的一般要求，"对工作高度负责，认真备课上课，认真批改作业，认真辅导学生"更是一种具体的工作作风，而且要将"忠诚于人民教育事业，志存高远，勤恳敬业，甘为人梯，乐于奉献"作为职业精神内涵去践行体验。

（3）必须心怀"关爱学生"的人本情结

所谓"情结"，不管字典解释为"心中的感情纠葛；深藏心底的感情"，还是心理学解释的"一种藏在一个人神秘的心理状态中，强烈而无意识的冲动"，从教育的本质看，教师对学生的关注、爱护都应该是一种天职。必须做到"不讽刺、挖苦、歧视学生，不体罚或变相体罚学生"，必须"关心爱护全体学生，尊重学生人格，平等公正对待学生"。然而，教师之爱是有原则的，应该是"对学生严慈相济，做学生良师益友"，始终把"保护学生安全，关心学生健

康，维护学生权益"放在教育教学最重要的位置上。

（4）必须尊奉"教书育人"的圭臬

学校教师工作的成效如何，其评价的最基本标准就是教的方法与学的收获是否统一。不用说优秀教师，即使是合格教师，通常也"不以分数作为评价学生的唯一标准"，总是力求从"遵循教育规律，实施素质教育"这一愿望出发，采取"循循善诱，诲人不倦，因材施教"等好的方法，把"培养学生良好品行，激发学生创新精神，促进学生全面发展"作为工作成就的奋斗目标。

（5）必须坚持"为人师表"的人格修炼方向

人格是人的学识能力、道德修养、精神境界内化而形成的一种比较稳定的品质特征。教师的人格理应通过内在的"坚守高尚情操，知荣明耻，严于律己，以身作则"的修养意识，和"衣着得体，语言规范，举止文明"外在的仪表仪态的和谐统一之美，来具体反映其职业的高雅性质，发挥引领学生、影响社会的积极作用。教师的人格在日常工作和社会生活中还表现为"关心集体，团结协作，尊重同事，尊重家长、作风正派，廉洁奉公"等方面。此外，能否坚持"自觉抵制有偿家教，不利用职务之便谋取私利"同样考验着教师人格魅力的修炼程度。

（6）必须恪守"终身学习"的理念

"终身学习"是当今世界影响最广泛、最深刻的一种人学发展理论。学校教师只有摒弃"一次学习、终身有用"的传统学习观念，通过不断学习来打破一次性学习知识对教师职业发展的时空限制，以适应急剧变化的社会对"培养新人"的时代要求。因此，崇尚科学精神、树立终身学习理念，正是为了拓宽知识视野、更新知识结构，以便更好地担负起教师职责，秉持"潜心钻研业务，勇于探索创新"这一学习态度，以之实现教师职业发展"不断提高专业素养和教育教学水平"这一神圣使命。

（三）综合动态的职业评价

1. 师德评价的全面性特征

教师职业道德行为评价应是一种全面的、不断发展的评价系统，它涵盖了教师职业生涯的各个方面，缺一不可。

任何一位教师被授予或者自认为是"合格"、"优秀"者时，这一头衔本身就意味着是对他（或她）从教以来在政治觉悟、能力水平、工作业绩、思想境界、人格魅力等方面所表现出的职业道德修养状况的一种全面评价。因此，师德规范内容相互间是一个有机联系的整体，不能割裂而仅仅强调某一个方面。

2. 综合动态评价的观测点

"爱国守法"虽说是教师必备的政治意识和政治觉悟，但是，它并不是全部，更无法成为评价教师职业道德水准的唯一标准。因为政治过硬的教师一定有着强烈的事业心和责任感，用全部力量和智慧去从事自己的教育教学工作，并取得良好的职业成就。

"爱岗敬业"者一定拥有比较高的职业理想，把自己的人生追求同党和国家、社会需要联系在一起，专注于本职工作而铸造出一面人生"凹面镜"——将有限的时间和精力集中起来服务于培育人的目标上，以少聚多、由小变大从而成就一番大事业。

"关爱学生"当然是教师认识的起点，如果没有政治觉悟和遵循教育教学的基本理论原则、教育的技能方法，那么，这种泛滥的"爱心"很有可能沦为溺爱，播下的也许是"龙种"而收获的却很有可能是"跳蚤"，对家庭以至社会造成危害。

"教书育人"是对教师职业最集中的一种概括语，不过，要真正理解其中的内涵却需要多方审视。也就是说，认真履行了为师之责的教师不会是一个平庸之辈，他一定具有比其他人高得多的政治觉悟、强得多的业务工作能力，一定是积极进取、能够为了学生愿意付出一切的人。

"为人师表"是道德楷模在教师职业上的形象反映。教育这种"身教"范式的形成，它首先离不开政治自觉和对社会主流价值观的响应，并且需要勤奋工作的风貌和硬朗的教育教学能力以及突出的教育效果做支撑；否则，软弱的"身段"不仅无法发挥教育作用，而且时常会沦为笑柄，有遭人鄙视的危险。

"终身学习"的动力不是与生俱来的，而是同对党和国家的要求、教育改革发展趋势和身为教师职责的理解、把握直接相关的。所以，"教学相长"的古训才有了新的内容。

我们之所以强调教师职业道德行为评价需要动态地观察，基于教师对职业修养从内容认识到实际践行都存在着由低到高、由浅至深、由一个方面带动其他方面跟进这样一个发展过程。在"爱国守法"、"爱岗敬业"、"关爱学生"的职业要求中，有关"爱"或"关爱"、"守"、"敬"等职业意识或者职业境界培养；在"教书育人"、"为人师表"、"终身学习"的职业修养方面，其中"教"与"育"、"学"与"习"、"人"与"表"所提出的能力素质要求，或因为处于教师职业的不同阶段，或由于身体有恙、家庭变故等等，而使得人与人的修养程度会有比较明显的差距。建立一种综合化、动态型的教师道德行为评价系统，就是一种帮助教师获得克服职业倦怠、坚持进步的动力机制。

第二节　绵延悠长的中国师德文化

一、为天下育英才的人生理想抱负

"英才教育"虽然带有服务于旧时社会贵族阶层的历史痕迹，似乎与当下教育民主化的现代理念显得格格不入。然而，如果审视教育现代化的世界潮流，培养一批又一批能够推动生产力快速发展和社会进步的杰出科学家、领导者、管理者、革新能手和技能大师等"精英人才"，既是教育存在的理由、也是一个国家、民族的希望。特别是目前高等教育加速由"精英"迈向"大众"以及基本实现了基础教育"普及化"的社会背景下，为了防止学校教育品质平庸化倾向的滋长蔓延，要求教师把每一个学生按照社会需要，培养成他所在岗位、行业的优秀者纳入教师职业道德与理想教育有着十分现实的意义。

（一）教师的职业荣耀与快乐

1. 英才教育与尊师重教之风

"天才观"自古以来便普遍存在，我国古代文献中有关少年天才或"神童"的记录更是屡见不鲜。然而，教师对英才的期盼，并把它当做人生值得引以为傲的幸运之事是由孟子最早提出的。他用《尽心》专篇论述"君子之人"应该如何尽心尽力去修养善心、恢复人的本性之善这一哲学和教育的严肃话题；同时，又将人的本性之善同现实的人生快乐紧紧结合起来，认为自己除了祈求父母健在、兄弟无恙——"家"的幸福之外，就是以能够培养英才学生而作为"事业有成"——人生最为快乐的事情。①

若是以当下社会的宽广视角来品读这些经典语言，即可得出更深的思想教育意义。一方面，它强调教师的最大精神享受主要来源于所培养的优秀学生最终能否成为各行各业的杰出人才，而不在于给多少学生上过课，这种"以质取胜"的教育质量观对于我国教育由规模扩张转入内涵发展新时期的教师教育是有启示意义的；另一方面，也蕴含着教育应该是"为天下"所有人服务的伟大事业，不应该有地域差异、贫富身份的鸿沟，教师不仅仅要有孔子"有教无类"的平等意识，更需要具备为此献身的职业理想。此外，孟子还一再强调"王天下不与存焉"即"王天下"的外在事功无法同包括教师之"乐"在内的

---

① 朱熹：《四书集注·孟子卷之七》，岳麓出版社1985年版，第449页。

"三乐"等量齐观。因为在孟子看来，它们并不是同一序列的事业，只要培养出具有仁怀之心的人才，以仁德统一天下乃至成为君王是自然而然的事情。

以培育"英才"为己任的、集中国文化、教育事业之大成的"亚圣"孟子，继孔子之后进一步发扬光大了中国"尊师重教"的历史文化传统。自古以来，既有"师之教也，不争轻重尊卑贫富，而争于道"，抛开了看重求学者的家庭地位和个人身份的"势利眼光"而一心教书育人、助人成才的一批名师、大师不断诞生，又促成了"古之圣王未有不尊师者也，尊师则不论其贵贱贫富"① 提升教师地位的良好社会风尚不断发展。

2. 韩愈培育英才的教育实践

在绵远悠长的中国教育史中，树立英才教育的职业理想这一思想，也为后世的教育家所继承。唐代教育家韩愈，首先是以《师说》中"无贵无贱，无长无少，道之所存，师之所存也"② 的精辟见解，将担任教师的习惯标准——"长者为师"的年龄藩篱拆除，第一次以具有说服力的论证将"师"建立在与"道"相连的所有人的基础上，从而丰富和发展了中国教师教育的一般理论认识。

其次，在《进学解》③ 一文中，韩愈借助"对话方式"，以学生带有嘲笑口吻的发问和教师坦然而诚恳的回答，为学生塑造了一位将英才教育的理想追求融入平常教学活动之中的感人形象，他有爱岗敬业的精神、施教有方的能力，而且"口不绝吟"、"手不停披"和"业精于勤"、"行成于思"以及"提其要，钩其玄"、"沉浸浓郁，含英咀华"。

由于社会治乱的影响，中国教育在几千年的发展历程中虽然跌宕起伏以至近代落伍于世界，但是以培养"英才"为荣甚至作为使命的精神传统却扎根在每一位伟大教师的心底。

（二）教师必备的人格影响力

1. 孔子的无私人格魅力

要实现育天下英才的理想，教师人格境界的影响无疑是重要的。由于教师的劳动是一种以灵魂造就灵魂的劳动，因而人格魅力对师生关系影响极大。人格高尚的教师亲和力强，能给学生以鼓舞和鞭策；同时，也是一种表率，给人以示范和引导。优秀教师对于英才成长的影响作用是巨大的，因为"教师个人

① 吕不韦：《吕氏春秋·劝学》，上海古籍出版社1989年版，第33页。
② 韩愈：《师说》，载陈玄荣编《唐宋八大家文选》上册，福建教育出版社1988年版，第23页。
③ 韩愈：《进学解》，载钟基等译注《古文观止》（下），中华书局2011年版，第488页。

对青年人心灵影响所产生的力量，无论什么样的教科书、无论什么样的思潮、无论什么样的奖惩制度都是代替不了的"。①

比如，孔子在回答学生子贡有关为何没有人能够理解他孜孜以求的教育理想而解释说："不怨天，不尤人，下学而上达，知我者其天乎！"② 故而，子贡感叹道："夫子之文章可得而闻知也；夫子之言性与天道，不可得而闻也。"③ 虽然学生对老师的精神追求一时可能不够理解，但是一代师表以谦虚的治学态度为学生树立起了榜样。

在对学生的关爱方面，孔子也做到了一视同仁，绝无偏私。当陈亢问孔子的儿子伯鱼是否从老师那里听到与平时上课不一样的内容时，伯鱼的回答说："问一而得三，闻《诗》，闻礼，又闻君子之远其子也。"④ 这令陈亢又受到了一次教育。这一切在无形之中转化成学生对教师人格的由衷敬佩和人生志向的确立。如颜回喟然叹曰："仰之弥高，钻之弥坚。瞻之在前，忽焉在后。夫子循循然善诱人，博我以文，约之以礼，欲罢不能。既竭吾才，如有所立卓尔。虽欲从之，未有也已。"⑤

2. 孟子的浩然正气思想

孟子在回答公孙丑在面对担任齐国丞相时，为何能做到与告子一样不动心的原因时指出："我知言，我善养吾浩然之气。"他进而指出，这种浩然之气是"至大至刚，以直养而无害，则塞于天地之间。其为气也，配义于道；无是，馁也。是集义所生者，非义袭而取之也"⑥。"生，亦我所欲也，义，亦我所欲也；二者不可得兼，舍生而取义者也。生亦我所欲，所欲有甚于生者，故不为苟得也；死亦我所恶，所恶有甚于死者，故患有所不辟也。"⑦

孟子在这里塑造了一位品德高尚的优秀教师形象，对于激发学生潜在的英雄气质无疑起着潜移默化的作用；同时，也是充盈人生理想追求的一座价值丰碑。

3. 董仲舒的"教师圣化论"

董仲舒有关教师"圣化"的独到见解，可以看做是选择适合教育英才学生好教师的重要标准："善为师者，既美其道，又慎其行；齐时早晚，任多少，

① 《乌申斯基语录》，《人民教育》，1982 年第 9 期，第 40 页。
② 朱熹：《四书集注·论语卷之七》，岳麓出版社 1985 年版，第 191 页。
③ 朱熹：《四书集注·论语卷之三》，岳麓出版社 1985 年版，第 104 页。
④ 朱熹：《四书集注·论语卷之八》，岳麓出版社 1985 年版，第 209 页。
⑤ 朱熹：《四书集注·论语卷之五》，岳麓出版社 1985 年版，第 139～140 页。
⑥ 朱熹：《四书集注·孟子卷之二》，岳麓出版社 1985 年版，第 284～285 页。
⑦ 朱熹：《四书集注·孟子卷之六》，岳麓出版社 1985 年版，第 420～421 页。

适疾徐；造而勿趋，稽而勿苦；省其所为，而成其所湛，故力不劳而身大成，此之谓圣化，吾取之。"①

其意有三：一是既要有以深刻理解教育宗旨、原则为乐事的兴趣追求，又要有在施教过程中保持谨慎的态度；二是在教与不教或者讲授多少的节点把握上，要根据学生的接受能力来调整教学计划进度，使得学习快慢合宜；三是教与学效果的衡量应该是：让学生感到有明显进步却又不太紧张，有督促考查要求学生并不为之苦恼，无论是老师还是学生并不因教或学而受累，然而却成效彰显，师生各有成就。归结为一句话，即以因材施教理念作指导，既避免了过度劳累消耗力量，又取得了最大的成就。

（三）教师专业化的知识教学力

1. 教学能力与坚持学习的关系

英才的发现、培养在很大程度上是教育的结果，而教师的教学能力即具备丰富而又系统化的学科知识和教育学、心理学方面的知识素养，有真才实学的好老师、名师甚至是大师的引导则是其中的一个关键因素。

面对具有英才潜质的学生提出的千奇百怪的问题和不时做出淘气调皮的各种举动，作为教师首先要有充足的知识储备和思想准备，在求知欲极强的学生时时所提问题的"折腾"面前能够欣然对答，以保护学生探索新知且如"火花般"思维活动的积极性和行动能力，避免因"备课"不到位而产生的急躁情绪。对于承担着不同课程教学任务的教师而言，还必须着力在所属学科领域进行钻研和对教育学相关理论、方法的了解，从课堂到课外，在与学生交流之中，时时能够传递新的知识、新的观念、新的思想。这种具有教育意义的"新东西"将为学生一生成长进步奠定最厚实的基础。

2. 古代有关教师教学力的要求

教师对于获取理论知识必须具有长期学习修养的认识准备。这方面，中国的古人先贤为我们树立了好榜样。

孔子一生保持着随时学习的谦逊态度。孔子说："三人行，必有我师焉。择其善而从之，其不善者而改之。"② 他说的是一个合格教师一定要向别人学习，切忌自高自大；他拒绝冠以天才头衔，强调自己"吾非生而知之者；好古，敏以求之者也"，并且坚持"多闻，择其善者而从之，多见而识之，知之

---

① 董仲舒：《春秋繁露上册卷一》，中华书局 1975 年版，第 35 页。
② 朱熹：《四书集注·论语卷之四》，岳麓出版社 1985 年版，第 125 页。

次也"①，学习从严要求、努力践行的高标准。这种全面学习的良好效果，已经在孔子晚年回顾从"志于学"开始到进入"不逾矩"境界得到了真切地反映："吾十有五志于学，三十而立，四十而不惑，五十而知天命，六十而耳顺，七十而从心所欲，不逾矩。"②

有关教师教学力的要求，在其他一些古代文献中亦有反映。例如，《学记》提出："凡学之道，严师为难。"③ 其中的"严"字不仅仅是强调教师的威严，而且含有教师在治学和教学问题上必须具有严肃认真的态度和工作能力；至于"记问之学，不足以为人师"则进一步点明，做教师、特别是优秀教师绝不能停留在"教书"即照本宣科式传授或者应答上，而是根据学生成长需要来精心备课和教学。

正因为教学力关系到英才学生是否能够成为杰出人才，故杨雄说："学则正，否则邪。师哉、师哉，桐子之命矣！"④

二、崇尚养成育人的教育指导思想

中国传统的教育思想，无论是学校教育、还是家庭教育，不管是小学阶段、还是大学阶段，都没有给"空想"、"妄想"一类思辨留下多少时间、余地，而是要求教师（家长）有"以身示范"之觉悟、学生（孩子）有"当仁不让"之勇气，在相互观摩之中实现教学相长的"身教"范式成为一种最受推崇的教育模式而得以广泛流传。这种教育的最大特征是其切入点在于通过日常生活包括学习活动在内，注意受教育者符合教育要求的行为习惯养成教育，以全面提高被教育者的"知、情、意、行"等素质。⑤

（一）教育环境对德性培养的影响

1. 圣哲先贤的教育环境观

孟子在回答学生曹交有关如何才能实现"人皆可以为尧舜"这一命题时指出："子服尧之服，诵尧之言，行尧之行，是尧而已矣；子服桀之服，诵桀之言，行桀之行，是桀而已矣。"⑥ 他表面上是说选择学习榜样问题，实际上是

① 朱熹：《四书集注·论语卷之四》，岳麓出版社1985年版，第127页。
② 朱熹：《四书集注·论语卷之一》，岳麓出版社1985年版，第78页。
③ 高时良：《学记评注》，人民教育出版社1982年版，第3页。
④ 杨雄：《杨子法言·学行》第一卷，载熊承涤编《秦汉教育论著选》，人民教育出版社1990年版，第15页。
⑤ http://baike.baidu.com/view/1107343.htm。
⑥ 朱熹：《四书集注·论语卷之六》，岳麓出版社1985年版，第429页。

申明教育环境影响对于"学子"的教化作用。

这样就不难理解孟子在回答公都子与之对话时引用告子的话"性无善无不善也"和"性可以为善，可以不为善"后，说："仁义礼智，非由外铄我也，我固有之矣"，接着指出"非思耳矣"，以之强调这种善性也需要经常去想它才能感觉得到它的存在。① 随后，孟子又通过多方比喻，如水之所以流向东或流向西是因为缺口的位置造成的、茂盛的牛山因砍伐泛滥而呈现光秃之貌、成为君子还是小人在于思考能否抓住事物的关键等，进一步说明虽然"人性本善"，但离开了后天的教育培养、引导启发也是不行的，即善与不善并非先天生就的，表现在人的行为中，品性主要还是教育的到位或缺失造成的。

荀子以举例的方式说："西方有木焉，名曰射干，茎长四寸，生于高山之上而临百仞之渊；木茎非能长也，所立者然也。蓬生麻中，不扶自直。白沙在涅，与之俱黑。"② 其意是指凭借崖壁之势，匍匐之树竟有参天之壮观；由于生于麻田之中，蓬草也不得不改变蔓生的习惯而挺直向上；混在泥中的白沙被黑泥湮没、浸染而失去了本色。优化教育环境，为受教育者成长创造更有利的条件不仅是教师、学校考虑的第一件事情，也是社会关心的大事之一。当代中国不少"望子成龙"的父母所谓"不愿输在起跑线"而择校、选班，这一社会现象所隐含的文化生成机制就不难理解了。

2.《三字经》中的教育环境思想

在中国传统文化思想中，对学生品行的培养更注重"做"而非"说"。这一方面与偏重社会人伦关系的教育思想有关，努力追求现实生活的价值意义；另一方面，又把有利于受教育者成长的外部条件的改善置于兴学施教特别重要的位置。

中国文化的主流思想从来没有将人性善恶（尤其是人性"恶"的这一面）说成是先天生成的而不可改变。即使在家喻户晓的《三字经》③ 中有"人之初，性本善"一说，但随之对"性相近，习相远"这一客观现象的阐释中，也无一例外地强调教育环境条件的积极作用。不管是"孟母三迁"、"窦氏教子"的例子，还是指陈"父之过、师之惰"所带来的后果，抑或拿琢玉相比，其目的就是要说明一个道理，即"养不教"或"教不严"必然会造成"善性"堕落变质。善性的发扬光大或改良无不依赖父母、老师的外在教育影响。

由此可见，注重有利环境营造的养成教育这种主观见之于客观的实践性，

---

① 朱熹：《四书集注·孟子卷之六》，岳麓出版社 1985 年版，第 414 页。
② 朱熹：《四书集注·孟子卷之六》，岳麓出版社 1985 年版，第 420～421、414 页。
③ 陈虹岩：《国学经典选读：大学·中庸·三字经》，复旦大学出版社 2011 年版，第 182 页。

对于激发受教育者的内在品质，特别是好学上进、见贤思齐"内驱力"培养的意义，即使到了今天仍有值得每个教师学习借鉴的必要性。

（二）受教育者的自我"德化"意识

1. 强调学生主动性发挥

在教育过程中，个体发展状况的差异性则是由其内在的主体性决定的，因而激发受教育者的自我意识非常重要。从孔子的启发式教育经历中可以看出，作为一名好教师，最重要的是要启发学生主动学习思考的积极性。

孔子曰："不愤不启，不悱不发，举一隅不以三隅反，则不复也。"① 最恰当的教育方法是引发学生主动努力思考的意愿。孟子说："子服尧之服，诵尧之言，行尧之行，是尧而已矣；子服桀之服，诵桀之言，行桀之行，是桀而已矣。"② 这些论述所包含的深意在于强调教育对人的影响，同时力图阐明，认识和了解人的主动选择性更具意义。

2. 推崇学生主体自觉性

荀子《劝学篇》的一个"劝"字即已点明坚持学习、努力实践的主体是学生，教师是辅导者，其作用在于调动他们学习的积极性，帮助其培养克服困难所需要的能力、品质。

王夫之强调学生学习应坚持"自勉"与"自得"，否则，"学者不自勉，而欲教者之俯从，终其身于不知不能而已矣"③。换句话说，教师降低标准迁就"子不学"、"幼不学"、"人不学"的惰性要求，不仅学生终其一生难有智慧与能力，而且也是教师的严重失职。

（三）人成长的复杂性对养成教育的影响

1. 以谦逊态度对待教师职业

人的成长是一个长期而且充满反复的过程，与之结伴而行的教育理应具有充满耐心、善于坚持的品质。认识到这一点对于教师的人格修养和教育能力培养具有不可轻视的意义。

孔子"默而识之，学而不厌，诲人不倦，何有于我哉"④ 的感叹，正是基于学生养成教育的反反复复的变动性，因而只有强制自己通过踏实的记忆、不停地学习和认真对待学生所提问题的态度才能胜任教师这一工作。

① 朱熹：《四书集注·论语卷之四》，岳麓出版社 1985 年版，第 121 页。
② 朱熹：《四书集注·论语卷之六》，岳麓出版社 1985 年版，第 429 页。
③ 王夫之：《四书训义卷四·孟子十一》，岳麓出版社 2011 年版，第 750 页。
④ 朱熹：《四书集注·论语卷之四》，岳麓出版社 1985 年版，第 120 页。

荀子曰："学不可以已。""君子博学而日参省乎己，则知明而行无过矣。"[1] 这些话已经传达出了把坚持学习视作人生修养和进步必需的功课这一信息，这在一定程度契合了当今建设"学习型社会"的主张，为我们进一步理解"历史是前人的实践和智慧之书"[2] 的判断提供了一个有价值的新视角。

2. 要有应付磨练的精神准备

孟子认为，教师的认识如果仅停留在教学这一狭小范围还不足以很好地完成教育任务，必须要有更宽的视野加强自身的修养，从而为学生树立起榜样。

孟子说："古之人，得志，泽加于民；不得志，修身见于世。穷则独善其身，达则兼善天下。"[3] 他还说："舜之居深山之中，与木石居，与鹿豕游，其所以异于深山之野人者几希。及其闻一善言，见一善行，若决江河，沛然莫之能御也。"[4] 虽然看起来他论述的是一般的修养问题，若是结合孟子的教师身份和这部著作记载着他的教育活动这一特殊背景，也就无法否定孟子实际上是在强调教师也应该具有像古之圣王舜一样经得起顺境的考验与逆境的挑战的高尚思想品德。

孟子说："爱人不亲反其仁，治人不治反其智，礼人不答反其敬。我爱人而人不亲我，则反求诸己，恐我之仁未至也。行有不得者，皆反求诸己，其身正而天下归之。"[5] 从中，人们看到了一位严于律己、宽以待人的一代师表的光辉形象。

三、因材施教的教育目标基本要求

学生之义就在于自身的不完善。社会所赋予学校与教师的基本职责就是要帮助学生长善救失，增强适应社会发展的生存能力与自我完善能力。判断一所学校教育质量水平的高低不在于校长的言辞多么动听，而在于学校教师是否能够根据求学者的个体差异性，提供最适合他（她）成长的有意义的各种教育活动。

中国古代因材施教的教育主张不仅与现代有关素质教育的这一先进思想一脉相承，而且是我国不少杰出教育家一直坚持的理想教育目标，同中华文明对人类文化事业繁荣和社会进步的深远影响一样有着同等重要的文化意义。

---

① 王先谦：《荀子集解》（上），《劝学篇第一》，中华书局 1988 年版，第 1 页。
② 习近平：《领导干部要读点历史》，《学习时报》2011 年 9 月 5 日。
③ 朱熹：《四书集注·孟子卷之七》，岳麓出版社 1985 年版，第 446 页。
④ 朱熹：《四书集注·孟子卷之七》，岳麓出版社 1985 年版，第 448 页。
⑤ 朱熹：《四书集注·孟子卷之四》，岳麓出版社 1985 年版，第 348 页。

（一）因材施教与教育的一般规律

1. 有大爱是教育的起点

教育产生的历史与人类的诞生同步，有人类就有教育已经成为常识。自教育作为一门学科开始研究之日起，认识和掌握教育活动的科学规律不仅成为可能，而且对于将要从事教育专门工作的人员来说是必需的学习任务。

具有"仁爱之心"是因材施教的起点，也是教育的本质特性要求。教育的本质要求是"爱无差等"。然而，教师要针对不同学生的情况开展教育，特别是面对调皮顽劣的学生其教育的工作量巨大，除非具有博爱、大爱一类的情怀，是不可能为这样一群既非血缘亲属又无多大利害关系的"陌生人"长时间保有耐心和鼎力托举行为表现的。

2. 读懂学生是教育的基础

教育除了存在着"教育发展与社会经济发展相互影响、相互促进、相互制约"这一社会性规律以外，还有"教育活动与受教育者在目标、要求、内容、手段存在着个体与群体、当前与将来、现状与理想等多重影响、促进、制约关系"这一主体性规律。我们之所以说因材施教的教育思想是科学的、先进的，是因为它从多个方面反映了、甚至契合了教育主体性规律中关于"教育必须适应青少年儿童身心发展"这一客观要求。一位合格教师离不开遵循这一规律来进行职业修养和专业准备。

对学生成长情况的了解和掌握是有效进行因材施教的基础，也是教育职责的内在规定。因材施教的前提是对学生之"材"的了解，包括其身体心智、品性习惯、行为能力以及家庭状况等信息的充分掌握，以此选定教育内容和教育方法，才能确保教育活动的正常进行。否则，不合需要、不合时宜的任何"良苦用心"或者"苦口良药"都会因无的放矢而失效。

3. 助其所成是教育的目标

帮助学生"各有所成"是因材施教的目的，也是教育社会功能发挥的衡量标准。

教育的一大基本功能就是满足社会对多方面人才的需要，这就决定了人才培养的多元化。而因材施教正是立足于人的成长性这一特点，尽其所能为天赋各异、志趣不同、能力有别的受教育者提供高质量的教育。学校教师的精心培养，为其在日后顺利步入社会，以自己的智慧和劳动服务社会打下比较好的基础。

当下我国教育中存在着千人一面的教育同质化现象虽然有复杂的社会背景，但是每一位教师若能从因材施教传统教育思想中深入思考，得到教学方法的一些启发，进而应用到教育活动中，也是很有意义的事情。

（二）历史上因材施教的范例举要

1. 认识和掌握教育规律

尽管因材施教是宋代二程和朱熹对孔子教学的经典概括①，然而，在中国教育史上，针对受教育者不同的性格、气质、能力以及思维方式特点开展包括品德操守在内的人格教育培养，其事例犹如珍珠一般散落在各种文献之中。现略举几例以窥见中国教育先贤们的杰出智慧。

首先，学校教育活动对于教师而言，教育教学规律的正确认识和把握是第一位的。古代"教师"之身列入"神龛"虽然有道德教化的强制色彩，但是也暗含着非经专门修养是不可能胜任这一职务的"科学意味"。

中国第一部"教育学"著作《学记》②指出："君子既知教之所由兴，又知教所由废，然后可以为人师也。"其意是说：即使有学问的君子要当教师，不但要懂得教育教学成功的道理、还要懂得教育教学失败的原由。因此，学习、掌握教育原理知识对于担任教师之职来说是必需的。

"禁于未发之谓豫，当其可之谓时，不陵节而施之谓孙，相关而善之谓摩。此四者，教之所由兴。"要从预防、及时、引导和相互学习四个方面去理解教育教学成功之理。而与之相对的，就是："发然后禁，则扦格而不胜；时过然后学，则勤苦而难成；杂施而不孙，则坏乱而不修；独学而无友，则孤陋而寡闻。燕朋逆其师，燕辟废其学。此六者，教之所由废。"落在错误后面去禁止、补救，教学杂乱无章、没有条理，同时又自我封闭而不与良师益友交流学习等就是造成教育教学失败的原因。

除了以上立足教师自身要求以外，还应该认识导致学生学习不成功的原因以利于采取恰当的教育方法，"学者有四失，教者必知之。人之学也，或失则多，或失则寡，或失则易，或失则止。此四者，心之莫同也。知其心，然后能救其失也。教也者，长善而救其失者也。"它们或者是贪多求成，或者是知识面偏窄，或者是态度轻率，或者是畏难中止。懂得造成学习失败这四点原因还不够，其背后则是由于学生不同的心理引起的。教师只有懂得这些才能帮助学生克服缺点。

师范教育的作用，正是要培养未来的教师懂得：如果仅仅是记诵一些书本

---

① 朱熹在《四书集注·论语·为政》篇中关于"子游、子夏问孝"时引程颐曰："子游能养而或失于敬，子夏能直义而或少温润之色，各因其材之高下与其所失而告之，故不同也。"他还加以注释说明，后又在《四书集注·论语·先进》篇中对孔子教学一言以概之："孔子教人，各因其材"。

② 高时良：《学记评注》，人民教育出版社1982年版，第2～4页。

上的"记问之学",那是"不足以为人师"的;要做到"必也听其语乎。力不能问,然后语之,语之而不知,虽舍之可也",也就是要看学生怎么提问然后给以回答。如果学生没有能力提出问题,然后启发他思考;当他还不能理解的话,就不要再讲下去了。

明代教育家孙应鳌也有同样观点,他指出:"可以语上而不语之,是抑其可至;不可语上而语之,是强其所能未能。皆非圣人因材之教也。"① 他指出孔子所代表的因材施教的本义即对于有愿望、有能力的学生应该给以多讲、深讲进行启发引导,否则,便是压抑其进步;反之,则是强其所愿、强人所难。这些都不是正确的教育教学方法。

2. 一切从学生实际出发

从学生实际出发,以正确的教育教学方法对学生进行培养,是教师常态化的主要工作任务。对此,孔子《论语》中有生动的记载。

面对不同性格的学生,孔子有自己的亲身经历:高柴愚笨、曾参迟钝、颛孙师偏激、仲由莽撞,而仲由做事果断、端木赐学识精通,冉求多才多艺。正因为如此,孔子在回答仲由和冉求两人有关"听到了合符道义的事是否马上做"时答复竟然完全相反,因为冉求老是退缩,所以要鼓励他听了马上行动,不要拖延;而仲由是个多面手、能力强,所以对他则要求听了之后看别人的态度之后再行动。②

对于胸怀不同理想的学生,孔子都给以肯定。在一次"假如现在有人了解你们、起用你们,大家能做什么"的谈话之中,急性子的子路说到只需要 3 年的努力即可将处于大国之间的"千乘之国"带出困境,并且使人们都懂得什么是道义!然而,"夫子哂之",仅仅微笑了一下。当第二个学生冉求说,我如果有 3 年治理时间也只能将方圆六十里左右的小国做到丰衣足食而已,至于修明礼乐之事只好等待贤人君子来了。公西华的回答却是更加谦虚,仅表示自己除了愿意继续学习以外,希望在进行祭祀或者同外国会盟的时候,做上一个小小的司仪。孔子对他们的意见都未置可否。而最后一个回答的是学生曾皙,他放下手中的乐器瑟,毕恭毕敬站起来答道:我与他们三人皆不同,最大的愿望就是暮春时节,陪着几位成年的朋友,再带上一批孩子去沂水中沐浴,然后登上岸边的舞雩台再沐浴春风,最后在歌声中快乐回家!此时,作为老师的孔子释然而感叹地说道:我与曾皙的看法是一样的!并在随后与曾皙的私下谈话中进

---

① 孙应鳌:《四书近语》,载高时良编《明代教育论著选》,人民出版社 1990 年版,第 460 页。
② 朱熹:《四书集注·论语卷之六》,岳麓出版社 1985 年版,第 158 页。

一步阐明了其理由：一个人的理想或志向的价值意义不在于想从事一个什么样的具体职业，而主要取决于以人格完善为前提的内心丰富程度的自由状态。有此做基础，那么，今后他无论处于何处、担任何种职务，皆能做出一番事业来。[①]

还有一例，学生宰我向孔子讨教关于缩短丧亲的 3 年守孝期问题。宰我善于言辞，也是孔子喜爱的学生之一。他认为让人为其亲人去世守 3 年丧期，觉得时间太长不利于礼乐的学习和传承，希望改变这一习俗缩短为 1 年。孔子在反问"于汝安乎"而得到"安"的肯定答复后，即用"汝安则为之"回应，接着解释了为何"守孝三年"，并再次重复"今汝安则为之"的这一批评。在其走后，面对在场的其他学生，孔子更是直接以"予之不仁也"的重话批评宰我。[②] 在今天看来，似乎孔子坚守周礼到了这般僵化的程度，是不利于社会的进步和发展的。但是，置孔子于"礼崩乐坏"乱世的历史背景之中，这种坚持教育理想和教育原则的做法显得难能可贵。若是立足当下中国社会的转型时期，在自己喜爱的学生面前，以孔子为榜样，秉持"当表扬则表扬、当批评则批评"的教育方法对于每一个教师仍然有着不可否认的积极意义。

（三）影响因材施教能力形成的因素

1. 古代教育家的经典论述

唐代的教育家柳宗元以一篇寓言文章《种树郭橐驼传》[③] 形象地阐明了教育不因材施教如同种树不得法一样，浇水、施肥、修枝等不管是出于爱护还是担心，过了头只会适得其反。即所谓"爱之太恩，忧之太勤……虽曰爱之，其实害之；虽曰忧之，其实仇之。"故教育活动也应该与"顺木之天，以致其性"遵循同一原则。

宋代朱熹也指出："圣贤施教，各因其材，小以小成，大以大成，无弃人也。"[④] 明代教育家王守仁以医生治病为例也阐明了同一道理："良医之治病，随其疾之虚实强弱，寒热内外，而斟酌加减，调理补泄之，要在去病而已……君子养心之学，亦何以异于是。"[⑤]

清代初期，中国古代唯物主义思想的集大成者王夫之认为："教思之无穷也，必知其德性之长而利导之，尤必知其人气质之偏而变化之。"具体说来就

① 朱熹：《四书集注·论语卷之六》，岳麓出版社 1985 年版，第 160~161 页。
② 朱熹：《四书集注·论语卷之九》，岳麓出版社 1985 年版，第 217~218 页。
③ 《柳宗元集》第二册，中华书局 1979 年版，第 474 页。
④ 朱熹：《四书章句集注》，中华书局 1983 年版，第 362 页。
⑤ 《全译本王阳明全集》第九卷，《与刘元道（癸未）》，北京燕山出版社 1995 年版，第 164 页。

是"顺其所易，矫其所难，成其美，变其恶，教非一也，理一也，从人者异耳。"①

2. 因材施教的外在制约因素

虽然因材施教关于爱心、知生、助成等原则反映了学校教育活动的一般规律，但是，如若不能深入下去认真研究，排除影响因材施教教育能力形成的因素，掌握具体的科学方法，也难以收到事半功倍之效。"爱无差等"虽然是教育真理，却必须思考爱的出发点即"为什么爱他或她"。如果是为了学生更好成长的"大爱"，而不是囿于履行职责压力的"浅爱"，教师自然会立足于每个学生是不同的这一认识，对他们的爱心表达方式根据教育的需要而随时变化：或督促批评，或鼓励表扬，或三言两语点拨，或一席长谈启发。反之，要是立足例行公事"不得不这样"而装出来的，这将无可避免地常常表现为在与学生接触的过程中，要么对之看到的问题以维护学生的自尊心一类的托词视而不见，要么对于学生提出的各种问题以直接告诉答案了事，不愿为其智力、品性发展多费力气，要么以"哥们"或"老大"这种江湖式的友爱营造师生之间的爱心关系。显然，"爱有差等"同样是因材施教原则需要注意的问题。

对学生情况的掌握，必须同履行职责需要紧密联系起来；否则，不但无法将其转化为有效的教育资源，还有可能沦为个别不良教师谋取私利之门。比如，对家境殷实的学生多加关照以求今后办事更加顺畅，对漂亮帅气的学生勤以接触以满足其虚荣心理需要。换言之，因材施教是否达到预期目标同教师个人职责意识有直接关系。

除去上述两个因素，还有第三个因素不可忽视，即学生是否"各有所成"对于教师坚持因材施教这一原则、继续提升教育能力的影响。一般说来，有效、甚至成效很大无疑是一种"正能量"。如果从教者不能正确处理个体与群体、优生与差生、工作绩效与学生发展这样一些矛盾关系，特别是有关衡量教育效果方面的统一标准与差异评价要求的正确把握，那么，就会造成学生群体两极情况的出现：落后者进步了，而优秀者却退化了或进步缓慢了；优秀者更加突出了，而后进者却抛得更远了；个别人更优秀了，而绝大多数人却堕入平庸之境了。总而言之，因材施教"各有所成"的效果考察，不仅仅落实在学生原有起点上有进步，而且还应该用教育的统一要求来考核，反映在学生个体身心、德智体美劳全面发展、全体学生发展这一主体性教育原则实现的程度上。

---

① 王夫之：《张子正蒙注卷四·中正篇》，岳麓出版社 2011 年版，第 187 页。

四、追求科学与民主的教育实践

19 世纪 30 年代以来的半个多世纪，中国在西方列强发动的一次次侵华战争中无一例外地失败了。此过程中，中国与西方列强最显眼的差距莫过于军事方面的差距，即所谓"技不如人"。中国先进知识分子通过亲身经历和学习观察之后，发现这仅仅是表面的东西，深层的原因是科学落后和民主缺乏所致。从此，发展科学、学习民主同反对帝国主力侵略、反对封建专制独裁统治一道成为近代中国走向 20 世纪最主要的历史任务。

先是有詹天佑、严复这样一些留学美国、英国的首批科学技术专门人才在 20 世纪初期的诞生，也有 20 世纪 20 年代以陈独秀、胡适等人为代表的一批人高举科学、民主思想的大旗，展开了对封建制度及其精神文化深刻批判的新文化运动。其中，尤以陈独秀倡导的"自由的而非奴隶的，进步的而非保守的，进取的而非退隐的，世界的而非锁国的，实利的而非虚文的，科学的而非想象的"① 新青年形象，影响了整整一代中国青年人对于民族、国家命运和自身前途的严肃思考。

而在反对帝国主义侵略和与封建主义、独裁专制长期斗争中诞生的中国共产党更是把发展科学、建立民主制度看得比什么都重要。新中国建立之后的半个多世纪里、特别是在迈入 21 世纪之际，人们对科学与民主有了新的认识，所形成的科学民主教育思想、理论又有了巨大发展。

（一）中国共产党人的科学民主之路

1. 建立新中国和制定新宪法

中国共产党无论在诞生初期、土地革命时期，还是在抗日战争时期的陕甘宁边区及其各抗日根据地所开展的一系列民主制度的政治实践，特别是抗战结束后，中国共产党以极大的诚意寻求与国民党共同建立民主联合政府的政治努力都充分体现了用马克思主义理论学说武装起来的无产阶级政党追求实现民主的决心和勇气。

新中国建立前夕"新政协"召开，中国共产党人代表无产阶级及其劳动人民与全国各民主党派、无党派民主人士共商国是。在组建的国家最高政务机关组成人员中，非中共人士占了 1/2 以上，而政务院所属的 21 个部、委、署、院中，担任领导职务的非中共人士约占 1/3，而担任副职的非中共人士就更多

---

① 陈独秀：《青年》，转引自《中国青年报》2010 年 5 月 7 日。

了。国家政治生活的这一前所未有的新气象正是政治民主原则和多党合作的精神在中国大地上生根开花的表现。

毛泽东曾经将主持制定新中国的宪法形容为自己要"写一篇大文章"。①1953年秋，他亲自主持宪法起草工作，前后近7个月，20几次易稿，8000多人讨论，5000多条提议。他要求中央领导人参看、比较古今中外5种宪法文本，要制定出比资产阶级革命时期的宪法也要进步得多的新的社会主义宪法。

精神焕发的中国人民第一次享受着民主的春风、呼吸着自由的空气无比欢欣鼓舞，一首《歌唱祖国》的乐曲在新中国第一个国庆节日前夕诞生，并很快传遍神州大地的故事就是这一例证。②

2. 重建法治社会的重大举措

进入改革开放时期，邓小平针对"文化大革命"破坏民主法治的惨痛教训提出"没有民主就没有社会主义，就没有社会主义现代化"这一论断，我国加快了与现代化前进步伐相适应的民主法制建设进程。至2011年3月10日，时任全国人民代表大会常务委员会委员长吴邦国在全国人大常委会工作报告中郑重宣布："中国特色社会主义法律体系的立法工作目标如期完成。"到2010年底，我国已制定现行有效法律236件、行政法规690多件、地方性法规8600多件，并全面完成对现行法律和行政法规、地方性法规的集中清理工作；同时，涵盖社会关系各个方面的法律部门已经齐全，各法律部门中基本的、主要的法律已经制定，相应的行政法规和地方性法规比较完备，法律体系内部总体做到科学、和谐、统一。一个立足中国国情和实际、适应改革开放和社会主义现代化建设需要的多个层次的法律规范构成的中国特色社会主义法律体系已经形成。这是我国民主法制建设进程中的一件大事，在中国立法史上树起了一个重要里程碑。③

与此同时，从1985年开始至2001年启动实施的4个"五年普法"工程，更是一种全民的法治启蒙教育活动。1985年11月5日，中共中央、国务院批转中宣部、司法部《关于向全体公民基本普及法律常识的五年规划》，随后全国人大常委会作出《关于在公民中基本普及法律常识的决议》，并且每一个五年计划中都确定有普法需要达到的目标。例如，"一五"普法初步完成了全民

---

① 张志明：《为人民民主奋斗90年的中国共产党》，《中共杭州市委党校学报》2011年第3期，第6页。

② "歌唱祖国"释义，http://baike.baidu.com/view/252108.htm。

③ 吴邦国在形成中国特色社会主义法律体系座谈会上的讲话，http//npc.people.com.cn/GB/13803228.html。

族的法律启蒙教育，使广大公民初步填补了法律知识的空白，让广大干部逐步树立了依法办事的观念，促进了各项事业的依法管理；"三五"普法的目标是"加强社会主义法制建设，依法治国"；"四五"普法规划确定了"两个转变、两个提高"的工作目标。在顺利完成"五五"普法规划目标基础上，2011 年 4 月，第十一届全国人民代表大会常务委员会第二十次会议通过《关于进一步加强法制宣传教育的决议》，决定从 2011 年到 2015 年，在全体公民中组织实施法制宣传教育第六个五年规划。2011 年 11 月，中共中央宣传部、司法部发布《在公民中开展法制宣传教育的第六个五年规划（2011－2015）》，将提高全民法律意识和法律素质、全社会法治化管理水平、促进社会主义法制文化建设和形成自觉学法守法用法的社会环境作为工作目标。这一覆盖全民的法治宣传教育活动，使得我国公民法律素质和国家法治化管理水平都有较大提高，开创了中国现代法治教育的新篇章。[①]

3. 中央政治局的集体学习制度

对于中国同样具有深远影响意义的，就是建立了党中央领导集体的学习制度。

根据有关资料统计，从 2002 年 12 月 26 日至 2012 年 5 月 28 日，胡锦涛带领中共中央政治局参加了 77 次学习，平均 45 天就有一次；习近平担任总书记以来仅 100 天，中共中央政治局就安排了 4 次集体学习活动，学习频率更高。其课程内容包括了法律、经济、党建、民主、民生、"三农"、国防、环保等各个方面，而且两任总书记上任之初主持的第一次集体学习均以遵守宪法、依法治国为主题。在 16 届、17 届中共中央政治局 77 次集体学习活动中，内容涉及民主法治建设和加强科技发展以及与之直接相关的题目就有 19 次之多。

中央领导集体学习制度化是中国共产党人秉承老一辈领导的优良传统。毛泽东说："不重视学习理论，天天搞事务，一定要迷失方向"[②]。邓小平说："我们还是要造成一种学习的空气，学习理论的空气学习实际的空气，这也是我们的一个党风，我们党的一个好的传统作风。"[③] 集体学习制度也是结合时代需要在党建方面的一项重要的制度创新，必将推动学习型政党建设不断深入发展，为建设学习型社会起到引领和示范作用。

---

① 吴爱英：全面完成"六五"普法规划目标任务，http//www. legaldaily. com. cn/zt/content/ 2011－05/20/content _ 2668113. htm? node=30009。

② 《建国以来重要文献选编》第 15 册，中央文献出版社 1997 年版，第 169 页。

③ 《邓小平文选》第 1 卷，人民出版社 1994 年版，第 316 页。

（二）科学技术教育活动的广泛展开

1. 邓小平关于科学技术的经典论述

邓小平依据科学技术对当代社会的巨大影响力，在马克思"科学的力量也是不费资本家分文的另一种生产力"① 这一认识的基础上，于 1988 年 9 月在会见捷克斯洛伐克总统胡萨克时首次指出："科学技术是第一生产力"。

一个星期后的 9 月 12 日，在听取有关价格和工资改革初步方案的汇报时，他再次予以强调："从长远看，要注意教育和科学技术。否则，我们已经耽误了二十年，影响了发展，还要再耽误二十年，后果不堪设想。马克思讲过科学技术是生产力，这是非常正确的，现在看来这样说可能不够，恐怕是第一生产力。"②

3 年多以后的 1992 年初，邓小平在视察武昌、深圳、珠海、上海等地时仍然坚持这一观点："经济发展得快一点，必须依靠科技和教育。我说科学技术是第一生产力。"

这不仅是历史上第一次由国家领导人申明科技的重要地位，而且开启了将科技纳入基本国策的历史先河，开展科技普及教育有了可靠的制度保障。

2. 国家意志层面的科普教育计划

新中国建立之后，就在中央人民政府文化部设立了科学技术普及局，负责领导和管理全国科普工作。中国进入改革开放新时期，在某种意义上是以 1978 年 3 月有 6000 人参加的"全国科学大会"为标志的。在这次会上，时任中国科学院院长郭沫若在书面讲话中说现在是"科学的春天"③，邓小平发出"向科学技术现代化进军"的这一决定则成为最简明的时代音符。

1996 年 4 月，成立了以科技部为组长单位，中共中央宣传部、中国科协为副组长单位的国家科普工作联席会议制度，成员单位由中共中央、国务院和群众团体中有关科普工作的部门组成。1998 年，国家教委、科委、科协三部门联合发文，要求把加强中小学科技教育作为各自任期目标责任制的重要内容，并提出结合课程改革开足、上好科技教育课程，把科技教育渗透到相关学科教学过程中。这一通知是应对新世纪高科技革命挑战、开创我国科技教育新局面的纲领性文件，具有重大意义。

2002 年 6 月，我国颁布了《中华人民共和国科学技术普及法》，这是世界

① 马克思：《经济学手稿》，《马克思恩格斯全集》第 47 卷，人民出版社 1979 年版，第 553 页。
② 《邓小平文选》第 3 卷，人民出版社 1993 年版，第 274 页。
③ 郭沫若：《科学的春天》，转自《人民日报》1978 年 4 月 1 日。

上第一部科普法。随后，中国科协将每年 9 月第三个公休日确定为科普活动日，通过各类科技场馆免费开放和其他宣传活动服务于普及科学知识、提升公民的科学素养目的。2005 年，颁布《国家中长期科学和技术发展规划纲要（2006—2020 年)》；2006 年，国务院提出实施《全民科学素质行动计划纲要（2006—2010—2020 年)》，以未成年人、农民、城镇劳动人口、领导干部和公务员 4 类人群为重点，提升全体公民的科学素养，并从方针和目标、主要行动、基础工程、保障条件以及组织实施 5 个方面做了具体规定。[①]

科学技术教育和科学精神培养是当代中国最重要的社会思潮之一已经成为不争的事实。根据中国科学院《2001 科学发展报告》关于科学教育是"关注科学技术时代的现代人所必需的科学素养的一种养成教育"[②] 这一定义，将其纳入教师职业修养之中正是这一时代文化发展的必然反映。

（三）在学校之中的科学民主与教育

1. 科学民主与学校教育活动

崇尚科学、追求民主是现代学校教育的基本特征。科学民主思想教育必须从学校、教师率先垂范开始，以此培养学生、影响社会。

推行科学、民主的前提是需要一批又一批具有现代科学知识、意识的理性人不断涌现、成熟起来，从而一起去建构现代社会的共同目标和政治理想。中小学教育阶段主要是培养学生爱科学、用科学、讲民主、有自尊、重公德的意识和追求，大学教育则是进一步提升千千万万现代社会建设者有关科学精神、民主思想的自觉修养和认识觉悟，研究生以上的高层次学历教育必须将科学探索、研究发明和民主精神及其政治实践能力培养置于第一位，从而为科学技术的新突破、社会民主的建设发挥引领作用。

唯有这样，理解科学民主教育同学校教育活动的关系，科学精神、民主思想才能在人心中生根开花，推动社会不断进步。

2. 中小学教师的民主教育实践

魏书生、李镇西等一线教育工作者的民主教育实践，将民主思想、自由观念的教育延伸至中小学教育领域。他们秉持陶行知"民主是一种新的生活方式……我们必须在民主的新生活中学习民主"[③] 的教育理念，在班级管理和教育中力求实践爱心、个性、自由、平等、法治、宽容、妥协、创造这些民主教育

---

① 《全民科学素质行动计划纲要解读》，上海古籍出版社 2007 年版，第 274 页。
② 中国科学院：《2001 科学发展报告》，科学出版社 2001 年版，第 187 页。
③ 《陶行知文集》（修订版），江苏人民出版社 1997 年版，第 958 页。

的主要思想。[①]

人们通常对魏书生的民主教育内涵和特征概括为：以学生为本、自我发展、服务精神、快乐教育、和谐教育、天人合一、外圆内方7个方面。[②] 如果深入剖析，可以从中窥见民主教育思想探索的轨迹。在教育理念上，学生是教学活动的主体，激发学生自我学习是成功的关键而非教师单纯"教"的结果；为"具有自我教育能力"的学生服务是教师的基本定位。在精神人格上，待学生以平等，给学生充满关怀的教育，因为"人是世界"。在教学观上，衡量教与学成效的观察点在于学生能够获得"有所成就"的情感体验，处在快乐学习的心境之中。对学生以平等态度待之还体现在教师自身装扮、课堂教学中的师生之间，以及课后与家长之间，都表现出一种健康得体、友善合作的和谐关系。

曾经长期在成都石室中学任教的李镇西在其民主教育的实践中有比较深入的认识。在厘清"教育民主"与"民主教育"概念之间的联系之后，他指出：随着教育普及目标实现之后，及时将"教育民主"推进至"民主教育"阶段是必然的历史要求，即"用'民主'去更新'教育'的内涵，即把专制的、不民主的或者说不充分民主的教育，改造成为适合现代民主社会需求的民主的教育"。他认为，"民主教育"的核心，仍然是"尊重"，"即尊重学生的人格、尊重学生的情感、尊重学生的思想、尊重学生的个性，尊重学生的差异、尊重学生的人权、尊重学生的创造力等。当然，与此同时，教会学生尊重他人。"[③]

将科学、民主思想纳入教育法制化轨道，从而确保中国在不断推进现代化事业历史进程中有强大的科技实力作支撑的同时，还有与之相应的民主意识、民主制度护航前行，这应该是已经步入和平崛起时代的中国在科学发展观和谐理念指引下，为中华民族的伟大复兴和世界文明进步做出的又一新的历史贡献。

第三节　世界视野中的先进师德文化

一、培养未来新人的职业观

联合国教科文组织1972年发表《学会生存——教育世界的今天和明天》

---

①　李镇西：《民主与教育》（修订版），漓江出版社2007年版，第73～78页。
②　董春水：《魏书生的民主教育》，辽宁人民出版社2006年版，第4～28页。
③　李镇西：《民主教育与民主理论》，载苏永新等编《教育问题的哲学探索》，苏州大学出版社2003年版，第49～50页。

的报告，申明当代已经显现出"教育在历史上第一次为一个尚未存在的社会培养着新人"[1] 这一发展趋势；而在 1996 年发表的以《教育——财富蕴藏其中》命名的报告，更是直截了当地提出"教育是一种财富"[2] 的新观念。由此观之，当代教师只有深刻认识时代要求，并且按照培养未来新人的教育规律去实践才能算得上是一位合格教师。

（一）具有良好的科学与人文素养

1. 科学与人文知识的分与合

科学与人文原本是一体并且统一于人性培养之中，相比之下，从属于人文的科学更显得朦胧而神秘。然而，18 世纪受启蒙思想的催生，理性主义思潮便大行其道，特别是伴随 19 世纪后半期的第二次工业革命，科学逐渐登上了高峰，在影响无远弗届的"科学世纪"之光遮蔽下人文教育黯然失色。

由于人类社会片面追求科学技术的新异而不顾及人类道德伦理，以至出现了有些科学家"克隆人"的尝试；一些人为了满足自身对物质财富的占有欲望不断通过刺激社会大众过度消费的冲动，使得对赖以生存的家园所蕴藏的各种资源攫取无度，环境生态遭到严重破坏……面对当今所面临的各种挑战，无论是联合国教科文组织所提出的国际观点或主张，还是世界许多国家已经或者正在进行的教育实践已经表明，将科学与人文重新统一于人性教育之中，是我们开辟人类文明未来发展的唯一正确之路。

2. 科学人文知识有利于人性解放

从知识与能力层面来说，科学与人文不仅在知识上相通，而且在能力上互补。

比如，天文科学中的日月星辰、一年四季等周期性变化，地理科学中的洪涝、地震等灾害不时而至带来的威胁……由此探究而形成的规律性认识一旦被人类所接受和掌握，必将摆脱对自然的"莫名"崇拜，由精神解放而获得对追求自由、幸福生活的自信，人的价值理想建构也就有了坚实基础。或者说，当人的自由、权利、尊严得到充分保障之后，人们具备应有的理性、关怀、宽容、理解等人文情怀的态度与处事方法，无疑会为科学探索、创造发明提供更为有利的社会文化条件。

由此可见，学习、理解和掌握人类所积累的科学与人文知识，培养学生的

---

① 联合国教科文卫组织国际教育委员会：《学会生存——教育世界的今天和明天》，教育科学出版社 2003 年版，第 36 页。

② 国际 21 世纪教育委员会：《教育——财富蕴藏其中》，教育科学出版社 2001 年版，第 20 页。

基本能力，自然成为学校教育任务的基本内容之一。离开社会所赋予学校传承文明的这一要求，学校的存在也就失去了充分的理由。

3. 科学人文知识反映事物规律

从过程与方法层面来说，科学与人文都需要从对方合规律性或者客观性出发去认识、审视所面对的事物或者社会现象。

19 世纪后半期，自然科学革命对人文科学所产生的影响是巨大的，两者在世界认识观上的突破有着内在联系。细胞学说不仅仅解决了动、植物有机体的基本结构单位问题，更重要的是解决了生命活动基本单位这样的微观科学问题；生物进化论和能量守恒转化定律的意义也不限于回答万千生物是怎样形成演化的、物质运动变化过程中的某种物理量间的等量关系构建等中观及宏观科学问题，而是由此论证了从微观到中观到宏观的物质世界彼此之间存在着本质的联系，进而为辩证唯物论提供了重要的自然科学依据，所以恩格斯对自然科学"三大发现"给以很高的评价。①

4. 科学人文知识的价值意义

从价值与精神层面来说，科学与人文都是人类思维创造的纯粹的精神产品。

如果说，自从科学从人文园地离开之后，两者因面对各自不同的研究对象而形成了区别很大的学术话语体系，所发现的事物内在规律更是相互无法替代。不过无法否认的是，蕴涵其中的价值追求目标完全可以归结为几个简洁的文字符号，即真、善、美。科学不仅以求真为其使命，而且以臻善、达美为其成果和意境。科学既负有为人类功利与道德之善提供服务的责任，它所体现的诚实、谦虚、求实、严谨与执著等品质与风格，也代表着人类的一种基本美德。

真、善、美的价值理想并不空虚，往往体现在西方发达国家的教育内容的具体要求之中。例如，英国倡导的公民教育包括希望、勇气、自尊、自重、诚实、信任、友谊、庄重等②价值要求；澳大利亚联邦教育科学与培训部所认可的普遍价值观，包括关心、同情、公正、自由、诚实与值得信赖、正直、尊

---

① 恩格斯在《自然辩证法》中多处提到当时自然科学三大发现对于人类认识领域的巨大影响（《马克思恩格斯选集》第 4 卷，人民出版社 1995 年版，第 246、306、349 页）。有学者指出，这些论述表明恩格斯并没有将 19 世纪自然科学三大发现的成果直接作为马克思主义哲学产生的前提或者基础，但是它们"事后"进一步证明了物质第一性、意识来源于物质的经典作家坚持的唯物辩证法的主要观点的科学性。

② Halstead, J. Mark; Taylor, Monica J, Learning and Teaching about Values: a review of recent research. Cambridge Journal of Education, Jun 2000, Vol. 30 Issue 2, p169.

重、责任与理解、容忍与包容等①。这样一些品质特征正是体现了"必须使科学文化与人文文化比翼齐飞，必须使科学精神与人文精神并驾齐驱"②这一新人本主义教育理想精神实质的最高境界。

（二）勇于质疑和创新的思维品质

在学校教育中，质疑之所以比怀疑更值得提倡，是因为质疑需要通过举证来进行怀疑，必须指向揭示怀疑对象的内在本质属性或者事实真相。所以，质疑成为创新思维的前提，创新则往往是新质疑的开始。西方思想界关于每一个人应当是"他自己思想的主人"③这一名言盛行，深深影响了西方学校教育：

第一，教育教学内容一般没有整齐划一的"标准"答案，学生可以自由发挥，言之成理即可。

第二，教师不能强制学生接受什么或拒绝什么，学生的认识主要建立在自我体验基础上。为了保证教育教学质量，避免教师在教育过程中放任自流、偷懒，美国专业教学标准委员会特地将"教师应对学生及其学习负责"作为教师培养"应该知道什么、能够做什么"5项核心建议的第一条；加拿大安大略省师范学院也提出了完全一致的要求。④除此之外，西方国家还在教材编写中，通过对教学内容的精心挑选、安排，规定了基本知识、能力与价值教育准则，从而用其来衡量或区分学生学习成绩，成长过程的高低快慢、优良中差。

第三，学生在校的表现一般不与升学、就业等利益挂钩，只能用纪实性语言反映。因此，在这种宽松的教育文化环境中，学生自然能够勇于质疑，即发现问题、提出问题，进而在不断地学习探索中，通过搜集资料等，或主动提出或在教师的指导下生发触及问题本质和问题真相的质疑，最终为"大胆质疑、小心求证"之创新思维的萌芽创造了有利条件。

理论创新源头与勇于质疑这样一种教育文化溪流直接相连，正是理解西方国家之所以最早发生科技革命、社会革命的一把钥匙。20世纪，西方哲学家维特根斯坦之所以能够成为"改变哲学发展轨迹"的大师级人物，就在于他跨

---

① 闫宁宁：《澳大利亚的价值观教育》，《教育》2012年第11期，第61页。

② 李醒民：《弘扬科学精神　撒播人文情况——〈科学文化随笔丛书〉总序》，《民主与科学》2002年第3期，第37～38页。

③ 这一名言首先出自荷兰思想家斯宾诺莎著作《伦理学》。作者当时受到有神论者和反民主势力的猛烈攻击，此书尽管冠名为《用几何学方法作论证的伦理学》，也只能延迟12年至1677年，由其朋友以遗著形式秘密出版。全书虽然运用几何学"界说"、"公则"、"证明"以及"演绎""附释"一类的独特之法集中论述伦理学上有关"自由"的概念，却同时也表达出作者张扬人的主体性这一哲学本体论和认识论思想（见斯宾诺莎：《伦理学》，商务印书馆1981年版，第29页）。

④ ［加拿大］马克尔·富兰：《教育变革的意义》（第三版），教育科学出版社2005年版，第266～267页。

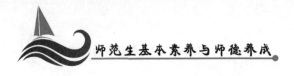

入英国剑桥大学三一学院后，遇上了能够容忍其课后论辩不休、"执拗、别扭"个性的好老师罗素等人。①

（三）情感态度与知识能力协调

1. 重视情商培养的理论基础

将情感态度与知识能力培养协调一致是教师教育教学的基本职责。情感态度相对于知识能力而言，对于人的影响更为复杂。一方面，知识能力的状况制约着一个人事业发展有无成功希望的可能性；另一方面，情感态度又决定着这个人的事业能否走向成功的现实性。换言之，前者"硬件"的学习培养可以在一定时期内达到所规定的考核要求，而后者"软件"的养成教育则需要一生的努力，其中学校教师起着重要的引领作用。

20世纪90年代，一些西方国家的教育家从建构主义教学观出发，"强调学习基于情境，要有利于学习者分享各自的见解与信息，要鼓励学生探究问题以达到对科学内容与过程的深层理解"。在此基础上，他们提出了"情景教学论""和谐发展教学论"等新的教育理论。其核心要点，在于改变教师单纯讲授的教学模式，期望通过教师与学生的互动场景营造激发学生全力投入教学活动所需的有利条件。这就是活动课、实践课等课型大行其道并成为基础教育阶段中低年级学生主要教学形式的基本原因。在"让学生动起来"的这一过程中，教师成为学生智慧和感情、意愿等精神资源的开发者，尤其充分运用美国心理学家罗森塔尔的"皮格马利翁效应"，利用教师殷切期待的目光激励学生自我开发潜智、潜能、潜质的欲望，点燃学生走上创新之路的信心之火。

2. 教师因学生的不完善而存在

学生之所以是求学者，其源于无论群体还是个体皆是不完善的、存在着各种问题甚至是缺陷，需要为师之人的教育和引导。

教师通过自己对学生全面、长期的了解，有针对性地开展教育活动，又凭借其耐心和执著化解学生中的不爱学习、成绩落后、扰乱课堂、惹是生非等难题，用一位合格教师、优秀教师的真情实意唤醒学生蕴藏在人性中的"良知"，使其转化为学生学习生活的情感态度和主动追求的坚定意愿。于是，让学生的知识能力与情感态度得以协调发展是教师教育工作的天职，教师除了对学生充满爱心没有其他任何选择。

---

① 林逢琪：《教师不可不知的哲学》，华东师范大学出版社2009年版，第240～246页。

二、引导与启发的教育活动特征

"引导"与"教育"在英语词源上具有同一性，强调的是须从师生"一起"活动之中把知识引导出来传授给学生，以促进学生的自我养成。而"启发"更是用"唤醒"或"使之光明"来表达对学生主体性的尊重。因此，以引导与启发为特征的教育活动在西方文化中有着悠久传统。

（一）尊重学生的主体性

1. 引导与启发教育的社会基础

客观地讲，强调对学生启发与引导是中外教育史上的共同现象，不过总体来说，西方发达国家更注重教师在教学过程中的启发与引导，以至逐渐转化为一种特征鲜明的教育思想。

西方国家这种教育思想的产生直接来源于商品经济、市场经济活动范围不断扩大对人的主体能动性所带来的各种风险挑战。学校自然而然地要把学生个性培养和敢想敢干的冒险精神、创新意识的张扬放在非常重要的位置。

2. 古今一以贯之的教育思想

把自己的一生献给师范教育事业、被誉为"德国教师的教师"的 19 世纪德国教育家第斯多惠对学生主体性启发教学有着深刻见解。他认为"教育就是引导"。教师只有在起引导作用时，才能在教学过程中发展学生的主动性。他建议：教学要采用发展的方法，即启发学生的智力，使他们能够"探求、考虑、判断、发现"。她的名言是："不好的教师是传授真理，好的教师是教学生去发现真理。"①

这一思想也在当代西方国家教育实践中得到了反映。如 20 世纪 80 年代，为回应以《国家为培养 21 世纪的教师做准备》为代表的呼唤改革美国教育的呼声，美国教师专业标准委员会曾经提出确定成功教师的 5 项标准，其中第一条就是："一个好教师能告诉他的学生关于许多问题的答案。但是，最好的教师能够不说话，而是帮助他的学生自己去思考回答。"②

（二）激发学生创造意识

1. 教材内容避免空洞说教

"创新"一词目前非常盛行，如果对于人生阅历尚短、甚至能力单薄的青

---

① 第斯多惠：《德国教师教育指南》，载焕庭编《西方资产阶级教育论著选》，人民教育出版社 1964 年版，第 357 页。

② 郭法奇：《西方教育中的"师德"及其特征》，《教育评论》2002 年第 6 期，第 91 页。

少年儿童不恰当地强调，很有可能适得其反。观察西方教育发展历史，教育家们更多地推崇学生自我"创造"意识与能力的培养，而非将人类社会的高端要求简单、机械地搬进课堂教学中。

教材编写中要十分注意选择那些有利于引导与启发的内容，避免空洞的说教。此处仍以美国中小学设置的"世界学习"课程内容为例做一简要说明。为了培养学生具有一种眼界宽广的人文情怀，这门课在教学内容安排上不是单一的讲授，而是循着"观察我们自身→社区探险→不公平的贸易"这样一种学习路径来启发学生理解"这里也有世界"，除了自我理想和个人利益以外还存在着不公平的社会现实；进而激发学生思考"同他们做好朋友"的可能性，以及生发认识"另一个世界"到底是一个什么样的世界的学习愿望；最后引导学生产生对"明日之世界"的探究意识：我们将会怎样、世界应当怎样，树立变革的信心。

2. 课堂教学力戒形式主义

课堂教学中力求自然生动，防止僵化的形式主义的危害。改变以听讲为主的课堂学习方式，把必须学习的内容融入课堂学生积极活动之中。一般来说，讲授的时间约占 20％～45％，小组学习的时间约占 30％～40％，独立学习的时间约占 20％～40％。在整个教学过程中，学生独立学习和个别施教的方式占有非常重要的位置。

英国学校的教室里，教师的讲桌位于教室的一个角落，教室的空间划分、课桌椅的排列根据教学活动的不同需要可进行多种安排。在学校里，你很难发现两间完全相同的教室。[①]

兰州城市学院外语系教师杨惠芳在德国学习考察之后写的《德国课堂教学和家庭教育与我国的比较》[②] 一文，也描述了这一情形：我们曾经听了一所初级中学的阅读课，授课内容是"男孩女孩的区别"。教师让学生充分讨论，尽管学生都只有十二三岁，可是他们一点也不害羞、不拘谨，踊跃发言，什么答案都有，课堂上不时响起哄堂大笑；当时我们也被感染，跟着一起笑。上这样的课，真是一种享受啊！同样的情况也反映在丁邦平的《中美基础科学教育的差异》和《英国小学科学教育改革：实地考察与思考》的文章中。[③]

---

① 折延东：《试析西方国家课堂教学的个别化实践》，《温州师范学院学报（哲学社会科学版）》2001 年第 21 期，第 53 页。

② 杨惠芳：《德国课堂教学和家庭教育与我国的比较》，《甘肃科技》2008 年第 2 期，第 183 页。

③ 丁邦平：《中美基础科学教育的差异》，《课程·教材·教法》2007 年第 2 期，第 92 页；《英国小学科学教育改革：实地考察与思考》，《比较教育研究》2008 年第 9 期，第 66 页。

3. 成绩评价保护创新幼芽

西方国家学生的学习成绩评价中看重的是奇思妙想中的合理性，保护"创新"的幼芽。在美国，从小学到高中一直采用直升即自然升级的办法，考试成绩也不公布，每个学生仅知道自己的成绩；更不排名次，只分 A、B、C、D、E 5 个等级；有些小学不考试、不打分，对中、低年级学生的作业，只打一种有不同表情的漫画或脸谱的印；有的往往给较高分数，以表示希望学生进步更快的愿望。

为了激发学生进一步学习的愿望，有利于从中培育其个人的兴趣爱好、为成长成才拓展空间，美国中学实行学分制和选课制，有的中学开设百余种课程供学生选择。不少学校规定，只有完成上一年级学分方可进入下一年级学习，而且中学阶段所修大学课程的学分可直接带入大学。

虽然美国学校教育中这种过于"将就学生"的做法，特别是无统一大纲、无统一学力要求、无作业、无统一考试、无教师权威的"五无"现象长期以来招致社会和教育界不少人士的诟病，认为是造成美国教育质量滑坡的重要原因；但是，在教学考核中成绩不公布和不排名次的基本原则没有动摇。[①] 其目的就是为了让学生在相当自由的学习氛围中自主地、根据自己的兴趣爱好进行学习，以培养探究的创新品质。

（三）培养学生个性品质

1. 家庭生活中的养成教育

现代欧美发达国家需要与自由竞争相适应的"社会人"、"经济人"。为此，学校和教师按照个人主义要求，从多方面着手培养具有独立思考、勇于批判、维护权利、尽职义务的个性品质特征鲜明的"新人"是其主要的任务。

欧美国家要求学生自觉成为家庭一份子，养成勇于担当责任的生活态度。杜威在其 1896 年创办的芝加哥实验学校中就采用了与其他学校不同的训练方法，让儿童主要进行为家庭服务的社会性作业，不仅学到了综合知识，更体会到了人际合作的意义，知识与道德融合在一起了。[②]

日常生活中，从幼儿开始即分床睡觉，吃饭、穿衣等日常生活尽可能由孩子自己完成，家长绝不包揽一切成为普遍现象；当孩子稍大一些，即通过洗碗、打扫房间卫生、倒垃圾、草坪割草等家务劳动来培养其作为家庭一份子的

---

① 管锡基：《试探以美日为代表的国外考试制度改革的两种趋向》，《山东教育科研》2000 年第 7～8 期，第 65～66 页。

② 陈锡文：《谈谈办好实验学校的一条思路——杜威学校与帕夫雷什中学的比较研究》，《上海教育科研》1999 年第 3 期，第 3～5 页。

责任感。也有不少家庭对孩子的家务劳动给予一定的劳动报酬，以引导他了解"劳动所得"的财富观念。

2. 引导学生课后探究性学习

当代美、英国家的中小学课堂教学中，讲授不再是唯一的教学方式，教师引导学生进入实验室、图书馆学习，为独立思考提供基础。

杨惠芳介绍，在德国，我们曾经听过一节中学的心理课——《关于中西方心理学的差异》。当时我们认为这个题目太大、范围太广，对中学生不适合。但是，由于学生提前在网上查阅了大量的资料，所以他们胸有成竹，发言积极，讨论热烈，课上得很成功。整节课都是学生在活动，教师只是在最后几分钟做了简短的总结。①

王定华在谈及德国洪堡中学教学情况时指出，洪堡中学初中选修课中的"科学与自然"是该校独创的特色课程，主要通过专题来进行教学。例如，在"测量气候变化"、"分析提取能量"这样的专题中，力求从数学、物理、化学、生物、地理课的角度进行综合、分析、研究和学习，更加注重了课程的综合性、实践性、活动性和探究性。学校还每两年举办一次"世界中学生科技大会"，邀请十几个国家的"小科学家"共同研讨发明和创意。除此之外，学生还有很多机会参加众多活动，如洪堡学校乐队、洪堡剧团、学生家长合唱团等。诸如此类的实践活动为学生提供了参与社会生活的机会，让学生在实践中感受、探究和体验，增强了社会责任感，培养了创新精神和实践能力。②

3. 鼓励学生走向社区锻炼

西方国家的教师鼓励学生走向社区，了解社会实际，培养批判精神与能力。

在美国，对于上学的孩子，家长常常以帮忙给邻居上门送报、假期参加社区活动、业余兼职等途径来培养参与社会的能力。在美国，"学校是社区极为重要的有机组成部分"③，这样一种大教育观的长期存在，很多学校十分注重向学生们提供很多参与助人的活动机会、社会服务的活动机会，即所谓服务学习，以促进学生知识、技能的获得和能力的提高，并使其在服务社会、服务他人的过程中培养自己的公民意识、社会责任感和合作精神。

① 杨惠芳：《德国课堂教学和家庭教育与我国的比较》，《甘肃科技》2008年第2期，第184页。
② 王定华：《德国基础教育质量提高问题的考察与分析》，《中国教育学刊》2008年第1期，第14页。
③ 汤新华：《美国学校与社区的互动及其启示》，《广西师范大学学报（哲学社会科学版）》2008年第5期，第28~31页。

服务学习是美国青少年品质教育的一种有效形式，受到社会各界的普遍关注。在联邦政府的直接推动下，参加服务学习活动的学校在美国得到迅猛发展。从1984年到1997年，参与这一活动的学生人数从最初的90万增长到1260万。服务学习的内容涉及自然环境和社会生活的各个方面，有环境和文物保护、为有特殊需要的人提供服务、社会热点问题研究、为政府决策提供依据等。①

（四）发挥教师的主导作用

1. 美国的"品格教育伙伴"实践

在培育学生个性品质过程中，教师自身行为的影响不可忽视，从某个角度上讲，甚至是决定性的。个性教育在教育心理学中又叫做品格教育。1993年成立的美国"品格教育伙伴"在新世纪所开展的提高品格教育有效性活动就是美国教育改革的产物。

这个组织作为一个全国性、非盈利、非党派的组织联盟，近年来因强调建立学校、家庭、社会在品格教育中的"伙伴"关系，提倡责任和尊重教育以及提出有效品格教育的11条原则而蜚声美国教育界。该组织特别强调要对学生进行良好品格教育，学校就应该给教职员工提供反思道德事件的机会，如通过各种员工会议和小型扶助性集会，定期总结相关问题等。这些问题有：学校为学生提供了哪些积极的品格建构体验？学校还存在哪些问题使学生产生了消极的品格建构体验（如同伴间的残暴行为、学生作弊、教职员工不尊重学生、在操场上乱扔垃圾等）？当前还有哪些重要的道德活动没有引起足够重视（如合作学习，学校及社会服务活动，创造与不同种族、文化、社会、经济背景的人们学习和交流的机会等）？有没有一些活动与核心价值观和培养关爱集体的愿望相违背？对这些问题的反思是优化学校道德生活必不可少的条件。②

2. 美国教育中追求正义性的案例

在现代教育中，教师为了追求教育上的正义，是要付出一定代价的。在美国的教育中就有这样一个案例。一次自然学科的研究课上，两个初中男生由于课题汇报的内容与任课女教师的观点不合而发生冲突，这位教师很快将此事向学校进行了报告，并要求对他们实行"停学"的处分。③

---

① 黄海洋：《美国品格教育的回归及其启示》，《思想·理论·教育》2002年第7～8期，第59页。

② 林洁：《提高学校品格教育有效性的基本原则——来自CEP的忠告》，《当代教育科学》2003年第10期，第44页。

③ 郭法奇：《西方教育中的"师德"及其特征》，《教育评论》2002年第6期，第90页。

这件事引起了一位教社会研究课的男教师的关注，他决定介入此事，但他同时也陷入一个两难的境地。从通常的情况来看，学校的教师都是应当站在学校的立场上，并为自己的同事说话的。但这位男教师听了两个学生的陈述以后，经过思考，分别给校长助理和校长写了信，表达了自己的看法。他认为，这两个学生虽然有些调皮，但他们绝不是坏孩子。最终，学校接受了这位男教师的建议，没有处分这两个学生。

这件事情给两个学生留下了深刻印象。在他们看来，这位男教师是一个不顾个人得失和主持正义的人，这样的教师才是真正"教书育人的好教师"。正因为如此，马卡连柯说："教师个人的范例，对于青年人的心灵，是任何东西都不可能代替的阳光。"①

三、民主意识与法治精神的培养

民主、法治是政治生活中一个经久不衰的话题，而对于学校来说，在教育活动中应培养学生正确认识民主、法治及其相关的自由、平等概念以及在人的发展和社会生活中的重要作用，明确在争取民主、自由、平等权利过程中自身担负什么样的法律责任。这并非学者们坐而论道的一种设想，其早已成为当代西方社会教育实践的一种核心理念。

（一）民主意识与法治精神教育

1. 现代民主意识与法治精神的起源

现代民主意识与法治精神首先产生于西方。西方各国近代以来，既有资产阶级反对封建专制与独裁统治的革命历史，也有力图挣脱资产阶级利益集团奴役枷锁的无产阶级反抗历史。

英国是世界上第一个发生资产阶级革命的国家，封建国王在被处死不久，小资产阶级民主主义者、平等派领袖利尔本就死在资产阶级以及上层贵族势力的牢狱之中。

以"自由、平等、博爱"自居的法国，自1789年大革命爆发以来，资产阶级在历经了近一个世纪才真正确立起共和民主制度，同时却向争取民主自由的"巴黎公社革命"中的无产阶级举起了屠刀。革命斗争亲历者欧仁·鲍狄埃以大气磅礴的《国际歌》在民主发展历史中留下永久佳话。

美国经历了独立战争和内战以及随之而来的改革，直到现代才以黑人民权

---

① 杰普利茨卡瓦：《教育史讲义》，华东师范大学出版社1958年版，第375页。

领袖马丁·路德·金的生命换来民主法治社会的实现。他的《我有一个梦》①的演讲仍然是世界认识、反省美国民主法治历史的一面镜子。作为教师，将这些历史告诉学生，培养他们正确的世界观、人生观和价值观具有不可低估的作用。

2. 民主、法治教育的内涵与基础

民主、法治原本是政治学上与专制、人治相联系的概念，其基本含义有三：人是自由平等的，所拥有的权利任何人或集团既不得剥夺也不可转让；国家的主权来自人民，人民通过建立议会、制定宪法及其他法律来体现自己的意志，法律的权力至高无上，政府只能是依法施政，没有任何自己的私利；法律保障每一位公民处理自身利益的各种自由权利和参加社会政治生活的资格与条件，并得到法庭的公正保护。

由此可见，民主、法治与自由、平等之间有着十分紧密的联系，具体来说主要体现在以下方面：

第一，建设民主、法治社会是为了实现自由、平等社会的价值理想目标。自由、平等、民主、法治等概念的内涵并不是相互孤立的，自由乃是人自觉自主的活动，是不断实现自身特质的过程；民主是实现自由并调节自由与平等关系的一种政治机制，而法治是人基于理性对自由和民主作出的制度安排，以保障人的自由合理释放。三者虽然所起作用各有不同，追求自由无疑是民主和法治发展的基本动力，民主与法治犹如自由之车前行的两轮，民主让自由得以确立，法治使自由更加规范。但是，三者又在价值理想上统一起来："自由表现的是人之为人的本性之美，民主表明的是一种制度之善，法治表明的是一种制度之真。"②

第二，只有以民主社会为基石才能有真正意义上的现代化法制建设。确保人民行使民主自由权利是法制现代化的唯一指向。而要实现这一目标与最高统治者个人是否具有"亲民"一类的态度基本无关，而是取决于人民民主觉悟意识、社会民主政治气氛和政党政治发展程度；反之，把现代法治社会的推进，寄希望于某个人身上，将始终无法跳出"人亡政息"的"历史循环陷阱"，甚至很有可能导致以"法治"名义而实施暴政的悲剧上演。

---

① 马丁·路德·金是20世纪五六十年代美国民权运动的著名领袖。1963年，金组织了争取黑人工作机会和自由权利的向华盛顿进军运动，发表了"我有一个梦想"的著名演讲。民权运动推动美国国会于1964年通过《民权法案》，宣布种族隔离和歧视是非法的。1964年，马丁·路德·金获诺贝尔和平奖。1968年4月4日，金在参与领导清洁工人罢工时遭到暗杀，年仅39岁。

② 万斌、吴坚：《论自由、民主、法治的内在关系》，《浙江大学学报（人文社会科学版）》2011年第9期，第36页。

第三，法制的完善与现代化对于现代民主建设是必由之路，舍此并无任何捷径可走。人民当家做主的参政权、议政权、监督罢免权等政治权利和个人经济的、社会的、文化的、教育的、人格尊严的等自由权利唯有依靠宪法及其整个法律制度建设来具体落实。

放眼当代世界民主与法治的发展史，就是人类通过总结法治建设过程中的经验教训，认识和理解民主政治的真谛，掌握民主精神要义并且努力按照这一精神进行社会实践的进步史。

（二）民主是一种生活方式的教育观

1. 杜威民主教育观的主要内容

20世纪初期，美国实用主义教育哲学代表人物杜威，在对科学主义盛行之下的美国教育脱离社会实际需要、单纯以传授理性知识为主的种种弊端进行批判的基础上，提出了学校即社会、生活即教育的主张，希望通过学校教育来培养社会所需要的具有民主精神和民主实践能力的合格公民。

权威在《民主主义与教育》一书的"序言"中指出："本书体现我探索和阐明民主社会所包含的思想和把这些思想应用于教育事业的许多问题所作的努力"①。这种教育观在20世纪产生了重大影响，二战结束后的半个世纪以来，这一思想在演变成西方发达国家教育改革的潮流的同时，由于它超越了民主是一种西方国家专有的意识形态的认识樊篱，因而也广泛传递到发展中国家并成为其制定教育改革方针的主要参照理论之一。

2. 民主教育思想的主要内容

杜威对于民主教育内容，有着独到而具体的阐释。

"民主较之一种特殊的政治形式、一种管理政府的方法，以及通过普选和被选出的职员来立法和处理政府行政的方法要宽广得多"，② 因而将有关民主社会的基本价值观和行为准则引入学校教育之中，培养出信仰、依靠民主并以之指导其自觉生活行为，献身于思想、言论和探究的自由活动，具备为社会的共同福利谋利益的能力以及为社会而努力工作的公民，这既是教育的本来意义之所在，也是现代社会发展的必然要求；否则，很难找到医治"如何使教育制度适应民主社会和民主生活方式的需要之问题"③ 这一社会病的"解药"。

教育是社会生活的一部分，是为未来生活做准备的。因此，在学校教育过

---

① 杜威：《民主主义与教育》，王承绪译，人民教育出版社1990年版，第1页。
② 杜威：《人的问题》，上海人民出版社2006年版，第44页。
③ 杜威：《人的问题》，上海人民出版社2006年版，第44页。

程中要十分注意营造、设置种种环境，使学生成为其中的成员参与各种活动，在这些活动中培养他们民主的行为习惯和参与的能力。不仅教学活动应采用活动课这种形式，而且学校管理中，教师、学生都应拥有参与其中的相应权利，即实行民主化管理。这将避免在学校管理中不民主的情况影响学生——未来社会公民的感情、思想和行为等方面的习惯的形成，最终会妨碍民主主义理想的实现。"学校既与社会隔离，于是学校里的知识不能实用于生活，因此也无益于品行"①，背离了杜威所坚信的"民主主义本身便是一个教育的原则、一个教育的方针和政策"② 这样一种教育哲学的基本理念。

教育的民主精神反映在师生关系上，教师应以合作者的态度调动学生积极参与教育活动的热情和保护其权利。在教学活动中，作为参与者身份的教师，既不是传统学校里的"独裁之王"，亦不是现代学校里放任自流的"旁观者"。"事实上，他应该是一个社会集团（儿童与青年的学问集团）的领导者……若说儿童享有自由之后，教师便应逊位而退处于无权，那是愚笨的话"。③

（三）学校的民主法治教育实践

1. 学校肩负着社会建设使命

民主社会建设的主要推动力量，是具有民主精神和民主能力的现代公民，而现代公民的培养依赖于学校的教育活动。在培养享有自由、平等、有尊严且自律的"民主的道德基础"④ 的人的方面，学校的地位和作用是无可替代的。

这种地位和作用既表现在以民主法治精神来教育、引导和管理学生，也表现在学校制度建设、校园文化建设过程中，师生们通过民主的方式参与其中，尊重他们的有益建议、虚心听取他们的批评意见，从而营造出一个以师生为本的育人氛围。由此环境熏染的人，无论是教师还是学生，离开学校后必将把良好的民主法制文化之风带向社会，促成整个社会的文明进步。

2. 民主教育攸关民主社会的实现

民主社会就是全体成员都能以同等条件参与社会事务，共同享受社会的利益，并通过各种形式的联合来影响、促进人与社会和谐发展的政治目标的实现。

民主教育是民主政治、民主生活方式对教育的要求。民主作为一种价值体系，其外化为公民自治与权利平等，其价值基础在于视每位公民都是有目的的

---

① 杜威：《人的问题》，上海人民出版社 2006 年版，第 25 页。
② 杜威：《民主主义与教育》，王承绪译，人民教育出版社 1990 年版，第 377 页。
③ 杜威：《民主主义与教育》，王承绪译，人民教育出版社 1990 年版，第 377 页。
④ 刘军宁：《民主共和宪政》，上海三联书店 1998 年版，第 118 页。

人，应该拥有选择和追求自己所珍视的美好生活的自由。民主教育是与民主价值体系相一致的教育，民主教育应该服务于促进民主价值的实现，重点在于培养学生的理性与自主性，在此基础上培养为多样化美好生活所需要的能力与德性，培养民主社会公民所需要具备的民主精神与民主素质。这样的人，才能理性、合理地确定与追求人生目标，才能履行民主社会公民的职责，从而维系民主的生活方式与价值观。因此，对于民主社会来说，"教育不是惟一的工具，但它是第一的工具，首要的工具，最审慎的工具"。①

　　3. 英美国家的民主教育实践

当代西方国家更是将民主法治教育纳入学校课程建设之中，从中小学直至大学一以贯之地对学生进行有关民主、法治以及自由、平等等现代社会最基本的核心价值观教育。

在美国，"不少学校设有'走向法庭'的现场训练。老师带领学生旁听当地法院审判，然后根据所学的知识对案例进行分析和讨论，给被告定罪等。另外，一些课程除课堂教学外，还利用近 1/3 的教学时间组织学生到法律事务所、警察局等机关，亲自体验现代公民的责任，这对青少年法律行为能力的培养和守法习惯的养成无疑有较好的促进作用。"② 真正意义上的法制教育的起源是 20 世纪 60 年代的"法律学习运动"，而后经历了组织发展和课程开发、全国推广时期，直到 1975 年，法治教育才作为正式课程被列入社会科课程范围。由于美国没有统一的教科书制度，各州主要依据"法律、权力、正义、自由、平等"为基础确定具体的教学课程。据哈恩调查，美国已经有 2/3 的州将法制教育纳入了课程体系。在佛罗里达州，就有 30 种不同的课程在一个学校里实施，这些课程包括"法律研究"、"法律问题"、"审判程序"等。在佛罗里达州的高中，每年都会举行模拟审判比赛，为高中生提供最实际的、深入学习审判过程的有效方法。另外，在法治教育协会的帮助下，佛罗里达州成立了最高法院司法教学协会，旨在加强中小学法治教育。③

以宾夕法尼亚州的一所学校为例。该校有一个由 13 名学生、5 名家长、3名老师和理事长共同组成的顾问委员会，其中理事长没有表决权。这个委员会每月碰一次面，就有关政策提出建议，对计划做出评估，并就日程安排、预算、课程和学校环境等问题提出建议。同时，该校还定期召开全校大会，在会

　　① 杜威：《人的问题》，上海人民出版社 2006 年版，第 17 页。
　　② 刘咏梅：《美国青少年法制教育的特点及其启示》，《中国青年研究》2005 年第 9 期，第 88 页。
　　③ 徐茜：《美国中小学法治教育管窥——以佛罗里达州教育概况为例》，《社科纵横》2010 年第12 期，第 216 页。

上，学生、员工和家长都可以提出自己关心的问题。此外，每 15 名学生组成一组，每组由一名员工进行指导。各组大约每 6 天集会一次，商讨他们关心的问题，倾听呼声并作行动计划。在学校顾问委员会讨论人员雇用问题上，学生、员工和家长都有自己的代表参加。其目的，就是为了充分发挥学生自我管理教育的积极性，培养其民主意识与法治精神。[①]

英国的学校并不存在独立的法制教育课程，法制教育只是作为其公民教育课程内容的一个重要组成部分。但是，2002 年英国政府通过立法规定，自当年 9 月起公民教育作为中学阶段的必修科目，而且依据英国资格与课程局颁布的课程指南，英国中学两个阶段的公民教育教学内容均将有关法制教育排在首位。在内容安排上，从与公民身份密切相关的法律入手，选择法制教学的内容，通过法制教育培养学生对于公民身份的认识及对于公民权利和责任的理解，促进其公民意识的养成，并且逐渐形成了"治安法院模拟审判竞赛"和"刑事法院模拟审判竞赛"两种学校法制教育实践教学模式。[②]

四、和平与发展教育的内容要求

面对当代层出不穷的社会问题、国际问题，使得"地球村"的教育者们必须担负起教育我们自己和一代又一代青少年儿童，树立维护和平而拒绝战争、追求发展而远离贫穷的世界观，维护人类共同的精神生活家园成为世界各国确定教育内容的基本指导原则。这一时代要求最为集中地反映在联合国教科文组织以及国际教育发展委员会自 20 世纪 70 年代以来所提交的多个宣言或报告中。

（一）关于和平与发展教育的核心内容

1. 以和平价值为取向的教育

自 20 世纪 70 年代以来，不管是《学会生存》的"生存"教育，还是《教育——财富蕴藏其中》中"学会共同生活"中的"共同生活"以及《教育的使命——面向二十一世纪教育宣言和行动》中所倡导的"和平文化"，其基本思想包括了教育全球化语境中的人类共同的价值理想，即非暴力、容忍、公正、平等、团结、人权、环境的可持续发展等。

非暴力不仅本质上就是追求和平价值观的具体表现，而且也是促进发展所

---

① 张永红：《美国和平教育及其启示》，"2012 创新教育国际学术会议"论文，http：//jour. duxiu. com/search cp？ sw。

② 车雷：《英国的学校法制教育及其启示》，《教育探索》2011 年第 11 期，第 152～153 页。

必需的条件之一。对于担负着培养未来新人的学校教育来说，培养学生面对矛盾分歧、利益不同时竭力控制自己情绪，以理智的态度、通过平和的语言去交流沟通，在妥协的基础实现相互利益的最大化；即使一时无法解决，双方都不诉诸暴力，将其纳入法律程序和道德原则允许的范围内解决。所以，非暴力的价值观应该是深植于人类、特别是青少年和儿童心里的基本道德防线。

容忍的普世价值意义在于对人的尊重、对于人类文化多样性的认可和宽容对待，以追求和平发展的社会氛围和和谐共处的人际关系为最主要的目标。如果能以包容的心态去倾听、欣赏、接纳，那么，任何一个人都会从中感到自己存在价值意义。这就为友好相处、减少分歧和冲突、应对无论是来自自然的还是社会内部的各种挑战创造了基本条件。学校有关容忍价值观的教育就在于让学生认识到人之间的差异性是客观存在的，学会宽以待人的方法、培育坦然面对分歧的良好心态。

团结是人类特有的一种社会现象，也正是它确保了人类战胜任何威胁、不断促进社会发展和繁荣所需要的和平条件，即使诉诸战争也要回归和平发展之路。教育学生认识到这一点，主要是解决如何正确处理个人、团体、社会、种族、民族、国家、世界、全球等多个层面之间的关系问题。既然人类自近代以来已经结成一个整体、现在及其未来只能生活在一个"地球村"当中，那么，每一层面的当事者也只有以"共处一村"的利益观、发展观来对待不同的诉求、协调相互间的矛盾，才会减少同一社会乃至全球各国之间不必要的冲突发生，而且有利于整合人类智慧、增加解决大家面临的难题的可能性的机会。这正是学校教育具有不可取代的优势之所在。

2. 以发展为诉求的价值教育

公正即公平正义，作为人类社会最主要的理想价值目标之一，它既表现为一种制度安排、一种原则和标准，也包含在一种状态、结果之中。不过，公正本身不是目的，而是通过营造和平发展条件，促进包括每一个人在内的幸福美好生活的实现。正确面对影响公正实现的复杂的社会现象，教育的责任不可小觑。让学生深刻认识到不公正的自私自利观念以及以权谋私的社会行为正是制造或者加剧了人际、族群、国家间各种矛盾纷争和利益冲突的主要根源，要建立一个和谐社会、和平世界，从做一个公正的人并坚守公正的价值理想开始。

平等价值观最重要的是消除各种人为因素造成的一些社会成员的优越性或者卑贱者这些符号特征，把每一个人的潜力激发出来，推动社会又好又快地发展。在校学生或者社会中的每一个成员都应懂得，除了拥有法律规定的权利，任何人不能凌驾别人之上而独占或者多占社会利益，等等。除此之外，人们无论其民族、种族、性别、信仰如何不同，其血缘亲疏、思想观点、思维方式、声音腔调、身材相貌存在多大差别，都应相互平等待之。当我们的学生真正接受这一人类价值观，即为其在校和今后走上社会与人友好相处铺下了基石。

人权、即公民拥有经济、政治、文化、教育和人身、精神等方面生存与发展的自由权利。保障这一权利的实现既是发展的主要目的，也是维护社会和平、世界安宁最为直接的表现。在今天，人权无所不包的时代，其基本要点仍与当年法国启蒙思想运动所提倡的几乎一致，即"天赋人权"观强调人的权利是与生俱来不可剥夺、不可转让的，非经法律裁决，任何人或组织包括国家在内不可侵犯。培养学生尊重人权，就是为了从法理上理解和接受人的基本需要都是一样的，不会因为外在的差异而有天壤之别，更不允许有人以所谓高低贵贱而将他人的生死、荣辱玩弄于股掌之间。人权教育的意义就是要每个人懂得保护他人也就是保护自己的开始。

环保要求成为人们普遍推崇的价值观是 20 世纪 60 年代以后的事情。这一思想与建立在对大自然敬畏基点上的古代朴素环保观不同：一是有比较坚实的科学基础，二是环境保护需要有一种国际视野，三是立足于每一个人的即时行动。学校通过对学生持续不断地教育，培养起一种节约意识、环保习惯，以之带动社会，在包括生产、销售和日常消费等各个环节，以不浪费、能循环、可持续的原则来指导和安排相关活动，把对自然环境的破坏、对自然资源的索取降低到最低限度内，实现人类社会的永续和平发展。

（二）和平与发展教育的国际实践

1. 联合国倡议与美国的课程改革

和平教育并非是对过去不相往来的孤立生活状态的留恋或追逐，而是适应追求人类幸福生活、服务于更好更快发展这一终极目标而产生的。与之同行的发展教育，正是立足于人的培养目的未来指向，要求受教育者在为面向未来生活而学习的同时，还要具有对社会、世界乃至人类前途深切关注的眼光。换句话说，人们接受教育，不是简单地传承或维持现状需要，而是为了改变自我、改变世界。这是 20 世纪后半期世界科技加速发展、知识经济时代出现对文化教育领域深刻影响的最直接反映。

1974 年，联合国教科文组织发表了《为国际理解、合作与和平的教育及与人权和基本自由相联系的教育之建议》，为世界范围内和平教育的推行提供了方向。1989 年，在科特迪瓦举行的"人们思想中的和平国际会议"，提出了一个新的和平目标：发展一种以各文化所共同认可的价值观为基础的"和平文化"，以构建一种新的和平观，并推动相关的教育研究和实践。

1994年，联合国教科文组织发布了《教育促进和平、人权和民主行动声明和一体化框架宣言》，再次重申教育在化解冲突、构建和平上的作用与不可替代性。联合国将2000年定为"和平文化国际年"，宣布2000～2010年期间为"为世界儿童建设和平与非暴力文化国际十年"，颁布了《和平文化宣言和行动纲领》。

世界和平教育的发展开始进入一个新阶段，也为美国和平教育的发展指引了新的发展方向。

20世纪80年代，美国在课程改革中设置了"世界学习"课程[①]，包括4个单元，一是"这里也有世界"（含A观察我们自身、B社区探险、C不公平的贸易）、二是"同他们做好朋友"（A一起干些什么、B解决争端、C性别角色分工）、三是"另一个世界"（A印象与忆测、B太多太少、C少数民族集团）、四是"明日之世界"（A我们将会怎样、B世界应当怎样、C变革），涵盖了小至班级教室、同学争端、语言差别、不同性别，大到人口与财富、穷国为何穷、土著与少数民族和对未来的预测等34个教学内容要点，其中贯穿了"原因与结果、传意、争端、合作、权力分配、公正、相互依存、类似与差异、社会变化、价值观与信念"这些核心概念，从中我们可以感受到关注世界和平、和谐发展这样永恒的教育话题。

2. 发展教育的兴起与发达国家的实践

日新月异的计算机网络技术大大改变了人类的信息传播方式，使得人与人瞬间可以实现学习俱时、欢乐同享、休戚与共；一日千里的空间技术和生物基因技术又迅速地改变着人们对宏观世界和微观世界的认识，当今已很难用"边界"来限定人类在物质世界认识方面的探索。所以，过于注重对已有知识的吸收是不可能应对快速变化的时代需要；相反，还可能在国际竞争中拉大距离，陷于更加不利的境地。要改变这一切，只有通过创新教育内容、方式，用"发展"的思想理念教育人、培养人才能实现。教育存在的价值意义也就由过去专注于当下生活所需要的知识、能力，以及维系社会存在的共同道德伦理和行为准则的教化，发展成为在过去的历史文化中汲取人文精神营养的基础上，立足现实需要学习、培养迎接复杂世界各种挑战所必需的知识能力和基本素质。这样的一代又一代"新人"，不仅是新世界的建设者，无疑也将是人类新时代的开拓者。

发展教育首起于20世纪60年代的欧美国家，1960年"联合国十年开发

---

① 钟启泉：《地球市民论与课程》（下），《外国教育资料》1996年第4期，第46页。

计划"提出，1964 年设立"联合国贸易开发会议"，随后的 1970 年、1980 年联合国先后实施两个"十年开发计划"，这就"意味着实现发达国家、发展中国家双方人的权利与尊严、自立、社会正义、个人与社会的更好的变化"，成为国际社会的共识，并化作联合国教科文组织开展的包括和平、人权、环境在内的国际教育一个重要领域。[①] 在世界各国中，日本开展发展教育走在了最前列，由"开发教育课程研究会"推出了专门的开发问题学习课程，力图实现的目标包含有："第一，谋求对发展中国家的综合理解。第二，谋求对低开发国家的状况及其原因之理解。第三，培养旨在克服这些落后状况、旨在人类社会的均衡发展的态度。"[②]

在经济全球化时代，德国中小学校也普遍强化了外语和国际知识教学，培养学生具备国际化生存的意识和本领，除通过加强世界历史、世界地理及其他国际知识和外国语的教学以外，还组织学生开展多种形式的出国学习体验、鼓励与国外学校建立姊妹学校关系。[③]

此处的"开发教育"实际上就是"发展教育"，我们之所以主张用后者来代替前者，不但是两者的英文原意基本一致，而且"发展"比"开发"似乎更重视遵循事物的内在规律，少了些人为的色彩。

（三）和平与发展教育的主要内容

和平与发展教育能否收获学校与社会所期望的效果，既与内容的科学性有关，同时也离不开教学内容的合理安排，使之在符合学生认识规律基础上做到循序渐进。

以日本"开发问题学习课程"为例。这一教育过程分为 6 个阶段，包括小学低年级、中年级、高年级，初中，高中一年级、高中二年级全部贯通，设置有"A 地球，B 人口·国土，C 食物，D 资源·能源，E 生活·社会/生活问题，F 南北问题，G 开发问题，H 国际合作，I 人类的生活方式"等学习课程。但是，不同阶段又有各自的学习目标。

例如，在"C 食物"的学习领域中，低年级学习"人类为了生存必须有食物"、"粮食生产的方法多种多样"、"农业是繁重的工作"；中年级学习"地区不同，食物、食法不同"，"日本过着丰富的生活"；在高年级学习"日本的食物资源多依赖于国外，存在粮食危机的问题"，"世界上有大量处于饥饿状态的

---

① 钟启泉：《地球市民论与课程》（下），《外国教育资料》1996 年第 4 期，第 49 页。
② 钟启泉：《地球市民论与课程》（下），《外国教育资料》1996 年第 4 期，第 50 页。
③ 钟启泉：《地球市民论与课程》（下），《外国教育资料》1996 年第 4 期，第 50～54 页。

儿童"。随着年级的递升，从身边的事实认识→社区→日本→国外，空间愈益扩大，从而不断深化对日本的食物问题及世界食物问题的认识。在初中，学习"发展中国家大都食物不足"、"不应当从价值上去批判饮食的差异"、"要维持日本的饮食生活尚有困难"。高中一年级阶段学习"饮食的差异是文化的问题"、"发展中国家农业生产停滞"、"日本面临粮食自给率下降的问题，要求新的方向"；高中二年级阶段学习"动物性蛋白摄入量在世界各国递增"、"发达工业国家的食粮问题是国内的农业问题，同时也同贸易相关"、"发展中国家的食粮问题同历史的、社会的条件相关"，加深对粮食问题与饮食文化的认识。在其他学习领域，也根据学生的发展阶段系统地设计了学习目标，以使学生获得结构性的认识。

（四）和平与发展教育的艰巨性

和平与发展教育是关系到人类现在和未来的重要教育活动，不仅涉及如何对待国家之间的利益发展与冲突，而且也包括怎样处置自身权益与社会、他人要求不一致所持有的立场态度。但是，从实际情况看，其不仅仅与当今国际社会现实有着很大差距，而且实施过程也充满曲折。正如国际教育局的调查显示：和平与发展教育是知易行难。[①]

1. 国际强权政治的制约

落后的国家观、民族观仍然干扰着和平与发展教育观的树立。人类一方面在千方百计地追求和平世界，力图改变观念、改变世界，为创造幸福的生活而努力；另一方面，世界上一些国家的领导人秉持以大欺小、倚强凌弱的殖民主义、帝国主义心态处理国际事务，明显偏离大家所公认和自身所宣扬的公平正义原则，甚至不惜诉诸武力从落后国家、地区夺取利益，从而产生了恶劣影响。

和平与发展教育开展无力，导致国际上对这一教育是否继续推进信心不足，直接影响和平与发展教育理论的研究，不利于世界和平，不利于世界的文明进步。

2. 社会贫富差距的影响

过大的社会贫富差距制约着和平与发展教育的成效。和平教育的核心在于教育人用理性、温和的方式解决社会之中的矛盾冲突、利益差别，拒绝使用暴力；发展教育的基点是要告诉人们，所有的希望只有通过努力发展生产、改变

---

① 赵中建：《全球教育发展的研究热点——90 年代来自联合国教科文组织的报告》，教育科学出版社 2003 年版，第 321 页。

自身观念才能实现。

然而，在现实社会中，特别是在社会、经济处于转型时期，由于多种原因导致社会不同阶级或阶层、利益集团之间的收入差距扩大，甚至差距还有不断扩大的趋势。此种情形，大大增加了要求人们以理性、平和的心态来看待与自身利益直接相关问题的教育与说服难度。学校的教师、学生并非身处"世外桃源"，受此影响使得学校教育很有可能出现效力大减。

3. 法治观念淡薄的干扰

淡薄的法制意识冲击着和平与发展教育向纵深拓展。客观地讲，任何时代社会、学校里总有一些人缺乏公德心，纪律松懈、法制观念淡薄，这不足为奇。但是，如果处理不好因法制观念淡薄导致的消极现象、违纪现象、违法现象，将直接影响到更多的人对待社会规则约束重要性的认识和遵守。若是以贪婪的自私之心和蛮横无理的方式去解决个人之间、个人与集体之间乃至于社会之间的矛盾冲突并且从中尝到甜头、收获巨大利益，那么，这种坏的榜样对于人们包括少年儿童、青年学生在内来说，影响十分恶劣，之前的"正面说教"将毁于一旦。

因此，对于学校教育工作者来说，花更多的时间和精力，用爱心真情去教育、感化"调皮"学生，为班集体进步创造有利的条件。一旦这些学生与人和平相处、积极向上，他们的示范和带头作用绝不会低于优秀学生的引领作用。依据管理学中的"短板理论"，通常决定一个班级或者班风的优良与否不是那群最优秀的学生，而是落在最后面的同学。对后进者多加关心不仅是教师的分内之事，同时也是建立良好风尚的一条有效途径。

主要参考文献

[1]《国家中长期教育改革和发展规划纲要（2010—2020 年）》

[2]《中小学教师职业道德规范（2008 年修订）》

[3] 教育部人事司：《高等学校教师职业道德修养》，北京师范大学出版社，2000 年版

[4] 教育部人事司：《高等教育学》，高等教育出版社，1999 年版

[5] 教育部人事司：《高等教育心理学》，高等教育出版社，1999 年版

[6] 袁贵仁：《百年大计教育为本》，人民出版社，2012 年版

[7] 顾明远、石中英：《〈国家中长期教育改革和发展规划纲要（2010—2020年），解读〉》，北京师范大学出版社，2010 年版

[8] 杨东平：《2020：中国教育改革方略》，人民出版社，2010 年版

[9] 蒋丽珠、李玉向编著：《百年树人师何为——教师队伍建设困境与出路》，江苏教育出版社，2011 年。

[10] 陈永明等：《当代教师读本》，中国人民大学出版社，2008 年版

[11] 全国十二所重点师范大学联合编写：《教育学基础》，教育科学出版社，2002 年版

[12] 杨春茂：《师德修养十讲》，北京大学出版社，1999 年版。

[13] 黄蓉生：《教师职业道德修养》，西南师范大学出版社，2001 年版

[14] 傅维利：《教师职业道德教育指南》，高等教育出版社，2002 年版

[15] 傅维利：《师德读本》，高等教育出版社，2003 年版

[16] 檀传宝等：《走向新师德——师德现状与教师专业道德建设研究》，北京师范大学出版社，2009 年版

[17] 檀传宝：《教师伦理学专题》，北京师范大学出版社，2003 年版

[18] 李小融：《教育心理学新编》，四川教育出版社，2005 年版。

[19] 陈宁：《师德建设新维度：组织文化的视角》，首都师范大学出版社，

2011 年版

[20] 陈宁：《师德建设：多视角的分析与建构》，首都师范大学出版社，2008 年版

[21] 邢生：《职业道德——教师价值实现的翅膀》，远方出版社，2008 年版

[22] 陈爱苾：《师德与教师职业生成》，首都师范大学出版社，2010 年版

[23] 刘维俭、王传金：《现代教师礼仪教程》，南京师范大学出版社，2006 年版

[24] 庄锦英、李振村：《教师体态语言艺术》，山东教育出版社，1993 年版

[25] 张晓丹、赵锡奎：《大学生学业与就业》，北京交通大学出版社，2011 年版

[26] 中央教育科学研究所：《徐特立教育文集·各科教学法讲座》，人民教育出版社 1986 年版

[27] 蔡亚平：《教师与学生道德行为的发展》，教育科学出版社，2011 年版

[28] 周照南：《教师教育改革与教师专业发展：国际视野与本土实践》，华东师范大学出版社，2007 年版

[29] 何齐宗、胡青、胡平凡：《高职教育改革与教师发展》，中国社会科学出版社，2006 年版

[30] 吴玲、周元宽：《当代教师的文化使命》，安徽人民出版社，2006 年版

[31] 周德义等：《师德修养与教师专业成长》，科学出版社，2006 年版

[32] 《朱永新教育文集》卷六：《反思与借鉴——中外教育评论》，人民教育出版社，2004 年版

[33] 吴安春：《德性教师论》，人民教育出版社，2003 年版

[34] 唐松林：《教师行为研究》，湖南师范大学出版社，2002 年版

[35] 吴志功：《21 世纪高师大学生素质教育目标调查及对策研究》，北京师范大学出版社，2001 年版

[36] ［德］第斯多惠：《德国教师培养指南》，人民教育出版社，1990 年版

[37] ［美］Ralph Fessler：《教师职业生涯周期——教师专业发展指导》，董丽敏、高耀明等译，中国轻工业出版社，2005 年版

[38] ［加］马克尔·富兰：《变革的力量——透视教育改革》（第三版），教育科学出版社，2005 年版

[39] ［日］土层基规：《现代日本教师的养成》，上海教育出版社，2004 年版

[40] 曹子建、赖麟等：《师范生师德养成教育研究》，中央文献出版社，2012 年版

后　记

为认真总结教师教育的成功经验，加强师范生基本素养与师德养成教育，积极探索新时期高素质师范生培养的有效途径，深化对师范生培养模式及其理论的研究，成都师范学院组织编写了《师范生基本素养与师德养成》一书。本书是成都师范学院"师范生师德养成教育工程"系列成果之一。

本书的编写得到了学院的大力支持，学院党委书记曹子建教授欣然为本书作序。在此，我们表示衷心的感谢。

本书由熊刚、彭智平担任主编，张晓丹、廖鑫彬、王京强担任副主编，负责全书的策划和写作大纲的制定，并负责内容的审定和统稿。第一章由彭智平编写，第二章由张晓丹、熊刚编写，第三章、第七章由王京强编写，第四章、第五章由廖鑫彬编写，第六章由任占娟编写，第八章由陈东编写。钱国君博士、石攀峰博士、张小发硕士参与了部分章节的文字修改工作。

本书参考和引用了有关专家和学者的著述、文章，在此我们表示衷心感谢。由于作者水平有限，不妥之处在所难免，恳请专家同仁和广大读者给予指正。

在本书出版过程中，四川大学出版社给予了大力支持，付梓之际，我们深表谢意。

编　者

2013 年 6 月·端午